사무라이의 넥타이

이정남 지음

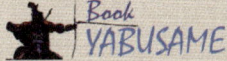

인사말

고등학교를 다니던 1990년대 초 무렵 학생들 사이에서는 무협지로 불리우던 역사 판타지 소설이 큰 인기를 끌고 있었습니다. 개인적으로 무협지 내용에 큰 관심은 없었지만 은연중 친구들 대화에 끼고 싶었던 것인지 집 거실 서가에 꽂혀 있던 무협지 느낌의 책들이 눈에 들어오기 시작했습니다.

쉬는 시간만 되면 장풍을 쏘고 서로 뒤엉켜가면서 부르짖던 무협지 용어는 책 속에 단 한 줄도 나오지 않았지만 세로 읽기로 출판된 누런 종이의 책에 알 수 없는 마력을 느끼면서 빠져들었던 기억이 납니다.

이 책은 무협지가 아닌 일본의 유명 대하소설 「쇼군(将軍)」의 번역서였는데요. 1982년 「도서출판 서우(瑞友)」에서 총 15권으로 출판했던 책으로 도요토미 히데요시의 일대기를 그리고 있습니다. 도쿠가와 이에야스를 다룬 「대망(大望)」만큼은 아니지만 한국에서도 꽤 인지도 있는 역사소설입니다.

당시 일본 코에이(KOEI) 사에서 출시한 역사 시뮬레이션 게임 「신장의 야망(信長の野望)」에 빠져 있던 저에게 우연히 접한 이 책은 게임의 시대 배경을 이해시켜주는 가뭄의 단비 같은 지침서가 되었습니다.

우연이 겹치면 필연이 된다는 이야기가 있습니다. 1980년대에는 트럭에 책을 싣고 다니며 저렴하게 파는 경우가 꽤 많았는데요. 퇴근길 아버지가 길거리 트럭에서 우연히 구입해 서가에 꽂아 두신 먼지 앉은 책이 게임 배경 지식에 목말라 있던 고등학생 소년을 만나 오랜 세월을 돌고 돌아 원래 있어야만 했던 그 자리를 찾아 온 것만 같은 필연이 바로 이 책이 아닐까 하는 생각이 듭니다.

한국인들은 일본에 대한 이야기를 할 때 그 당위성과 명분을 찾아야만 안심이 되는 경향이 있습니다. 한일 관계를 피해자와 가해자의 구도로 고정시켜 놓은 사회 분위기가 일본을 바라보는 큰 틀을 지배하고 있기 때문일 것입니다.

친일, 지일, 용일, 극일, 반일에 더해 최근에 등장한 「선택적 반일」에 이르기까지 한 국가를 바라보는 감정이 이처럼 다양한 경우도 흔치 않을 것입니다. 그만큼 한국인들은 일본이라는 나라에 대해 복잡하고 피로도 높은 감정을 가지고 살아가고 있습니다.

이 책은 1603년에서 1867년까지 약 260여년 간 지속된 에도시대를 중심으로 소소하지만 쉽게 접할 수 없는 일본인들의 이야기를 담고 있습니다. 책을 통해 일본에 대해서 무엇인가를 배우거나 비판해야 한다는 강박관념은 잠시 내려 놓으시고 평범한 사람들이 살고 있었던 근세 일본을 담백하고 덤덤한 시각으로 바라보며 이 책을 즐겨 주신다면 첫 책을 쓴 저자에게는 더할 나위 없는 기쁨일 것입니다.

　마지막으로 결혼 생활 내내 뜬금없는 돌발 행동에도 당황하지 않고 지켜봐 준 아내 우지현 씨와 일러스트를 그려 준 딸 예슬, 아들 윤규에게 고마운 마음을 전합니다.

2022년 4월 6일. 이정남

목 차

Prologue
**프롤로그.
쉽고 즐거운 독서를
위한 유용한 정보**

- 에도시대 당시 일본이라는 국가 개념이 있었을까? ⋯⋯⋯⋯ 10
- 쌀 생산량 단위 표현 석고(石高)는 구체적으로 어떤 의미였을까? ⋯⋯ 11
- 지배 계층인 사무라이는 부자였을까? ⋯⋯⋯⋯⋯⋯⋯⋯⋯⋯ 13
- 번주(藩主), 번사(藩士) 그리고 사무라이 ⋯⋯⋯⋯⋯⋯⋯⋯ 14

**01.
촌놈 사무라이들의
에도(江戸) 생활**

- 에도에 몰려든 남자들 ⋯⋯⋯⋯⋯⋯⋯⋯⋯⋯⋯⋯⋯⋯ 26
- 숙소 안에서의 지루한 일상 ⋯⋯⋯⋯⋯⋯⋯⋯⋯⋯⋯⋯ 27
- 마음대로 외출할 수 없었던 촌놈 무사, 「킨반 자무라이」들 ⋯⋯ 30
- 큰 사고를 치고 만 신참 킨반 자무라이들 ⋯⋯⋯⋯⋯⋯⋯⋯ 32
- 킨반 자무라이들의 외출 규제 ⋯⋯⋯⋯⋯⋯⋯⋯⋯⋯⋯⋯ 34
- 통금 위반에 대한 처벌은 어떠했는가? ⋯⋯⋯⋯⋯⋯⋯⋯⋯ 36
- 외출 제약을 피하기 위한 다양한 방법들 ⋯⋯⋯⋯⋯⋯⋯⋯ 37

**02.
에도시대 역참제도
현실은 이러했다!**

- 나이토 메이세츠(内藤鳴雪) 자서전 ⋯⋯⋯⋯⋯⋯⋯⋯⋯⋯ 44
- 귀국 길의 경비는 출장비 처리가 가능했는가? ⋯⋯⋯⋯⋯⋯ 46
- 악당 가마꾼, 쿠모스케(雲助) ⋯⋯⋯⋯⋯⋯⋯⋯⋯⋯⋯⋯ 47
- 조선통신사가 남긴 가마꾼에 대한 기억 ⋯⋯⋯⋯⋯⋯⋯⋯ 49
- 인력중개소 비용에 대해서 ⋯⋯⋯⋯⋯⋯⋯⋯⋯⋯⋯⋯⋯ 51
- 역참에 일이 몰려 인력이 부족할 경우 ⋯⋯⋯⋯⋯⋯⋯⋯⋯ 52
- 쿠모스케(雲助)라는 용어의 거부감 ⋯⋯⋯⋯⋯⋯⋯⋯⋯⋯ 53

**03.
알고 마시러 가자!
이자카야(居酒屋)
이야기**

- 술을 부르는 그 이름, 이자카야(居酒屋) ⋯⋯⋯⋯⋯⋯⋯⋯ 60
- 1596년 탄생한 노포(老舗), 토시마야(豊島屋) ⋯⋯⋯⋯⋯⋯ 62
- 토시마야(豊島屋)의 현재 모습 ⋯⋯⋯⋯⋯⋯⋯⋯⋯⋯⋯⋯ 66

04.
에도시대 분뇨 가치는 신분에 따라 다르게 매겨졌다?

에도에서 생산된 분뇨량 추정 —————————————— 74
분뇨를 제공하고 채소를 얻는 과정 ———————————— 75
분뇨에 매겨진 등급 ——————————————————— 76
에도시대 전업 소설가 쿄쿠테이 바킨(曲亭馬琴) 집에서 벌어진 소동 — 79
변소에 빠져 죽은 하타모토(旗本) 이야기 ———————————— 82

05.
활발하게 움직였던 에도시대 부동산 거래

도쿠가와 막부가 임대해 준 부동산 ——————————————— 90
에도(江戶)의 부동산 거래 사정 ————————————————— 91
실전! 쵸슈번(長州藩)의 부동산 거래 —————————————— 95
막부 말기 쵸슈번(長州藩) 에도 저택의 운명 ——————————— 97
하급 무사 고케닌(御家人)의 부동산 활용법 ——————————— 98

06.
사무라이? 농민? 상인? 에도시대 이중 신분 이야기

이중 신분을 가진 사람들 ——————————————————— 108
에도시대라는 사회가 성립되기 위한 전제 조건 ———————— 109
백성, 서민 그리고 무사.
삼중 신분을 가진 죠오에몬(丈右衛門)의 정체는? ———————— 111
죠오에몬(丈右衛門)과 지배 관계 ——————————————— 113
이중 신분이 발생하는 과정에 대해서 ————————————— 115
에도시대 신분 제도의 재고찰 ————————————————— 117

07.
일본은 1,200년간 육식 금지? 육식을 대하는 이중 태도

일본인은 오랫 동안 육식을 하지 않았다? ——————————— 124
육식 금기의 일본 역사 ———————————————————— 125
육식을 대하는 에도시대 일본인들의 이중 태도 ————————— 128
에도시대 당시 소고기는 소비되고 있었는가? ————————— 131

08.
태평성대 에도시대 실전성을 잃어버리고 만 칼

- 두 자루의 칼을 찬다는 것 ········ 146
- 시대의 뒤안길로 사라져버린 실전형 카타나(刀) ········ 148
- 베테랑들의 눈에 비친 빗나간 유행 ········ 151
- 츄신구라(忠臣蔵) 주인공 카타오카 겐고에몬(片岡源五右衛門)의 회고 ········ 155
- 두 자루의 칼을 차면 무사 계급인가? ········ 156

09.
두 자루의 칼을 차는 행위는 사무라이의 특권인가?

- 두 자루의 칼을 차는 행위에 따른 신분 구분의 시작 ········ 166
- 서민들은 두 자루의 칼을 차지 말라! 칼을 차는 행위에 대한 제재의 시작 ········ 167
- 본격적으로 시작되는 칼에 의한 신분 구분 ········ 170
- 서민들의 와키자시(脇差) 문화 ········ 172
- 메이지시대의 시작과 칼을 찬 구시대의 유물들 ········ 173

10.
일본 역사에 존재했던 세 번의 대규모 칼사냥

- 세 번의 카타나가리(刀狩り) ········ 182
- 도요토미 히데요시의 원조 카타나가리(刀狩り) ········ 184
- 두 번째 카타나가리, 메이지 정부의 폐도령(廃刀令) ········ 186
- 세 번째 카타나가리, GHQ에 의한 일본도 몰수 ········ 191
- 몰수된 일본도는 어떻게 폐기되었는가? ········ 193
- 1999년에야 종료된 도검 몰수 과정 ········ 196

11.
에도시대 도장깨기와 무사수행 실제 모습은 이러했다

- 무사수행 과정을 남긴 일기장 ········ 206
- 무타 분노스케, 무사수행길에 나서다. ········ 208
- 무사수행에 나서기 위한 표준 절차 ········ 209
- 목적지에 도착한 후 준비 절차 ········ 212
- 도장깨기의 실제 모습은 어떠했는가? ········ 214
- 무타 분노스케의 말년 인생에 대해서 ········ 215

12. 에도시대 최고의 조총 제작 장인 이야기	근세 일본의 유명 조총 브랜드 이노우에 세키에몬(井上関右衛門)	222
	이노우에 저택에서 쏟아져 나온 에도시대 조총 관련 자료들	226

13. 일본 최고의 죽는 역할 시대극 배우 이야기	5만 번 칼을 맞고도 다시 일어난 사나이	234
	유명 토크쇼 프로그램에 출현하다.	235
	후쿠모 세이조오(福本清三)의 연기 인생	236
	연기 인생 처음이자 마지막 주연 영화 우즈마사 라임라이트(太秦ライムライト)	240

14. 현대 사회와 닮아 있는 에도의 치안 유지 방법	100만 도시 에도의 치안을 책임지다. 에도 마치 부교쇼(江戸町奉行所)	250
	에도 마치 부교쇼(江戸町奉行所)의 구체적인 업무 내용	251
	부족한 에도 치안 인력난을 해결하기 위한 꼼수	253
	에도 치안의 인력난을 해결한 마을 자경 조직	255

프롤로그 - Prologue

쉽고 즐거운 독서를 위한
유용한 정보

Background Knowledge
에도시대를 이해하기 위한 최소한의 배경 지식

에도시대 당시 일본이라는 국가 개념이 있었을까?

에도시대에는 일본열도라는 지리적 개념 안에 260여 개에 달하는 크고 작은 국가들이 자리잡고 있었습니다.

『대일본여지전도(大日本輿地全図, 1847)』
도쿄국립박물관(東京国立博物館) 소장

이 작은 국가들을 「번(藩, 한)」이라고 부릅니다. 번(藩)이라는 용어는 메이지시대(明治時代, 1868~1912)가 시작되면서 본격적으로 사용된 학술 용어로 에도시대 당시에는 존재하지 않았습니다.

도요토미 히데요시(豊臣秀吉) 사망 후 일본을 재통일한 도쿠가와 이에야스(德川家康)는 지금의 도쿄(東京)에 해당되는 에도(江戶)에 막부(幕府)라는 무가 정권을 열고 일본 전역의 번을 통치하기 시작합니다. 에도시대 번(藩)에 대하여 이야기할 때『준독립세력』이라는 표현을 자주 사용하는 이유가 각 번이 정치, 경제, 군사적인 측면에서 중앙정치기구인 막부의 직접적 간섭을 받지 않았기 때문입니다.

하지만 번(藩)을 완전한 독립세력으로 이야기할 수 없는 이유는 막부의 명령에 의해서 번이 사라질 수도 있었으며 번의 주인인 「번주(藩主, 한슈)」가 다른 번으로 영지를 이전해야 하는 경우도 있었기 때문입니다. 물론 전쟁을 마음대로 일으킬 수도 없었습니다.

따라서 에도시대 일본인들에게는 그들이 속한 지역사회 또는 번(藩)이 현대인의 국가 개념과 비슷했다고 볼 수 있습니다. 즉 사츠마인(薩摩人), 쵸슈인(長州人) 같은 개념이 존재했을 뿐 일본인이라는 인식은 메이지시대 근대 국가로 발전하는 과정 속에서 확립된 것입니다.

쌀 생산량 단위 표현 석고(石高)는 구체적으로 어떤 의미였을까?

「카가(加賀) 100만 석」이라는 표현이 있습니다. 에도시대 「마에다(前田) 가문」이 통치하고 있던 카가번(加賀藩)에서는 1년 동안 100만 석의 쌀이 생산된다는 의미입니다. 그 당시 쌀 한 석이 약

150kg에 해당되니 자연재해 등으로 흉작이 발생하지 않는 이상 매년 엄청난 양의 쌀이 생산되고 있었음을 알 수 있습니다.

쌀 생산량이 경제력의 지표 이자 번주 가문의 격을 나타내는 상징이었기 때문에 쌀 생산량에 비례해 군역(軍役)이 늘어남에도 불구하고 사츠마번(薩摩藩), 쵸슈번(長州藩)과 같이 규모가 큰 번의 경우에는 자존심 경쟁을 벌이며 막부로부터 더 높은 경제력, 즉 쌀 생산량을 인정받기 위해 막부 고위직을 상대로 로비 활동을 하는 경우도 있었습니다.

쌀 생산은 백성(농민)의 역할이었으며 에도시대를 통틀어 번 마다 시기에 따라 세율 차이는 있었지만 보통 쌀 생산량의 40%는 농민이 가져가고 60%는 다이묘가 거두어 갔습니다.

예를 들어 카가번에서 100만 석의 쌀을 수확했다면 40만 석은 농민들의 몫이었고 60만 석은 세금으로 거둔 후 마에다 가문에 고용된 가신들에게 급여로 분배되었습니다. 급여 분배까지 완료되고 남은 쌀이 다이묘, 즉 번주의 수입인 동시에 번이 1년 간 사용할 수 있는 예산이 되는 것입니다.

지배 계층인 사무라이는 부자였을까?

우리나라에서도 예로부터 신분의 순서를 나타내는 기준으로 사농공상(士農工商)이라는 표현이 사용되어 왔습니다. 즉 선비 신분을 가장 높게 생각했고 상인 계층을 가장 천대했던 것이지요.

사농공상의 표현은 에도시대 일본에서도 사용되고 있었는데 일본에서는 신분의 순서가 아닌 신분의 종류를 구분하는 표현으로 사용되었다는 점에서 우리나라와는 차이가 있습니다. 사무라이 신분은 「사(士)」에 해당되며 물론 지배 계층에 포함되어 있었지만 전쟁 없는 평화의 시대가 200년 넘게 지속되면서 사무라이 본연의 역할도 자연스럽게 사라집니다.

전장에서 공을 세워 보상으로 영지 또는 급여를 늘릴 수 있는 성공의 기회를 원천적으로 차단당한 수 많은 하급 사무라이들은 오르는 물가와 쌀 가격의 지속적인 하락으로 인해 생계에 큰 타격을 입게 됩니다. 상황이 이렇다 보니 피지배층에 해당되는 상인들에게 돈을 빌려 생활비를 충당하는 사무라이들이 많았습니다.

에도시대 일본은 권력과 부가 분리된 사회였으며 이로 인해 새롭게 태동한 거대 상인 세력이 지배층인 사무라이들을 상대로 또 다른 형태의 권력을 소유하기도 했습니다.

번주(藩主), 번사(藩士) 그리고 사무라이

　일본을 대표하는 키워드인 사무라이(侍)는 봉건시대 무사를 의미합니다. 에도시대에는 앞에서 설명했던 사농공상(士農工商) 신분 종류 중에 사(士)에 해당되는 신분을 일반적으로 사무라이로 지칭하였습니다.

　전국시대의 기풍이 완전히 사라지지 않았던 에도시대 초기에는 사무라이뿐만 아니라 백성 같은 서민 계급도 카타나(刀, 긴 칼)와 와키자시(脇差, 짧은 칼) 두 자루의 칼을 차고 거리를 활보하고 다녔기 때문에 이 시기에는 두 자루의 칼이 꼭 사무라이 신분을 의미하지는 않았습니다. 하지만 에도시대 중기 이후 사무라이에게만 두 자루의 칼을 차는 행위가 허용되면서 사무라이 이미지의 전형이 이 시기 즈음해서 완성된 것입니다.

　번(藩)의 수장인 번주(藩主)는 사무라이라고 부를 수 있으며 번주에게 고용되어 있는 번사(藩士)들 역시 지역마다 특색 있는 신분과 용어로 세분화되어 있었음에도 불구하고 이들을 통칭해 사무라이라고 부를 수 있습니다. 도쿠가와 막부에 고용되어 있는 막부 직속 가신인 고케닌(御家人)과 하타모토(旗本)도 마찬가지로 사무라이라는 용어로 대신할 수 있습니다. 본 책에서는 주로 번사(藩士)를 지칭하는 표현으로 사무라이라는 용어를 사용하고 있습니다.

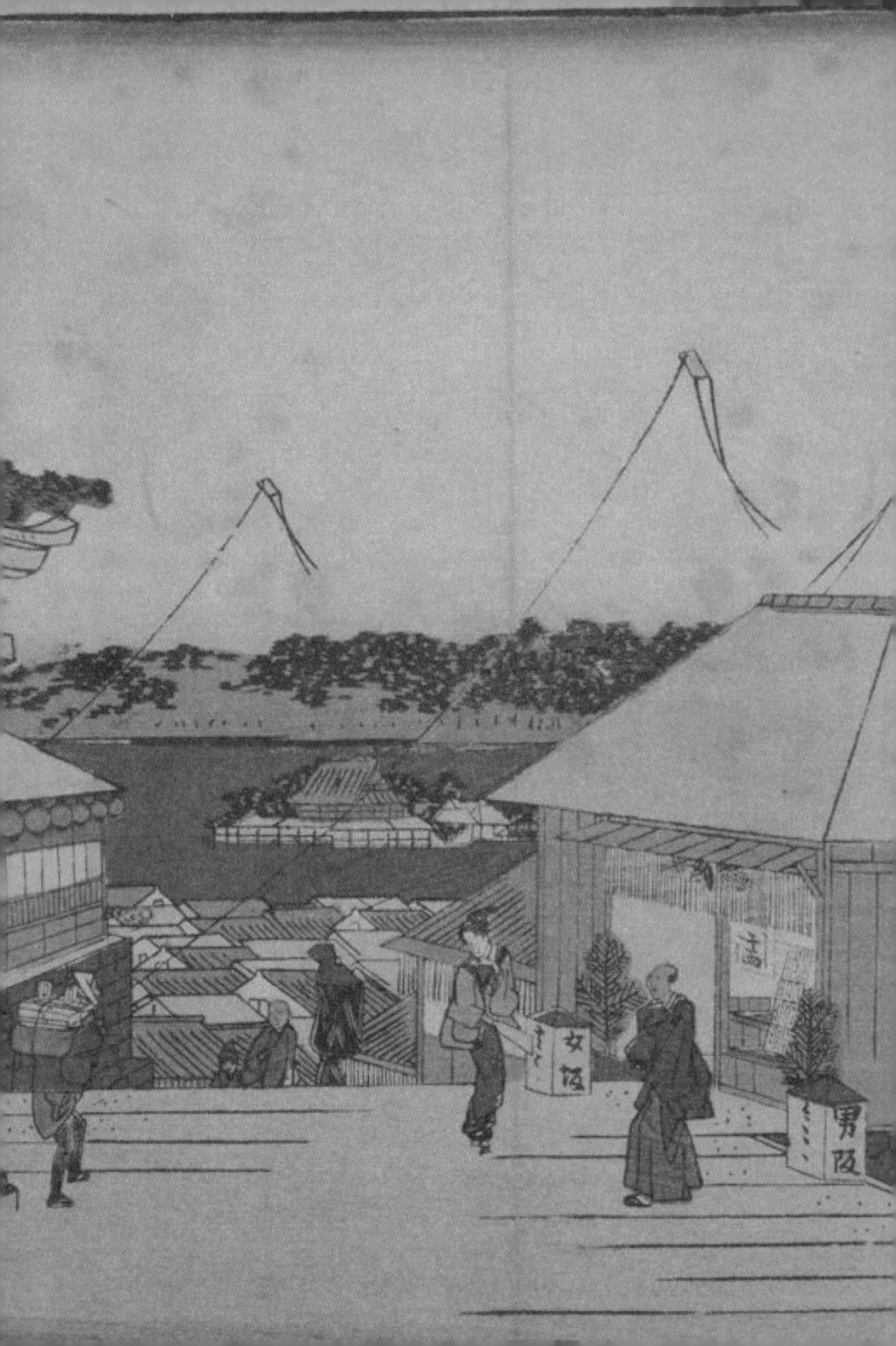

촌놈 사무라이들의
에도(江戶) 생활

Episode #1
지방 출신 사무라이들이 일으킨 소동

[이해를 돕기 위한 용어 해설]

江戸時代(에도지다이)
えどじだい

100년 넘게 지속되어 온 전국시대 일본을 통일한 도요토미 히데요시(豊臣秀吉)가 사망한 후 1603년 일본을 재통일한 도쿠가와 이에야스(德川家康)는 현재의 도쿄(東京)에 해당되는 에도(江戸)에 새로운 정권을 설립하고 군사 최고 권력자인 쇼군(将軍)이 됩니다. 도쿠가와 이에야스가 설립한 정권을 「바쿠후(幕府, 막부)」라고 부르며 1868년 도쿠가와 정권이 붕괴될 때까지 260년 넘게 지속되어 온 평화 시대 기간을 에도시대(1603~1868)라고 부르고 있습니다. 「바쿠후(幕府)」보다는 「막부」라는 한글 발음 용어가 익숙하기 때문에 지금부터는 「막부」라는 표현을 사용하도록 하겠습니다.

藩(한)
はん

한(藩)이란 1만 석 이상의 영지를 보유한 봉건영주, 다이묘(大名)가 지배했던 영토와 지배 기구를 의미합니다. 한(藩, 번)의 지배권을 소유한 다이묘를 번의 주인이라는 의미로 한슈(藩主, 번주), 한(

藩, 번)에 고용된 사무라이들을 한시(藩士, 번사)라고 합니다.

한(藩, 번), 한슈(藩主, 번주), 한시(藩士, 번사) 등의 한자어는 한글 발음으로 읽어도 의미 전달에 큰 거부감이 없기 때문에 지금부터는 「번」, 「번주」, 「번사」로 표현하도록 하겠습니다.

번(藩)은 정치, 경제, 사회, 군사적으로 준독립국가 형태를 띄고 있었습니다. 막부의 명령에 따라 다른 영지로 이전하는 경우도 있었고 후계자가 명확히 정해지지 않은 상태에서 번주(藩主)가 사망한 경우 막부의 판단에 의해서 영지를 몰수당할 수도 있었기 때문에 완전한 독립 국가 단위로 볼 수는 없습니다. 번(藩)이라는 단어는 에도시대 당시에는 존재하지 않았던 표현이며 에도시대 후기 일본의 유학자들이 중국식 제도에 착안하여 번(藩)이라는 용어를 사용하기 시작하면서 정착된 학술 용어입니다. 번주(藩主), 번사(藩士, 한시) 등의 표현도 마찬가지로 에도시대 당시에는 존재하지 않았던 단어입니다. 보통은 「에도 300번(藩)」이라는 숙어적 표현이 많이 사용되고 있지만 실제로는 많았을 때 260여 개 정도의 번이 존재했습니다.

「텐노(天皇, 천황)의 권위」와 「쇼군(将軍, 장군)의 권력」이 분리된 이중지배체제 하에서 260여 개의 준독립국가가 일본열도라는 지리적 공간 안에서 서로를 견제해 가며 공존했던 에도시대는 독특한 정치 체제와 문화를 보여주게 됩니다.

参勤交代(산킨코오타이)
さんきんこうたい

산킨코오타이(**参勤交代**)는 도쿠가와 막부가 일본 전역의 번주(**藩主**) 및 그 가신들을 에도(**江戸**)로 호출하여 강제로 근무하도록 했던 제도를 의미합니다. 번주가 1년은 본국(번주가 지배하는 번)에서 근무하고 이듬해 1년은 본국을 떠나 에도에서 근무하는 것이 일반적인 모습이었습니다. 도쿠가와 막부는 이 제도를 통해 일본 전역의 번 재정을 꾸준히 소모시킬 수 있었으며 이러한 이유로 강력한 힘을 가진 번(**藩**)들 조차 에도시대 후기에 이르러서는 재정난에 빠질 수 밖에 없었습니다.

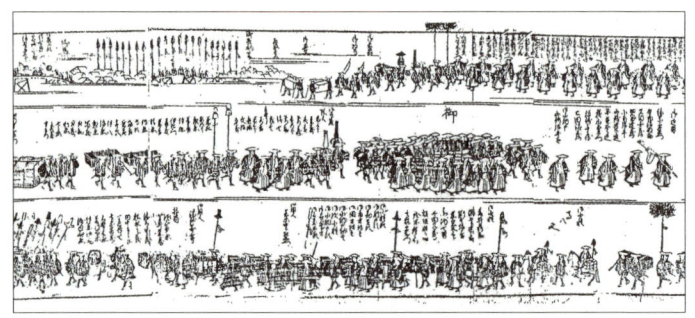

『토도 가문 귀국 행렬 판화(**藤堂様御国入行列附版画**)』
이가(**伊賀**) 문화산업협회 소장

적게는 수십 명에서 많게는 수천 명 규모의 산킨코오타이 행렬이 길게는 편도로만 40일이 넘게 걸리는 거리를 오고 가야 했기 때문입니다. 하지만 이 제도 덕분에 일본 전역의 주요 가도(街道)와 역참, 숙박 시설과 예약 문화가 일찍부터 발전할 수 있었습니다.

다이묘가 아닌 에도 막부 직속 가신인 하타모토(旗本)들 중에도 산킨코오타이를 수행하는 경우가 있었습니다.

藩邸(한테이)
はんてい

한테이(藩邸)란 오사카(大阪), 교토(京都), 에도(江戶) 등 주요 도시에 건설된 번(藩) 전용 저택을 의미합니다. 번주와 번주 가족, 번사들이 고향을 떠나 주요 거점 도시에 머무르는 동안 사용하기 위해서 만들어 졌습니다. 특히 산킨코오타이(參勤交代) 근무 기간 동안 에도에 머물 수 있도록 지어진 저택을 「에도 한테이(江戶藩邸)」라고 부릅니다. 지금부터는 편의상 「에도 번 저택」으로 표현하도록 하겠습니다.

저택 부지는 막부에서 제공했기 때문에 번이 소유한 재산은 아니었지만 번 저택 건축에 필요한 목재, 석재 등의 자재 또는 건축 기술자 등은 번 재정으로 충당해야만 했습니다.

아래 그림은 1868년 에도에서 발생했던 사츠마번 저택 습격 사건을 그리고 있는데요. 저택이라는 이름이 주는 일반적인 느낌과는 다르게 번 저택은 유사시 독립된 작은 성채 같은 역할을 수행할 수 있도록 만들어져 있다는 것을 알 수 있습니다.

『1868년 에도 사츠마번 저택 습격 사건(近世史略薩州屋敷焼撃之図)』
와세다 대학(早稲田大学) 도서관 소장

勤番侍(킨반 자무라이)
きんばんざむらい

「킨반 자무라이」는 에도시대 당시 자신이 소속된 번(藩)을 떠나 오사카(大阪), 교토(京都), 에도(江戸) 등 주요 도시에 파견되어 근무하는 번사(藩士)를 의미합니다. 「킨반 한시(勤番藩士)」, 「킨반 부시(勤番武士)」, 「킨반 모노(勤番者)」로 표현하기도 합니다.

단기 출장 같은 근무 형태였기 때문에 출장지에서의 임기는 짧은 편이었습니다. 이들은 번 저택 안에 마련되어 있는 공동주택에서 지금의 자취 생활과 비슷한 형태로 함께 생활했습니다.

定府侍(죠오후 자무라이)
じょうふざむらい

에도같은 주요 도시에서 오랜 기간 근속하면서 번 또는 막부와의 협력 관련 업무를 담당하는 근무 형태를 「죠오후(定府)」라고 하였으며 죠오후 역할을 하는 사무라이들을 「죠오후 자무라이(定府侍)」로 정의합니다. 「킨반 자무라이(勤番侍)」와 상대되는 개념으로 여러 대에 걸쳐 에도에 장기 체류하는 경우가 많았기 때문에 번 저택 외부에 별도 거주지를 마련하여 가족과 함께 생활하는 경우가 많았습니다.

長屋(나가야)
ながや

에도 시내에서 장사를 하던 상인들 중 금전적으로 여유가 있던 상인들은 메인 거리에서 가게를 경영하는 경우가 많았지만 그 외 일반 서민들 또는 기술자들 같은 경우에는 뒷골목에 밀도 높게 건축되어 있던 좁은 주택을 임대해 사는 경우가 대부분이었습니다.

이러한 주택을 「나가야(長屋)」라고 불렀습니다.

에도시대 나가야(長屋) 모습
『모리사다 만코오(守貞謾稿)』, 일본 국립국회도서관 디지털 콜렉션

에도에 몰려든 남자들

에도시대 일본 전국의 다이묘들은 산킨코오타이(參勤交代)라는 제도에 의해서 보통은 격년 주기로 쇼군(将軍)이 살고 있는 에도와 자신의 영지를 오고 가야만 했습니다.

「에도 300번(藩)」이라는 숙어 표현이 종종 등장하는데 사실 번(藩) 개수는 시대에 따라 변동이 있었습니다. 여러가지 이유로 특정 번의 영지가 몰수 당하는 경우도 있었고 하나의 번에서 가지치기를 해 지번(支藩)으로 불리우는 독립 번이 생기는 경우도 있었기 때문입니다. 막부 말기인 1865년 기준으로 266개의 번이 존재 했었으니 「에도 300번(藩)」이라는 표현은 상징적인 문구일 뿐 실제보다는 다소 과장되어 있습니다.

일본 전국에 산재해 있는 260여 개의 번에서 산킨코오타이를 위해 많은 사람들이 에도를 오가다 보니 에도는 수십만 명의 번사들로 북적이는 대도시가 될 수 밖에 없었습니다. 한테이(藩邸)로 불리우는 번 저택 안에서 번주와 함께 에도에 체류하고 있던 번사(藩士)들은 크게 두 부류가 존재했는데요. 에도에 지속적으로 체류하면서 번과 에도 막부 사이에서 관련된 업무를 조율하는 「죠오후 자무라이(定府侍)」와 번주가 에도에 체류하는 동안 함께 있다가 번주가 귀국할 때 동행하는 등 일종의 단기 체류 형태로 근무하는

「킨반 자무라이(勤番侍)」로 구분 지을 수 있었습니다.

　에도에서 계속 생활해야만 하는 죠오후 자무라이들은 번 저택 외부에 거처를 마련하고 가족들을 불러들여 함께 사는 경우가 많았던 반면에 단기간 에도에 체류한 후 본국으로 돌아가야만 하는 킨반 자무라이들은 번 저택 안에 마련된 좁은 공동주택인 나가야(長屋)에서 다른 번사들과 함께 독신으로 생활하는 경우가 대부분이었습니다. 기숙사 생활과 비슷한 느낌으로 보시면 되겠습니다.

　지방에서 올라 온 시골 번사, 「킨반 자무라이」에게는 규칙적으로 해야할 업무가 주어진 경우가 거의 없었음에도 불구하고 자유로운 외출 마저 금지되어 있었기 때문에 숙소 안에서 무료한 일상을 보낼 수 밖에 없었습니다.

숙소 안에서의 지루한 일상

　번 저택 내부에 마련된 숙소인 「나가야」는 번 저택의 담벼락 역할도 겸하고 있었습니다. 인도와 접해 있는 벽에 격자창이 만들어져 있고 창 밖을 바라보면 인도를 지나가는 행인을 볼 수 있는 구조로 되어 있었기 때문에 숙소 안에서 노래를 부르거나 샤미센(三味線, 일본 전통 악기)을 연주하는 등 소음 유발 행위는 물론 창 밖으로 더러운 물을 버리거나 창 바깥 쪽으로 빨래를 걸어 말리는 일도 금지 행위에 해당되는 경우가 많았습니다.¹

『번 저택 벽을 따라 만들어진 숙소는 인도와 인접해 있기 때문에 근처 다른 번 저택과의 마찰을 피하기 위해 창문이 만들어져 있지 않아서 햇볕도 들어오지 않았다.²』라는 기록도 있지만 톳토리번(鳥取藩) 저택처럼 격자창이 설치된 경우도 있었기 때문에 나가야의 창문 설치 여부를 일반화 하기에는 무리가 있습니다.

마음대로 술을 마실 수도 없고 외출도 안되다 보니 바둑, 장기 등을 두며 시간을 보내거나 식물을 키우는 경우도 있었지만 시간 죽이기를 위해 가장 인기있는 방법은 독서였습니다. 카시혼야(貸本屋)로 불리우던 책 대여 업자들은 책을 높게 쌓아 올려 등에 짊어지고 에도 시내 번 저택을 돌아다니며 나가야에서 시간을 보내고 있는 번사(藩士)들을 상대로 싼 값에 책을 빌려주는 렌탈 사업으로 수익을 올렸습니다. 카시혼야 상인들은 허락을 받고 책 대여를 위해 번 저택에 출입할 수 있었고 다른 상품을 취급하는 상인들 역시 비슷한 절차를 통해 번사들에게 물건을 판매하곤 했습니다. 소바 한 그릇 먹을 수 있는 비용이면 책을 빌릴 수 있었기 때문에 책 대여업은 크게 성행하게 됩니다.

---

1 안도 유우이치로(安藤優一郎), 『大名屋敷 謎の生活』, PHP文庫(2019), p57-60. 톳토리번(鳥取藩)에 대한 이야기.
2 오와다 테츠오(小和田哲男) 감수, 『大江戸 武士の作法』, 株式会社 GB(2019), p32.

에도시대 책 대여 업자 모습
『초대 야마시타 킨사쿠의 카시혼야(初代山下金作の貸本屋, 1725년)』
니시무라 시게나가(西村重長), Boston Museum 소장

    그 당시 책을 구입하기 위해서는 대여 금액의 10배에 달하는 큰 비용을 지불해야만 했기 때문에 주머니 사정이 가벼운 지방 사무라이들이 책을 구입한다는 것은 쉬운 일이 아니었습니다. 중국의 인기 고전 삼국지, 수호전은 물론 전국시대 군기물(軍記物), 일본 최초의 전업 소설가로 알려진 「쿄쿠테이 바킨(曲亭馬琴)」의 소설, 정식 출판물은 아니지만 「다이묘 가문 내부 소동(お家騷動)」을 다룬 사본 책 등이 주요 대여 품목이었습니다.

남자들의 세계에서 빠질 수 없는 서적이 있지요. 에도의 대표적 유곽인 요시와라(吉原)에 탐방 가기 전 도움이 될 만한 서적인 샤레혼(洒落本)[3]과 혈기왕성한 청춘들을 달래줄 춘화(春画) 역시 무사의 체면을 신경 쓰지 않고 숙소에서 마음껏 즐길 수 있는 인기 서적이었습니다.

마음대로 외출할 수 없었던
촌놈 무사, 「킨반 자무라이」들

에도시대 후기에 태어나 에도에서 활동했던 「나이토 메이세츠(内藤鳴雪, 1847~1926)」라는 인물이 있었습니다. 지금의 에히메현(愛媛県) 마츠야마시(松山市) 인근에 위치한 이요마츠야마번(伊予松山藩) 번사였음에도 불구하고 아버지가 에도에서 장기간 체류한 죠오후 자무라이였던 관계로 에도에서 태어나 유년시절을 보낸 번사였습니다. 그는 만년에 남긴 자서전을 통해 단기 체류 번사인 킨반 자무라이들의 일상을 적고 있는데요. 나이토 메이세츠의 자서전에는 일반적으로 알려져 있는 역사적 사실과 그 당시 실제 생활 속 모습의 차이를 보여주는 에피소드가 많이 실려 있기 때

---

3 유곽을 무대로 손님과 유녀들 사이의 놀이 방법을 주제로한 소설책. 유흥 업소 가이드북.

문에 에도시대 생활사에 대한 생생한 정보를 제공해 주고 있습니다.

일본 전역에 분포하는 260여 개의 번은 준독립세력을 유지하고 있는 작은 국가 단위 개념이었기 때문에 에도는 수 많은 작은 국가의 수장들이 각축을 벌이는 장소이기도 했습니다. 따라서 단기 체류를 목적으로 에도에 올라 온 킨반 자무라이들이 문제를 일으킬 경우 번주 체면에 큰 손상을 줄 수 있었습니다. 아열대부터 아한대까지 존재하는 일본열도는 인접 지역이 아닌 경우 의사소통이 어려울 정도로 사투리가 심했기 때문에 에도의 문화적 특성을 이해하지 못하거나 언어가 통하지 않는 문제 등으로 인해 킨반 자무라이들이 문제를 일으킬 소지가 다분했습니다.

시골에서 올라 온 킨반 자무라이들은 외출에 강한 통제를 받았던 반면 장기간 에도에 체류하고 있던 죠오후 자무라이들은 번 저택 안에서 생활하는 경우에도 킨반 자무라이들에 비해 비교적 자유로운 외출이 가능했습니다.

큰 사고를 치고 만 신참 킨반 자무라이들

 신참 킨반 자무라이들끼리 외출할 경우 어떠한 치명적 실수가 발생할 수 있는지 실제 일어났던 사건을 토대로 예를 하나 들어보도록 하겠습니다.
 두 명의 신참 킨반 자무라이들끼리 에도(江戶)의 명소 중 하나인 「무코오 지마(向島)」라는 곳으로 외출을 나가게 됩니다. 에도시대 「무코오 지마」는 비 공인 유곽이 존재하기도 했고 유력인의 저택이 모여있는 곳이기도 했습니다. 이들이 정확히 어떤 목적을 가지고 외출 했는지는 알 수 없지만 멋진 정원을 발견한 두 명의 촌놈들은 호기심에 정원 안으로 들어가 이곳 저곳을 살펴본 후 잠시 앉아 휴식을 취하고 있었습니다. 이 때 한 여성이 이들 킨반 자무라이들에게 다가오게 됩니다. 여성을 본 킨반 자무라이들은 『여기에서 술을 마실 수 있느냐?』라고 물어봤고 여성은 『무슨 뜻인지 잘 알겠습니다.』라고 대답한 후 술과 안주를 가지고 나왔습니다. 거하게 취할 정도로 술을 마신 킨반 자무라이 일행은 계산을 하려 했지만 이 여성은 『계산은 필요 없습니다.』라고 말하며 돈을 받지 않았습니다. 참으로 운 좋은 날이라며 취기가 오른 킨반 자무라이들은 번 저택으로 돌아와 고참에게 오늘 겪은 에피소드를 자랑스럽게 이야기하게 됩니다. 이야기를 들은 고참은 순간 등골에 식은 땀이 흐르는 것을 느끼는데요. 「무코오 지마」에 그런 장소가 있을 리 없다는 것을 알고 있기 때문이었습니다.

신참들로부터 정원의 위치와 전체적인 분위기를 확인한 고참은 신참들이 술을 먹고 나온 장소가 10대 쇼군(将軍)이 아끼는 애첩의 친부(親父) 소유 별장인 것으로 파악하게 됩니다. 이 별장의 주인은 쇼군의 애첩인 딸의 권력을 이용하여 상벌권까지 휘두르고 있었기 때문에 각 번에서는 평소에도 종종 뇌물을 보내며 인맥 관리에 신경을 쓰고 있던 인물이었습니다. 이런 권력가의 별장 안에 무단으로 들어가 정원을 관람하고 대담하게 술까지 먹고 나왔으니 보통 사건이 아님을 직감한 고참은 킨반 자무라이들에게 『너희들이 어느 번 소속인지 그 여성이 궁금해 하지는 않았느냐?』라며 다그칩니다. 이에 킨반 자무라이들은 『술 값은 받지 않았는데 소속을 적어달라고 요청해 이요마츠야마번(伊予松山藩) 마츠다이라(松平) 가문의 가신이라고 적어두고 왔다.』라며 천진난만하게 대답했고 번 저택 안은 사건 수습 대책 마련에 일대 혼란에 빠집니다. 결국 이요마츠야마번 간부급 사무라이가 「무코오 지마」의 저택에 직접 찾아가 충분한 뇌물을 건넴으로써 사건은 마무리 됩니다.

이 사건은 나이토 메이세츠(内藤鳴雪) 자서전에 나오는 에피소드로 메이세츠는 두 명 중 한 명이 「요시오카(吉岡)」라는 성을 쓰고 있었다고 기억하고 있습니다.

에도 생활 경험이 없는 신참 킨반 자무라이의 외출을 방치할 경우 어떤 큰 사건이 발생할 수 있는지를 알 수 있는 좋은 예가 되겠습니다.

킨반 자무라이들의 외출 규제

이요마츠야마번 출신 킨반 자무라이들은 「월 4회 외출 허가」규제를 받고 있었는데요. 2회는 아침 8시에서 저녁 6시까지 남은 2회는 오후 2시부터 6시까지로 시간이 정해져 있었습니다. 외출 날짜가 되면 번사들은 외출증을 발급받고 돌아올 때 다시 이 외출증을 반납하는 형태로 근태 관리가 이루어지고 있었는데요. 별 다른 업무 없이 장기, 바둑, 독서 등으로 시간을 보낼 수 밖에 없었던 킨반 자무라이들에게 월 4회 밖에 주어지지 않는 외출은 상당히 가혹한 조건이었습니다.

이들 시골 사무라이들이 외출하게 되면 꼭 경험해봐야 하는 것이 두 가지 있었는데요. 첫 번째가 카부키(歌舞伎) 관람, 두 번째가 도쿠가와 막부로부터 공인 받은 유일한 유곽인 요시와라(吉原)에 가서 에도의 밤 문화를 즐기는 것이었습니다.

킨반 자무라이들 중에는 2년 이상 에도에 체류하는 인원도 더러 있었는데요. 에도 사정을 어느 정도 파악하고 있는 2년 차 이상 사무라이들은 고참으로 분류됩니다. 신참 킨반 자무라이들은 경험 많은 고참을 대동하고 에도의 환락가 투어에 나서게 되지만 저녁 6시가 통금시간이었기 때문에 이들은 주로 낮 시간대에 요시와라를 배회할 수 밖에 없었습니다. 당연히 요시와라에는 낮에 영업하는 가게도 적지 않았겠지요.

카부키 공연 관람도 끝까지 보지 못하고 중간에 빠져 나와 번 저택으로 돌아가기 위해 달리기 시작하는 사무라이들은 십중팔구 통금시간을 지켜야 하는 촌놈 사무라이들이었습니다.

나이토 메이세츠는 자신의 저서를 통해 『통금시간이 다가오면 늦게까지 놀던 번사들이 칼을 어깨에 메고 뛰거나 하카마를 허리춤에 꽂아 넣고 맨발로 뛰기도 했다.』라고 묘사하고 있습니다.

「몬겐(門限)」이라는 표현이 있습니다. 우리말로는 「통금시간」 정도로 번역할 수 있는 이 단어는 현대 일본어에서도 사용되고 있는데요. 몬겐, 즉 통금시간이 되었음을 알리는 「효오시기(拍子木, 박자를 맞추어 소리를 내기 위한 나무막대)」의 딱딱 소리가 들리기 시작하면 에도 안의 수 많은 번 저택 앞에는 지각을 피하기 위해 정신없이 달리는 번사들의 모습을 어렵지 않게 볼 수 있었던 것입니다.

통금 위반에 대한 처벌은 어떠했는가?

　통금시간을 위반한 번사는 강제로 본국으로 송환되어 장기간 근신 처분에 처해지는 등 비교적 엄중한 처벌을 받게 되는 것으로 알려져 있는데요. 실제 모습과 규정 사이에는 차이가 있었던 것으로 보입니다.

　통금시간이 임박했는데도 돌아오지 못한 번사들이 있는 경우 이들의 귀가를 체크하는 담당자는 번 저택을 천천히 돌면서 이들이 늦더라도 저택 안으로 들어올 수 있도록 시간을 벌어 주기도 했으며 문지기들이 문을 닫지 못하도록 동료 번사들이 문지기에게 돈을 건네주기도 하면서 동료의 귀가를 초조하게 기다리기도 했습니다.

　키슈 와카야마번(紀州和歌山藩) 출신 킨반 자무라이로 에도에서 근무했던「사카이 반시로오(酒井伴四郞)」는 1860년에 남긴 일기를 통해 자신의 통금시간 위반 사례를 묘사하고 있는데요. 통금시간을 4시간 가까이 어긴 밤 10시 경이 되어서야 돌아 온 날이 있었는데 반시로오는 문지기에게 돈을 건네고 별 다른 제재 없이 번 저택 안으로 들어올 수 있었으며 종종 통금시간을 위반했음에도 불구하고 큰 탈이 없었던 것으로 기록하고 있습니다.

　고참들일수록 통금시간에 둔감하게 반응하며 여유를 부린 것을 보면 통금 위반에 따른 처벌 규정은 큰 의미가 없지 않았나 생각됩니다.

외출 제약을 피하기 위한 다양한 방법들

킨반 자무라이들은 센토오(銭湯)로 불리우는 공중 목욕탕을 종종 이용했습니다. 실제 목욕이 필요한 경우도 있었지만 목욕을 위한 외출은 「월 4회 외출 허가」 외로 인정받을 수 있기 때문이었습니다. 목욕을 위한 외출 시간으로 약 4시간 정도를 사용할 수 있었다고 합니다.

그 당시 번에 소속된 의사들은 번 저택 밖에 주거지를 두고 있는 경우가 일반적이었는데요. 진료를 위한 외출 역시 「월 4회 외출 허가」의 예외 항목이었기 때문에 꾀병을 부리면서 외출을 시도하는 번사들 또한 적지 않았다고 합니다.

남아 도는 시간을 주체하기 어려운 젊은 혈기의 남성들을 폐쇄된 공간에 가두어 두는 것 또한 쉽지 않은 일이었기 때문에 엄격했던 규정 속에서 다양한 예외 조항들을 설정해 운용의 묘를 발휘한 것으로 생각해 볼 수도 있겠습니다.

일본인들은 겉과 속이 다르다는 의미로 사용되는 「타테마에(建

前)」와 「혼네(本音)」라는 용어를 엄격한 규율과 예외 조항 속에서 숨 쉴 공간을 열어 두는 일본인의 특징으로 해석할 수도 있지 않을까요?

에도시대 역참제도 현실은 이러했다!

Episode #2
나이토 메이세츠(内藤鳴雪) 자서전에 실린 일화들

[이해를 돕기 위한 용어 해설]

駕籠かき(카고카키)
かごかき

　가마 메는 것을 직업으로 삼는 인부들을 통칭 「카고카키(駕籠かき)」라고 부릅니다. 여기에서 「카고(駕籠)」는 가마를 의미합니다. 에도시대 당시 숙박시설 등이 설치되어 있던 역참에서 짐을 나르거나 가마를 메던 인부들을 「쿠모스케(雲助)」라고 부르기도 했습니다.

宿場町(슈쿠바마치)
しゅくばまち

　일본 주요 지역을 연결했던 다섯 개의 도로인 「고카이도(五街道)」와 간선에 발달했던 도로를 따라 숙박업과 역참 의무 수행 등을 위해 조성된 마을을 「슈쿠바마치(宿場町)」라고 합니다. 여관, 찻집, 상점 등의 시설물이 존재했으며 산킨코오타이(参勤交代)를 위해 에도로 향하거나 에도 근무를 끝내고 고향으로 돌아가는 다이묘 행렬, 공무를 수행하는 막부 가신들 그리고 일반 여행객 등이 주요 고객이었습니다.

問屋(토이야 / 통야)
といや / とんや

　생산자로부터 물건을 구입해 소매업자나 구매자에게 판매하는 도매업 상인을 「통야(とんや)」라고 합니다.

　동일한 한자를 사용하는 「토이야(といや)」는 역참마을에 존재했던 인력중개소를 뜻합니다. 역참마을을 이용하는 손님들은 이동할 때 필요한 가마꾼 또는 짐을 나르기 위해 필요한 말을 직접 수배하지 않고 인력중개소를 통해 배정받는 서비스를 이용했습니다. 비용을 아끼기 위해서 여행객이 직접 수배하다 보면 성격이 거친 가마꾼들을 만날 수도 있기 때문이었습니다.

助郷(스케고오)
すけごう

　역참마을에서 의무 수행을 위해 필요한 인력과 말이 충분하지 않을 경우 근처 마을로부터 추가적으로 인력과 말이 충원될 수 있었습니다. 주로 역참마을 인근 농촌에 부과된 이러한 노동력 지원 의무를 「스케고오(助郷)」라고 불렀습니다.

나이토 메이세츠(内藤鳴雪) 자서전

「나이토 메이세츠」는 에도시대 후기인 1847년에 이요마츠야마번(伊予松山藩) 소속 사무라이로 태어나 메이지(1868~1912), 다이쇼(1912~1926) 시대를 거치면서 하이쿠(俳句) 시인으로 활동했던 인물입니다. 역사에 굵직한 업적을 남긴 인물은 아닌 관계로 일본 역사에 관심이 많은 분이라고 하더라도 나이토 메이세츠라는 이름을 들어 보신 분은 많지 않을 것입니다.

전국시대 마지막 전투병들의 전쟁 경험담을 후세에 남긴 에도시대 초기 잡병들의 이야기 「조오효오 모노가타리(雑兵物語)」와 같은 책이 후세에 그 가치를 높게 인정받는 이유는 실제 적과 대치해서 죽음의 최전선에 서 있던 평범한 사람들의 실전 경험을 생생하게 들여다 볼 수 있기 때문일 것입니다. 일본 근세 역사에 관심을 갖는 사람들이 에도시대 하급 사무라이들이 남긴 일기나 자서전 같은 이야기에 주목하는 이유도 같은 맥락으로 생각할 수 있습니다.

나이토 메이세츠는 이요마츠야마번 에도(江戸) 장기 체류 주재원이었던 아버지 「나이토 후사노신(内藤房之進)」의 장남으로 에도에서 태어납니다. 메이세츠의 아버지 후사노신은 번주 옆에서 각종 서무를 맡아보는 중요한 역할을 담당하고 있었으나 에도시대 후기 무기 편제의 서양화를 둘러싸고 고참과 대립하던 중 결국 보직 해임을 당하고 고향으로 귀국하라는 명령을 하달 받게 됩니다. 이 때 11세 소년이었던 나이토 메이세츠는 가족들과 함께 귀국 길에 겪었던 내용을 자서전에 자세히 기록하고 있는데요. 메이세츠가 사망하기 4년 전인 1922년 「오카무라 쇼텐(岡村書店)」을 통해 출판된 메이세츠의 자서전을 통해 평범한 에도시대 후기 사무라이들의 귀국 과정에 얽힌 에피소드를 살펴보도록 하겠습니다.

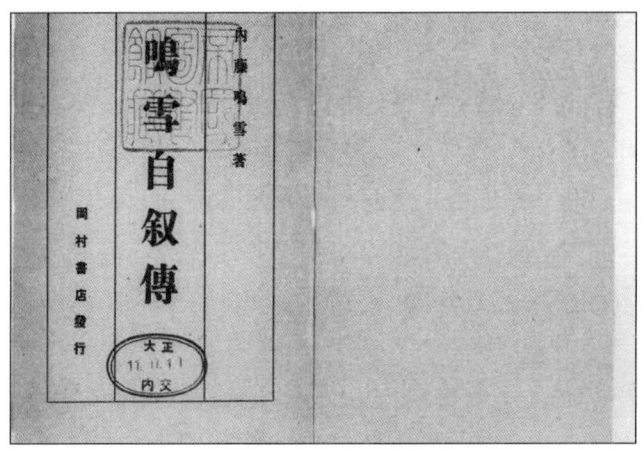

『나이토 메이세츠 자서전(鳴雪自称傳)』
일본 국립국회도서관 디지털 콜렉션

귀국 길의 경비는 출장비 처리가 가능했는가?

보직 해임으로 귀국길에 오른 나이토 가문 일행의 여행 경비는 누가 지불했을까요? 사적인 이유로 특정 지역을 여행한다면 개인이 비용을 지출하는 것이 당연하지만 보직 해임에 따른 귀국은 일종의 공무에 해당되기 때문에 당연히 번에서 여행 경비가 지급된 것으로 생각할 수 있습니다. 하지만 현실은 그렇지 않았습니다. 번(藩)에서 지급받은 급여에 이미 공적인 영역이 포함되어 있었기 때문에 공무 수행 후 남은 급여로 가족을 먹여 살린다는 것이 「치교오(知行)」로 불리우던 그 당시 급여 시스템의 기본 철학이었습니다. 하지만 빠듯한 급여로 가족을 부양하는 것 조차 어려웠기 때문에 나이토 가문처럼 온 가족이 귀국하는 경우 발생하는 경비는 빚을 짊어지면서 충당할 수 밖에 없었습니다.

여행경비 계획을 세울 때 꼭 고려해야만 하는 항목이 다름아닌 뇌물이었는데요. 일본 주요지역을 연결하는 도로 중간 중간에 「세키쇼(関所)」로 불리우는 검문소가 설치되어 있었습니다. 검문소를 통과할 때 사전에 발급받은 통행증을 제출하면 무사히 통과할 것으로 생각할 수 있지만 관계자들에게 뇌물을 전달해 주지 않으면 사사건건 트집이 잡히는 경우가 발생, 발이 묶이면서 일정 계획에 차질이 생길 수 있었습니다. 검문소를 계획대로 통과하지 못하면 인근 마을에 머물어야 했기 때문에 예상하지 못한 숙박비와 식비 같은 체류비가 추가로 발생하게 됩니다.

일정에 차질을 불러올 수 있는 불확실성을 미연에 방지하고자 번에 물건을 납품하는 상인,「고요오타시(御用達)」를 통해 검문소 관계자들에게 미리 뇌물을 찔러주는 것이 일반적이었습니다. 뇌물을 제공해야 하는 검문소와 대략적인 금액이 정해져 있었기 때문에 여행 경비를 계획함에 있어서 뇌물로 사용할 예산을 미리 반영할 수 있었다는 부분도 재미있는 대목입니다.

악당 가마꾼, 쿠모스케(雲助)

나이토 가문은 귀국 여정에「카고(駕籠)」로 불리우는 가마를 이용했습니다. 자서전에는 가마를 타고 가는 여행 과정이 상세히 기술되어 있는데요. 그 당시 가마를 메거나 짐을 나르는 일을 직업으로 삼았던 이들을 통칭해서「쿠모스케(雲助)」라고 불렀습니다.「구름과 같이 주변을 떠돌아 다니는 사람」이라는 낭만적인 의미를 내포하고 있지만 이들은 거주지가 불확실하고 질이 좋지 않은 사람들이 많았기 때문에 가마를 이용하는 사람들은 항상 쿠모스케의 존재에 대한 불안감을 가지고 있었던 것으로 보입니다.

쿠모스케들은 여름에는 훈도시 한 장만 걸치고 일을 했으며 겨울에도 옷을 제대로 갖춰 입는 경우가 거의 없을 정도로 행색 또한 불량했습니다.

쿠모스케들에 대한 여행자들의 불안감을 해소시켜 주기 위해서 등장한 것이 역참마다 존재했던 「토이야(問屋)」였습니다. 토이야의 대표인 오야붕(親分)이 다수의 쿠모스케들을 관리하면서 고객의 요청에 따라 신분이 어느 정도 보장된 쿠모스케들을 배정해 줌으로써 여행객들은 안심하고 가마를 탈 수 있었던 것입니다. 토이야는 일종의 인력중개소 같은 역할을 수행했는데요. 「토오카이도(東海道)」라는 가도(街道)를 통해 귀국했던 나이토 일행은 역참마다 인력중개소를 컨택해 쿠모스케를 배정받는 수고를 감수 해야만 했습니다.

기본적으로 불한당 같은 이미지를 가지고 있는 쿠모스케들이지만 인력중개소를 통해 배정받게 되면 문제를 일으키는 경우가 거의 없었다고 합니다. 만약 인력중개소를 통해 배정받은 쿠모스케가 악행을 저질러 문제가 되면 인력중개소의 오야붕은 이들을 가만 두지 않았습니다. 악행 수준이 가볍다면 손가락 한, 두 개를 부러뜨려 쫓아 내는 수준이었지만 죄가 무겁다면 10개의 손가락을 모두 부러뜨리거나 반 죽음 상태가 될 때까지 두들겨 팬 후 쫓아 내곤 했습니다. 이렇게 쫓겨 나면 다른 곳에서도 일을 할 수 없었기 때문에 인력중개소 관리 하에 있던 쿠모스케들은 고객들에게 비교적 좋은 서비스를 제공할 수 있었던 것입니다. 사무라이 계층이 가마를 이용할 경우 쿠모스케들은 대체로 고분고분했지만 이동 도중에 게으름을 피우기도 하고 술값 몇 푼 챙겨 달라며 애교(?) 섞인 요구를 했다고도 합니다.

고향으로 돌아가는 여행길이 나름 즐겁지 않았을까 싶지만 열 한 살 소년 나이토 메이세츠는 반라 상태로 온몸에 문신을 하고 있는 무서운 아저씨들이 짊어진 가마를 타고 가면서 불안감에 떨었다고 힘들었던 여행 기억을 적고 있습니다.

조선통신사가 남긴 가마꾼에 대한 기억

1763년 조선통신사 자격으로 일본을 방문했던 김인겸(**金仁謙**, 1707~1772)은 그 당시 보고 들은 일본에 대한 감상을 일동장유가(**日東壯遊歌**)라는 시조로 남겼는데요. 가마를 타고 이동하던 조선통신사의 괴로운 여정이 잘 표현되어 있습니다. 그 일부 내용을 살펴보겠습니다.

점심 먹고 길 떠나서 이십 리는 겨우 가서

날이 저물고 큰 비가 내리니

길이 질기가 이루 말할 수 없이 미끄러워 자주 쉬는지라

가마 멘 다섯 놈이 서로 가며 교대하되

갈 길이 아주 없어 둔덕에 가마를 놓고

이윽토록 주저하며 갈 뜻이 없는지라

사면을 돌아보니 천지가 어둑하고

일행들은 간 곳이 없고 등불은 꺼졌으니

아주 가까운 거리도 분별이 안 되고 망망한 들 가운데

말을 알지 못하는 왜놈들만 의지하고 앉았으니

오늘밤 이 정경은 고단하고 위태하다.

가마 메는 사람들이 달아나면 낭패됨이 오죽할까.

그 놈들의 옷을 잡아 흔들어 뜻을 보이고

가마 속에 있던 음식을 갖가지로 내어 주니 떠들며 먹은 후에

그제야 가마 메고 곳곳에 가서 이러하니

만약 음식이 없었더라면 필연코 도주했을 것이다.

삼경(밤12시 경) 쯤은 겨우 되어 대원성(大垣城)에 들어가니

두통하고 구토하며 밤새도록 크게 앓았다.

나이토 메이세츠가 가마를 타고 귀국했던 시기보다 약 100년 전

에 조선통신사가 겪은 일본 가마꾼들의 모습을 엿 볼 수 있는 재미 있는 시조입니다. 이 시조 내용만 놓고 보면 통역이 대동하지 않았 으며 가마꾼들이 조선통신사들에게 뒷돈이나 떡값을 바라고 있었 지만 이들의 악행에 제재를 가할 일본인 관리가 동행하지 않았다 는 사실 등을 엿 볼 수 있습니다. 오오가키성(**大垣城**)에 도착하여 밤새 구토했다는 이야기를 통해 가마의 승차감이 얼마나 좋지 않 았는지도 짐작할 수 있겠네요.

인력중개소 비용에 대해서

사무라이 계층이 가마를 이용할 때 인력중개소에 지불하는 비용 은 약 50년 전 시세였다고 나이토 메이세츠는 자서전에서 이야기 하고 있는데요. 사무라이 계층은 말도 안되는 염가로 가마를 이용 하고 있었던 것입니다.

인력중개소 입장에서는 사무라이 계층만을 손님으로 받으면 적 자를 면하기 어려웠기 때문에 평민들의 이용 요금을 비싸게 받음 으로써 요금 문제를 해결해야만 했습니다. 특히 돈을 많이 버는 카 부키 배우 등이 손님으로 올 경우에는 종종 바가지를 씌웠던 것으 로 보입니다. 상황이 이렇다 보니 예능업계 종사자들이 가난한 상인으로 변장해 가마를 이용하는 경우도 있었지만 발각될 시에는 더 큰 비용을 지불해야 했다고 전해집니다.

역참에 일이 몰려 인력이 부족할 경우

산킨코오타이 등이 밀집된 시즌인 경우 인력중개소를 통한 가마꾼 수배가 어려운 경우도 있었습니다. 이 때 인력중개소 대표(親分, 오야붕)는 이웃 마을로부터 짐꾼들을 수배해 역참에 배정해 주기도 했습니다.

에도시대 역참제도에 의해서 주요 가도의 역참마을 주민들은 공무로 오고 가는 번의 사무라이들과 짐을 다음 역참마을까지 전달해야하는 의무를 부여받고 있었는데 이를 「텐마야쿠(伝馬役)」라고 불렀습니다. 역참마을 주민들은 의무를 다하기 위해 필요한 인력과 말을 일정 수준 이상 확보하고 있어야만 했습니다. 하지만 역참마을에 준비된 인력과 말이 충분하지 않은 경우 인근 농촌에서 인력과 말을 징발해 오는 경우도 있었는데 이러한 노동력 보조 부역 의무를 「스케고오(助郷)」라고 불렀습니다. 스케고오 의무에 의해 차출되는 인력은 일반 농민들이었기 때문에 공포감을 조장하는 문신을 하지 않았고 옷차림도 정상적이었음에도 불구하고 일반 고객들은 이들을 선호하지 않았습니다. 전문 가마꾼이 아니었기 때문에 짐을 포장하는 기술도 없었고 가마를 메는 방식도 엉성했으며 이동 시 가마꾼들끼리 호흡을 제대로 못 맞추다 보니 승차감도 형편없기 때문이었습니다.

에도시대 후기에 접어들면서 역참제도에 필요한 인력 수급과 스케고오 의무에 따른 농촌 인력 확보에 민간 업자가 관여하고 있었다는 점은 흥미로운 부분입니다.

쿠모스케(雲助)라는 용어의 거부감

1977년 일본 개그맨이었던 요코야마 야스시(橫山やすし)가 택시 운전수에게 『지금이야 시대가 좋아 운전수라고 불러주는 것이지, 예전 같았으면 카고카키(駕籠かき, 가마꾼)라든가 쿠모스케 같은 존재였다.』라고 말했다가 운전수로부터 모욕죄로 고소당한 사건이 있었습니다. 불기소 처분을 받기는 했지만 야스시는 민사소송에서 10만엔의 위자료 지급을 명령받게 됩니다.[1]

1999년 강도 살인을 저지른 「교토 메이테츠 택시(京都名鉄タクシー)」 운전 기사에게 교토지방재판소가 『택시 승무원 중에 쿠

---

1 위키피디아, 橫山やすし「雲助」事件.

모스케 같은 자들이 일부 존재한다.」라는 판결문을 썼다가 교토여객자동차협회, 민주당 등의 항의를 받았고 도쿄의 택시기사들이 재판소를 상대로 명예훼손에 대한 국가배상청구소송을 제기하기도 했습니다.[2] 결국 이 판결문을 쓴 재판관은 주의 처분을 받게 됩니다.

  택시 운전수에게 「쿠모스케」라는 표현이 굉장한 모욕감을 준다는 것을 알 수 있습니다. 일본인들의 일상 생활에서 쿠모스케라는 용어가 거의 사용되고 있지는 않지만 특히 택시를 탈 경우에는 주의해야 하는 용어가 아닐까 생각됩니다.

---

2 위키피디아, 京都地裁「雲助」表現問題.

알고 마시러 가자!
이자카야(居酒屋) 이야기

Episode #3
이자카야의 원조 「토시마야(豊島屋)」

[이해를 돕기 위한 용어 해설]

杉玉(스기다마)
すぎだま

삼나무 잎을 모아 동그란 구형으로 만든 조형물을 의미합니다. 니혼슈(日本酒, 일본의 전통 발효 양조주) 주조장에서는 새로운 술이 만들어졌다는 의미로 초록색 「스기다마(杉玉)」를 주조장 처마 끝에 걸어둡니다. 초록색 스기다마는 시간이 지남에 따라 갈색으로 변색되며 이듬해 새로운 술이 만들어지면 다시 초록색 스기다마로 교체됩니다. 아래 그림은 1712년에 출간된 「와칸산사이 즈에(和漢三才図会)」라는 백과사전에 실린 「스기바야시(杉林)」입니다. 에도시대 중기까지는 구형 모양인 스기다마가 아닌 장구 모양의 스기바야시를 걸어 두었습니다.

스기바야시(杉林), 테라시마 료오안(寺島良安) 저서
『와칸산사이 즈에(和漢三才図会, 1712년)』
일본 국립국회도서관 디지털 콜렉션

大神神社(오오미와진쟈)
おおみわじんじゃ

　나라현(奈良県) 사쿠라이시(桜井市)에 위치한 신사로 술 주조와 관련된 「오오모노누시노 카미(大物主神)」라는 신이 모셔져 있습니다. 고대로부터 내려 온 삼나무에 이 신의 힘이 머무르고 있다는 전설로부터 니혼슈(日本酒, 일본술) 주조장 처마 끝에 스기다마(杉玉)를 매달아 두는 전통이 생겼다고 전해집니다.

老舗(시니세)
しにせ

　조상 대대로 전해 내려오는 전통 있는 도소매업점, 음식점, 기업 등을 의미합니다. 『선대의 일을 따라하라(親の為(仕)似せ).』라는 표현이 어원으로 알려져 있습니다.

　일본에는 창업한지 100년이 넘은 시니세가 3만 곳이 넘으며 200년 이상 된 시니세만 4천 곳에 달합니다. 참고로 가장 오래 된 시니세는 「콘고구미(金剛組)」라는 이름의 건축 회사로 서기 578년에 백제 도래인 기술자에 의해서 설립되었습니다.

술을 부르는 그 이름, 이자카야(居酒屋)

「이자카야(居酒屋)」. 술을 좋아하는 사람들뿐만 아니라 술을 마시지 않는 이들도 한 번쯤은 들어 본 이름일 것입니다. 한국인에게도 매우 익숙한 단어인 이자카야는 어떠한 배경에서 탄생되었을까요?

1748년 경, 이자카야라는 단어가 일본 문헌에 처음 등장하기 시작한 것으로 알려져 있습니다. 이자카야의 등장을 이해하기 위해서는 먼저 「사카야(酒屋)」라는 존재에 대해서 알아볼 필요가 있습니다. 사카야는 현대 일본에도 존재하는 업종으로 원래는 술을 주조해 판매하는 업자를 의미하였지만 근대에 와서는 술을 주조하지는 않고 판매만 하는 업자도 동일하게 사카야라고 부르고 있습니다.

일본 여행을 다니다 보면 삼나무 잎과 가지로 만든 동그란 모양의 조형물이 건물 처마 끝에 매달려 있는 모습을 찾아 볼 수 있는데 이 조형물을 스기다마(杉玉)라고 부릅니다. 이 스기다마는 술을 주조하는 사카야의 상징으로 새로운 술이 만들어지면 초록색 스기다마를 주조장 처마 끝에 걸어 두며 이 초록색 스기다마는 시간이 지남에 따라 갈색으로 변색됩니다.

에도(江戶)에는 전국에서 몰려든 독신 남성 및 일용직 노동자 인구가 많았습니다. 1721년 에도 서민(町人, 쵸오닌) 인구의 남녀비율을 보면 거의 2:1에 육박하는 것을 알 수 있는데요. 스스로 식사를 해결해야만 하는 남자들로 가득 찼던 에도는 일찍부터 외식 산업이 발달할 수 밖에 없는 조건을 가지고 있었습니다. 무가(武家) 인구는 제외된 통계로, 산킨코오타이 때문에 일본 전역에서 몰려온 사무라이 인구를 더하면 남녀 비율은 한층 더 벌어질 수 밖에 없을 것입니다.

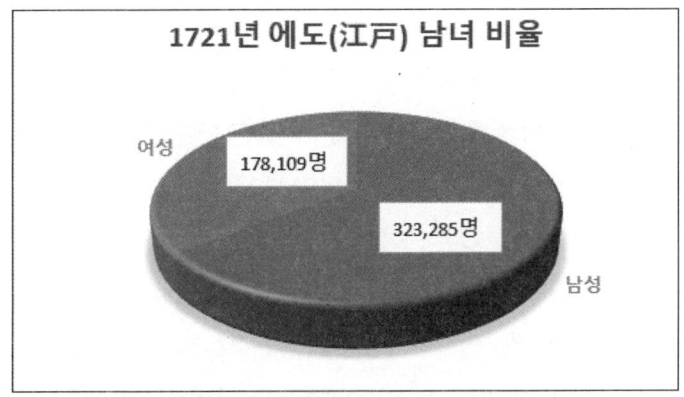

1721년 에도 서민(町人, 쵸오닌) 남녀 인구 수
『幕末江戸社会の研究』(吉川弘文館)

에도의 외식 산업이 폭발적으로 성장하면서 술을 판매만 하던 사카야에서 술을 마실 수 있게 해 주는 새로운 서비스가 생겨나기 시작했고 사카야에서 술을 마시는 행위를 「이자카(居酒)」라고 부르게 됩니다. 이 「이자카」라는 표현에 가게를 의미하는 「야(屋)」가 조합되면서 「이자카야(居酒屋)」라는 단어가 탄생된 것입니다.

술을 계량하여 판매만 하던 주류 소매상 사카야에서 저렴한 가격에 술 한잔 걸칠 수 있는 이자카 서비스가 생겨나면서 사무라이 가문에 일꾼으로 고용되어 있던 하인들이 주 고객으로 자리잡게 됩니다.

아무래도 거친 사람들이 자주 모이는 곳이다 보니 싸움이 빈번하게 발생했고 「이자카(사카야에서 술마시는 행위) 고객 사절」을 써 붙인 사카야도 생겨 났다고 합니다.

신개념 서비스의 부작용을 거부하는 사람이 있는가 하면 이를 적절하게 활용해 새로운 시장을 개척하고 기회를 거머쥐는 사람들 역시 존재하겠지요. 얼마 지나지 않아 에도의 한 귀퉁이에서 새로운 비즈니스 찬스를 잡은 가게가 등장합니다.

1596년 탄생한 노포(老舖), 토시마야(豊島屋)

1596년 「토시마야 쥬우에몬(豊島屋十右衛門)」이 설립한 주류 판매점 「토시마야(豊島屋)」는 점포 안에서 술을 마실 수 있게 해주는 이자카 서비스를 발 빠르게 도입합니다.

에도시대 초기 도쿠가와 이에야스(德川家康)는 습지가 많았던 에도를 거대 도시로 탈바꿈 시키고 있었고 대규모 토목 공사에 필요한 각종 석재와 목재 등 건축 자재를 실은 배들이 물자 하역을 위해 이용했던 곳이 지금의 도쿄 치요다구(千代田区) 칸다(神田) 인근에 위치한 「칸다 카마쿠라카시(神田鎌倉河岸)」라는 곳이었습니다. 이 인근에 수 많은 인부들이 모여들자 마침 「카마쿠라카시」에서 사카야(주류 판매점)를 하고 있던 쥬우에몬은 가게를 넓히고 술을 저렴하게 판매하는 방식으로 손님들을 끌어 모으게 됩니다. 술은 원가로 판매하고 타루(樽)로 불리우는 술 통이 전부 비워지면 그 통을 되팔아 수익을 올렸고 물기를 제거한 두부 위에 일본식 된장인 미소(味噌)를 발라 구워낸 「미소 덴라쿠(味噌田楽)」를 안주로 함께 판매하기도 했습니다. 가게 밖에서 미소 덴라쿠를 구워 내면서 맛있는 냄새가 퍼지기 시작하면 사람들이 몰려들었지만 절대로 가게 밖에서 별도 판매는 하지 않았으며 토시마야 안에서만 판매하는 전략을 취했습니다. 하지만 미소 덴라쿠도 원가 판매를 고집했다고 합니다. 술 판매에서도 이익을 남기지 않았고 안주도 원가로 판매 하면서 오로지 목적은 비워진 술통을 재판매하는 것에 초점이 맞추어져 있었습니다.

  실제 이러한 판매 방식으로 큰 이익을 올리지는 못했지만 싼 가격에 술 한잔 걸칠 수 있는 곳으로 유명세를 타면서 행상인, 사무라이 집안의 하인들, 말을 끄는 인부, 작은 배의 선장, 가마꾼, 일용직 노동자, 동냥꾼 등 에도의 수 많은 하층민들이 토시마야에 몰려듭니다.

미소 덴라쿠(味噌田楽)를 굽고 있는 여성
『햐쿠닌 죠로오 시나사다메(百人女郎品定, 1723년)』
일본 국립국회도서관 디지털 콜렉션

　기회의 땅 에도에 몰려든 서민들은 먹고 살기 위하여 자본금이 거의 들지 않는 행상(棒手振り, 보테 후리)을 시작하는 경우가 많았습니다. 에도 막부는 행상인이 에도 시내에 급증하는 것을 막기 위해서 1613년부터 「후리우리 후다(振売札)」라고 불리우는 증서를 발급받은 사람들에 한해서 행상을 허용해 주었습니다. 1695년 경에는 에도 북쪽 지역에서만 정식으로 허가 받은 행상인 수가 5,900명에 달했습니다.[1] 행상인 수를 조절하기 위해 에도 막부는

---

1 이이노 료오이치(飯野亮一), 『居酒屋の誕生』, ちくま学芸文庫(2018), p187.

신규 행상인의 시장 진입을 불허하는 포고령을 내리기도 했지만 실효를 거두지는 못했습니다.

금붕어 행상인, 『모리사다 만코(守貞謾稿, 1837년)』
일본 국립국회도서관 디지털 콜렉션

수 많은 행상인들이 술 한 잔 하기 위해 이자카야로 몰려들다 보니 토시마야에 가면 원하는 물건을 구할 수 있다는 이야기까지 나올 정도였다고 합니다.

토시마야의 이러한 극단적 박리다매 비즈니스는 당장에 큰 수익을 가져다 주지는 못했지만 대중적 명성을 등에 업고「히나 마츠리(雛祭り, 여자 아이를 가진 집에서 아이의 건강과 행복한 미래를 기원하는 축제)」에 사용되는 술,「시라자케(白酒)」를 만들어 크게 유행시키면서 많은 수익을 올렸다고 합니다.

토시마야(豊島屋)의 현재 모습

1834년 에도의 명소를 소개하기 위해 간행된 「에도 메이쇼 즈에(江戸名所図会)」라는 그림 책자에는 토시마야의 시라자케 술을 구하기 위해 몰려든 사람들의 모습이 역동적으로 표현되어 있습니다. 이 그림을 보면 토시마야의 선조가 구사했던 박리다매 판매 전술은 틀리지 않았던 것으로 보입니다.

시라자케 술을 구하기 위해 토시마야(豊島屋)에 몰려든 사람들
『에도 메이쇼 즈에(江戸名所図会, 1834년)』
일본 국립국회도서관 디지털 콜렉션

1596년 창업한 토시마야는 이자카야의 원조로 불리우며 427년째(2022년 현재) 그 명성을 이어가고 있습니다. 1923년 관동대지진 당시 완전히 파괴된 토시마야는 이후 재건되었으나 1945년 도쿄대공습 때 또 다시 전소되는 불운을 맞이하기도 합니다. 패전 후에는 원래 가게가 있던 장소를 미군이 점령하면서 지금의 토시마야 본점 위치로 이전해 영업을 지속해 오고 있습니다.

1923년 관동대지진으로 가게가 파괴된 이후에는 현장에서 술과 음식을 즐길 수 있는 이자카야로써의 영업은 중지된 상태였습니다. 하지만 2020년, 원래 창업 장소와 가까운 곳에 건설된 대형 오피스 빌딩 「칸다 스퀘어」 1층에 「토시마야 주점(豊島屋酒店)」이라는 이름의 점포를 열고 약 100년 만에 창업 당시의 원조 이자카야 영업을 재개했습니다.

입점 전에 코로나 사태가 터지면서 매출이 급감, 새 점포 개업이 불투명해지기도 했지만 400년이 넘은 시니세 기업에 대한 지역민들의 응원은 크라우드 펀딩으로까지 이어졌고 토시마야는 여러 어려움을 딛고 결국 칸다 스퀘어에 무사히 입점할 수 있었습니다. 칸다 스퀘어 건물 자체가 「에도, 도쿄, 모던」을 컨셉으로 하고 있기 때문에 더이상 에도시대 분위기를 느낄 수는 없지만 우리 주변에서 흔하게 볼 수 있는 이자카야의 원조를 찾아 한 번쯤은 들러 볼 만한 곳이 아닌가 생각됩니다.

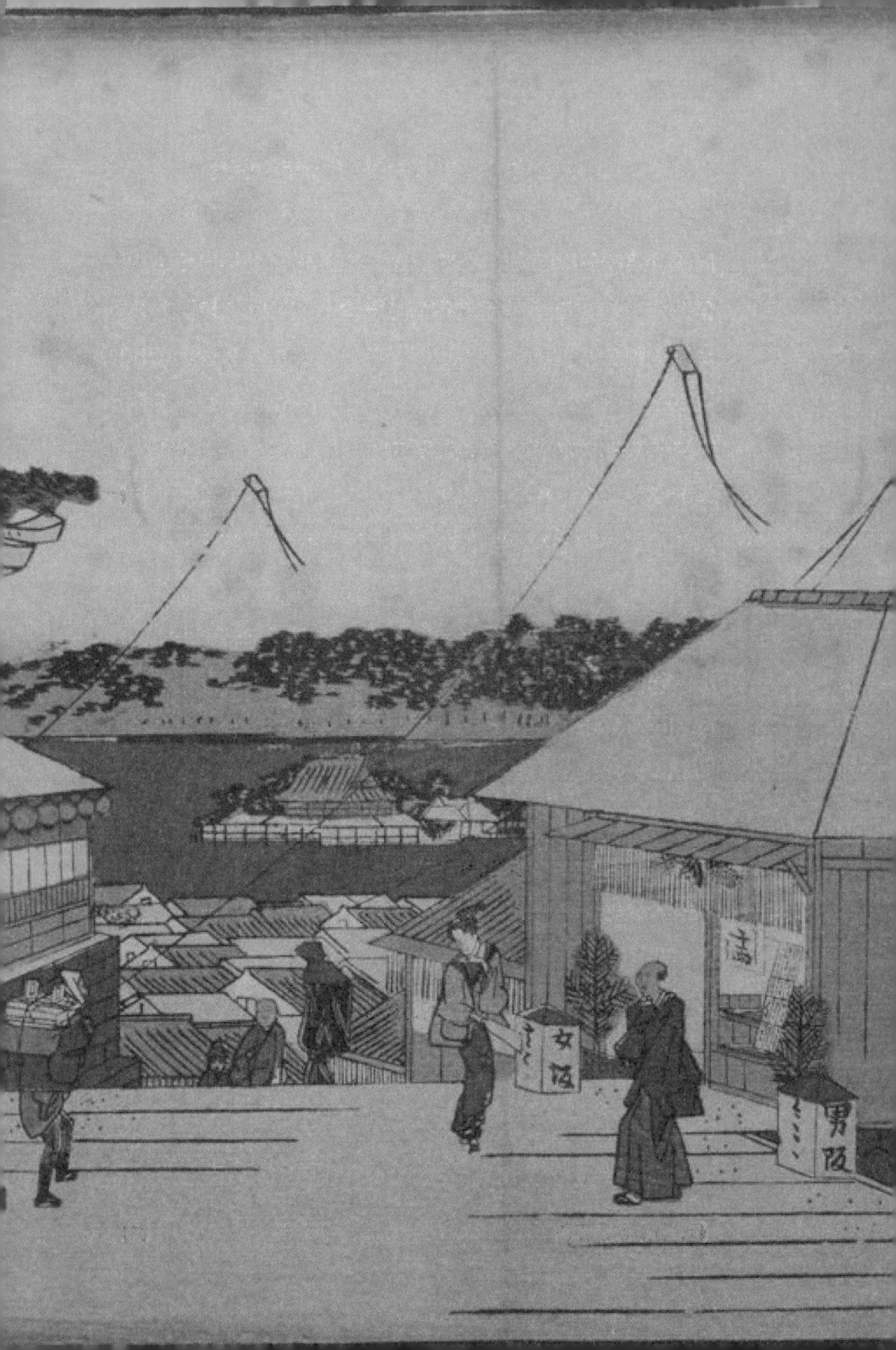

에도시대 분뇨 가치는
신분에 따라 다르게 매겨졌다?

Episode #4
_____
쿄쿠테이 바킨(曲亭馬琴) 이야기

[이해를 돕기 위한 용어 해설]

曲亭馬琴(쿄쿠테이 바킨)
きょくていばきん

에도시대 후기 작가. 본명은 「타키자와 오키쿠니(滝沢興邦, 1767~1848)」로 원고료 만으로 생계를 유지할 수 있었던 일본 최초의 저술가로 알려져 있습니다.

町人(쵸오닌)
ちょうにん

에도시대 당시 도시에 거주하고 있던 상인과 기술자를 총칭하는 표현입니다.

에도를 포함한 일본 전역의 다이묘들은 면세 정책을 펴기도 하고 영업의 자유를 보장하기도 하면서 상공업자들을 유치하였고 모여든 상공업자들이 쵸오닌 계층을 형성하면서 농민 계층과는 점차적으로 분리됩니다. 이들은 전문성을 바탕으로 에도시대 민간 문화 발전을 주도하게 됩니다.

沢庵(타쿠앙)
たくあん

「타쿠앙 소오호오(沢庵宗彭, 1573~1646)」 스님이 고안한 채소 절임으로 「타쿠앙 즈케(沢庵漬け)」라고 부르기도 합니다. 칸사이(関西) 지방에서 유행하고 있던 절임 반찬을 타쿠앙 스님이 에도(江戸)에 널리 전파했다는 설도 있습니다.

타쿠앙은 수분을 제거해 말린 무를 설탕, 소금 또는 조미액에 절여 먹는 음식으로 분식집 단골 반찬으로 올라오는 단무지의 원조입니다. 예전에는 일본어 발음 그대로 「다꽝」으로 불렸지만 언어 순화 과정을 거쳐 지금은 단무지로 이름이 정해졌습니다.

遊里(유우리)
ゆうり

유곽이 몰려 있는 특정 구역을 의미합니다. 막부로부터 정식으로 영업 허가를 받았다는 특징이 있으며 에도(江戸)의 요시와라(吉原), 오사카(大阪)의 신마치(新町), 교토(京都)의 시마바라(島原) 같은 곳이 유명했습니다.

岡場所(오카바쇼)
おかばしょ

막부의 정식 허가를 받지 않고 에도 인근에서 불법 영업을 하던 유곽을 통칭하는 표현입니다. 요시와라에 비해서 비교적 저렴한 가격으로 즐길 수 있었으며 에도 치안을 담당하던 「마치 부교쇼(町奉行所)」에서 종종 단속했음에도 불구하고 당당히 영업을 했던 것으로 알려져 있습니다.

에도에서 생산된 분뇨량 추정

　근세 일본의 수도인 거대 도시 에도는 100만 명에 달하는 인구를 보유하고 있었던 것으로 알려져 있지만 사실 명확한 근거는 존재하지 않습니다.

　1721년 일본에서 처음으로 인구 조사가 시작되었는데 이 당시 인구 조사 대상은 서민(町人, 쵸오닌)으로 한정되어 있었고 쵸오닌 인구만 501,394명으로 조사되었습니다. 절, 신사, 일용직 노동자, 무사 계층 인구는 포함되지 않은 조사 결과였습니다. 격년으로 고향을 오고 가는 인구 때문에 에도시대 무가 사회 인구 수는 유동적이었지만 에도 막부 직속 가신과 전국 번(藩)에서 몰려든 사무라이 인구 수를 약 50만 명, 절, 신사 등에 종사하고 있는 인구 수를 약 10만 명 정도로 추정해 에도 인구를 100만으로 이야기하고 있는 것입니다. 하지만 에도의 모든 인구 구성원에 대해서 완벽한 인구 조사가 이루어지지 않았기 때문에 에도 인구 150만 명 설, 200만 명 설도 존재합니다.

　100만에 달하는 거대 인구가 먹고 배출하는 분뇨량 역시 상당한 수준이었음을 짐작할 수 있는데요. 1인 당 연간 분뇨 배출량을 500kg 정도로 가정하면 에도 전체에서 배출되는 분뇨량을 대략 연간 50만 톤 정도로 추정할 수 있습니다. 1인 당 하루에 1.37kg의 분뇨를 배출한 것이니 어느 정도 타당한 수치로 볼 수 있겠습니다.

분뇨를 제공하고 채소를 얻는 과정

에도시대 일반 서민들의 식사는 밥, 된장국(味噌汁, 미소시루), 채소절임(漬物, 츠케모노)이 기본이었습니다. 츠케모노의 대표격인 타쿠앙(沢庵)을 만들기 위해서는 수분을 제거한 무가 필요했는데 물론 별도로 구입할 수 있었지만 분뇨와의 교환을 통해 무를 얻을 수도 있었습니다.

100만 명의 대도시 에도에서 필요로 하는 식량 수급을 위해 에도 외곽 지역은 농경지가 발달하게 됩니다. 에도에서 연간 50만 톤 정도씩 쏟아져 나오는 분뇨는 에도 외곽 지역 농경지에서 퇴비로 활용되었고 농경지에서 생산된 각종 곡물과 채소는 다시 에도로 공급되는 자원의 리사이클링 구조가 자연스럽게 형성되어 있었습니다.

다이묘 또는 사무라이들의 저택에서 일반 서민들의 공동주택에 이르기까지 분뇨통이 설치되어 있는 대부분의 장소는 에도 외곽 지역 농가와 직간접적으로 분뇨 처리권에 대한 계약을 맺고 있었습니다. 현대 사회에서는 정화조를 청소해 주는 사람에게 비용을 지불하는 것이 당연한 이야기지만 에도에서는 정화조를 청소해 주는 것이 아니라 농사에 필수적인 퇴비를 구입해 가는 개념으로 분뇨 처리 과정이 자리잡고 있었던 것입니다. 분뇨 구입 비용을 돈으로 지불하는 경우도 있었지만 분뇨 구매 당사자가 농민이었기 때문에 밭에서 생산되는 무 또는 가지 등의 농산물을 물물교환 형태로 지불하는 경우가 일반적이었습니다.

분뇨에 매겨진 등급

사람들이 배출하는 분뇨의 양은 거의 매일 일정하지만 퇴비로써의 분뇨를 필요로 하는 시기는 보통 봄에 집중되어 있었기 때문에 분뇨 가격은 수요 공급 법칙에 의해서 변동이 있었습니다. 그 외 분뇨 가격 책정에 결정적인 역할을 했던 것이 있었으니 다름아닌 신분과 경제력이었는데요.

다이묘 저택, 막부 직속 가신인 하타모토 저택 또는 거상 집에서 나온 분뇨가 상급에 속해 있었고 일반 사무라이 저택 또는 서민 집에서 나온 분뇨가 중급, 빈민들이 많이 사는 공동 주택「나가야(長屋)」에서 나온 분뇨가 하급으로 분류되어 있었습니다.

대변 비율이 적고 소변이 많이 섞인 분변은「다레코미(だれこみ)」

라고 부르며 퇴비로써의 가치가 낮은 상품으로 분류했습니다. 남성들의 경우 소변통이 별도로 있어서 소변은 그냥 마을 인근에 흘려 보낼 수 있었지만 여성들의 경우 소변통과 대변통이 구분되어 있지 않았기 때문에 여성들이 주로 이용하는 화장실의 분변은 퇴비로써의 가치가 낮았습니다. 신분과 경제력이 높을수록 분뇨 등급을 높게 쳐 준 품질 분류 방식은 과학적인 분석이라기보다는 농민들의 경험에 의존한 것이었지만 결과적으로는 정확한 해석이었습니다.

곡물과 채소 외에도 닭고기, 어패류 등 높은 영양가를 가진 음식을 먹은 후 배출한 분변에는 질소가 많이 함유되어 있기 때문에 퇴비로써의 효율이 높았던 반면 곡물과 채식 위주의 음식 밖에 먹지 못했던 서민들의 분변은 영양소가 낮았기 때문에 퇴비로써의 가치 또한 낮게 책정되어 있었던 것입니다.

「유우리(遊里)」로 불리우던 유곽에서 생산되는 분변 역시 높은 등급을 받고 고가로 거래되던 상품이었습니다. 합법적인 유곽 지역이었던 에도의 요시와라(吉原)는 물론 불법으로 영업하던 오카바쇼(岡場所) 등지에서 나오는 분변 역시 높은 영양소를 포함하고 있는 것으로 인식되어 인근 농민들로부터 인기가 높았습니다. 연회가 끊이지 않았던 유곽 술자리의 특성 상 단백질이 함유된 고급 요리들이 많이 소비되었기 때문에 충분히 근거 있는 판단으로 볼 수 있습니다.

메이지 정부의 초청을 받아 1881년 「코마바 농학교 농예 화학 (駒場農学校農芸化学)」 주임으로 일본을 방문한 독일 출신 농예 화학자 「오스카 켈너(Oskar Kellner, 1851~1911)」 박사가 일본인 분변의 퇴비 성분 규명에 대한 연구를 실시한 적이 있는데요. 그 대략적인 결과는 아래와 같습니다.

성분	일본인			유럽인
	농민	병사, 학생	평균	
질소	0.55	0.80	0.57	0.70
인산	0.12	0.20	0.15	0.26
칼륨	0.30	0.21	0.27	0.21
식염	1.16	0.84	1.02	0.66

켈너 박사가 증명한 일본인 인분의 비료 성분
『일본 전국농업협동조합연합회 그린 리포트(グリーンレポート)』
2018년 2월호

그 당시 병사, 학생들 분변에 포함된 질소, 인산, 칼륨 양이 농민들 분변에 포함된 양보다 높은 것을 알 수 있습니다. 결론적으로 에도시대 농민들이 신분과 경제력에 따라 구분해 놓은 분변 등급은 정답에 가까웠던 것입니다.

에도시대 전업 소설가
쿄쿠테이 바킨(曲亭馬琴) 집에서 벌어진 소동

에도시대 전업 소설가로 유명한 「쿄쿠테이 바킨(曲亭馬琴, 1767~1848)」이라는 인물이 있습니다. 바킨은 상인 계급으로 공동 주택인 나가야(長屋)가 아닌 단독 주택에서 살고 있었습니다.

1831년 바킨 집안의 분변 취득권을 가지고 있는 농민이 분변을 수거하기 위해 「가지 250개」를 들고 바킨 집을 방문하는데요. 250개의 가지는 분변 수거에 대한 대가였습니다. 이를 본 바킨은 가지가 50개 부족하다면서 따지기 시작합니다. 이에 농민은 『1인당 가지 50개로 계약했으니 5인 가족이면 250개가 맞다.』라며 물러서지 않는데요. 그 당시 쿄쿠테이 바킨 가족은 바킨 자신(65세), 오햐쿠(바킨의 처, 68세), 소하쿠(아들, 35세), 오미치(며느리, 26세), 타로(손자, 4세), 오츠기(손녀, 2세), 오마키(하녀, 35세) 등으로 구성된 7인 가족이었습니다. 바킨은 어린이 두 명을 성인 한 명으로 치는 것이 합리적이라고 생각했기 때문에 5인 가족이 아닌 6인 가족으로 생각해서 1인당 가지 50개면 총 300개의 가지를 달라는 이야기였던 것입니다.

농민이 바킨의 주장에 납득하기 어렵다면서 받아들이지 않자 화가 난 바킨은 분변을 수거하러 온 농민을 「가지 250개」와 함께 그

냥 돌려 보냅니다. 보통 분변 수거를 위해 방문한 업자에게 점심을 대접하는 것이 예의였지만 바킨은 며느리에게 『점심을 주지 말라.』라고 당부하며 업자를 빈 손으로 보내버렸던 것입니다. 바킨은 단독주택에 살고 있었지만 막부 가신이었던 스기우라(杉浦) 가문이 소유한 토지 중 일부를 임대하여 사용하고 있었기 때문에 분변 처리에 대한 협상을 바킨 자신이 직접 할 수 있는 처지는 아니었습니다.

도쿠가와 막부에 직접 고용되어 있던 가신인 「하타모토(旗本)」들 중 토지를 소유한 하타모토들은 스기우라 가문처럼 토지를 서민들에게 빌려준 후 임대 수익을 올리는 경우가 종종 있었습니다. 이 역시 막부 규정 상 허용되지 않는 행위였지만 현실과는 괴리가 있었습니다.

스기우라 가문, 바킨 가문 그리고 또 다른 가문 등 총 세 가문이 스기우라 가문 토지 안에서 살고 있었지만 세 가구에 대한 분변 수거권은 스기우라 가문이 일괄 계약을 맺고 있었습니다. 원래 계약을 맺었던 업자의 태도가 불성실하자 스기우라 가문은 1831년부터 「네리마무라(練馬村, 현재의 도쿄 네리마구(練馬区) 인근)」의 농민 이자에몬(伊左衛門)과 새로 계약을 체결합니다. 같은 해 3월 새로운 분변 처리 업자 이자에몬이 인사 차 찾아와 다음과 같은 이야기를 합니다.

『제가 히토츠바시(一ツ橋) 가문 저택 분변 수거권도 따내게 되어서 이곳에는 직접 오지 못할 것 같으니 다른 사람을 보내도록 하겠습니다.』

이 이야기를 통해 에도의 분변 수거권을 둘러싸고 대표 처리 업자가 다른 업자에게 하청을 주는 경우도 있었다는 것을 알 수 있습니다.

스기우라 가문은 분변 수거의 대가로 여름에는 성인 1인당 가지 50개, 겨울에는 성인 1인당 말린 무 50개를 지불하는 것으로 계약을 맺었는데 바킨은 자신의 일기에 『스기우라 가문의 계모가 나서서 여자의 얕은 지식으로 이런 어설픈 계약을 체결했다.』라며 불만을 숨기지 않고 있습니다.

그 해 겨울 이자에몬은 무 300개를 가지고 바킨을 찾아옵니다. 어린이 두 명을 성인 한 명으로 계산해 달라는 바킨의 주장이 결국 통했던 순간이었습니다.

변소에 빠져 죽은 하타모토(旗本) 이야기

에도시대 후기에 발생했던 여러가지 사건 사고를 기록한 「후지오카야 일기(藤岡屋日記)」라는 책이 있습니다. 이 일기를 집필한 인물이 「스도오 요시조오(須藤由蔵, 1793~?)」라는 에도시대 후기 서민이었는데요. 1804년에서 1868년까지 60년이 넘는 기간 동안 에도 인근에서 발생한 각종 사건 사고를 취재해 에도에서 근무하는 여러 번(藩)의 사무라이들에게 돈을 받고 정보를 팔아 생계를 꾸려 온 인물로 기록되어 있습니다.

이 일기에 900석의 급여를 받는 하타모토(旗本) 「마츠시타 덴시치로오(松下伝七郎)」라는 인물 이야기가 등장하는데 쇼군의 지근 거리에서 시중을 드는 것이 덴시치로오의 주요 업무였습니다.

1848년 11월 27일 덴시치로오는 에도성에서 숙직 근무가 예정되어 있었습니다. 술을 좋아하던 12대 쇼군 이에요시(家慶)는 덴시치로오를 비롯 측근들을 모아 놓고 흥을 돋우며 술을 마셨습니다. 물론 덴시치로오를 비롯한 측근들에게도 계속 술을 권했기 때문에 모두 심하게 취하고 맙니다. 다음 날 아침 마츠시타 가문의 하인들이 주인을 모셔 가기 위해 에도성에 도착, 대기하고 있었지만 아무리 시간이 지나도 주인 마츠시타 덴시치로오는 나타나지 않았습니다. 무엇인가 잘못되었다고 직감한 에도성 근무자들이 흩어져 덴시치로오를 찾기 시작하던 중 변소 안이 평소와는 다르다고 느낀 한 근무자의 확인에 따라 변소 바닥을 뜯고 그 안을 점검한 결과 변소 통에 빠져 숨겨 있는 덴시치로오를 발견하게 됩니다.

  변소에 빠져 죽은 사무라이라니 가문의 망신일 수 밖에 없었을 것입니다. 34세의 나이에 변소에서 숨을 거둔 덴시치로오의 시체는 이불에 대충 감겨서 가마를 통해 에도성 밖으로 조용히 빠져 나옵니다. 공식적인 사인은 원인을 알 수 없는 급사로 처리되었고 술을 먹인 당사자인 12대 쇼군 이에요시는 덴시치로오가 급사로 세상을 떠났다는 보고를 받고 그의 죽음을 안타까워합니다.

  며칠 후 또 다른 측근인 「히라오카 이와미노카미(平岡石見守)」가 쇼군에게 사건의 전말을 솔직하게 이실직고 한 후 앞으로는 측근들에게 술을 먹이지 않도록 간곡히 부탁했다고 합니다. 900석의 급여를 받는 막부 직속 가신이 술을 마시고 변소에 빠져 죽었다는 에피소드에 실소를 금할 수 없을 것 같습니다.

활발하게 움직였던
에도시대 부동산 거래

Episode #5

쵸슈번(長州藩) 부동산 거래에 대한 기록

[이해를 돕기 위한 용어 해설]

旗本(하타모토)
はたもと

에도시대 당시 「하타모토(旗本)」는 도쿠가와(德川) 막부에 직속으로 고용된 가신을 일컫는 표현으로 이들은 영지 규모가 1만 석 미만이면서 막부의 수장인 쇼군(将軍)을 알현할 수 있는 신분입니다. 즉 쇼군과 대면할 수 있었던 것입니다. 에도시대 초기에는 오다(織田), 이마가와(今川), 타케다(武田) 등 전통 명문가 출신이 하타모토로 등용되는 경우가 많았습니다.

1704년의 기록에 의하면 도쿠가와 막부에 속해 있는 하타모토 수가 5,300명에 달했다고 전해지는데 이 중 5천 석 이상의 영지를 소유하고 있는 하타모토가 100명, 3천 석 이상이 300명 정도 존재했습니다. 하지만 90%에 달하는 하타모토들이 5백 석 이하의 영지를 소유하고 있었습니다.

하타모토는 기본적으로 에도에서 근무하였기 때문에 에도에 거주용 토지를 별도로 하사받았지만 자신의 지배 하에 있는 영지가 항상 에도 인근에 있는 것은 아니었습니다. 도쿠가와 막부 직속 가신이기 때문에 도쿠가와 막부가 소지한 광활한 영지인 「텐료오(天領)」 어딘가에 하타모토의 영지가 할당되어 있었던 것입니다.

하타모토 중 14개 가문이 다이묘와 마찬가지로 산킨코오타이(参勤交代)를 수행하였으며 이 특별한 하타모토들을 별도로 「코오타이 요리아이(交代寄合)」라고 부르기도 했습니다.

2013년 단행본으로 발행된 「아사다 지로(浅田次郎)」 원작의 시대 소설 「이치로(一路)」는 산킨코오타이를 수행하는 가상의 하타모토 「마이사카(蒔坂)」 가문의 이야기를 그리고 있는데요. 이 소설은 2015년 NHK BS 프리미엄 BS 시대극 드라마로 제작되어 총 9부작으로 방영되기도 했습니다.

御家人(고케닌)
ごけにん

에도시대 당시 영지 또는 급여가 1만 석 이하인 도쿠가와 막부 직속 가신 중 쇼군을 직접 만날 수 없는 신분을 「고케닌(御家人)」이라고 불렀습니다. 고케닌이 영지를 소유한 경우는 거의 없었으며 급여로 쌀을 현물로 받는 형태가 대부분이었습니다.

에도시대 수사극의 단골 주인공인 「도오신(同心)」 같은 하급 사무라이들도 고케닌 출신이었고 하타모토와 마찬가지로 에도에 주거할 수 있는 토지를 도쿠가와 막부로부터 제공받았습니다. 1704년의 기록에서는 고케닌 수가 약 1만 7천 여명에 달하는 것으로 알려져 있습니다.

　전국시대에 비유하자면 말단 보병인 아시가루(足輕) 신분과 비슷한 위치였기 때문에 서민들 입장에서 보면 고케닌은 분명 사무라이 신분이었지만 상급 사무라이 사회에서 바라보면 두 자루의 칼을 차고 있고 성씨를 사용하고 있음에도 불구하고 조금은 애매한 신분으로 볼 수도 있습니다.

　에도시대 당시 부농 또는 거상 등의 서민 집안에서 고케닌 가문에 돈을 주고 양자를 입적 시킴으로써 사무라이 가문으로 신분 상승을 꾀하는 경우도 많았습니다.

拝領地(하이료오치)
はいりょうち

　에도 거주를 목적으로 막부에서 다이묘들에게 제공했던「임대토지」를 의미합니다. 산킨코오타이 제도 때문에 일본 전역의 다이묘들은 격년으로 에도 근무를 해야만 했고 따라서 거주 목적의 토지가 필요했습니다. 제공받은 토지는 세금을 면제 받았지만 막부의 토지를 무상으로 임대한 개념이었기 때문에 원칙적으로 토지매매는 허용되지 않았으며 막부 의사에 따라 토지를 다시 거두어 들일 수도 있었습니다.

에도에서 근무하는 막부 직속 가신인 하타모토(旗本), 고케닌(御家人) 등에게 거주 목적으로 막부가 제공한 임대 토지 역시 하이료오치(拜領地)라고 불렀습니다.

屋敷(야시키)
やしき

「야시키(屋敷)」는 토지와 가옥을 함께 통칭한 표현입니다. 다이묘들이 거주하는 야시키는 그 규모가 크기 때문에 보통 저택으로 번역하는 경우가 많지만 「야시키」라는 단어 자체는 면적의 크기와는 관계 없는 표현입니다.

에도성에 가까운 장소에 건설된 「카미야시키(上屋敷)」는 번주와 번주의 처자식이 체류하기 위한 목적이었으며 「나카야시키(中屋敷)」에는 은퇴한 선대 번주 또는 정실이 아닌 첩들이 기거하였습니다. 주로 에도 외곽지역에 건설된 「시모야시키(下屋敷)」는 본국에서 수송되어 오는 물자를 저장하거나 에도에 화재가 발생해 카미야시키가 불에 탄 경우 복구가 완료될 때까지 임시 거처로 활용되기도 했습니다.

막부의 허가를 얻어 새롭게 임대 토지가 확보된 경우 여러 채의 야시키를 건축할 수도 있었습니다.

도쿠가와 막부가 임대해 준 부동산

1642년 일본 전역의 다이묘들에게 에도 근무를 강제 시켰던 산킨코오타이(参勤交代) 제도가 의무화되면서 다이묘들과 수행 인원들이 에도에서 체류하기 위한 토지가 필요해 집니다. 다이묘들은「카미야시키(上屋敷)」,「나카야시키(中屋敷)」,「시모야시키(下屋敷)」로 불리우는 세 종류의 저택 건립을 위한 토지를 막부로부터 제공받게 되는데요. 이러한 주거용 임대 토지를「하이료오치(拜領地)」라고 불렀습니다.

전국 번(藩)에서 몰려든 다이묘들과 번사들 뿐만 아니라 막부 직속 가신인 하타모토(旗本)와 고케닌(御家人) 역시 주 근무지가 에도였기 때문에 막부로부터 주거용 임대 토지를 제공받을 수 있었습니다.

결과적으로 막부 직속 가신들과 일본 전역 번의 다이묘(번주)들은 막부에서 제공해 준「주거용 임대 토지(拜領地, 하이료오치)」에 저택 또는 집을 짓고 생활 기반을 마련해야 했습니다. 이 토지는 막부 자산이었기 때문에 다이묘들 또는 막부 직속 가신들이 마음대로 거래할 수 있는 대상의 토지가 아니었지만 실상은 많이 달랐습니다.

에도(江戸)의 부동산 거래 사정

막부로부터 하사받은 주거용 임대 토지 규모는 다이묘의 「영지 규모(石高, 고쿠다카)」 또는 막부 직속 가신들의 급여 수준에 따라 차이가 있었습니다. 1693년에 제정된 기준을 보면 10만 석 이상 영지 규모를 가진 다이묘에게는 7천 평에 달하는 토지가 제공되었음을 알 수 있습니다. 수십만 석 이상의 규모를 자랑하는 다이묘들의 경우 수만 평의 토지가 제공되기도 했습니다.

에도시대 초기만 하더라도 도쿠가와 막부는 인심 좋게 넓은 토지를 제공했지만 토지 신청을 위한 청원이 대폭 늘어나면서 막부 재정에 영향을 주기 시작하자 주거용으로 제공되는 토지 규모가 점차적으로 줄어들 수 밖에 없게 됩니다.[1]

막부에서 제공하는 「주거용 임대 토지(拝領地, 하이료오치)」는 면세 지대였기 때문에 제공 토지 규모를 늘리면 늘릴 수록 도쿠가와 막부는 세수가 줄어들 수밖에 없었습니다. 이러한 이유 때문에 각 번에서 주거용 임대 토지를 추가로 막부에 신청하면 수 년이 지나도 승인이 나지 않는 경우가 다반사 였습니다. 승인이 난다 하더라도 원하지 않는 지역으로 결정될 수도 있었기 때문에 거주지 확보가 절박했던 번에서는 에도 교외 지역의 농지를 구매하는 경우

---
1 안도오 유우이치로(安藤優一郎), 「江戸の不動産」, 文春新書(2019), p49.

도 있었습니다.

고쿠다카(石高)	제공 토지 평수
100,000 석 ~ 150,000 석	7,000 평
80,000 석 ~ 90,000 석	6,500 평
60,000 석 ~ 70,000 석	5,500 평
50,000 석 ~ 60,000 석	5,000 평
40,000 석 ~ 50,000 석	4,500 평
30,000 석 ~ 40,000 석	3,500 평
20,000 석 ~ 30,000 석	2,700 평
10,000 석 ~ 20,000 석	2,500 평
8,000 석 ~ 9,000 석	2,300 평
5,000 석 ~ 7,000 석	1,800 평
3,000 석 ~ 4,000 석	1,500 평
2,000 석 ~ 2,900 석	1,000 평
1,000 석 ~ 1,900 석	700 평
300 석 ~ 900 석	500 평

고쿠다카(石高)에 따른 막부 제공 토지 평수 (1693년)
안도오 유우이치로(安藤優一郎), 『에도의 부동산(江戸の不動産)』

농지를 구매한 경우 두 가지 정도의 문제가 발생할 수 있었는데요. 첫 번째 문제로는 농촌이 에도성에서 멀리 떨어진 에도 외곽 지역에 자리잡고 있었다는 점을 들 수 있습니다. 만약 카미야시키(上屋敷) 또는 나카야시키(中屋敷) 건축을 위한 용도로 토지를 구매했다면 에도성과의 거리가 너무 멀어지기 때문에 효율적인 에도 근무를 위해서는 나쁜 입지 조건일 수 밖에 없었습니다.

두 번째 문제는 농지를 구입한 경우 농지에 부과된 세금을 막부에 고스란히 납부해야 했다는 사실입니다. 세금 부담을 없애기 위해서 다이묘들은 농지를 주거용 임대 토지로 전환해 달라는 청원을 막부에 제출하기도 합니다. 하지만 주거용 임대 토지로의 전환은 막부 세수를 감소시키는 부작용을 동반했기 때문에 토지 용도 변경을 기대하기는 어려운 것이 현실이었습니다. 결국 각 번들은 막부의 승인을 기다리지 못하고 다른 번 또는 막부 직속 가신과의 협상을 통해 서로 토지를 교환하는 거래에 나서게 됩니다.

　초기에는 1:1 등가 교환을 원칙으로 했지만 시장 가격이 수요 공급 법칙에 의해 결정되다 보니 입지 조건에 따라 1만 평의 땅을 1백 평의 땅과 교환한 사례도 발생합니다.[2] 교환할 토지가 마땅치 않은 경우 토지 대신 돈으로 해결하는 경우도 생겨나게 되는데 이러한 방식은 결국 부동산 추가 매입과 다를 바가 없었습니다.

　1:1로는 서로 이해 관계가 맞지 않아 원하는 토지 교환이 어려운 경우 다자간 토지 교환 거래도 등장하게 되는데 최대 21명이 동시에 토지 교환에 참가해 상호 원하는 토지를 획득했다는 기록도 남아 있습니다.[3] 중개업자에 대한 기록은 명확히 남아있지 않지만 21명의 이해 당사자를 조율해 토지 교환을 성사시키기 위해서 실력 있는 중개업자가 개입했음은 분명해 보입니다.

[2] 안도오 유우이치로(安藤優一郎), 『江戸の不動産』, 文春新書(2019), p53.
[3] 상동(上同), p56.

흥미로운 부분은 막부에서 토지 교환을 용인해 주고 있었다는 점입니다. 하지만 토지 교환 빈도가 급속도로 증가하자 1743년 도쿠가와 막부는 폐단을 막기 위해 한 번 교환한 토지를 다시 교환하기 위해서는 10년 이상 경과된 경우에만 허가를 내어 주도록 규정을 정비합니다. 토지를 교환하자마자 바로 다른 토지로 갈아타는 경우가 많았기 때문입니다.

그로부터 50년이 지난 1793년, 주거용 임대 토지를 제공 받은 후 처음으로 토지를 교환하기 위해서는 수령 후 3년이 지난 시점에서 가능하도록 도쿠가와 막부는 규정을 정비합니다. 토지를 수령하자 마자 다른 토지와 교환하는 폐해 또한 많았기 때문이었습니다.

이러한 부동산 규제(?)는 꽤 오래 지속되었으나 1861년 결국 임대 토지 수령 후 교환에 대한 3년 거치 기간 규제는 폐지되었고 토지 재교환을 위해 필요했던 10년 거치 기간도 5년으로 단축됩니다.

도쿠가와 막부로부터 하사받은 주거용 임대 토지를 마음대로 거래했던 에도시대 모습이 상당히 이색적으로 느껴집니다.

실전! 쵸슈번(長州藩)의 부동산 거래

    1699년 에도 인근에 3만 6천 80평의 토지를 소유하고 있던 쵸슈번의 부동산 거래 기록을 살펴보도록 하겠습니다.

    이 당시 쵸슈번은 우다가와쵸(宇田川町)에 있던 나카야시키(中屋敷) 저택 부지를 막부에 반납 후 새로운 저택 부지를 찾고 있었는데요. 그러던 중 신바시(新橋, 현재 도쿄 미나토구 신바시)에 살고 있던 막부 직속 가신 하타모토 「코이즈미 효고(小泉兵庫)」의 825평 토지에 주목합니다.

    쵸슈번은 효고와 협상을 진행하던 도중 효고가 에도성 가까운 곳의 토지를 원하고 있다는 사실을 알게 됩니다. 하지만 에도성 근처에 마땅한 토지가 없던 쵸슈번은 에도성 인근 「우라로쿠반쵸(裏六番町)」라는 곳에 600평의 토지를 소유하고 있던 「마츠다이라 쥬에몬(松平十右衛門)」을 설득하여 신바시의 코이즈미 효고와 토지 교환 거래를 성공적으로 이끌어 냅니다. 825평 대 600평이니 1:1 등가 교환은 아닌 것을 알 수 있습니다.

    이제 마츠다이라 쥬에몬이 이사 갈 토지가 필요해 졌습니다. 마츠다이라 쥬에몬에게는 쵸슈번의 시모야시키(下屋敷) 저택이 있던 아자부(麻布) 토지 중 500평을 제공하는 것으로 이야기는 마무리 됩니다. 사실 팔려는 자와 사려는 자 사이에 간극이 존재하기는 했지만 쵸슈번은 이사비 명목으로 코이즈미에게 520량, 마츠다이라에게는 380량을 현금으로 추가 지급함으로써 계약을 성사시켰던 것입니다.

에도시대 당시 1량(両)의 가치를 약 13만엔으로 환산하면 쵸슈번은 코이즈미에게 약 6천 7백만 엔을 추가로 지급했으며 마츠다이라에게는 약 5천만 엔을 현금으로 지급했다는 이야기가 되겠습니다. 각각 약 7억 원, 5억 원에 해당되는 금액입니다. 이렇게 3자 계약을 체결한 후 관련 내용을 막부에 제출함으로써 쵸슈번의 부동산 거래는 막부의 정식 승인을 받으며 마무리됩니다.

그런데 이 부동산 거래에는 거짓이 숨겨져 있었습니다. 이 당시 쵸슈번은 에도 근교의 「코이시가와 오오즈카(小石川大塚)」라는 곳에 농지 1,460평을 소유하고 있었는데 마츠다이라가 실제 원했던 토지는 바로 이곳이었습니다. 쵸슈번이 아자부에 확보하고 있던 임대 토지가 아니었던 것입니다.

그렇다면 애당초 쵸슈번 소유의 농지로 거래 하면 되는 것을 왜 이렇게 복잡한 방식을 택했을까요. 에도 막부가 허용하는 토지 교환은 막부에서 제공한 주거용 임대 토지 사이에서만 가능했기 때문입니다. 쵸슈번이 소유하고 있던 농지는 쵸슈번이 비공식적으로 사들인 사유지였기 때문에 애당초 정식 거래 자체가 성립될 수 없었습니다. 막부에 제출된 계약서에는 마츠다이라가 아자부의 쵸슈번 토지 500평을 받은 후 이 토지를 쵸슈번에 다시 맡기는 형태를 취함으로써 규정의 빈 틈을 빠져나갈 수 있었던 것입니다.

쵸슈번은 이러한 토지 거래 형태로 나카야시키 저택 부지를 지속적으로 늘려가게 됩니다.

막부 말기 쵸슈번(長州藩) 에도 저택의 운명

막부 말기 각종 사건 사고를 주도한 번 중 하나가 바로 쵸슈번입니다. 쵸슈번이 일으킨 대표적인 사건으로는 1864년에 발발한 「킨몬노 헨(禁門の変)」을 꼽을 수 있는데요. 교토(京都)에서 문제를 일으켜 쫓겨난 쵸슈번이 다시 교토에서의 영향력을 되찾기 위해서 일으킨 난으로 교토 일대가 전화에 휩싸이면서 3만 호가 넘는 가옥이 불에 타 잿더미로 변하고 맙니다. 이 사건을 계기로 「조정의 적(朝敵, 쵸오테키)」이 되고 만 쵸슈번은 도쿠가와 막부에 의해서 에도 저택과 토지를 몰수당합니다. 또한 시모야시키(下屋敷)에 남아 있던 136명의 쵸슈번 번사(藩士)들은 모두 체포되었으며 2년 간의 옥살이 끝에 무려 51명이 감옥에서 사망합니다.[4]

카미야시키(上屋敷) 역시 접수된 지 얼마 되지 않아 모두 파괴

---

4 http://www.photo-make.jp/hm_2/nazo_daimyou_1_a.html
모리번 카미야시키 유적발굴조사 보고서(毛利藩上屋敷跡発掘調査報告書) 재인용.

되었으며 해체된 목재, 부자재, 각종 물품 등은 상인들에게 판매되었는데 철거된 목재 중 1m 이하 길이의 목재들은 무료로 가져갈 수 있도록 허용했습니다. 이 당시 판매된 쵸슈번 관련 물품 금액이 1,000량(약 1억 3천만엔, 1량 = 13만엔으로 계산)에 달했다고 하니 그 규모를 짐작해 볼 수 있을 것 같습니다.

이렇게 흩어진 쵸슈번 물품들의 대다수는 후에 쵸슈번이 별도의 비용을 들여 다시 사들입니다. 아마도 도쿄 시내 어딘가에 당시 철거된 쵸슈번 물품이 남아있을 수도 있지 않을까 하는 생각이 듭니다.

하급 무사 고케닌(御家人)의 부동산 활용법

막부 직속 가신 중 상위 신분에 속하는 하타모토의 경우 토지를 할당받는 방법이 각 번(藩)의 다이묘들 방식과 동일했지만 하급 신분에 속하는 고케닌의 경우 개인에게 할당되는 것이 아니라 고케닌이 속해 있는 조직 단위로 토지가 할당되었다는 부분에 차이가 있었습니다.

고케닌들이 소유할 수 있는 주거용 토지는 대략 100~500평 규모로 현대적 시각으로 보면 큰 평수로 볼 수도 있지만 적은 급여로 생계에 어려움을 겪을 수 밖에 없었던 고케닌들 입장에서는 이 땅을 효과적으로 활용해 부족한 생계비를 메꿀 필요가 있었습니다.

고케닌들에게는 개인이 아닌 조직 단위로 주거용 임대 토지가 할당되었고 고케닌들은 조직 단위로 제공된 넓은 토지를 효과적으로 활용해 부가가치를 창출하기도 했습니다.

매년 7월 6일~8일까지 3일간 도쿄에서 열리는 「이리야 아사가오 마츠리(入谷朝顔まつり, 나팔꽃 축제)」가 바로 고케닌들이 돈벌이를 위해 막부로부터 제공 받은 임대 토지의 많은 부분을 나팔꽃 농장으로 활용하면서 이를 시장에 내다 팔기 시작했던 것에서 유래하고 있습니다.

아사가오 마츠리(朝顔祭り) 2019년 포스터
출처 : http://www.asagao-maturi.com

구황작물로 각광받으며 재배되기 시작했던 고구마 역시 고케닌들이 막부로부터 제공 받은 임대 토지에서 시작되었습니다.

에도시대 당시 관상용 곤충이나 금붕어 사육이 상류층을 중심으로 유행하고 있었는데 일부 고케닌들은 임대 토지를 활용해 금붕어와 곤충 등을 양식해 판매하면서 급여 외 수익을 올리고 있었습니다.

지금의 도쿄 신쥬쿠(新宿) 인근에 주거용 임대 토지를 제공 받았던 「텟포 햐쿠닌구미(鉄砲百人組)」라는 하급 사무라이 계층이 있었습니다. 이들은 평소에는 에도성을 경비하고 도쿠가와 쇼군이 외출할 때에는 경호 임무를 수행했는데 이들 역시 농민들의 협조를 받아 임대 토지에 진달래를 재배하여 판매함으로써 급여 부족분을 대신하기도 했습니다.[5] 이것이 계기가 되어 도쿄 신쥬쿠구(新宿区)를 상징하는 꽃이 진달래가 되었다고 합니다.

조직이 아닌 개인 단위로 임대 토지를 활용하는 사례도 있었습니다. 고케닌들은 자신들의 주거용 토지 공간을 알뜰하게 활용하고 남은 공간을 서민들에게 임대함으로써 임대료를 통해 경제적 문제를 해결하기도 했습니다. 주로 학자나 의사, 화가 등에게 임대를 주는 경우가 많았다고 하는데 에도시대 전업 소설가 「쿄쿠테이 바킨(曲亭馬琴)」 역시 하급 사무라이의 토지 중 일부를 임대해 살

---
5 안도오 유우이치로(安藤優一郞), 『江戸の不動産』, 文春新書(2019), p64.

던 인물입니다.

도쿠가와 막부로부터 제공받은 주거용 임대 토지인 「하이료오치(拝領地)」는 비교적 자유롭게 거래되고 활용되었지만 쵸슈번의 예처럼 막부에 의해 언제든지 몰수될 수 있었기 때문에 반쪽짜리 자산이었다고 볼 수 있겠습니다.

사무라이? 농민? 상인?
에도시대 이중 신분 이야기

Episode #6

일인양명(壱人両名) - 이중 신분을 가진 백성

[이해를 돕기 위한 용어 해설]

御家人株(고케닌 카부)
ごけにんかぶ

　고케닌(御家人)은 에도 막부에 직속으로 고용된 하급 사무라이 계급을 의미합니다. 전국시대의 전투 보병「아시가루(足軽)」와 비슷한 신분이었기 때문에 서민들에게는 사무라이로 인정받았지만 무사 계급 사이에서는 그 위치가 낮았기 때문에 사족(士族)으로 분류되지 않는 경향이 보이기도 합니다.

　고케닌 같은 하급 사무라이 신분은 상당한 재력을 소유하고 있는 농민 또는 쵸오닌 같은 서민들이 마음만 먹으면 구입할 수 있는 신분이었으며 이를 중개해 주고 수수료를 챙기는 브로커들도 출현하게 됩니다.

　고케닌 가문에 양자 또는 데릴사위 형태로 서민 출신 남성을 입적 시켜 가문을 잇게 만드는 형태로 사무라이 신분을 획득하는 것이 전형적인 방법이었으며 매매 가능한 고케닌 신분에 대한 권리를「고케닌 카부(御家人株)」라고 합니다. 참고로 현대 일본어에서 카부(株)는 주식을 의미합니다.

庄屋(쇼오야)
しょうや

농촌을 구성하는 의미 있는 최소 단위, 「무라(村)」의 수장을 의미합니다. 지역에 따라서 「나누시(名主)」로 부르는 경우도 있었으며 특히 동북지방(東北地方)에서는 「키모이리(肝煎)」라는 호칭을 사용했습니다. 무라(村)에 대한 법령 관장, 관에서 내려온 명령 하달, 토지 관리 등이 주 업무였습니다.

어떠한 사건이 발생해 용의자가 붙잡히면 일단은 호적(人別, 닌베츠)을 통해 어떤 마을(村, 무라)에 소속되어 있는지를 확인하는 작업부터 시작됩니다. 에도시대 일본 사회가 성립되기 위한 가장 기본적인 전제 조건은 한 명의 농민 또는 쵸오닌은 한 개의 마을(村, 무라) 또는 거주지(町, 마치)에만 소속되어 있어야 한다는 것이었습니다. 이는 에도시대 일본의 2중 신분 구조를 이해하기 위한 가장 중요한 개념입니다.

評定所(효오죠오쇼)
ひょうじょうしょ

에도시대 도쿠가와 막부의 최고 재판 기관을 의미합니다. 각 번(藩)에는 범죄 용의가 있는 번사(藩士)들을 재판하기 위한 동일한 기관이 설치되어 있었습니다.

御白洲(오시라스)
おしらす

　효오죠오쇼(評定所) 같은 공인 재판 기관 주관 하에 법정이 열리는 장소를 의미합니다. 신분에 따라 오시라스(御白洲)에서 앉는 좌석이 달랐기 때문에 용의자 신분이 불확실한 경우, 즉 호적(人別, 닌베츠)에 명기된 주거지 소속 관계가 명확하지 않은 경우에는 이 내용이 정확히 파악될 때까지 재판이 연기되는 경우도 있었습니다.

이중 신분을 가진 사람들

일반적으로 에도시대는 사농공상(士農工商)의 엄격한 신분제도 하에서 세습되는 신분에 따라 각자에게 부여된 일을 하며 살아가야 했던 시대로 알려져 있지만 이는 사실과 다른 이야기입니다.

돈 많은 상인 또는 농민이 자신의 아들을 사무라이 가문에 양자 또는 사위로 보낸 후 사무라이 가문의 대를 잇게 만들고 그 대가로 돈을 지불하는 형태로 사무라이 신분을 획득하여 신분 상승을 꾀하는 경우가 흔히 있었기 때문입니다.

에도시대를 설명함에 있어서 큰 특징 중 하나가 「권력」과 「재력」이 분리되어 있었다는 사실인데요. 즉 권력을 가진 사무라이 계층이 재력을 보장해 주지는 못했다는 이야기입니다. 반대로 상업이 발달하다 보니 권력은 없지만 엄청난 부를 축적한 상인 또는 농민들을 어렵지 않게 찾아볼 수 있었습니다.

돈 없는 권력자들과 권력 없는 서민 부자들 사이에 형성된 상호 보완적 욕구로 인하여 사무라이 신분을 사고 팔면서 권력과 부를 교환할 수 있는 「고케닌 카부(御家人株)」, 「도오신 카부(同心株)」 등의 신분 권리 시장이 열려 있었던 것입니다.

특정 가문에서 「고케닌 카부」가 매물로 나오면 권력을 원하는 부호들에게 이 매물을 소개해 주는 중개인들까지 등장했으니 에도시대를 신분 이동이 불가능한 사회로 규정하는 것은 잘못된 해석입니다.

이번 이야기는 신분을 구매하는 과정 보다 한 층 더 흥미로운 소재로 사무라이 신분임과 동시에 상인 신분이거나 또는 농민 신분이면서 상인 신분을 겸하는 사람들에 대한 기록입니다. 막부의 공식 자료는 물론 서민들의 비공식 자료에도 심심치 않게 등장했던 이중 신분을 가진 이들 「일인양명(壱人両名, 이치닌 료오메이)」에 대한 이야기를 살펴 보도록 하겠습니다.

에도시대라는 사회가 성립되기 위한 전제 조건

「이치닌 료오메이(壱人両名)」라는 책의 저자 오와키 히데카즈(尾脇秀和) 씨는 에도시대 일본 사회가 유지되기 위한 두가지 전제 조건을 다음과 같이 밝히고 있습니다.

『첫 번째, 에도시대 사람들은 일본 전역에 존재했던 수 많은 「지배 관계」 속에서 어느 하나의 「지배 관계」에만 속해 있었으며 두 번째, 이 「지배 관계」는 각각 담당하는 지배 영역과 대상에 대해서만 관할권을 갖고 있었다.[1]』

　에도시대 가상의 농민 로쿠스케(六助)를 예로 들어 쉽게 설명해 보도록 하겠습니다.

　로쿠스케는 이치노무라(一ノ村)라는 마을에 살고 있습니다. 이 마을의 대표를 쇼오야(庄屋)라고 하는데 로쿠스케는 이치노무라의 마을 대표(庄屋, 쇼오야)와 지배관계에 놓여 있는 것입니다.

　바로 인근에 니노무라(二ノ村)라는 마을이 있다고 가정해 봅시다. 니노무라에도 마을 대표인 쇼오야가 존재하지만 로쿠스케는 니노무라의 마을 대표(庄屋, 쇼오야)와는 어떠한 지배 관계도 성립되지 않습니다. 로쿠스케는 오직 자신이 살고 있는 마을 대표와 지배 관계에 있을 뿐 그 외 누구와도 직접적 지배 관계가 성립되지 않고 성립되어서도 안된다는 것인데요. 바로 이러한 지배 구조가 에도시대 일본의 가장 기본적인 시대상이었습니다.

　이 지배 관계가 호적(人別, 닌베츠)에 기록되어 있어야 하는데 어떠한 이유로 인하여 두 군데 이상의 호적에 이름이 기록되어 있거나 호적에 아예 이름이 존재하지 않는 등의 문제가 종종 발생하게 됩니다.

---

[1] 오와키 히데카즈(尾脇秀和),『壱人両名』, NHK BOOKS(2019), p50.

백성, 서민 그리고 무사. 삼중 신분을 가진 죠오에몬(丈右衛門)의 정체는?

1798년 이세노쿠니(伊勢国) 다키군(多気郡) 우마노 우에무라(馬之上村)에 살고 있는 「쿠로베(九郎兵衛)」라는 인물 외 2명이 이웃 마을 주민들을 관청에 고발하는 사건이 발생합니다.[2] 인근 마을인 사이쿠우무라(斎宮村)에 살고 있는 「죠오에몬(丈右衛門)」 외 15명이 마음대로 벌목을 하고 있었기 때문이었습니다.

인근 마을이기는 했지만 우마노 우에무라 마을은 토바번(鳥羽藩) 소속이었고 사이쿠우무라 마을은 이세신궁(伊勢神宮)이 소유한 영지 소속이었기 때문에 막부에서 이 사건에 대한 재판을 주관하게 됩니다. 지배 세력이 다른 두 지역의 농민 또는 서민(町人, 쵸오닌)들 사이에 문제가 발생할 경우 보통은 막부가 주체가 되어 재판을 열고 판결을 내림으로써 분쟁을 해결하는 것이 관례였기 때문이었습니다.

쿠로베와 동료들은 무단 벌목에 관련된 문제를 에도시대 당시 최고 재판소(評定所, 효오죠오쇼)에 고발했고 막부 측에서는 재판을 위해 당사자 출석을 요구하는 서한을 보냅니다. 재판이 열리면 당사자들이 모여서 진술을 하게 되어 있었는데 이러한 진술 및 변

---

2 오와키 히데카즈(尾脇秀和), 『壱人両名』, NHK BOOKS(2019), pp12~16.

론 행위를 통틀어 「타이케츠(対決)」라고 불렀습니다.

재판 당일 『후지나미(藤波) 가문의 가신, 나가시마 죠오에몬(永嶋丈右衛門).』이라고 자신의 이름을 밝힌 사무라이가 출두합니다. 이를 지켜 본 막부 관계자는 어리둥절하게 되는데요. 자신이 출두를 요청한 사람은 「농민 죠오에몬」이기 때문이었습니다. 황당함은 계속됩니다. 고발 당사자들은 「사무라이 죠오에몬」을 가리키며 『저 자는 이세가도(伊勢街道) 길가에서 장사를 하는 이즈미야노 죠오에몬(泉屋の丈右衛門) 입니다!』라며 고함을 쳤는데요. 출두한 사무라이가 고발 당사자들에게는 「상인 죠오에몬」이었던 것입니다.

재판에 임함에 있어서 신분에 따라 앉는 자리가 달랐기 때문에 신분이 정확히 정리가 되지 않으면 재판을 시작할 수 없었습니다. 막부의 재판 관계자는 당혹감을 감추지 못하고 일단 이들을 모두 돌려 보낸 후 진술 및 재판 날짜를 연기하게 됩니다. 농민이자 상인이면서 사무라이라는 세 가지 신분을 가지고 있던 죠오에몬. 그에게 도대체 무슨 일이 일어났던 것일까요?

죠오에몬(丈右衛門)과 지배 관계

　에도시대 백성(百姓, 햐쿠쇼오)은 세금을 내는 서민들을 의미하는 단어였기 때문에 농민일 수도 있고 농민이면서 장사를 겸하는 사람일 수 있었을 뿐만 아니라 상인일 수도 있었습니다.

　이세신궁 참배객 때문에 이세가도(伊勢街道)에는 항상 많은 사람들이 몰려들었고 이세가도가 농촌 마을을 통과하는 경우도 있었기 때문에 농민들이 가도 인근에서 장사를 하는 것이 이상한 일은 아니었습니다. 즉 농민이었던 죠오에몬 역시 이세가도 인근에서 「이즈미야(泉屋)」라는 상호로 장사를 하고 있었기 때문에 죠오에몬을 고발한 사람들은 그를 상인으로 인지하고 있었던 것입니다.

　죠오에몬은 농민이었고 장사를 하고는 있었지만 기본적으로 농촌 마을인 「무라(村)」에 소속되어 마을 대표인 쇼오야와 지배관계에 놓여 있었기 때문에 농업과 상업을 겸했음에도 불구하고 이 부분은 아무런 문제가 될 것은 없었습니다.

　막부의 재판 관계자는 재판을 연기한 후 죠오에몬의 신분에 대한 조사를 시작합니다. 이세 지역의 「야마다 부교쇼(山田奉行所)」를 통해 죠오에몬의 신분을 조회한 결과 죠오에몬이 이세신궁 영지에 속해있던 이름있는 귀족, 후지나미 가문의 가신으로서 제사를 지낼 때 임시직으로 자금 관리 역할을 수행한 것은 맞지만 이세신궁에서「사무라이 죠오에몬」을 지배한 기록이 없었고 야마다 부교쇼 역시「상인 죠오에몬」을 지배한 기록이 없었기 때문에 결국 죠오에몬은「농민 죠오에몬」신분으로 재판에 참석하는 것으로 최종 결정됩니다.

세 가지 신분으로 생활해 왔던 죠오에몬은 최종적으로 농민 신분으로 조사를 받게 되었지만 여러가지 신분으로 생활해 왔다는 점에 대해서는 어떠한 처벌도 받지 않았습니다. 결국 요점은 어떠한 신분으로 살아가든 관계 없으니 서류상 하나의 지배 관계만 명확히 충족되면 문제 없다는 것입니다. 즉 죠오에몬은 그가 속해 있던 마을 사이쿠우무라(斎宮村)의 호적(人別, 닌베츠)에 이름이 올라가 있었으며 그가 상인으로 장사를 하던 마을의 호적에는 이름이 올라가 있지 않았고 이세신궁의 호적 또는 후지나미 가문의 가신으로 등재되어 있지도 않았기 때문에「서류상 하나의 지배 관계」라는 대전제를 만족시켰으며 따라서 처벌받을 일이 없었던 것입니다.

이중 신분이 발생하는 과정에 대해서

1751년 7월 「하치오오지(八王子) 센닌 도오신(千人同心)」이라는 조직에 속해 있던 하급 사무라이 「코미네 탄지(小峰丹次)」라는 인물이 농민을 겸하고 있다가 발각되어 조사를 받는 사건이 발생합니다.[3]

코미네 탄지는 하치오오지(八王子) 인근 경비 임무를 맡은 1천 명의 경비대 중 하나인 「나카무라 만키치(中村万吉)」 부대와 정식 지배 관계에 놓여 있는 신분이었습니다. 하지만 동시에 무사시노쿠니(武蔵国) 타마군(多摩郡) 오야마무라(小山村) 마을에서 「토오베(藤兵衛)」라는 이름의 농민으로도 활동하고 있었기 때문에 문제가 발생한 것입니다.

즉 오야마무라(小山村) 마을의 호적(人別, 닌베츠)에도 이름이 올라가 있었기 때문에 결국 이중 신분을 사용하고 있다가 발각된 형국이었습니다. 에도시대 신분 질서의 대전제인 「서류상 하나의 지배관계」를 지키지 않았던 것입니다. 코미네 탄지는 사무라이의 상징인 두 자루의 칼, 카타나(刀)와 와키자시(脇差)를 몰수 당하고 에도 밖으로 추방되는 형벌을 받게 됩니다.

이 문제의 발단은 코미네 탄지의 아버지 대로 거슬러 올라갑니

---

3 오와키 히데카즈(尾脇秀和), 『壱人両名』, NHK BOOKS(2019), pp164~166.

다. 오야마무라 마을의 농민이었던 아버지 토오베(藤兵衛)는 정식 절차를 통해 하급 사무라이로 신분이 변경되면서 「코미네 토오베(小峰藤兵衛)」라는 이름으로 활동을 시작합니다. 원래대로라면 오야마무라 마을의 농민 신분을 정리했어야 했지만 그는 아들 「탄지」에게 농민 신분을 물려줬고 탄지는 아버지 이름인 토오베(藤兵衛)를 그대로 사용하면서 오야마무라 마을에 소속된 백성으로 살아갔던 것입니다. 다시 말해 아버지는 하급 사무라이인 코미네(小峰) 가문의 당주로서 도오신(同心) 쪽과 지배 관계를 맺고 있었고 아들은 오야마무라 마을의 백성으로서 마을(村, 무라)과 지배 관계를 맺고 있었기 문제 될 것이 전혀 없었습니다.

그러던 중 아버지가 노쇠한 몸 때문에 도오신 직을 은퇴하면서 아들인 탄지가 하급 사무라이 신분을 정식으로 물려받고 코미네(小峰) 가문의 당주가 됩니다. 그렇다면 오야마무라 마을에서의 농민 신분은 공석이 될 수 밖에 없었는데 만약 탄지에게 아들이 있었다면 아버지가 했던 방식과 동일한 방법으로 농민 신분을 물려주면서 하급 사무라이와 농민이라는 두 신분을 한 집안에서 나누어 갖는 것이 여전히 가능했을 것입니다. 하지만 코미네 탄지에게는 농민 신분을 물려줄 사람이 없었고 이러한 경우에는 공식적으로 농민 신분을 정리하여 오야마무라 마을과의 지배 관계를 없애야 했지만 코미네 탄지는 1인 2역을 하면서 오야마무라 마을의 농민 신분도 함께 유지하다가 발각된 것입니다.

사실 코미네 탄지가 마을 관리와 시비가 붙어 싸움에 말려들지만 않았더라면 영원히 1인 2역 활동을 유지할 수 있었을지도 모릅니다. 문제를 일으켜 재판에 넘겨지면 신분과 지배 관계 확인부터 시작되기 때문에 코미네 탄지는 운이 없게도 이중 신분을 들켜버린 것이었습니다.

에도시대 신분 제도의 재고찰

이 외에도 이중 신분에 대한 재판 기록이 많이 남아 있는데 신분을 사칭한 것이 아니라면 이중 신분을 가졌다는 이유로 처벌되는 경우는 많지 않았던 것으로 보입니다. 실제 재판 기록에 등장한 케이스는 어떠한 사건에 연루된 사람들이 조사를 받는 과정에서 이중 신분이 드러난 것일 뿐 드러나지 않은 이중 신분은 훨씬 많았을 것으로 추정할 수 있습니다. 상인이나 농민들이 돈을 주고 사무라이 신분을 구입하는 과정에서 자신의 본업에 대한 지배 관계를 정리하지 않고 지속적으로 유지했던 것이 이중 신분 구조가 나타나기 시작한 주요 이유였습니다.

이중 신분을 의미하는 「일인양명(壱人両名, 이치닌 료메이)」이라는 표현은 후세에 만들어진 단어가 아니라 에도시대 당시 존재했던 표현입니다. 막부에서도 이중 신분을 유지하는 경우 처벌하겠다는 포고를 여러 번 공시했지만 이중 신분 금지령은 제대로 지켜지지 않았으며 이를 어겼을 경우에도 지역 사회에서 추방당하는 선에서 끝나는 경우가 많았습니다.

 에도시대의 신분 제도가 엄격하게 관리되었다는 것이 과연 사실일까요? 그리고 이중 신분이 큰 문제가 되지 않았을 정도라면 에도 인구 100만 명 중 이중 신분인 사람들도 상당 수 존재하지 않았을까 하는 의문이 드는 것은 어쩌면 당연할 수 있겠습니다.

일본은 1,200년간 육식 금지?
육식을 대하는 이중 태도

Episode #1
에도시대 육식에 대한 타테마에(建前)와 혼네(本音)

[이해를 돕기 위한 용어 해설]

ももんじ屋(모몬지야)
ももんじや

에도시대 당시 에도 근교 농촌에서 농민들이 수렵 활동을 통해 사냥한 멧돼지 또는 사슴 등의 고기를 받아 에도 시내에서 고기를 판매하던 정육점을 지칭합니다. 육식을 기피하던 사회 풍조 때문에 고기 섭취를 「보약을 먹는 것」으로 표현하는 경우가 많았습니다.

이러한 문화적 특징 역시 에도시대 일본 사회의 「타테마에(**建前**, 겉 모습)」와 「혼네(**本音**, 속 마음)」로 해석할 수 있습니다.

일본은 1,200년간 육식금지? 육식을 대하는 이중 태도 - 123

일본인은 오랫 동안 육식을 하지 않았다?

『일본인이 고기를 먹기 시작한 것은 최근의 일이다.』

『메이지 유신을 통해 근대화 되기 전 일본은 1,200년이 넘는 오랜 기간 동안 육식을 금지해 왔다.』

일본의 식문화에 대해 인터넷을 검색하다 보면 일본의 육식 문화에 대해 예외 없이 이러한 기술들을 찾을 수 있습니다.

불교와 신도(神道)가 공존했던 에도시대 일본인들은 살생을 금지하는 불교의 가르침과 신도의 중요한 관념인 「케가레(穢れ, 불결, 부정 등 이상적이지 않은 상태)」의 영향으로 육식을 멀리 해 온 것으로 알려져 있습니다.[1] 이러한 문화적 배경 때문에 메이지 유신 이후 육식 문화가 시작되었으며 그 역사가 150여 년 정도 밖에 되지 않았다는 이야기가 일반적으로 통용되고 있습니다. 지금부터 이 내용의 진위 여부를 확인해 보겠습니다.

---

[1] 일본사의 수수께끼 검증위원회(日本史の謎検証委員会), 『江戸時代, 通説のウソ』, 彩図社(2020日), p213.

육식 금기의 일본 역사

서기 675년 「텐무 텐노(天武天皇)」에 의해서 일본에서 처음으로 육식 금지령이 발령됩니다. 전국시대를 대표하는 인물인 「도요토미 히데요시(豊臣秀吉)」도 『소와 말을 죽여 식용으로 사용하거나 판매해서는 안되며 이를 어길 시 엄벌에 처한다.』라는 포고령을 내렸고 에도시대가 시작된 후 2대 쇼군 「도쿠가와 히데타다(德川秀忠)」 역시 『소와 말을 죽이면 안되며 자연사한 소와 말이라고 할지라도 판매하는 행위를 금지한다.』라고 규정하게 됩니다.

살생 금지의 하이라이트라고 하면 바로 5대 쇼군 「도쿠가와 츠나요시(德川綱吉)」의 정책을 빼놓을 수 없는데요. 츠나요시는 1682년경 「쇼오루이 아와레미노 레이(生類憐みの令)」라는 규정을 포고하는데 이는 생명이 있는 모든 것을 가엾게 여겨야 한다는 「살생 금지령」으로 해석할 수 있습니다. 이 규정에 의해서 개, 고양이, 새, 어패류, 곤충 등이 「살생 금지령」 범위 안에 포함되다 보니 채소와 과일을 제외하고는 먹을 수 있는 것이 없는 상황이었습니다.

최근 5대 쇼군 츠나요시의 업적에 대한 재평가가 이루어지고 있음에도 불구하고 「살생 금지령」을 어겼다는 이유로 사람을 가차없이 죽였던 이력 때문에 츠나요시는 폭군의 이미지를 쉽게 벗어나지는 못하고 있습니다.

「살생 금지령」 선포 이후 발생한 사건 사고와 관련하여 몇 가지 처벌 일화를 살펴보도록 하겠습니다.[2]

1684년 4월 6일 소오에몬(惣右衛門)이라는 자가 새를 잡았다는 이유로 참수당했고 1685년 4월 14일 사노 토오베(佐野藤兵衛)라는 자가 텐베(伝兵衛)라는 자의 안내를 받아 조총으로 학 두 마리를 쏘았다는 죄로 두 명 모두 체포, 참수 당한 후 몸은 시참(칼 성능 확인을 위한 시험 베기)에 사용되고 잘린 머리는 2박 3일 동안 길거리에 전시되는 극형을 받게 됩니다.

1685년 12월 16일 사부로자에몬(三郎左衛門)이라는 자가 신요시와라(新吉原)에서 투망을 통해 오리를 잡다가 체포, 감옥에서 숨을 거둔 후 시체는 버려집니다.

1687년 4월 9일 병든 말을 버렸다는 이유로 테라오무라(寺尾村) 마을 출신 백성 3명이 섬에 유배되었으며 같은 해 7월 3일 말을 끌고 가던 큐베에(久兵衛)라는 인물이 실수로 닭을 밟아 죽였다는 죄로 투옥됩니다.

1709년 1월 10일 5대 쇼군 츠나요시가 세상을 떠났고 츠나요시 사망 후 불과 열흘이 지난 1월 20일 약 30년 가까이 지속되어 오면서 수 많은 사람들을 죽음의 공포에 몰아 넣었던 살생 금지

---

2 위키피디아, 「生類憐れみ」.

령, 「쇼오루이 아와레미노 레이(生類憐みの令)」는 결국 해지됩니다.

츠나요시의 악법이 시작되고 약 24년 간의 처벌 기록들을 정리한 「야마무로 쿄오코(山室恭子)」 교수의 연구에 의하면 이 기간 동안 69건의 처벌 사례가 확인되었고 이 중 13건에 대해서는 사건 당사자들이 극형에 처해진 것으로 조사되었습니다.[3] 이쯤 되면 에도 인근에서 고기를 먹겠다는 발상은 언감생심 꿈도 못 꿀 이야기인 것이 확실해 보입니다.

우리나라에서 일본의 육식 금지 문화를 이야기할 때 거론 되는 대표적인 근거를 두 가지 정도로 꼽을 수 있습니다.

첫 번째가 육식 금지가 최초로 발령된 서기 675년부터 공식적으로 육식 금지가 폐지된 메이지 유신에 이르기까지 약 1,200여 년의 기간 동안 일본인들은 고기를 먹지 않았다는 내용이고 두 번째가 육식을 한 경우 당사자들을 엄벌에 처했다는 내용입니다. 하지만 이 두 내용에 대한 명확한 시대적, 문화적 구분이 없다 보니 『1,200여 년의 육식 금지 기간 동안 육식을 하다가 적발될 경우 엄벌에 처해졌다.』라는 형태의 사실 관계가 탄생하게 된 것입니다.

서기 675년에 발령된 육식 금지령이 실제로는 근세 시대 일본

---

[3] 위키피디아, 「生類憐れみ」.

인들에게 별다른 영향을 발휘하지 못했기 때문에 일본 전역에서 야생동물을 중심으로 한 육식 문화는 오랫동안 지속적으로 자리 잡고 있었습니다. 그 뿐만 아니라 5대 쇼군 츠나요시가 집권했던 약 24년의 기간 동안 13건의 극형을 포함, 69건의 살생 금지령 관련 사건에 대한 처벌 외에는 에도시대를 통틀어 육식에 대한 이렇다 할 제재가 존재하지 않았기 때문에 우리가 알고 있는 일본의 육식 문화에 대한 상식은 옳지 않다고 이야기할 수 있습니다.

츠나요시는 본인이 사망한 이후에도 「살생 금지령」을 유지하라는 유언을 남겼지만 츠나요시가 사망하자 마자 기다렸다는 듯이 이 악법들은 순차적으로 사라지기 시작합니다.

육식을 대하는 에도시대 일본인들의 이중 태도

에도시대 당시 육식에 있어서도 일본인들의 「타테마에(**建前**, 겉모습)」와 「혼네(**本音**, 속 마음)」 문화가 극명하게 나타납니다. 「살생 금지령」이라는 악법은 사라졌지만 역사적, 종교적 이유 때문에 표면적으로는 육식을 터부시 하는 것처럼 보였던 것이 사실입니다. 하지만 실제로는 다양한 야생 동물 고기가 에도 시내에 유통되고 있었으며 노동력을 얻을 수 있는 소, 말 등의 가축 보다는 사냥을 통해 획득한 야생 동물 고기 위주로 버젓이 고기가 팔리고 있었습니다.

에도 교외 농촌에서 잡힌 멧돼지, 사슴 등의 고기는 「모몬지야(ももんじ屋)」로 불리우는 가게를 통해 일상의 음식이 아닌 자양강장을 위해 먹는 「보약」으로 취급되면서 에도 서민들에게 공급되었던 것입니다. 육식을 금기 시 하는 사회 분위기를 반영, 에도시대 일본인들은 고기 이름을 직접 거론하기 보다는 일종의 은어를 만들어 고기 명칭을 대신하는데요.

사슴 고기는 「모미지(モミジ, 단풍)」라고 불렀습니다. 화투를 보면 단풍나무에 사슴이 그려져 있는 패가 있는데 사슴 고기를 「단풍」으로 부르게 된 것은 화투에서 유래되었다는 설이 유력합니다.

화투패(사슴과 단풍잎)

닭고기는 「카시와(柏, 떡갈나무)」라고 불렀는데 떡갈나무 잎이

시간이 지남에 따라 홍색 또는 갈색으로 변색되면서 닭고기 색과 비슷해 지기 때문인 것으로 알려져 있습니다. 말고기는 「사쿠라(桜, 벚꽃)」라는 은어를 사용했는데 신선한 말고기 색깔이 벚꽃과 닮았기 때문이라고 합니다. 「보탄(ボタン, 모란)」이라는 이름으로 거래되었던 멧돼지 고기는 모란 색깔과 비슷한 붉은 빛을 띄고 있었습니다.

에도시대 당시 고래 고기는 당당하게 먹을 수 있었기 때문에 멧돼지 고기를 「산 속의 고래 고기」라는 의미로 「야마 쿠지라(山くじら)」로 부르는 경우가 더 일반적인 호칭이었다고 합니다.

『눈 속의 비쿠니 다리(びくにはし雪中, 1858년)』
일본 국립국회도서관 디지털 콜렉션

위 그림은 유명한 우키요에 화가 「우타가와 히로시게(歌川広

重)」의 「명소에도백경(名所江戸百景)」 중 하나인 「눈 속의 비쿠니 다리(びくにはし雪中)」라는 작품으로 왼쪽 편에 멧돼지 고기를 의미하는 「야마 쿠지라(山くじら) 간판」이 있는 것을 확인할 수 있습니다. 이 가게가 「오와리야(尾張屋)」로 불리우는 유명한 멧돼지 고기 전문점이었는데 곰 고기, 원숭이 고기도 함께 취급했다고 합니다.

에도시대 당시 소고기는 소비되고 있었는가?

히코네번(彦根藩)은 일본에서 유일하게 막부 공인 하에 소고기를 생산하고 있었고 그 당시 소고기는 다른 육류와 마찬가지로 일반 음식이 아닌 자양강장을 위한 보약처럼 취급되고 있었습니다. 히코네번은 소고기를 된장에 절여 말린 「헨폰간(反本丸)」을 매년 도쿠가와 쇼군에게 헌상하고 있었는데요. 헨폰간의 뛰어난 맛에 대한 입소문이 퍼지면서 일본 전역의 다이묘들 역시 헨폰간을 구하기 위해 많은 노력을 기울였다고 합니다.

15대 쇼군 「도쿠가와 요시노부(徳川慶喜)」의 아버지인 미토번(水戸藩) 「도쿠가와 나리아키(徳川斉昭)」도 히코네번 소고기 특산품인 헨폰간 애호가로 유명했는데요. 매년 겨울이 되면 히코네

번에서 헌상되는 소고기를 기다렸다고 전해집니다. 하지만 독실한 불교 신자였던 「이이 나오스케(井伊直弼)」가 히코네번 번주 자리에 오르면서 소를 못 잡게 했고 이에 따라 헨폰간을 더 이상 만들지 못하게 되었음에도 불구하고 도쿠가와 나리아키는 소고기를 보내달라는 독촉 편지를 계속 보냈다고 합니다. 하지만 이이 나오스케가 이 요구를 지속적으로 묵살하면서 둘 사이는 나빠졌고 나오스케가 막부 최고위직인 「타이로(大老)」 직위에 오르면서 나리아키는 정치적 탄압을 받게 되는데 그 이유 중 하나가 바로 이 소고기에서 시작된 각종 마찰 때문이었을 것이라는 추측도 거론되고 있습니다.

일본의 3대 소고기라고 하면 「마츠자카규(松阪牛)」, 「고베 비프(神戸ビーフ)」, 「오오미규(近江牛)」를 꼽는데 마지막에 거론된 오오미규를 빼고 「요네자와규(米沢牛)」를 넣기도 합니다. 세 번째로 언급된 오오미규가 바로 히코네번의 소고기가 되겠습니다.

요네자와규는 지금의 야마가타현(山形県) 요네자와시(米沢市) 인근에서 생산되는 흑모 품종의 와규(和牛)인데 이 요네자와규가 유명세를 타기 시작한 배경에는 재미있는 일화가 전해지고 있습니다.[4]

1871년 요네자와번(米沢藩)은 영국과 조약을 체결하고 요코

---

4 위키피디아, 「米沢牛」.

하마에 체류하고 있던 무역상 「찰스 헨리 달라스(Charles Henry Dallas)」를 번교(藩校) 영어 교사로 초빙합니다. 그 당시 요네자와에서는 소고기를 식용으로 취급하고 있지 않았지만 고향 음식에 대한 향수병에 시달리던 달라스가 요네자와에 올 때 함께 동행했던 요리사 「만키치(万吉)」에게 소고기 요리를 부탁해 먹기 시작한 것이 요네자와 소고기의 시작점이 되겠습니다.

요네자와 소고기 맛의 훌륭함에 놀란 달라스는 임기가 끝난 후 요코하마로 돌아갈 때 요네자와 소를 한 마리 끌고 가 요코하마의 동료들에게 요네자와 소고기로 조리한 요리를 선보이면서 요네자와규(米沢牛)의 유명세가 일본 전국으로 퍼져나가게 되었다고 합니다.

신센구미(新選組) 관련 영화나 드라마를 보면 스키야키 비슷한 고기 요리를 즐기는 장면이 종종 나오는데요. 실제 신센구미 대원들이 멧돼지 고기를 즐겨 먹었다고 하니 이러한 장면들은 고증에 충실했다고 볼 수 있겠습니다. 사카모토 료마(坂本竜馬)가 오오미야(近江屋)에서 암살되었을 때 마지막에 즐겼던 요리도 「샤모나베(しゃも鍋)」라는 닭고기 냄비 요리였습니다.

결론적으로 에도시대 일본열도에는 육식을 터부시 하는 분위기가 분명 존재했지만 지역에 따라 편차가 있었으며 소고기, 돼지고기 보다는 사냥을 통해 얻을 수 있는 야생 동물 위주로 육식 문화가 형성되어 있었던 것으로 이해하면 되겠습니다. 따라서 근세 일본인들에게 육식 문화가 없었다는 이야기는 잘못된 통설로 볼 수 있습니다.

태평성대 에도시대
실전성을 잃어버리고 만 칼

Episode #8
─────────────────
유행하는 칼과 잡병(雜兵)들의 실전 경험

[이해를 돕기 위한 용어 해설]

傾奇者(카부키모노)
かぶきもの

「카부키모노(歌舞伎者)」라는 한자로 표현하기도 합니다. 전국시대 말기에서 에도시대 초기에 걸쳐 젊은이들 사이에서 유행하던 사회 현상 중 하나로 에도(江戸), 교토(京都) 같은 대도시에서 화려한 복장과 짙은 화장을 한 젊은이들이 길거리에서 강도, 폭행 등의 사회 문제를 일으키는 경우가 종종 있었으며 이러한 젊은이들을 「카부키모노」라고 불렀습니다.

전국시대가 끝나고 평화의 시대가 시작되면서 전쟁으로 신분 상승을 꾀할 수 있는 기회를 박탈당한 젊은이들이 변혁의 시대를 받아들이지 못하고 도쿠가와 시대에 대한 반항심과 반골 정신을 짙은 화장과 화려한 복장 그리고 기괴한 행동으로 표출했던 것입니다.

서민 계층인 쵸오닌(町人)으로 편입되어 신분 상승의 기회를 원천적으로 박탈당한 젊은이들뿐만 아니라 도쿠가와 막부에 직접 고용된 무사 계층인 하타모토(旗本), 고케닌(御家人)의 자손들도 카부키모노 대열에 합류했습니다. 전쟁이 사라진 시기에 서민으로 편입되면서 사무라이로서 성공 가도의 기회를 봉쇄당한 쵸오닌 계층 젊은이들이 카부키모노 대열에 합류한 것은 이해할 수 있지만 사무라이 계층 젊은이들까지 카부키모노가 되어 말썽을 일으킨 이유는 무엇이었을까요?

에도시대 초기 카부키모노의 대명사 「반즈이인 쵸오베(幡随院長兵衛)」
우타가와 쿠니요시(歌川国芳), Amsterdam Museum Collection

에도시대 무가 사회는 가독(家督)을 장자에게 상속하는 것이 원칙이었기 때문에 둘 째 이하 서열에 속하는 아들들은 다른 가문에 양자 또는 데릴사위로 입적하여 그 가문의 가독을 상속하지 않는 이상 세상에 이름을 남길 기회가 주어지지 않았습니다. 출세 길이 원천적으로 막혀버린 구조적 문제로부터 야기된 사회에 대한 불만은 평민 출신 문제아들과 동일한 입장이었던 것입니다.

1603년 「이즈모노 오쿠니(出雲阿国, 1572 ~ ?)」가 카부키모노들의 행동 양식을 춤으로 표현한 「카부키 오도리(かぶき踊り)」를 창시하였고 이 춤이 전국적으로 유행하면서 현대 일본의 전통극 중 하나인 카부키(歌舞伎)의 원형을 만든 것으로 알려져 있습니다.[1]

에도시대 초기인 17세기를 풍미했던 카부키모노의 화려한 옷차림과 화장은 에도 후기 우키요에 화가들의 작품을 통해 엿볼 수 있지만 200년이 넘는 시차를 두고 만들어진 작품이기 때문에 화가들의 상상력이 많이 가미되었다고 볼 수 있습니다.

刀狩り(카타나가리)

かたながり

「카타나(刀)」는 칼을 의미하고 「카리(狩り)」는 사냥을 뜻합니다. 두 단어가 합쳐져 「칼사냥」을 의미하는 「카타나가리(刀狩り)」라는 표현이 만들어진 것인데 농민 등의 민간인이 무장하지 못하도록 지배층이 칼, 조총 등의 무기류를 거두어 들였던 정책을 의미합니다.

1228년 카마쿠라 막부(鎌倉幕府)의 정무를 맡아 보던 「호죠 야

---

[1] 위키피디아, 『傾奇者』.

스토키(北条泰時)」가 코오야산(高野山) 승려들로부터 무기를 빼앗은 것이 최초의 카타나가리로 알려져 있으며[2] 일본 전국 통일을 눈 앞에 두고 있던 도요토미 히데요시(豊臣秀吉)가 병농분리를 실현시키기 위해 1588년 8월 29일에 포고한 카타나가리 포고령이 가장 유명합니다.

농민이 전투병 역할도 함께 수행했던 전국시대 초기의 전쟁 양상이 점차 변해가면서 잇키(一揆)로 불리우는 농민 반란을 잠재우기 위해서라도 농민들로부터 무기를 빼앗을 필요성이 대두되는데요. 농민들로부터 칼, 창, 활, 조총 등을 거두어 들이는 작업이 순조롭게 진행되지 않자 히데요시는 종교의 힘을 빌리게 됩니다. 대불전을 건립하는데 무기를 녹여 만든 쇠가 사용되면 그 무기를 반납한 농민들은 사후에 구원받을 수 있다고 선전했던 것입니다.

히데요시의 집권 기간이 길지 못했고 도쿠가와 막부는 히데요시의 정책을 계승하지 않았기 때문에 히데요시의 카타나가리는 결국 그 목적을 달성할 수 없었습니다.

---

2 위키피디아, 『刀狩り』.

打ち刀(우치가타나)

うちがたな

무로마치시대(**室町時代**, 1336~1573) 후기 이후에 거론되는 칼(**刀**, 카타나)은 일반적으로 우치가타나를 의미합니다.

우치카타나는 타치(**太刀**)와 구분되는데 타치는 허리춤에서 아래로 늘어뜨려 칼날이 아래를 향하도록 착용하였고 평균 길이가 80cm 이상으로 우치가타나에 비해 도신 길이가 긴 특징을 가지고 있습니다. 우치가타나는 도신의 길이가 대략 60~70cm 전후이며 에도시대 사무라이들이 평시 차고 다녔던 칼을 연상하면 됩니다. 타치와는 반대로 칼 날이 위쪽을 향하도록 착용하는 것이 일반적이었습니다.

脇差(와키자시)

わきざし

전장에서 우치가타나(**打ち刀**)가 파손된 경우 보조 무기로 사용하거나 근접전을 위한 용도로 만들어진 칼입니다. 보통 도신 길이가 60cm 미만으로 우치가타나에 비해 길이가 짧으며 사무라이가 두 자루의 칼을 찬다는 것은 「우치가타나」와 「와키자시」 착용을 의미합니다. 우치가타나와 마찬가지로 칼 날 부분이 위쪽을 향하도록 착용하였습니다.

大小(다이쇼오)
だいしょう

「큰 대(大)」는 우치가타나(打ち刀)를 「작을 소(小)」는 와키자시(脇差)를 의미합니다.

즉 사무라이의 상징인 「두 자루의 칼」을 뜻하는 표현으로 일반명사의 조합이지만 『대소(두 자루의 칼)를 차고 길을 나서다(大小をきめこみ、出かける).』와 같은 표현으로 자주 사용됩니다.

二本差し(니혼자시)
にほんざし

두 자루의 칼을 찬 모습 또는 두 자루의 칼을 찰 수 있는 신분을 의미합니다. 「다이쇼오 니혼자시(大小、二本差し : 길고 짧은 두 자루의 칼을 참)」와 같은 표현으로 사용되기도 합니다.

帯刀(타이토오)
たいとう

칼을 찬 모습 또는 칼을 차는 것이 허락된 신분을 의미하는 표현으로 결국 지배 계층인 사무라이 신분을 뜻합니다.

두 자루의 칼을 찬다는 것

긴 칼과 짧은 칼, 즉 「카타나(刀)」와 「와키자시(脇差)」 두 자루의 칼을 허리에 차고 있는 모습은 사무라이라는 신분을 나타내는 상징과도 같습니다. 일본 무가 사회의 전통 예법과 관례 등에 정통했던 에도시대 연구가 「이세 사다타케(伊勢貞丈, 1718~1784)」는 자신의 저서인 「테이죠오 잣키(貞丈雜記)」에서 『두 자루의 칼을 찬다는 것은 노부나가(信長), 히데요시(秀吉) 시대 이후에 생겨난 풍속이다. 그 전에는 없던 일이다.』라고 이야기하고 있습니다.[3]

에도시대 중기까지만 하더라도 두 자루의 칼을 차는 행위는 사무라이 계층만의 전유물은 아니었습니다. 전국시대의 기풍이 여전히 남아 있던 17세기 초반, 에도는 짙은 화장과 화려한 옷차림을 하고 밤거리를 누비던 불량 청소년 「카부키모노(傾奇者)」들로 인해서 치안이 불안한 상태였습니다. 도요토미 히데요시 시절만 하더라도 서민들로부터 무기를 거두어 들이는 정책인 「카타나가리(刀狩)」가 실시되기도 했지만 에도시대의 시작을 연 도쿠가와 이에야스는 히데요시의 카나타가리 정책을 계승하지 않았습니다. 다만 히데요시의 영향을 받아 에도시대 초기 몇몇 번(藩)에서 독

---

3 오와키 히데카즈(尾脇秀和), 『刀の明治維新』, 吉川弘文館(2018), p 8.

자적으로 농민 또는 쵸오닌들로부터 무기를 거두어 들이기 위한 시도를 해 왔지만 이 역시 큰 효과를 거두지는 못했습니다.

전국시대 무장으로서 한 시대를 풍미했던 「호소카와 타다오키(細川忠興, 1563~1646)」는 에도시대가 시작되면서 코쿠라번(小倉藩) 초대 번주를 역임합니다. 에도시대가 시작되고 2년 차에 접어든 1604년, 호소카와 타다오키는 자신의 영지 내에서 백성들의 무장을 해제시키기 위한 독자적인 카타나가리를 실시하게 됩니다.

하지만 아버지인 타다오키로부터 가독을 이어 받은 「호소카와 타다토시(細川忠利, 1586~1641)」는 집권한지 9년 만인 1624년 백성들도 칼을 차고 다닐 수 있도록 허용하면서 아버지 대에서 시작된 카타나가리 정책을 폐기하기 시작합니다.

1632년 히고 쿠마모토번(肥後熊本藩)으로 영지 변경을 명령 받은 타다토시는 새롭게 부임한 영지에서도 백성들이 와키자시를 마음대로 차고 다닐 수 있도록 허가합니다. 새로 부임한 영지에서 지배권을 강화하기 위해 서민들을 대상으로 「칼을 찰 수 있는 권리」를 일부 인정해 준 것으로 볼 수 있습니다.

1603년 에도시대가 시작되면서 사무라이 신분의 상징이 된 두 자루의 칼은 시대의 변화에 발 맞추어 변화를 거듭하는데요. 무사, 서민 계층 양 쪽에서 모두 다양한 변화를 겪게 되는 두 자루 칼의 변천사를 구체적으로 알아보도록 하겠습니다.

시대의 뒤안길로 사라져버린 실전형 카타나(刀)

카부키모노(傾奇者)로 불리우는 건달들이 에도 치안을 위협하고 다니던 에도시대 초기, 기이하고 화려한 모습을 경쟁하던 그들은 도신 길이만 3척(약 90cm)이 넘는 긴 칼을 유행시키게 됩니다.

전쟁이 사라지고 평화의 시대가 시작되면서 사무라이의 상징인 칼 또한 실전 무기로써의 가치를 잃어버렸고 일종의 패션 아이템처럼 활용되면서 외관 모양에 큰 변화가 찾아온 것이었습니다.

17세기 중반에 이르러서는 전국시대 당시 활용되던 실전용 칼이 「냄비 손잡이 같은 칼(鍋弦の様な刀)」로 불리우면서 유행에 뒤떨어진 우스꽝스러운 칼로 조롱 받기 시작합니다.

전형적인 일본도의 모습은 도신에 「카에리(返り)」로 불리우는 휘어진 부분이 존재하는데 이 형상은 훨씬 자연스럽고 빠르게 발도할 수 있게 하기 위한 고안이었습니다. 하지만 도신이 휘어져 있는 모습이 마치 냄비 손잡이 같다며 유행에 뒤떨어진 칼 모양이라는 인식이 팽배했던 것입니다.

새로운 유행을 이끈 일본도는 휘어진 부분이 없는 직선형 도신

을 가지고 있었기 때문에 「봉 같은 칼(棒の様な刀)」이라고 불리웠습니다. 이 최신 유행 칼은 길이가 1m에 달했기 때문에 당시 보통 신장의 사무라이들이 이 칼을 허리에 차면 끝 부분이 발꿈치에 닿을 정도였다고 합니다. 에도시대 당시 남성의 평균 키가 155cm 정도 였던 것을 감안하면 다소 우스꽝스러운 모습으로 보일 수도 있겠습니다.

봉과 같은 직선형 칼을 찬 사내들
교토(京都) 명소 안내서, 『쿄와라베(京童)』 2권(1658년)
나카가와 키운(中川喜雲), 일본 국립국회도서관 디지털 콜렉션

칼 모양에 대한 유행은 17세기 중, 후기에 출판된 여러 서적의 삽화에서도 그 증거를 찾아볼 수 있는데요. 사무라이 또는 서민들은 이러한 유행을 따라잡기 위해 기존에 소지하고 있던 긴 칼(刀, 카타나)과 짧은 칼(脇差, 와키자시) 2종에 대해 휘어진 부분을 직선으로 펴는 「칼 개조」에 열을 올리고 있었습니다.

교토의 거상이었던 「사노 쇼오에키(佐野紹益, 1607~1691)」는

1682년에 저술한 자신의 수필 「니기와히 구사(にぎはひ草)」를 통해 『카타나(긴 칼)와 와키자시(짧은 칼)를 개조하는 것이 30~40년 전부터 유행이었는데 지금도 여전하다.』라고 밝히고 있습니다. 이 책이 출판된 시기에서 40년 정도를 거슬러 올라가면 대략 1640년경부터 칼 개조가 유행하기 시작했다는 것입니다. 그는 이러한 유행이 시작된 이유에 대해서도 다음과 같이 추론하고 있습니다.

『다이묘 행렬을 화려하게 꾸미기 위하여 다이묘들은 키 크고 체격 좋은 사무라이들을 선발해 행렬의 선두에 세웠는데 큰 키에 걸맞게 카타나(긴 칼)와 와키자시(짧은 칼)를 차고 있었으며 절도 있는 행진을 돋보이게 하기 위해 착용한 카타나과 와키자시는 일직선으로 쭉 뻗은 모양을 하고 있었다.』

다이묘 행렬을 지켜보는 인파들 앞에서 키 크고 체격 좋은 사무라이들이 쭉 뻗은 칼을 차고 합을 맞추어 행진하는 모습을 본 젊은이들이 이 모습을 보고 감탄한 나머지 따라하기 시작했다는 것입니다. 직선형 칼이 유행하다 보니 기존의 실전형 칼에 대한 거래는 점점 줄어들었고 일거리가 줄어든 칼 제작 장인들은 기존의 칼을 직선형으로 개조해 판매할 수 밖에 없었습니다.

쇼오에키는 『일시적 유행임이 분명한데 오래전부터 전해 내려

오던 명도(名刀)까지 개조되고 있다.』라며 안타까운 현실을 한탄하고 있습니다.

베테랑들의 눈에 비친 빗나간 유행

전국시대 후기 실전을 경험했던 베테랑 잡병(雜兵, 조오효오)들의 전쟁 경험담을 기록한 「조오효오 모노가타리(雜兵物語)」라는 책이 있습니다. 이 책이 쓰여진 시기가 17세기 중반으로 알려져 있는데요. 젊은이들 사이에서 「봉 같은 칼(棒の樣な刀)」이 유행하기 시작했던 시기와 맞물려 있어서인지 이 책에도 젊은이들의 유행 경쟁을 비판하는 장면이 나옵니다.

다음은 짚신 하인 「키로쿠베(喜六兵衛)」가 짐꾼인 「야로쿠베(弥六兵衛)」에게 이야기 하는 내용입니다.[4]

『사무라이들은 갑주를 입은 후 그 위에 카타나(긴 칼)과 와키자시(짧은 칼)를 착용하는데 그렇게 하기 위해서는 가죽으로 만들어진 「코시아테(腰当て, 갑옷 위에 칼을 찰 때 필요한 도구)」가 필요하지. 하지만 생각해 보자고. 우리 같은 놈들에게 갑주를 입게 해

---
4 카모 요시히사(かもよしひさ) 역(訳), 『雜兵物語』, ちくま文庫(2019), pp62~64.

주는 것만 해도 감지덕지란 말이야. 우리 주제에 코시아테 같은 물건을 사용할 수는 없잖아?

우리 처지에서 갑주를 입고 그 위에 직선형으로 된 칼을 찬다고 생각해 보자고. 여차할 때 60cm 정도 밖에 되지 않는 칼도 제대로 뽑을 수 없을 것이란 말이야. 그런데 내 방식대로 칼을 차면 150cm가 넘는 칼도 쉽게 뽑을 수가 있어. 우선 내가 갑주 입는 방법을 보여줄 테니 잘 보게나. 갑주를 입기 전에 허리띠에 카타나(긴 칼)와 와키자시(짧은 칼)를 먼저 차고 나서 마치 옷을 입듯이 갑주를 착용하는 것이 요령이야.

갑주(鎧, 요로이) 입는 방법. 『조오효오 모노가타리(雜兵物語)』
코쿠가쿠인(國學院大學) 대학 도서관 자료실

전쟁도 사라졌으니 칼 날을 아래로 향하게 해서 칼을 찰 일도 없고 냄비 손잡이 같이 휘어진 모양의 칼도 우스워진 마당에 휘어짐

이 심하면 오히려 걸어 다닐 때 발 뒤꿈치에 칼이 닿아서 불편하기만 하거든. 그래서 높은 분들이나 사무라이들은 직선형 칼을 착용하고 있는 것이야. 그런데 말이지. 직선형 칼을 갑옷 위에 꽂으면 칼을 뽑는 일이 어려워져. 적과 마주치게 되면 칼을 뽑으려 해도 절반 정도 밖에 뽑을 수 없거든. 이러다 보면 마음이 급해져서 칼 중간을 맨 손으로 잡고 빼려는 시도를 하게 되는 거야. 당연히 손을 베이겠지. 겨우 칼을 뽑았다고 하더라도 손바닥 상처 때문에 제대로 쥘 수 없는 상황이 되기 때문에 칼을 떨어트리는 경우가 많아. 떨어트린 칼에 발등을 베이는 경우도 종종 있고 말이야. 어쩔 수 없이 와키자시(짧은 칼)를 뽑아 적에게 달라 들어 한 손으로 적의 갑주 윗부분을 내리 친다고 한들 칼 날만 부러질 뿐이지. 전장에 이런 친구들이 많았지.

그 중에 칼이 뽑히지 않자 바로 포기하고 적에게 달라 들어 나뒹굴었던 친구가 한 명 있었는데 말이야. 엎치락뒤치락 하다가 아래에 깔려 버렸는데 와키자시(짧은 칼)를 빼려고 하다 보니 그것도 안 빠지는 거야. 그 당시 전장에서 무엇이든지 화려하게 눈에 띄게 만드는 경향이 있었는데 이 친구도 와키자시의 츠바(鍔)[5]를 엄청 크게 만들고 그 위에 금박까지 입혔지 뭐야. 크게 만든 츠바 때

---

[5] 칼 날과 손잡이 사이에 손을 보호하기 위해 만들어진 쇠 장식. 한국어로는 "방패"로 번역.

문에 와키자시가 빠지지 않아서 결국 적에게 목이 잘리고 말았지.

또 다른 예가 있는데, 이 친구도 적과 나뒹굴며 싸우고 있다가 적 아래에 깔리게 된 거야. 이 친구가 요리사였는지 모르겠는데 부엌칼 같은 소도를 차고 있더라고. 이 소도를 잽싸게 뽑아서 적의 목 부분을 그대로 찔러 쓰러트린 후 바로 죽여 버렸어.』

실전 경험을 갖춘 베테랑 잡병들은 그 당시 젊은이들이 칼에 금과 은으로 된 화려한 장식들을 부착하고 다니는 세태에 대해서 『금과 은으로 된 화려한 장식품을 부착하는 것은 위험한 행동이다. 실전에서는 잠을 자는 도중에 아군에 의해 목이 잘릴 것.』이라고 경고하고 있습니다. 실전에서 화려한 장식품이 도난 당하면서 얼마나 끔찍한 사건이 발생하게 되는지를 이야기한 것입니다.

전국시대 기풍을 간직한 베테랑들의 눈에 실전 경험 없는 젊은이들의 패션 놀음이 얼마나 한심하게 다가 왔을지 상상할 수 있는 재미있는 일화입니다.

츄신구라(忠臣蔵) 주인공
카타오카 겐고에몬(片岡源五右衛門)의 회고

 주군의 원한을 갚은 아코번(赤穂藩) 번사들의 이야기인 「츄신구라(忠臣蔵)」 스토리는 꽤 유명합니다. 거사를 성공적으로 끝낸 47명의 사무라이 중 한 명, 「카타오카 겐고에몬(片岡源五右衛門)」은 막부의 처벌이 내려지기 전까지 호소카와(細川) 가문에 맡겨져 있었습니다. 이 때 접대역을 맡고 있던 사무라이와 나눈 대화 내용이 남아 있는데 유행에 대한 이야기가 나왔을 때 겐고에몬은 『옛날에는 직선으로 쭉 뻗은 칼을 가지고 있었지만 지금은 다시 휘어져 있는 칼을 사용하고 있다.』라고 이야기하고 있습니다.

『의사 47도, 카타오카 겐고에몬(義士四十七図 片岡源五右衛門高房)』
오가타 겟코오(尾形月耕), British Museum Collection

겐고에몬이 1667년 생이고 거사를 이룬 것이 1702년이니 직선으로 뻗은 「봉 같은 칼(棒の様な刀)」이 50년 정도 유행을 이어 왔다는 것을 짐작해 볼 수 있습니다.

두 자루의 칼을 차면 무사 계급인가?

아래 그림은 1666년에 간행된 「오토기보오코(伽婢子)[6]」라는 책에 실린 삽화입니다. 이 그림에 등장하는 청년도 17세기 중반의 최신 유행 카타나(긴 칼)와 와키자시(짧은 칼)를 차고 있습니다.

직선형 칼을 찬 사내. 『오토기보오코(伽婢子, 1666년)』
와세다 대학(早稲田大学) 도서관 소장

---

[6] 중국의 여러가지 기담을 모아 무대와 이름을 무로마치(室町時代), 전국시대(戦国時代)로 각색해 엮은 책(1666년).

두 자루의 칼을 차고 있으니 상식 선에서 생각해 보면 사무라이임에 분명하지만 전체적인 행색이 무사 계급으로 보이지는 않습니다. 이 그림은 무사쥬쿠(武佐宿)라는 역참마을에서 인력 수송을 위한 가마 사업을 하는 「코야타(小弥太)」라는 백성의 모습을 그린 것입니다.

다음 그림은 1658년 교토의 명소를 소개하는 관광 가이드북 「교와라베(京童) 5권」에 등장하는 삽화입니다.

직선형 칼을 메고 가는 사내. 『교와라베(京童, 1658년)』
국립 일본국회도서관 디지털 콜렉션

가장 우측에 그려진 인물 역시 그 당시 최신 유행의 와키자시(짧은 칼)를 차고 카타나(긴 칼)를 어깨에 메고 있습니다. 하지만 이 친구의 행색도 전혀 사무라이로 보이지는 않습니다. 어깨에 멘 칼에 매달려 있는 작은 소포와 복장을 보면 뛰어다니며 편지 또는 소포를 전달하는 비각(**飛脚**, 히캬쿠)으로 보이기도 합니다.

에도시대가 시작된 이래 막부에서 풍기 문란을 이유로 패션 아이템 같은 칼을 단속하기 시작한 1699년까지 거의 100년에 이르는 기간 동안은 두 자루의 칼을 차는 행위는 사무라이만의 권리가 아닌 서민들에게도 허용되어 있었다는 것을 알 수 있습니다.

두 자루의 칼을 차는 행위는 사무라이의 특권인가?

Episode #9
신분 구분을 나타낸 두 자루 칼의 역사

[이해를 돕기 위한 용어 해설]

奈良物(나라모노)

ならもの

지금의 나라현(奈良県)에 해당하는 야마토국(大和国) 나라(奈良)에 살고 있던 도공들이 만든 칼을 의미하며 「나라가타나(奈良刀, ならがたな)」라고 부르기도 합니다. 근세에 들어와서는 히젠(肥前)에서 만들어진 칼이 나라(奈良)로 흘러 들어와 외장만 바꾸어 팔리게 되었고 이 역시 나라모노로 불리웠습니다.

대량 생산되어 품질이 조악하고 잘 베어지지 않는 칼의 대명사로 사용되는 표현입니다.

御法度(고핫토)

ごはっと

도쿠가와 막부 쇼군의 이름으로 지정된 금지 사항을 의미하기도 하고 관례적인 금기를 의미하기도 합니다.

1999년 개봉된 「고핫토(御法度)」라는 동명의 영화가 있습니다. 신센구미(新選組) 대원들 사이에서 발생했던 동성애에 대한 가상의 이야기를 그린 영화입니다. 이 영화의 영어 제목이 「터부

(Taboo)」로 번역되었다는 점에서도 짐작할 수 있듯이 강력한 강제성을 지니고 있지 않은 금기에 대한 표현으로 볼 수 있습니다.

道中差(도오츄우 자시)
どうちゅうざし

도오츄우(道中)란 에도시대 당시 사용된 단어로 여행을 의미합니다.[1] 서민들이 여행 중 허리에 차는 짧은 칼을 「도오츄우 자시(道中差)」 또는 「도오츄우 와키자시(道中脇差)」라고 불렀습니다.

竹光(타케미츠)
たけみつ

대나무를 깎아 만든 가짜 칼을 의미합니다.[2] 에도시대가 시작되고 전쟁이 사라지자 상시 무거운 칼을 소지하고 다니는 것이 부담스러웠던 사무라이들이 「타케미츠(竹光)」를 사용하기도 했으며 돈을 마련하기 위하여 칼의 도신을 팔고 대신 타케미츠를 착용하는 경우도 있었습니다.

은색을 입혀 실제 칼과 비슷하게 만들어진 타케미츠가 시대극

---

1 에도인문연구회(江戸人文研究会), 「江戸の用語辞典」, 廣済堂出版(2020), p284.
2 상동(上同), p242.

촬영장에서 활용되기도 합니다.

士族(시조쿠)
しぞく

무사, 즉 사무라이 신분을 의미합니다. 「시조쿠」라는 단어는 메이지시대에 만들어진 용어로 에도시대 당시에는 동일한 의미로 「사분(士分, 시분)」이라는 표현이 사용되었습니다.[3]

---

3 에도인문연구회(江戸人文研究会), 『江戸の用語辞典』, 廣済堂出版(2020), p196.

두 자루의 칼을 차는 행위에 따른
신분 구분의 시작

두 자루의 칼을 허리에 차고 있는 모습은 사무라이의 상징으로 인식되어 있습니다.

하지만 에도시대가 시작되고 약 100년 가까운 기간 동안은 농민(農民), 쵸오닌(町人) 등 서민들 역시 두 자루의 칼을 허리에 차고 거리를 활보하고 다닐 수 있었기 때문에 에도시대 초기에는 두 자루의 칼을 차고 있는지 여부만으로는 사무라이와 서민을 구분할 수는 없었습니다.

전쟁이 끊이지 않았던 전국시대가 막을 내리고 도쿠가와 막부의 태평성대가 시작되면서 사무라이, 서민 할 것 없이 허리에 차고 있던 칼은 실전성을 잃어버리게 되었고 하나의 패션 아이템으로 외관에 치중된 형태로 발전하게 됩니다. 칼을 뽑을 일이 없다 보니 칼에 있어서 가장 중요한 검신 부분을 보급형으로 대충 만든 칼이 널리 퍼지게 되었는데 이렇게 완성도가 떨어지는 칼을 「나라모노(奈良物, 나라 지방에서 만든 물건)」라고 불렀습니다.

에도시대 초기에는 사무라이, 서민 할 것 없이 실전성이 고려되지 않은 화려하고 긴 칼을 차고 다녔지만 세월이 흐르면서 서민들은 두 자루의 칼을 차지 못하도록 법규가 강화되었고 에도시대 중기에 들어서면서 비로소 「두 자루의 칼을 차는 행위」가 사무라이 신분의 특권으로 자리잡게 됩니다.

서민들은 두 자루의 칼을 차지 말라!
칼을 차는 행위에 대한 제재의 시작

1649년 2월 15일, 도쿠가와 막부는 에도의 농민과 쵸오닌 등 서민들이 길고 화려한 칼과 와키자시(짧은 칼)를 차고 다녀서는 안된다는 취지의 포고령을 발표합니다. 그러나 이 규제는 점점 더 화려해 지는 서민(町人, 쵸오닌) 문화 풍속을 단속하기 위해 제정한 금기 사항(御法度, 고핫토) 중 하나였기 때문에 칼을 위험한 무기로 인식하거나 무사의 신분이 아니면 칼을 차서는 안된다는 형태의 규정과는 여전히 거리가 있었습니다. 화려하면서 긴 칼을 차고 다니는 것은 풍기 문란을 심화시키는 행위에 해당되기 때문에 이를 금지한다는 규정이 포함된 것일 뿐 서민들이 칼을 차는 행위 자체를 금지한다는 규정은 아니었던 것입니다. 즉 사무라이든 서민이든 칼을 차는 행위는 일상 생활 속 문화로 취급되고 있음을 알 수 있습니다.

참고로 1649년 2월 15일에 발표된 이 포고령에는 주로 농민을 비롯한 서민들의 생활에 제약을 가하기 위한 내용들이 포함되어 있습니다.

「막부의 법령을 지켜야하며 관리들의 명령에 따를 것」, 「하루 종일 긴장을 늦추지 말고 해야할 일에 열중할 것」, 「보리, 피 등의 잡곡을 섭취하고 쓸데 없이 쌀을 낭비하지 말 것」, 「의복을 만들 때 마(麻)와 목면 이외의 재료는 사용하지 말 것」 등이 대표적인 내용입니다.

「백성은 살게 해서도 안되고 죽게 해서도 안된다(百姓は生かさぬように、殺さぬように)」, 「백성과 참기름은 짜면 짤 수록 나오게 되어 있다(百姓と胡麻の油は、絞れば絞るほど出るものなり)」 등 에도 시대 당시 회자된 표현들을 통해 에도 막부가 농민, 쵸오닌 등의 서민 계층을 어떻게 바라보고 있었는지 짐작할 수 있습니다.

하지만 1649년에 발표되었다는 이 포고령이 1830년대 문헌에 처음으로 등장했고 원문이 지금까지도 발견되고 있지 않기 때문에 최근에는 「케이안노 오후레가키(慶安御触書)」로 불리우는 이 포고령의 진위 여부에 의문이 제기되고 있기도 합니다.

한편 1603년 에도시대가 시작되고 전국시대에서 평화의 시대로 시대상이 변화해 가는 약 50년 가까운 기간 동안 에도 치안은 여전히 불안한 상태였습니다.

신분에 관계 없이 너도 나도 길고 화려한 칼을 차고 다니며 남에게 보이는 멋을 뽐내던 시기에 막부가 공식적으로 제재를 가하기 시작했다는 측면에서 1649년의 규제는 중요한 의미를 지니고 있지만 이 포고령의 진위 여부에 논란이 있다는 점을 감안해야 하겠습니다.

사무라이들과 서민들이 허리에 차고 있던 긴 칼을 「카타나(刀)」, 짧은 칼을 「와키자시(脇差)」라고 부르는데 신분에 관계 없이 에도시대를 통틀어 짧은 칼인 와키자시가 제재를 받은 기록은 없습니다. 와키자시가 아니라 긴 칼인 카타나 착용 가능 여부에 대한 규제가 점점 강화되어 왔던 것입니다.

서민들에게 화려한 카타나와 와키자시를 차고 다니지 말라는 계도가 시작되고 불과 3년 밖에 지나지 않은 1652년, 「카타나를 차는 행위」를 본격적으로 제재하는 규정이 발표됩니다. 내용인 즉슨 돈 있는 서민(町人, 쵸오닌)이 고용한 하인들에 대해서 『주인과 동행할 때에 카타나를 차는 것은 허용하지만 평소에 카타나를 차고 다니는 행위를 엄금한다.』라고 규제하기 시작한 것입니다. 여전히 서민들은 카타나와 와키자시를 모두 차고 다닐 수 있었지만 도쿠가와 막부가 시작되고 정확히 50년이 지난 시점에서 이 규정을 통해 처음으로 카타나를 차는 행위 자체에 대해 제재를 받기 시작했습니다.

본격적으로 시작되는 칼에 의한 신분 구분

1668년 규제의 칼 날이 드디어 에도 시내의 모든 서민들을 향하게 됩니다. 특별하게 허가된 인원을 제외한 에도 시내 모든 서민들은 카타나 착용을 금지한다는 규제가 발표된 것이었는데 여행이나 화재 발생, 축제가 개최될 때에 한해서 예외적으로 카타나 착용이 허용됩니다. 이 때에도 짧은 칼인 와키자시에 대한 규제는 여전히 존재하지 않았습니다.

1668년 규제는 평민들이 더 이상 카타나를 차고 에도 시내를 배회해서는 안된다는 의미를 지니고 있었지만 이 역시 에도 시내에만 국한된 이야기일 뿐 에도 교외에 까지 이 규정이 미치지는 못했습니다.

여전히 서민들이 두 자루의 칼을 차고 다니는 행동에 대한 전면 규제는 아니었으나 적어도 에도 시내 안에서는 두 자루의 칼, 카타나와 와키자시를 차고 있는지 여부로 사무라이와 서민의 신분이 구분되기 시작했다는 측면에서 중요한 분기점으로 생각할 수 있습니다. 이후로도 카타나에 대한 규제는 멈추지 않고 계속 됩니다.

1683년『서민들은 여행 또는 화재 발생 시에도 카타나를 차서는 안된다.』라는 규제가 새롭게 발표됩니다. 이로써 서민들이 카타나를 차는 행위 자체가 전면 금지된 것이었습니다. 1683년의 조치는 그 어느 때 보다 강력했으며 에도 뿐만 아니라 전국 번(藩)의 다이묘들에게도 사무라이와 서민에 대한 명확한 신분 구분이 가능하도록 「서민 계층의 카타나 착용 전면 금지」를 명령하는 내용이었습니다.

그 뿐만이 아니었습니다. 다이묘 또는 막부에 고용되어 급여를 받는 가신들 중에서 예술 분야에 종사하는 「사루가쿠시(猿楽師)」 같은 비전투 인력들 또한 카타나 착용이 필요 없음을 공표하게 됩니다. 즉 전투를 할 수 있는 무사들 만이 카타나가 필요한 것으로 정의 내린 것이었으며 이 시기에 즈음하여 전투원인 사무라이들 만이 카타나와 와키자시를 모두 찰 수 있다는 인식이 정착되기 시작합니다.

카타나와 와키자시 두 자루의 칼을 찬 전형적인 에도시대 사무라이의 모습이 에도시대가 시작되고 무려 81년 이라는 세월이 지난 후에야 완성되기 시작했던 것입니다.

또한 『전투할 사람만 카타나를 착용하라.』라는 지침에 맞추어 그 동안 실전성 없이 유행을 쫓아 오던 직선형의 길고 화려했던 카타나들도 다시 원래의 모습으로 되돌아오게 됩니다. 카타나 착용이 신분 구분으로 자리 잡기 시작한 시점에서 패션 소품으로 변질되었던 카타나도 전쟁을 위한 도구로 재정립되었던 것입니다.

서민들의 와키자시(脇差) 문화

두 자루의 칼을 차는 행위가 신분을 나타내는 의미로 자리잡아 가면서 서민들은 더 이상 카타나를 착용할 수 없게 됩니다. 하지만 도쿠가와 막부는 에도시대를 통틀어 짧은 칼인 와키자시에 대해서 별다른 규제를 가하지 않았기 때문에 서민들은 와키자시를 휴대할 수 있었습니다. 그러나 와키자시 착용이 상거래 등 일상생활과 활동에 방해되는 일이 많았기 때문에 와키자시를 집에 두고 다니는 경우도 흔했습니다. 하루 종일 앉아서 주판을 사용하는 상인이 허리에 와키자시를 차고 있다면 여간 불편한 일이 아니었겠지요. 하지만 여행을 떠날 때에는 호신용으로 「짧은 칼(道中脇差, 도오츄우 자시)」을 휴대하는 것이 일반적이었습니다.

시대가 지남에 따라 서민들의 와키자시 역시 칼의 본래 기능 보다는 외출 시 악세서리 같은 형태로 그 속성이 변질되면서 사무라이와 마찬가지로 도신 무게에 부담감을 느낀 서민들은 와키자시 도신 부분을 대나무로 만들어 착용하기도 했습니다. 그 뿐만이 아니라 와키자시 모양을 한 물통도 등장하게 되었고 동전을 넣을 수 있는 와키자시 모양의 지갑도 만들어집니다.

이러한 지갑을 「숨겨진 지갑(隠し財布, 카쿠시 사이후)」이라고 불렀습니다.

메이지시대의 시작과 칼을 찬 구시대의 유물들

에도시대 서민들은 더 이상 카타나를 찰 수 없게 되었지만 정장에 넥타이가 빠질 수 없는 것처럼 외출 시 또는 공식적인 자리에 와키자시는 꼭 소지해야 하는 아이템으로 정착하게 됩니다.

막부 말기의 혼란과 보신전쟁(戊辰戰爭)[4]을 통해 도쿠가와 막부가 막을 내리고 메이지시대가 시작되면서 서구 유럽의 신문물이 일본에 대거 유입됩니다. 근대화가 진행되는 과정 속에서 여전히 카타나를 차고 다니는 「사족(士族, 시조쿠)」들을 조롱하는 시각이 일반인들 사이에서 자리잡기 시작합니다.

1875년 6월 27일자 요미우리 신문에 「켄와 후요타(劍和不要太)」라는 닉네임을 가진 독자가 투고한 글이 실리게 됩니다. 켄와 후요오타는 마치 사람 이름 같지만 한자를 자세히 살펴 보면 『검을 빙자한 사무라이 정신은 더 이상 필요 없다.』라는 조롱 섞인 닉네임인 것을 알 수 있습니다. 이 투고문에서는 『사람을 죽이기 위한 부엌칼을 차고 돌아다니는 쓸데 없는 짓은 아무리 좋게 봐도 바보로 밖에 보이지 않는다.』라며 사족(士族)들이 카타나에 집착하는 모습을 정면으로 비판하고 있습니다.

아래 그림은 메이지시대가 시작되고 7년이 지난 1874년에 출

---

[4] 1868년부터 1869년 사이에 도쿠가와 막부 세력과 막부 타도 세력 사이에 발생한 내전.

판된 「개화에 대한 책(開花の本)」이라는 서적에 실린 삽화입니다.

『카이카노혼(開花の本, 1874년)』 삽화
국립 일본국회도서관 디지털 콜렉션

양복을 입은 「문명(文明)」이란 인물이 나침반을 들고 정확한 방향으로 말을 타고 빠르게 이동하는 모습과 사무라이 복장을 하고 칼을 지팡이 삼아 달구지를 타고 힘겹게 앞으로 나아가고 있는 「구폐(旧弊)」라는 인물을 대조적으로 표현하고 있습니다. 구폐는 단어 그대로 오래된 폐습이라는 의미입니다.

새로운 시대의 도래와 더불어 지배 계급 신분의 상징이었던 칼을 차는 행위가 오래된 폐습으로 사회 전반에 인식되기 시작하면서 일본은 근대화에 박차를 가하게 됩니다.

일본 역사에 존재했던
세 번의 대규모 칼사냥

Episode #10
카타나가리(刀狩り, 칼사냥)에 대해서

[이해를 돕기 위한 용어 해설]

廃刀令(하이토오레이)
はいとうれい

　1876년 메이지 정부에 의해 발표된 포고령입니다. 이 포고령에 의해서 군인, 경찰, 사관 등 제복을 입는 직업군을 제외한 모든 사무라이 계층에게 있어서 대도(帯刀), 즉 칼을 차는 행위가 금지됩니다.

　카타나, 와키자시 등의 도검류를 압수한 것은 아니며 칼을 차고 거리를 나서는 행위 만을 금지시켰다는 사실에 주의할 필요가 있습니다.

島原の乱(시마바라노 란)
しまばらのらん

　1637년 12월 11일에 큐슈(九州) 지방에서 발생한 대규모 봉기로 약 3만 7천 명에 달하는 반란 세력을 제압하기 위해 12만 명이 넘는 막부 정규군 병력이 동원됩니다.

　4개월 만에 진압되었지만 막부 군은 8천 명이 넘는 사상자를 기록하였고 반란 세력은 전멸합니다. 가혹한 수탈에 의한 봉기로 알려져 있지만 종교 세력을 확장하기 위한 시도였다는 설도 제기되고 있습니다.

赤羽刀(아카바네토오)
あかばねとう

제2차 세계 대전에서 패배한 일본은 「연합군 최고사령관 총사령부(GHQ, General Headquarters)」에 의해 군도(軍刀), 민간이 소지한 카타나 등의 무기류를 몰수당하게 됩니다. 이렇게 압수당한 카나타, 와키자시, 나기나타, 창 등의 도검류들은 스크랩 처리되거나 또는 바다 속에 수장되었지만 이 과정에서 무사히 살아남아 지금까지 전해져 오고 있는 수천 자루의 카타나들을 「아카바네토오(赤羽刀)」라고 부르고 있습니다.

폐기 처분 되기 위해 일본 관동 지방에서 몰수된 도검류들이 도쿄(東京) 아카바네(赤羽)에 설치되어 있던 미8군 병기보급창에 임시 보관되어 있었던 것에서 유래해 아카바네토오(赤羽刀)로 명명됩니다.

仕込み杖(시코미 츠에)
しこみつえ

「감추어진 칼」이라는 의미로 「시코미 가타나(仕込み刀)」라고 부르기도 합니다. 특정 이유로 칼을 휴대할 수 없는 경우에 대비하여 호신용 또는 암살용으로 제작된 칼을 의미합니다. 지팡이 칼을 연상하면 그 모양과 구조를 쉽게 이해할 수 있습니다.

세 번의 카타나가리(刀狩り)

아기가 태어났을 때, 딸을 시집 보낼 때, 모든 일상 생활과 마지막 임종을 맞이할 때까지 일본인들에게 떼어 놓을 수 없는 존재가 바로 칼입니다. 지금은 하나의 예술품 장르로 자리잡고 있지만 칼에 대한 일본인들의 관심과 집착은 전 세계 다른 어떤 나라와 비교해도 유별나다고 밖에 이야기할 수 없을 것입니다.

에도시대 중기를 넘어서면서 카타나(刀, 긴 칼)와 와키자시(脇差, 짧은 칼)라는 두 자루의 칼을 허리에 차는 것이 신분을 나타내는 표식으로 정착되었지만 서민들이 외출할 때 와키자시를 차고 다니는 것에는 아무런 제약이 없었습니다.

1828년의 인구 조사 결과에 따르면 그 당시 일본 인구는 약 2천 7백만 명으로 남성 인구가 1천 4백만 명, 여성 인구가 1천 3백만 명 정도로 추산되고 있습니다.[1]

남성 인구 1인당 한 자루의 카타나 또는 한 자루의 와키자시를 소지하고 있었다고 가정해도 일본 전역에 1천만 자루가 넘는 칼이 존재했다고 예측할 수 있는데요. 요리에 사용되는 부엌칼과 여성들이 소지한 단도 같은 종류까지 고려하면 일본의 칼 산업은 수천만 자루의 고정 수요가 형성되어 있는 대단히 큰 시장이었던 것

---

[1] 위키피디아, 『江戸時代の日本の人口統計』.

입니다.

하지만 일본열도를 통일하고 지배했던 위정자들은 언제 자신들의 목을 노리는 무기로 변신할지 모르는 칼이 반갑지만은 않았습니다. 그저 신분의 상징일 뿐이고 정신 세계를 지탱해 주는 부적과 같은 존재라고 아무리 이야기한들 칼은 여차하면 전쟁 무기로 바로 전환될 수 있는 물건이었기 때문에 지배자들의 입장에서는 성가신 존재일 수 밖에 없었기 때문입니다. 따라서 일본을 통치했던 지배자들은 일반 백성들로부터 칼을 거두어들이기 위한 시도를 하게 되는데요. 이를 보통 「카타나가리(刀狩り, 칼 사냥)」라는 용어로 정의합니다.

일본 역사상 큰 규모의 카타나가리는 세 번 존재했던 것으로 알려져 있습니다. 도요토미 히데요시가 일본을 통일하는 과정에서 1588년에 포고한 카타나가리 명령을 그 원조로 볼 수 있으며 도쿠가와 막부가 막을 내리고 그 뒤를 이은 메이지 정부가 1876년에 포고한 「폐도령(廃刀令)」을 두 번째 카타나가리라고 이야기할 수 있겠습니다.

메이지(明治), 타이쇼오(大正), 쇼오와(昭和) 시대를 거치며 군국주의 열강 대열에 합류한 일본은 1945년 8월 15일 태평양 전쟁에서 패망하면서 미군 점령 하에 놓이는 굴욕을 맛 보게 됩니다. 1945년 8월 30일 아츠기(厚木) 비행장에 모습을 드러낸 연합국 최고사령관 맥아더 장군은 곧바로 GHQ(General Headquarters)로 불리우는 연합국 최고사령부를 설치하고 본격적으로 일본을 통치하기 시작합니다. 1945년부터 1952년에 이르는 약 7년이라는 기간 동안 일본은 미국의 식민지와 같은 처지로 전락하였고 일본에 상륙한 미군은 곧바로 민간인들이 소지한 무기류에 대한 압수 작업에 착수합니다.

이렇게 GHQ에 의하여 실시된 도검 및 각종 무기류 압수 과정을 세 번째 카타나가리로 이야기하고 있습니다.

도요토미 히데요시의 원조 카타나가리(刀狩り)

100여 년에 달했던 전국시대에 종지부를 찍고 일본 통일을 목전에 두고 있던 도요토미 히데요시는 1588년 8월 29일 병농분리 정책의 일환으로 백성들의 무기 소지를 금지하는 카타나가리 정책을 포고합니다. 백성들의 무기 소지를 금지함으로써 농촌 지역의 자체 무장 능력을 무력화 시키기 위한 정책이었던 것입니다. 전국시대 전투병인 아시가루들은 농민 출신이 많았기 때문에 일본 전국 통일을 눈 앞에 둔 히데요시 입장에서는 일본 전역에 넘쳐나는 전투병들을 감소시켜야만 하는 상황이었습니다.

히데요시의 카타나가리 명령서는 원본, 사본, 일부 조각 등을 합쳐 약 20점 정도가 지금까지 전해져오고 있는데요.

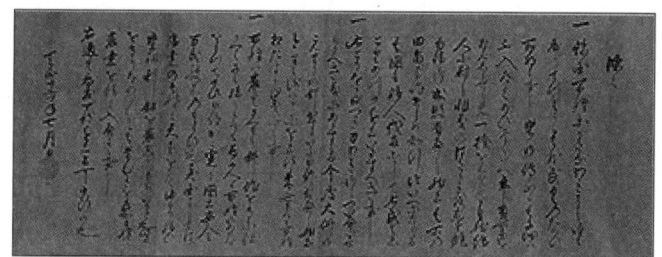

도요토미 히데요시 『카타나가리 령(豊臣秀吉刀狩令)』
와세다 대학(早稻田大学) 콜렉션

그 분포를 살펴 보면 북쪽으로는 호쿠리쿠(北陸) 지방의 카가(加賀) 마에다(前田) 가문으로부터 남쪽으로는 큐슈(九州) 사츠마(薩摩) 시마즈(島津) 가문에 이르기까지 히데요시가 지배하고 있던 모든 세력권에 걸쳐서 카타나가리 명령서가 발견되고 있습니다. 이 명령서에 수신자 이름이 기입되어 있지 않았다는 점에서 카타나가리가 특정 지역이나 가문에 할당된 명령이 아닌 히데요시 세력 하에 놓여 있던 모든 지역에 통지된 일반 법령이었음을 알 수 있습니다.[2]

히데요시는 농민들을 설득하기 위해서 종교의 힘을 빌리게 됩니다. 무기를 녹여 대불전을 건립한다는 명목으로 농민들의 무기

---

2 후지키 히사시(藤木久志), 『刀狩り』, 岩波書店(2016), pp38~39.

반납 참여율을 높일 수는 있었지만 한계가 명백했습니다. 특히 에도시대가 시작되면서 도쿠가와 이에야스는 히데요시의 카타나가리 정책을 계승하지 않았기 때문에 백성들로부터 무기를 거두어들이고자 했던 히데요시의 꿈은 결국 그 목적을 달성하지 못한 채 저물고 맙니다.

1637년 발생했던 대규모 민란 「시마바라의 난(島原の乱)」이 진압된 후 백성들로부터 압수된 무기 수를 보면 히데요시의 카타나가리 정책이 실효를 거두지 못했음을 알 수 있는데요. 조총이 300여 정, 칼과 와키자시 7,150여 개, 그 외 활과 창도 상당 수 였다고 하니 시마바라의 난 당시 10만 명이 넘는 막부 정규군이 반란군에게 고전했던 이유 또한 짐작할 수 있을 것 같습니다.

두 번째 카타나가리, 메이지 정부의 폐도령(廃刀令)

1872년 10월 5일 메이지 정부의 사법성(司法省) 장관격이었던 「에토오 신페이(江藤新平, 1834~1874)」가 주축이 되어 서민들과 사족(士族)들이 칼을 차는 행위에 제재를 가해야한다는 취지의 건의서가 최고의결기관에 제출됩니다.[3]

---

[3] 오와키 히데카즈(尾脇秀和), 『刀の明治維新』, 吉川弘文館(2018), pp227~228.

주요 내용을 살펴 보면 아래와 같습니다.

① 사람들을 보호하는 역할인 순사들은 칼을 차지 않고 목검 한 자루만 소지하고 순찰을 돌고 있다. 그런데 일반인들은 이와 반대로 칼을 차고 다니는 사람이 많다. 순사들에게 이들을 단속하라고 하는 것은 무리가 있다.

순사의 역할이 인민을 보호하는 것이기 때문에 일반인들이 무장을 하고 다닐 이유가 없다. 예복 착용 시를 제외하고 칼을 차고 외출하는 것을 금지시켜야 한다.

② 육군, 해군 병사들도 임무 외 일반 외출 시에는 무장을 해서는 안된다.

③ 위 사항을 위반한 경우 순사들이 무기를 몰수할 수 있는 권한을 줄 것.

④ 위 사항이 실현 불가능할 경우 순사들에게 무장을 허가할 것.

폐도령이 포고되기 4년 전 일로, 폐도령 내용의 근간이 된 건의서로써 높은 가치를 지니고 있습니다. 만약 폐도령을 선택하지 않고 순사들을 무장시키는 방안을 채택했더라면 메이지 초기 일본의 치안은 극단적으로 악화되었을 가능성도 배제할 수 없습니다.

1876년 3월 28일 결국 메이지 정부는 폐도령을 발표합니다. 약 300년 전 도요토미 히데요시가 시도했던 카타나가리는 칼을 비롯한 무기 소지 자체를 금지했던 것에 비해서 1876년의 폐도령은 『군인, 경찰, 관원을 제외한 모든 이들의 타이토오(**帶刀**, 칼을 차는 행위)를 금지한다.』라는 법령이었습니다. 하지만 법령이 너무 단순한 문장이었기 때문에 이 법령을 집행하고 단속해야하는 실무진들은 큰 혼란에 빠집니다. 폐도령이 발표되고 약 한 달 정도가 지난 시점에서 시가현(滋賀県) 재판소는 일본 내무성에 다음과 같은 질의를 던집니다.

① 지금까지 관습으로는 타이토오(帯刀, 칼을 차는 것)의 의미가 카타나와 와키자시를 모두 차는 것을 의미하는데 와키자시만 차는 경우는 위법에 해당되지 않는 것인가?

② 아니면 카타나, 와키자시 뿐만 아니라 날이 선 모든 종류의 금속물을 휴대해서는 안된다는 의미인가?

③ 만약 그렇다면 대놓고 칼을 차는 행위가 아니라 호신용으로 품 속에 칼을 넣고 다닌다거나 칼이 안보이도록 짐 속에 잘 넣어서 이동한다거나 시코미츠에(지팡이칼)같이 칼로 보이지 않는 칼을 가지고 다니는 행위는 위법인가?

④ 법령의 취지가 모든 종류의 흉기를 의미하는 것인가? 만약 단도 또는 권총을 소지한 사람이 있다면 이 사람을 처벌해야 하는 것인가?

현대 한국인의 입장에서 생각해 보면 「모든 종류의 흉기 소지 금지」를 의미한다고 생각하는 것이 자연스럽지만 사족, 서민 할 것 없이 도검류 및 무기를 소지하고 있던 당시 일본 시대상을 생각해 보면 어쩌면 당연한 혼란으로 볼 수 있을 것입니다.

위 네 가지 질문에 대해서 일본 사법성은 예상 외의 견해를 밝힙니다.

① [답변] 폐도령은 「모든 종류의 칼을 차는 행위를 금지하는 것」만을 의미한다.

② [답변] 칼 또는 다른 무기류를 품에 넣거나 잘 포장해서 가지고 다니는 것은 문제가 되지 않는다.

③ ~ ④ [답변] 폐도령을 위반했을 경우에는 칼을 몰수하는 것에 그친다.

폐도령을 위반했다 하더라도 사법 처리 되지 않고 칼만 압수 당하는 솜방망이 행정처분에 그쳤던 것입니다. 얼핏 보면 싱거운 법규와 처벌로 보이지만 오랜 시절 지속되어 온 사무라이의 상징을 빼앗음으로써 사무라이 계층의 정신 세계를 무너트리고 특권 의식을 희석시킬 수 있었다는 점에서 큰 의미를 지닌 법령이었습니다.

바뀐 시대에 적응하지 못한 사무라이들은 일본 전역에서 난을 일으켰고 정부군에 의해 진압되면서 역사의 무대 뒤로 자연스럽게 사라져 갑니다.

폐도령을 이야기할 때 일반 백성들에 대해 거론하는 경우는 많지 않은데 사실 이들 또한 많은 눈물을 흘려야만 했습니다. 폐도령이 실시된 후 약 2개월이 지난 1876년 5월 말 「도쿄일일신문(**東京日日新聞**)」에 나온 기사 내용입니다.[4]

『카나가와현 시모스가무라(**下菅村**)에 살고 있는 고토오 사쿠자에몬(**後藤作左衛門**)이라는 백성이 와키자시를 차고 시나가와 신쥬쿠를 지나가다가 순사에게 발각, 『폐도령이 포고 된 것을 모르고 있었다.』라며 하소연 했음에도 불구하고 그 자리에서 와키자시를 몰수당했다.』

자택은 카나가와현, 와키자시가 발각되어 빼앗긴 곳은 도쿄인 것을 미루어 보아 사쿠자에몬은 에도시대 때부터 여행갈 때 습관적으로 차고 다니던 칼 「도오츄 자시(**道中脇差**)」를 휴대하고 나왔다가 압수당한 것을 알 수 있습니다. 같은 해 5월 31일자 요미우리 신문에는 다음과 같은 조롱성 기사가 실려 있습니다.[5]

『오사카 철도역 부근에는 전국에서 와키자시를 차고 여행 왔다가 단속에 걸려 압수당한 와키자시가 매일 한 다발씩 나오고 있다. 조상 대대로 물려 받은 목숨보다 소중한 와키자시라며 눈물을 흘리면서 호소하는 사람들이 많았

---

4 오와키 히데카즈(**尾脇秀和**),『**刀の明治維新**』, **吉川弘文館**(2018), pp250~251.
5 상동(**上同**), p251.

지만 한심한 일이다. 도쿄에서도 이와 같은 일들이 매일 벌어지고 있다. 어제 기사에도 나왔듯이 도쿄에서 사족(士族) 출신 스기이(杉井) 씨도 단속에 걸려 칼을 압수당한 바 있다.』

보신전쟁으로 에도시대가 막을 내리고 1868년 자연스럽게 메이지시대가 시작된 것으로 생각하기 쉬우나 에도시대와 메이지시대에 걸쳐 큰 변화를 온 몸으로 겪으며 살았던 일본인들의 고단했던 삶을 엿볼 수 있는 흥미로운 일화가 아닌가 생각됩니다.

세 번째 카타나가리, GHQ에 의한 일본도 몰수

제2차 세계 대전에서 패망한 일본에 미군이 점령군으로 진주하면서 GHQ에 의한 도검 압수 작업이 시작됩니다.

일본에 상륙한 미군 장병들은 전리품을 챙기기 위해 일본인들이 소지한 도검류 등의 무기를 멋대로 빼앗는 경우가 많았고 이로 인해 일본 전역에서 크고 작은 소동이 끊이지 않았습니다. 당시 아사히 신문은 카나가와현(神奈川県)에서만 1주일 동안 986건의 관련 사건이 접수되었다고 보도하고 있습니다.[6]

---
6 후지키 히사시(藤木久志),『刀狩り』, 岩波書店(2016), p209.

1945년 9월 2일, 민간인이 소지한 모든 무기류를 압수하기 위한 일반 명령 제1호가 GHQ에 의해서 정식으로 발령됩니다.

일본 정부는 일본도의 경우 「일본인의 정신」이자 대대로 물려 내려오는 「가보」이기 때문에 무기류로 볼 수 없다면서 일본도를 「민간인이 소지한 모든 무기류」의 대상에서 제외시키기 위하여 끈질긴 노력을 기울입니다. 하지만 GHQ는 「일본도」 역시 군국주의를 상징하는 무기류로 간주했고 나아가 민간이 소지한 일본도를 무기로 해석할 것인가에 대한 논의를 둘러싸고 GHQ와 일본 정부 측은 강하게 대립합니다. 9월 15일 일본 정부는 다음과 같은 내용을 미국 측에 제안합니다.[7]

① 제출하는 무기는 군용 총포, 권총, 군도, 지휘도, 총검 그 외 일반 도검 및 군용화약으로 결정한다. 단, 도신 길이가 30cm 이하인 소도와 미술적 가치가 있는 도검은 보류한다.

② 제출자는 일반 개인, 학교, 공공 단체로 결정한다. 단, 경찰, 소방관 등 직무 수행을 위해 소지하는 자는 제외한다.

③ 제출 기한은 1945년 10월 10일, 제출 장소는 관할 경찰서로 지정한다.

일본 정부는 고심 끝에 「일본도는 대대로 전해 내려온 가보」라

---

7 후지키 히사시(藤木久志), 『刀狩り』, 岩波書店(2016), p211.

는 관점을 버리고 「미술품」이라는 개념을 도입함으로써 일본도를 지키기 위한 노력을 계속했던 것입니다. 다행히 GHQ가 이 제안을 받아들임으로써 결과적으로 많은 일본도가 살아남을 수 있었습니다.

신고 기간 동안 도검류를 비롯한 각종 무기를 제출하지 않으면 군법회의에 넘겨진다는 기사가 신문에 나고 『총살에 처해진다.』, 『미군이 특수전파탐지기를 동원해 다 찾아낼 것이다.』라는 풍문까지 겹치면서 겁에 질린 일본인들은 자진해서 무기류를 관할 경찰서에 제출합니다.

몰수된 일본도는 어떻게 폐기되었는가?

1946년 4월까지 폐기 처리된 무기류는 소총 165만 자루, 권총이 5만 5천 정, 도검류 140만 자루에 이르고 있습니다.[8]

많은 수의 소총과 도검류가 미군 장병들의 전리품으로 미국으로 흘러 들어가기도 했지만 대부분은 스크랩 처리 되거나 바다에 버려지는 운명을 맞게 됩니다.

한편 관동지방에서 수거된 무기류는 도쿄 아카바네(赤羽)에 위

---

8 후지키 히사시(藤木久志), 『刀狩り』, 岩波書店(2016), p214.

치해 있던 미8군 병기보급창으로 모이게 되었고 1948년 2월 미츠비시제강(三菱製鋼)은 아카바네에 쌓여 있던 40만 자루의 일본도에 대한 스크랩 처리를 시작합니다. 약 30만 자루를 처리한 미츠비시 제강은 채산성이 맞지 않는다는 이유로 돌연 스크랩 처리 중단을 선언했고 결국 남아있던 약 10만 자루의 일본도는 바다에 수장됩니다.

아카바네에서 운 좋게 살아남은 일본도들에 대해서 도쿄 국립박물관은 미술품으로써의 가치 여부를 조사하였고 1947년 미술품으로 최종 선정된 5,500여 점의 일본도가 도쿄 국립박물관에 전달됩니다. 이 일본도들이 아카바네 병기보급창에 적재되어 있었다는 사실로부터 유래해 「아카바네토오(赤羽刀)」로 불리우며 오랫동안 도쿄국립박물관에 보관됩니다.

관동지방 외 나라현(奈良県), 미에현(三重県)에서 몰수된 무기류는 나라현에 소재한 주물공장에 넘겨져 기관차 바퀴로 재탄생된 것으로 전해지고 있으며 야마가타현(山形県)에서는 미군 헌병의 호송을 받으며 사카타항(酒田港)을 통해 무기류가 대량으로 반출되어 동해 바다 인근에 버려집니다. 쿠마모토현(熊本県)에서 몰수된 무기류도 시마바라(島原) 앞 바다에 수장됩니다.

수백만 점에 이르는 무기류가 이러한 형태로 폐기 되었지만 방대한 양의 도검류와 총기류 중에 몇 점 빼돌리는 것은 어려운 일이 아니었을 것입니다. 미국, 유럽 등지의 전당포나 골동품 가게에서 여전히 일본도를 어렵지 않게 접할 수 있는 이유도 불법 반출과 연관이 있지 않을까 생각해 볼 수 있습니다.

그나마 5천 자루가 넘는 일본도가 살아남을 수 있었던 배경에는 미8군 헌병 사령관 캐드웰(C.V. Cadwell) 대령의 노력이 있었기 때문이었는데요. 그는 도검류에 대한 일본측의 호소에 귀를 기울여 주었을 뿐만 아니라 깊은 이해를 바탕으로 각종 문제를 전향적으로 해결해 주기도 했습니다. 일본에 주둔한 미군이 독립적으로 무기 몰수 작전을 수행하려고 시도했을 때 이를 지속적으로 저지한 것도 캐드웰 대령이었고 도검 가치를 심사하는 자격을 일본 정부에 위임하고 「도검 소지 허가증」 역시 일본 정부가 발행하게 하는 등 많은 수의 일본도가 다시 본래의 주인에게 돌아갈 수 있도록 역할을 한 인물 역시 캐드웰 대령이었습니다.

일본인들은 캐드웰 대령을 「일본도의 구세주(savior of Japanese art swords)」로 칭송하며 그의 업적을 기리고 있습니다.

1999년에야 종료된 도검 몰수 과정

　일본 중의원 의원이었던 「야마나카 사다노리(山中貞則)」씨의 노력에 의해 1995년 「접수 도검류 처리에 관한 법률」이 제정되면서 도쿄 국립박물관에서 50년 가까이 잠들어 있던 「아카바네토오(赤羽刀)」 중에서 소유자가 판명된 1,100점의 일본도가 주인에게 돌아갈 수 있었습니다. 주인을 찾지 못한 3,000여 점의 「아카바네토오(赤羽刀)」는 국고로 환수되어 연관 있는 지방자치단체로 무상 증여되었지만 오랜 시간 동안 녹이 슬어버린 칼을 다시 연마하는데 그 당시 약 30억엔(한화 330억원) 정도의 예산이 들어가는 것으로 전망되었고 엄청난 예산 때문에 모든 「아카바네토오(赤羽刀)」가 복원되는 영광을 누릴 수는 없었다고 합니다. 이러한 일련의 과정을 통해 1999년이 되어서야 GHQ에 의해 시작되었던 카나타가리 문제가 완전히 마무리 됩니다.

　2006년 기준으로 일본 전국에 등록된 일본도는 250만 자루, 총포는 6만 8천 정에 달한다고 합니다. 고식총(古式銃) 연구회 등에서 사용하기 위해 등록한 전국시대 조총(鉄砲, 텟포)만 하더라도 카나가와현(神奈川県)에 1,724정, 사이타마현(埼玉県)에 1,238정이 등록되어 있습니다. 일본인들의 칼과 무기에 대한 집착과 열정은 21세기에도 계속되고 있습니다.

에도시대 도장깨기와 무사수행
실제 모습은 이러했다

Episode #11
무타 분노스케(牟田文之助)의 일기

[이해를 돕기 위한 용어 해설]

武者修行(무샤슈교오)
むしゃしゅぎょう

　한국어 발음 그대로 무사수행을 의미합니다. 에도시대 당시 일부 사무라이들은 일본 전역을 떠돌면서 다른 검술 유파와의 대결을 통해 무사로서 필요한 기술과 정신력 증진에 힘 써 왔습니다. 무사수행은 전국시대 때부터 시작된 것으로 알려져 있지만 그 당시 무사수행 상황을 알 수 있는 정확한 사료는 거의 남아 있지 않으며 대부분 에도시대에 만들어진 소설 등을 통해 무사수행 이미지의 전형이 만들어 집니다.

　대표적인 예로 이도류 검술 창시자로 알려져 있는 「미야모토 무사시(宮本武蔵)」의 무사수행 과정을 들 수 있습니다. 특히 요시오카(吉岡) 가문과 대결하는 장면은 사실 관계가 확인되거나 입증된 내용이 없습니다. 미야모토 무사시라는 인물 자체가 베일에 가려진 부분이 많고 무사시에 관련된 많은 이야기들이 「요시카와 에이지(吉川英治)」의 역사 소설에 기인하고 있기 때문에 전국시대 당시 검호(劍豪)로서 유명했던 인물들의 무사수행 과정들은 사실 관계에 있어서 신뢰성이 떨어진다고 이야기할 수 있습니다.

　일반적으로 에도시대를 태평성대의 시대라고 부릅니다. 하지만 에도시대 초기 「카부키모노(傾奇者)」라고 불리우는 사회 부적응자들이 각종 문제를 일으킬 정도로 전국시대 기풍이 남아있었다는 점을 감안하면 전국시대에 유행했던 무사수행이 에도시대 초기에 갑자기 사라질 수는 없었을 것입니다. 즉 전국시대 당시 이렇다 할 무사수행 전통이 존재하지 않았을 가능성도 충분히 고려해 볼 수 있습니다.

道場破り(도오죠오 야부리)
どうじょうやぶり

한국에서는 「도장깨기」라는 표현으로 많이 알려져 있습니다. 실력 있는 무사수행자가 사전에 통보 없이 특정 도장을 방문해 문하생들을 모두 이기고 사범, 관장까지 격파하며 도장을 쑥대밭으로 만든 후 도장 현판을 빼앗아 유유히 사라지는 장면이 도장깨기의 일반적인 이미지입니다.

하지만 이러한 형태의 도장깨기 행태가 실제로 존재 했는지에 대해서는 의문을 제기할 수 밖에 없는데요. 막부 말기 무사수행에 나섰던 번사(藩士)들의 일기를 통해 나타난 시합 장면은 드라마 또는 소설에서 그려진 도장깨기 이미지와 전혀 다른 모습을 보여주고 있기 때문입니다.

修行人宿(슈교오닌 야도)
しゅぎょうにんやど

에도시대 당시 일본 전역을 돌아다니며 무사수행에 임했던 사무라이들의 숙식을 해결해 주기 위해서 각 번(藩)에서 마련해 준 지정 숙소를 의미합니다.

무사수행자가 슈교오닌 야도(修行人宿)에 머무는 경우 숙식비는 해당 번에서 지불하는 것이 기본이었는데 약속된 도장에서 시합을 치루었다는 증명서를 받아오지 못하면 모든 비용을 무사수행자가 지불해야만 했습니다. 무사수행자로 위장한 사람들이 지정 숙소에서 무전취식하는 것을 금지하기 위한 처사였습니다.

이번 이야기의 주인공인 무사수행자 「무타 분노스케(牟田文之助)」 역시 방문 예정 도장의 일방적 일정 취소로 인하여 지정 숙소에 머물렀음에도 불구하고 울며 겨자먹기 식으로 숙박비를 지불했던 경험을 일기에 적고 있습니다.

他流試合(타류우 지아이)
たりゅうじあい

검술 등의 무예를 연마하는 다른 유파끼리 대련을 통해 실력을 겨루는 행위를 의미합니다. 때로는 사망자나 큰 부상자가 나오기도 하는 영화 또는 드라마 속의 격렬한 검술대련과는 다르게 실제 모습은 승패에 대한 명확한 규정 없이 상호 검술 교류에 집중하는 형식이었음을 무타 분노스케(**牟田文之助**)의 일기를 통해 알 수 있습니다.

「북진일도류(**北辰一刀流**, 호쿠신 잇토오류)」와 같은 유명 유파 도장 앞에는 매일같이 수십 명의 무사수행자가 시합을 위해 줄을 서 있었기 때문에 일상 수련에 심각한 지장을 주기도 했다고 전해집니다.[1] 따라서 유명 도장은 이름 있는 유파에서 찾아 온 무사수행자를 우선적으로 받아들일 수 밖에 없는 상황이었습니다. 우선 순위에 밀려 시합을 하지 못한 무사수행자는 지정 숙소(**修行人宿**, 슈교오닌 야도)에 묵었음에도 불구하고 숙식비를 지불해야만 하는 상황에 직면했음을 짐작해 볼 수 있습니다.

---

1 호쿠신 잇토오류(北辰一刀流) 공식 웹사이트, https://hokushinittoryu.jp.

軽尻(카루지리・카라지리)
かるじり・からじり

여행할 때 말을 활용해 이동하는 것을 의미합니다.[2] 사람이 말에 타는 경우에는 약 19kg까지 짐을 실을 수 있었으며 사람이 타지 않고 짐만 싣는 경우 약 75kg까지 허용되었습니다.

무타 분노스케는 무사수행에 나서면서 피로가 누적되었을 때 비용을 지불하고 말을 이용하기도 했다고 일기에 적고 있습니다.

定宿(죠오야도)
じょうやど

무사 또는 상인이 단골로 이용하는 여관을 의미합니다. 오랜 기간 인연을 맺음으로써 상인 또는 각 번(藩)의 사무라이들에게 비각을 통한 편지, 소포 전달 등의 편의를 제공해 주는 경우가 많았습니다. 번에서 지정한 죠오야도(定宿)는 정보 수집 거점으로도 활용된 것으로 알려져 있습니다.[3]

---

[2] 에도인문연구회(江戸人文研究会), 『江戸の用語辞典』, 廣済堂出版(2020), p129.
[3] 상동(上同), p209.

무사수행 과정을 남긴 일기장

　일본 시대극 드라마나 영화를 보면 갓을 깊게 눌러 쓴 사무라이가 일본 전국의 도장을 돌아다니면서 다른 유파와 맞대결을 벌이는 장면을 종종 볼 수 있습니다. 이러한 행위를 「무사수행(武者修行, 무샤슈교오)」이라고 부릅니다. 때로는 자유분방해 보이고 낭만적으로 보이기도 하는 무사수행 과정의 실제 모습은 어땠을까요? 자신이 속한 번의 허가 없이 전국을 유랑했던 것일까요? 신분은 낭인 신분이었을까요? 비용은 어떻게 마련했으며 실제 다른 유파와의 시합은 어떠한 방식으로 이루어졌을까요?

　「무타 분노스케(牟田文之助, 1831~1890)」라는 인물이 있었습니다. 큐슈(九州) 사가번(佐賀藩) 출신 검술가였던 무타 분노스케는 사가번의 검술사범 중 한 명이었던 아버지의 영향으로 어린시절부터 「테츠진류(鉄人流)」라는 이도류 검술을 배우며 성장합니다. 테츠진류는 「아오키 죠오에몬(青木城右衛門, 생몰불상)」이 창시한 검술로 미야모토 무사시(宮本武蔵)의 이도류를 잇는 유파 중 하나였던 것으로 알려져 있습니다.

　1852년 무타 분노스케는 23세의 나이로 테츠진류 유파의 면허를 계승하게 되었고 이듬해인 1853년 번(藩)에 무사수행을 신청하고 허가를 얻어냅니다. 1853년은 일본열도를 쇼크에 몰아 넣었던 미국 페리 제독의 흑선, 즉 쿠로후네(黒船)가 에도(江戸) 앞 바다에 출현했던 시기입니다. 이러한 격동의 시기에 한가하게 무사수행에 나설 수 있는 것인가 하는 의문을 제기할 수도 있겠지만 에도시대 중, 후기의 무사수행은 일반적으로 알려진 폭력적이고 파괴적인 모습의 무사수행과는 거리가 멀었습니다.

    에도시대 초기 평화가 지속되면서 무사수행이라는 개념이 점점 희박해졌지만 에도시대 후기 외세에 대한 불안감이 증폭되면서 일본 전역의 번에서는 다시 무사수행을 적극적으로 지원하기 시작합니다.

    무사수행은 번의 정식 허가를 얻은 후 출장비를 받아 전국을 돌아다니며 유명 도장의 인물들과 교류하고 인맥을 쌓아가는 일종의 공적 업무 같은 영역이었습니다.

    무타 분노스케는 무사수행 과정을 기록한 「제국회력일록(**諸国廻歴日録**, 쇼코쿠 카이레키 니치로쿠)」이라는 일기를 남겼는데 이 일기를 통해 에도시대 후기 무사수행의 전반적 과정을 이해할 수 있기 때문에 분노스케의 일기는 중요한 기록물로 평가받고 있습니다. 무타 분노스케의 무사수행 과정을 자세히 살펴보도록 하겠습니다.

무타 분노스케, 무사수행길에 나서다.

번으로부터 무사수행 정식 허가를 받고 한 달 반이 지난 1853년 9월 27일, 스물 네 살의 사가번(佐賀藩) 번사 무타 분노스케는 무사수행에 나서게 됩니다. 무사수행에 나서는 자가 묵게 되는 첫 번째 숙소까지 많은 환송 인원이 동행하는 것이 그 당시 관습이었기 때문에 나가사키 가도(長崎街道)에 위치한 첫 번째 숙소인 타카오(高尾)까지 많은 가족 친지들이 동행하였습니다. 배웅에 나선 지인들과 작별 인사를 나눈 분노스케는 친형을 포함한 4명의 인원으로 본격적인 무사수행 길에 오릅니다.

무사수행의 백미라고 하면 다른 유파와의 검술 대결을 꼽을 수 있는데요. 「도장깨기(道場破り, 도오죠오 야부리)」 등의 장면이 떠오르는 경우가 많겠지만 원래 각 검술 유파들은 다른 유파와의 시합을 엄격하게 금지하고 있었습니다. 목숨을 잃을 수도 있다는 위험성 때문이기도 했지만 당시 대부분 유파의 검술 비전(秘伝)이라는 것이 비밀주의로 일관해 왔기 때문에 교류에 소극적일 수 밖에 없었습니다. 하지만 호구라는 이름으로 익숙한 「보오구(防具)」와 죽도라는 이름으로 알려져 있는 「시나이(竹刀)」가 보급되면서 안전하게 검술을 겨룰 수 있는 환경이 자리잡게 되었고 1850년경에 이르러서는 거의 모든 도장들이 다른 유파와의 시합을 허용합니다.

이 시기에 즈음하여 무사수행에 나서는 자가 급증하였고 무사수행 과정은 일종의 표준 프로세스 같은 절차로 자리잡게 됩니다.

무사수행에 나서기 위한 표준 절차

자신이 속한 번(藩)에 정식으로 무사수행 신청을 하는 것이 무사수행에 나서기 위한 표준 절차의 첫 단계가 되겠습니다. 당연히 아무에게나 허가를 내어 줄 리는 없을 것입니다. 번은 될 성 싶은 떡잎 위주로 무사수행 허가를 내어주게 됩니다.

에도시대 후기에 접어들면서 급변하는 일본 국내외 안보 환경에 대비하기 위해 일본 전역의 번들은 무사수행 지원에 적극적으로 나서게 되지만 대부분 번들이 막대한 재정난에 시달리고 있던 시기였기 때문에 비용을 줄이기 위해서 무사수행 인원을 최소화할 수 밖에 없었습니다. 무사수행에 나서는 번사들에게는 번에서 여행 경비가 지급되었기 때문에 이들은 「발탁된 인재」에 가깝다고 볼 수 있겠습니다.

하지만 필수 여행 경비를 제외한 회식비, 교류 비용 등의 각종 잡비는 무사수행에 나서는 당사자 개인 비용으로 해결해야만 했기 때문에 허름한 무사수행자의 일반적인 이미지와는 다르게 돈이 어느 정도 있어야 정상적인 무사수행에 나설 수 있지 않았을까 하는 생각이 들기도 합니다.

무사수행에 나서는 자는 대련에 임할 때 착용하는 호구와 죽도는 물론 상당량의 기본 여행짐을 혼자 짊어지고 전국을 여행하는 것이 기본이었기 때문에 때로는 발바닥에 물집이 잡히기도 하고 오랜 여행 때문에 피로가 누적되기도 했을 것입니다. 이러한 신체적 부담을 극복하는 것 역시 무사수행의 일환으로 볼 수 있겠지만 혼자 이동하는 길이라면 주변 시선을 의식할 필요가 없기 때문에 「카라지리(軽尻)」로 불리우는 이동 방법을 이용하고 싶은 유혹에 빠지기 쉬울 것입니다. 카라지리(軽尻)는 여행에 나설 때 말을 활용해 이동하는 방식을 의미합니다. 너무 피곤했던 나머지 말을 타고 다음 숙소로 편하게 이동하고 있던 분노스케는 우연히 같은 번 출신 수행자들과 마주치면서 당황했던 자신의 모습을 일기에 가감없이 적고 있습니다.

무사수행 허가가 나면 「테후다(手札)」라는 일종의 신분 증명서가 발급됩니다. 그 당시 검술도장은 마을에서 개인이 운영하는 「마을 도장(町道場, 마치 도오죠오)」과 번에서 공식적으로 운영하는 「번교 도장(藩校道場, 한코오 도오죠오)」이 있었는데 신분 증명서를 제시하지 않으면 번의 공식 도장인 번교 도장에는 들어갈 수 없었습니다.

　무사수행에 나서는 자는 출발 전 언제 어느 지방의 번교 도장에 들러서 시합을 할지에 대한 대략적인 일정을 작성하여 번에 제출합니다. 번의 무사수행 계획 담당자는 비각을 활용해 이 일정표를 에도에 있는 번 저택 담당자에게 보내고 에도의 담당자는 무사수행자가 방문할 번의 에도 저택 담당자에게 관련 일정을 통보합니다. 일정표를 수령한 방문 예정 번의 담당자는 관련 일정과 방문자 인적사항 등 관련 정보를 자신의 번에 알림으로써 무사수행을 위한 기본 예약이 완료되는 것이었습니다.

　무사수행 당사자는 자신의 스승으로부터 소개장을 받고 「무명록(武名錄, 부메이로쿠)」을 준비해 여행에 나섭니다. 무명록은 누구와 시합을 했는지 소속 번과 이름을 기입하는 용도였습니다. 무명록에 이름이 기입되지 않는 한 실적으로 인정받지 못했기 때문에 무사수행자에게 있어서는 중요한 여행 품목이었습니다.

목적지에 도착한 후 준비 절차

　에도시대 후기 일본 각지를 연결하는 주요 가도에는 번(藩)에서 지정한 전용 숙소가 자리잡고 있었습니다.
　「죠오야도(定宿)」로 불리우는 번 지정 숙소를 이용하면 숙박비가 절약될 뿐만 아니라 고향 앞으로 편지를 주고 받기 편리했기 때문에 분노스케는 가급적 지정 숙소를 이용하면서 무사수행에 나섭니다.
　목적지에 도착하면 다음과 같은 절차를 따르게 됩니다. 각 번의 중심지(城下町, 죠오카마치)에는 「무사수행자 지정 숙소(修行人宿, 슈교오닌 야도)」가 마련되어 있었고 무사수행자들은 이 지정 숙소를 무료로 이용할 수 있었습니다. 여기에서 발생하는 숙박비와 식비는 모두 현지 번에서 충당하는 것으로 이미 시스템이 정착되어 있기 때문이었습니다. 무사수행자에게 인기 많은 도장을 소유한 번은 재정 부담이 상당했을 것으로 짐작됩니다.
　무사수행자 지정 숙소에 도착하면 여관 주인장이 올라와 인사를 건넵니다. 무사수행자는 번에서 발급한 신분 증명서를 보여주고 방문하려 하는 도장 이름을 주인장에게 알려줍니다. 주인장이 번교 도장(번에서 운용하는 도장) 또는 마을 도장(사설 도장)에 방문자가 왔다는 사실을 알려주면 도장 담당자가 무사수행자 숙소로 찾아와 미팅을 갖고 방문 일정을 조율합니다.

무타 분노스케는 「제제번(膳所藩)」을 방문했을 당시 당혹스러움을 일기에 기록하고 있는데요. 「오카다 후지타로(岡田藤太郞)」라는 사람이 운영하는 「오카다 도장(岡田道場)」에 방문 예정이었으나 오카다 관장이 도장에 없다는 이유로 결국 도장 방문이 취소된 것입니다. 이런 경우가 발생하면 아무리 무사수행자 지정 숙소에 머물렀다 하더라도 모든 비용을 개인이 부담해야 했습니다. 도장에 방문해서 시합을 했다는 증거를 받아 와야 지정 숙소를 무료로 이용할 수 있기 때문이었습니다. 무사수행자를 빙자해 무료로 숙소를 이용하는 자들을 걸러내기 위한 방책으로 볼 수 있겠습니다.

분노스케는 무사수행자 지정 숙소를 이용했음에도 불구하고 250문(文)을 지불했다고 일기에 적고 있습니다. 에도시대 후기 1문을 약 30엔 정도로 환산하면 약 7,500엔(8만원) 정도를 울며 겨자 먹기 식으로 지출했던 것입니다.

도장깨기의 실제 모습은 어떠했는가?

  1853년 10월 17일, 쵸슈번(長州藩) 메이린칸(明倫館) 도장에서 대련을 한 무타 분노스케는 자신의 일기장에 『나이토 사쿠베에(内藤作兵衛) 문하생 88명과 대련을 했다.』라고 적고 있습니다. 그 뿐 만이 아니라 어느 도장에 가더라도 기본 30~40명 정도와 대련을 한 것으로 이야기하고 있습니다.

  그 당시 「다른 유파와의 시합(他流試合, 타류우 지아이)」이라는 것은 심판을 세워두고 승부를 결정하는 형태가 아니라 「지게이코(地稽古)」로 불리우는 일종의 자유 대련 형태였습니다.

  일렬로 서서 몇 분씩 칼을 맞춰 보는 정도의 대련 형태였기 때문에 승부가 갈리는 경우는 있을 수 없었고 마음 속에 주관적 승패만이 존재했던 것입니다.

  두 자루의 칼을 사용하는 이도류(二刀流) 실력자들은 희소성이 있었기 때문에 이도류를 사용했던 분노스케는 방문하는 도장 문하생들에게 인기가 많았다고 합니다.

  상대에게 몸과 마음의 상처를 주면서 원한을 사게 되는 드라마 속 도장깨기 이미지의 대련은 에도시대 후기 실상과는 거리가 먼 장면이었습니다. 오히려 대련 후 도장 문하생들이 분노스케의 숙소에 술과 먹을 것을 들고 찾아와 밤을 세워 가면서 담소를 나누기도 하고 작별을 아쉬워하며 온천 같은 인근 관광지에 함께 놀러 가는 등의 정겨운 모습이 분노스케 무사수행 일기장에 재미있게 녹아 있습니다. 대련 후 원한에 따른 사건 사고를 막기 위한 일본 검술가들의 지혜가 아니었을까 생각됩니다.

무타 분노스케의 말년 인생에 대해서

사가번(佐賀藩)에서 큰 비용을 들여 키워 낸 무타 분노스케는 무사수행을 마치고 어떠한 삶을 보냈을까요? 귀국 후 사가번의 검술 사범 같은 중직을 맡으며 성공적인 인생을 구가했을 무타 분노스케의 인생은 격동의 막부 말기가 시작되면서 불행한 방향으로 흐르게 됩니다.[4]

쵸슈번(長州藩)이 교토(京都)에서 이른바 「킨몬노 헨(禁門の 変)」으로 불리우는 난을 일으키면서 막부는 일본 서쪽에 위치한 21개 번(藩)에 쵸슈번 토벌을 명령하였고 사가번 역시 이 명령에 따라 출병합니다. 무타 분노스케는 사가번 병력의 일원으로 쵸슈 정벌에 종군하지만 전쟁이 발발하기 직전 쵸슈번이 백기를 들면서 쵸슈 정벌은 싱겁게 막을 내렸고 무타 분노스케는 자신의 실력

---

4 나가이 요시오(永井義男), 『剣術修行の旅日記』, 朝日新聞出版(2013), pp319~321.

을 보여줄 기회를 잃고 맙니다.

　1868년 일본 최대 내전으로 불리우는 보신전쟁(戊辰戦争)이 발발합니다. 무타 분노스케가 소속된 사가번(佐賀藩)은 사츠마와 쵸슈가 중심이 된 신정부군 측에 가담하였고 무타 분노스케에게 다시 한 번 출진의 기회가 찾아옵니다. 하지만 이미 대포와 총으로 전쟁의 승패가 좌우되는 시대에 접어들었기 때문에 무사수행의 경험 따위는 실전에 쓸모가 없었습니다. 더군다나 분노스케는 전투 병과가 아닌 수송대에 편입되어 있었기 때문에 사가번이 속해있던 신정부군이 보신전쟁에 승리했음에도 불구하고 분노스케는 논공행상의 무대에 이름을 올리지 못하고 조용히 메이지 신시대를 맞이할 수 밖에 없었습니다.

　메이지 시대의 도래와 더불어 사무라이들은 모든 특권을 빼앗기게 되었고 이들의 불만이 폭발하면서 일본 각지에서는 크고 작은 폭동이 끊이지 않았습니다. 1874년 사가번(佐賀藩)에서 무려 1만 2천 명에 달하는 구(旧) 사무라이들이 봉기하면서 이른바 「사가의 난(佐賀の乱)」이 발발하게 됩니다. 안타깝게도 무타 분노스케는 사가의 난에 휩쓸릴 수 밖에 없었고 난이 진압된 후 체포되어 징역 3년 형에 처해졌지만 그나마 난을 주도한 세력은 아니었기 때문에 사형은 면할 수 있었습니다.

　감옥에서 중병을 얻은 분노스케는 형기를 모두 채우지 못하고

1876년 석방되지만 이후 삶에 대해서는 알려진 내용이 거의 없습니다. 1889년 대사면에 따라 분노스케의 내란죄 전과는 소멸되었고 중병 후유증을 극복하지 못한 분노스케는 이듬해인 1890년 59세를 일기로 세상을 떠납니다. 막부말기 격동의 소용돌이 속에서 무타 분노스케는 꽃을 피워보지도 못하고 역사의 뒤안길로 조용히 사라져 갔지만 그가 남긴 무사수행 과정 일기는 후세에 전해져 역사적 가치가 높은 사료로써 평가받고 있습니다.

에도시대 최고의
조총 제작 장인 이야기

Episode #12

이노우에 세키에몬(井上関右衛門) 가문의 고문서

[이해를 돕기 위한 용어 해설]

関八州(칸핫슈우)
かんはっしゅう

에도를 둘러싸고 있는 사가미(相模), 무사시(武蔵), 아와(安房), 카즈사(上総), 시모후사(下総), 히타치(常陸), 우에노(上野), 시모츠케(下野) 지역을 「관동 팔주(関東八州)」로 정의하고 있으며 이를 줄여 「관팔주(関八州, 칸핫슈우)」라고 합니다.

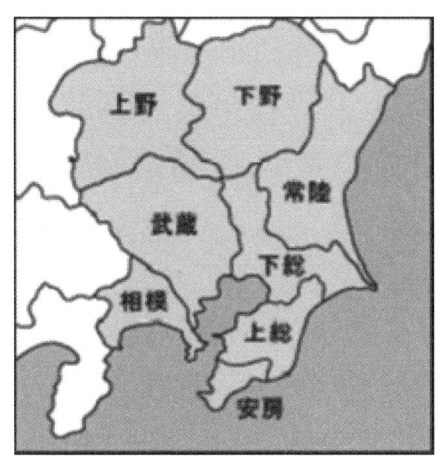

관팔주(関八州, 1874년)
『관동농정국(関東農政局)』, https://www.maffgo.jp

현재의 도쿄도(東京都)에 인접해 있는 카나가와현(神奈川県), 사이타마현(埼玉県), 치바현(千葉県), 군마현(群馬県), 토치기현

(栃木県), 이바라키현(茨城県) 일부 지역에 해당됩니다.

鉄砲改(텟포오 아라타메)
てっぽうあらため

에도 도쿠가와 막부의 직명(職名) 중 하나입니다. 관팔주(関八州)에 살고 있는 서민들의 조총(鉄砲, 텟포오) 소지를 감시하고 검사했던 관리를 의미하며 5대 쇼군「도쿠가와 츠나요시(德川綱吉)」통치 시절 만들어졌습니다.

鉄砲鍛冶(텟포오 카지)
てっぽうかじ

전국시대로부터 에도시대에 걸쳐 조총을 만들어 온 기술자 또는 조총 제작소를 의미합니다. 네고로(根来), 오오미(近江), 사츠마(薩摩) 등 지방 번(藩)의 보호 하에 조총 제작과 판매에 임하고 있었습니다.[1]

---

1 에도인문연구회(江戸人文研究会),『江戸の用語辞典』, 廣済堂出版(2020), p274.

근세 일본의 유명 조총 브랜드
이노우에 세키에몬(井上関右衛門)

　타네가시마(種子島)를 통해 전래된 조총이 지금의 오사카 인근에 위치한 사카이(堺) 지역까지 전해지면서 사카이는 쿠니토모(国友)와 함께 일본 최대의 조총 산지로 이름을 알리게 됩니다.
　지금의 오사카부 사카이시 사카이구(大阪府堺市堺区)에는 사카이시(堺市) 지정 유형문화재로 등록되어 있는 「이노우에 세키에몬(井上関右衛門)」 가문의 저택이 자리잡고 있습니다.

1945년 7월, 사카이시(堺市) 공습 피해 지역
『사카이시 홈페이지』, https://www.city.sakai.lg.jp

태평양 전쟁이 막바지로 치닫고 있던 1945년 3월, 미군은 도쿄 대공습을 시작으로 융단 폭격의 대상을 중소도시로 확대하고 있었습니다. 1945년 7월 사카이시(堺市) 역시 미군 공습의 화마를 피할 수 없게 됩니다.

위 그림은 사카이시 공습 피해 지역을 표시해 둔 지도로 그림을 보면 이노우에 세키에몬 가문의 저택도 공습 구역에 포함되어 있었다는 것을 알 수 있습니다. 하지만 이노우에 저택은 공습의 화마로부터 기적적으로 살아남게 됩니다. 지금부터 진행되는 모든 이야기들은 사카이시 공습 당시 이노우에 저택이 소실되지 않고 살아 남았기 때문에 만들어질 수 있었던 것입니다.

이노우에 세키에몬 저택은 일본 에도시대 초기의 조총 제작소 **(鉄砲鍛冶**, 텟포 카지)와 주거지가 원형 그대로 보존되어 있는 일본에서는 유일무이한 시설입니다. 이노우에 가문은 원래 시코쿠**(四国)**에 위치한 「이요 오오즈번**(伊予大洲藩)**」에 소속되어 있었습니다. 언제 사카이**(堺)**로 넘어와 정착했는지에 대한 정확한 기록은 남아있지 않지만 1600년대 중반 정도로 추정됩니다.

전국시대가 막을 내리고 도쿠가와 이에야스가 에도에서 막부 정치를 시작한 이후 막부가 일본 전역 번**(藩)**의 무장 상태에 대해서 신경을 곤두세워 감시하다 보니 전쟁 무기인 조총 수요는 자연스럽게 감소하게 됩니다. 사카이의 조총 제작소**(鉄砲鍛冶**, 텟포

에도시대 최고의 조총 제작 장인 이야기 - 223

카지) 역시 쇠퇴를 거듭하면서 1696년에는 54개 시설에서 100여 명 만이 종사하는 규모로 축소되어 있었으며 에도시대 중기에는 이노우에 가문 역시 신규 발주 보다는 고장이 자주 발생하는 부품을 유지보수하는 형태로 명맥을 유지하고 있었습니다.

사카이(堺)의 조총 제조 모습, 『이즈미 메이쇼즈에(和泉名所図会)』
국립 일본국회도서관 디지털 콜렉션

더 이상 조총을 만들고 있지는 않지만 이노우에 가문의 가독을 잇고 있는 현재 당주 이노우에 슈우이치(井上修一) 씨는 2000년 대 초반 동생인 이노우에 슌지(井上俊二) 씨와 함께 자신들의 선조와 뿌리 깊은 인연을 맺었던 오오즈시(大洲市, 시코쿠(四国) 에히메현(愛媛県) 소재)를 처음으로 방문했는데요. 오오즈시에서 「이노우에 세키에몬」이라는 브랜드가 상당한 위치를 차지하고 있다는 것을 알게 됩니다. 이들은 오오즈시 관광과를 찾아가 이노우에 세키에몬의 후손임을 밝혔고 여행을 마치고 돌아온 후 이노우에 가문과 오오즈번(大洲藩)의 인연에 관련된 자료를 오오즈시 관광과로부터 제공받을 수 있었습니다.

이러한 과정을 통해 이노우에 가문은 다시 한 번 오오즈시와 인연을 맺게 되었고 이 인연을 계기로 이노우에 슈우이치 씨와 동생인 이노우에 슌지 씨는 자신들의 조상에 대한 조사를 시작합니다.

2014년 8월 31일, 오오즈성(大洲城) 천수각 복원 10주년을 기념하는 식전 행사로 화승총 부대의 조총 발사 연무가 실시되었는데 200년 넘게 오오즈번 소속으로 조총을 만들어 왔던 이노우에 가문의 후손들도 이 행사에 초대되어 다시 한번 오오즈(大洲)와의 인연을 이어가게 됩니다.

오오즈시의 초청을 받은 이노우에 슈우이치, 슌지 형제를 비롯 자원봉사자, 사카이시 관계자 등 15명으로 구성된 방문단이 꾸려져 오오즈시로 향했고 이들은 오오즈성 천수각 복원 10주년 기념 특별전 「이노우에 세키에몬. 오오즈번의 조총을 만든 장인(井上関右衛門展、大洲藩の鉄砲を作った職人)」에서 가이드를 담당합니다. 이 행사에서 이노우에 슈우이치 씨는 오오즈시 시장으로부터 감사장을 수여 받았고 이 이벤트를 계기로 사카이시에 보존되어 있던 이노우에 세키에몬 저택에 대한 조사가 본격적으로 실시됩니다.

이노우에 저택에서 쏟아져 나온
에도시대 조총 관련 자료들

 이노우에 세키에몬 저택에 대한 조사가 시작되고 얼마 지나지 않아 저택 창고에서 보존 상태가 훌륭한 고문서 자료가 무려 2만 점이나 쏟아져 나오게 됩니다.

 2015년부터 사카이시와 칸사이 대학이 4년간 공동 연구를 시작, 2019년 4월에 「사카이 조총 제작소 저택(堺鉄砲鍛冶屋敷) 이노우에 세키에몬 가문(井上関右衛門家) 자료조사 보고서(資料調査報告書) - 부제 : 창고 문을 열어 보니(蔵の扉を開いてみれば)」라는 책을 통해 연구 성과를 공개하였습니다.

이노우에 저택에서 발견된 조총 관련 고문서들
『아사히 신문(朝日新聞)』 제공

「칸사이 대학(関西大学)」의 연구 성과물은 A4 용지 271페이지 짜리 보고서로 출간되었는데 이노우에 가문 뿐만 아니라 사카이 전체의 조총 생산량과 조총 수리 건수 및 납품처에 대한 상세한 통계 자료가 포함되어 있습니다.

고문서 자료들에 대한 연구는 여전히 진행 중인데 지금까지 파악된 자료 조사 성과에 따른 개정판 보고서에는 다음과 같은 내용이 실려 있습니다.

① 2만점이 넘는 고문서 자료가 발견되었으며 에도시대 일본의 조총 생산에 관련된 전체 모습이 처음으로 밝혀졌다. 그 결과 에도시대에 조총 생산이 감소했다는 통설을 뒤집을 만한 사실이 판명되었다.

② 조총의 주문에서 납품, 대금 결제까지 기록되어 있는 업무 장부의 분석에 의해 일본에서 처음으로 에도시대 조총 제작소(鉄砲鍛冶, 텟포오 카지) 비즈니스 실태가 밝혀졌다.

③ 사카이가 조총 산업의 중심인 것으로 전해져 오기는 했지만 이번 조사에 의해서 이 내용을 구체적으로 뒷받침해 줄 수 있는 귀중한 자료가 다수 발견되었다.

④ 에도시대 사카이라는 마을의 모습, 생활상 등을 알 수 있는 다양한 자료가 발견되었다. 사카이에서 발견된 자료들 중 최대 규모로 태평양 전쟁 당시 사카이시 공습의 피해를 받지 않고 전해진 자료로써 매우 귀중하다.

1839년 이노우에 가문에서 생산 또는 수리한 조총 개수가 280정이 넘는 것으로 기록되어 있습니다.[2] 1837년 오사카에서 「오오시오 헤이하치로의 난(大塩平八郎の乱)[3]」이 발생한 이후 조총 생산량이 급증하는 경향이 나타나고 있는데 1864년 기록에는 이노우에 가문에서만 연간 242정의 조총을 생산 및 수리한 것으로 확인되었습니다. 1839년과 비교하면 약 40정 가까이 줄었지만 사카이 전체 기록을 살펴 보면 「이노우에 세키에몬(井上関右衛門家)」이 242정, 「에나미야 칸자에몬(榎並屋勘左衛門)」이 279정, 「카고타니 요사에몬(籠谷与三右衛門)」이 232정, 「에나미야 사헤(榎並屋勘左衛門)」가 201정, 「카고타니 곤에몬(籠谷権右衛門)」이 231정 등 연간 200정이 넘는 조총을 생산 및 수리한 곳만 다섯 가문이 존재했던 것입니다. 1864년 한 해 동안 전체적으로는 총 1,856정(신규 1,653정, 수리 203정)의 조총이 사카이에서 생산 또는 수리되었습니다.[4]

이노우에 가문에서 조총 생산 및 판매량을 「사카이 관청(堺町奉行所, 사카이 마치 부교쇼)」에 보고하기 위해 만든 문서가 발견된 덕분에 사카이의 조총 생산량이 최초로 구체화된 수치로 분석

---

2 일본사의 수수께끼 검증위원회(日本史の謎検証委員会), 『江戸時代、通説のウソ』, 彩図社(2020), p186.
3 대기근으로 인한 쌀 부족 현상으로 인하여 1837년 지금의 오사카에서 발발했던 민란.
4 사카이시(堺市), 『堺鉄砲鍛冶屋敷 井上関右衛門家 資料調査報告書』, 堺市(2019), p12.

될 수 있었던 것입니다.

물론 외세의 출현에 따른 사회 혼란, 내전이 임박했던 시점 등의 시대상을 고려해야만 하겠지만 에도시대 당시 지속적으로 조총 생산량이 감소했다는 기존 통설과는 다르게 에도시대 후기에 접어들면서 다시 조총 생산량이 늘고 있었다는 것을 알 수 있습니다. 1842년 기록을 보면 사카이에 있는 조총 제작소들이 일본 전역의 240개 번(藩)에 출입하고 있었으며 이노우에 가문이 직접 거래 하고 있던 다이묘(大名)들만 60명에 달했다고 합니다. 일본 전역에 260여 개의 번이 존재했으니 전체 다이묘의 22% 정도가 이노우에 가문과 조총 거래를 하고 있었던 것으로 이해하면 되겠습니다.

재미있는 것은 이노우에 가문이 오오즈번에 소속되어 민감한 무기 중 하나였던 조총을 제작하고 납품했음에도 불구하고 다른 번에도 동일한 무기를 납품하고 있었다는 사실인데요. 오오즈번 번주(藩主)가 이노우에 조총의 훌륭함을 다른 다이묘들에게까지 입소문을 내줬다고 하니 에도시대 모든 번들이 서로를 경계하고 있었던 것만은 아니었나 봅니다.

일본 최고의 죽는 역할
시대극 배우 이야기

Episode #13

엑스트라 배우 후쿠모토 세이조오(福本清三) 이야기

[이해를 돕기 위한 용어 해설]

東映京都撮影所
(토오에이 쿄토 사츠에이죠)
とうえいきょうとさつえいじょ

일본의 메이저 영화사 중 하나인 「토오에이(東映)」의 쿄토 촬영 스튜디오로 쿄토시(京都市) 우쿄구(右京区) 우즈마사(太秦)에 위치하고 있습니다. 토오에이가 쿄토 촬영소에서 영화를 찍기 시작한 것은 태평양 전쟁이 끝난 이후이지만 영화 촬영소 자체는 1925년에 오픈했기 때문에 90년이 넘는 역사를 가지고 있습니다.

楽屋(가쿠야)
がくや

카부키 배우 또는 드라마 출연 배우 등이 촬영 전 메이크업을 하거나 휴식을 취할 수 있도록 마련된 대기실을 의미합니다.

大部屋俳優(오오베야 하이유우)
おおべやはいゆう

　오오베야(大部屋)라는 단어는 사전적 의미로「큰 방」이라는 뜻을 가지고 있지만 영화 또는 연극 업계에서는 전용 대기실을 가질 수 없는 단역 배우 또는 엑스트라 배우가 모여서 휴식을 취하거나 대기할 수 있도록 마련된 공용 대기실을 의미하기도 합니다. 즉「오오베야 하이유우(大部屋俳優)」는「공용 대기실을 사용하는 배우」라는 뜻으로 엑스트라 배우를 지칭하는 용어로 사용됩니다.

　에도시대에는 다이묘 저택에서 일하는 하인(小者, 코모노)들이 기거할 수 있도록 마련된 방을 오오베야(大部屋)라고 부르기도 했습니다.

立回り(타치마와리)
たちまわり

　연극 또는 영화 등에서 주인공과 엑스트라 배우들 사이에 벌어지는 칼싸움 전투 장면을 의미합니다. 이러한 사무라이들의 전투 장면을「타테(殺陣)」라고 부르기도 합니다.

5만 번 칼을 맞고도 다시 일어난 사나이

 2016년 개봉한 영화 「초고속 참근교대 리턴즈(超高速参勤交代リターンズ)」, 2010년 영화 「사쿠라다문 밖의 변(桜田門外ノ変)」과 「마지막 츄신구라(最後の忠臣蔵)」, 2003년 개봉한 유명 영화 탐크루즈 주연의 「라스트 사무라이(Last Samurai)」등에 엑스트라로 출현했던 일본 배우가 있습니다. 이 배우는 55년에 달하는 연기 인생 동안 170편에 달하는 TV 드라마, 130편에 달하는 영화에 출현하였지만 주연 또는 주요 등장 인물 리스트에 거의 이름을 올리지 못했습니다.

 타치마와리 또는 타테(殺陣)로 불리우는 시대극 전투 장면에서 주연 배우의 칼을 맞고 쓰러지는 전문 엑스트라 배우로 「5만 번 칼을 맞은 사나이(5万回切られた男)」라는 닉네임으로도 불리웠던 배우 「후쿠모토 세이조오(福本清三)」는 우연한 기회를 통해 어렵게 자신의 존재를 세상에 알리기 시작합니다.

유명 토크쇼 프로그램에 출현하다.

「테츠코노 헤야(徹子の部屋, 테츠코의 방)」라는 프로그램이 있습니다. 테레비 아사히(テレビ朝日系列)의 대표 장수 프로그램으로 1976년 2월 2일 첫 방송을 시작한 이래 2022년 현재 46년 째를 맞이한 이 프로그램은 방송 횟수가 11,000회를 넘어 선 지금도 계속 방송되고 있습니다.

이 프로그램의 진행자인 「쿠로야나기 테츠코(黒柳徹子)」씨는 1933년 생으로 44세에 「테츠코노 헤야」프로그램 진행을 시작, 88세가 된 지금도 여전히 방송을 진행하고 있습니다. 2022년 현재 하체가 많이 노쇠해 진 상태로 휠체어를 이용하지 않으면 이동이 불가능한 것으로 알려져 있기 때문에 테츠코 씨의 연세를 고려해 볼 때 프로그램이 존속되기는 어려워 보입니다.

1992년 6월 5일 시청자 참가형 진행으로 인기를 끌었던 「탐정! 나이트 스쿱(探偵!ナイトスクープ)」이라는 버라이어티 프로그램에 한 시청자로부터 의뢰가 들어옵니다. 후쿠모토 세이조오(福本清三)라는 무명 배우를 유명 토크쇼 프로그램 「테츠코노 헤야」에 출현시켜 달라는 다소 무리한 요청이었습니다. 현실성 없는 의뢰였기 때문에 「탐정! 나이트 스쿱」 제작진은 테츠코 씨로 분장한 배우를 등판시켜 「짝퉁, 테츠코노 헤야」라는 프로그램을 임시로 편

성, 후쿠모토 세이조오 씨를 출현시키는 것으로 시청자의 의뢰는 마무리 되는 것처럼 보였습니다. 그런데 이 이야기를 들은 쿠로야나기 테츠코 씨가 실제로 후쿠모토 세이조오의 이야기를 들어보고 싶다며 방송을 편성, 후쿠모토 씨는 엉겁결에 공중파 유명 토크쇼의 메인 게스트로 출현하게 되었고 50세가 다 되어가는 나이에 이름을 알릴 수 있었던 것입니다.

　인터넷도 없던 시절 촬영 현장을 쫓아다니며 무명 엑스트라 배우의 일거수 일투족을 지켜봐 왔던 열혈 팬들에 의해서 후쿠모토 세이조오는 대중들에게 각인될 수 있는 기회를 잡게 됩니다.

후쿠모 세이조오(福本淸三)의 연기 인생

　후쿠모토 세이조오는 1943년 2월 3일, 6남매 중 다섯 째로 효고현(兵庫縣)에서 태어납니다.

　중학교 졸업 후 친척이 경영하는 미곡점의 대를 잇기로 되어 있었지만 인사하는 것이 서투르고 부끄러움도 많이 타는 등 장사에는 적합하지 않은 성격이었기 때문에 미곡점 주인이 되는 것을 일찌감치 포기하고 일 때문에 영화 촬영소를 출입하던 친척의 추천으로 15세의 나이에 「토오에이 교토 촬영소(東映京都撮影所)」에 취직합니다.

극도로 내성적인 성격의 인물이 영화사에 취직해 배우의 길을 걷기 시작했다는 것 역시 선뜻 납득이 가지는 않지만 어쨌든 스물한 살이 되던 해인 1964년, 후쿠모토 세이조오는 엑스트라로 본격적인 연기 인생을 시작합니다.

일본에서는 이러한 단역 엑스트라 배우들을 「오오베야 하이유우(大部屋俳優)」, 즉 오오베야 배우라고 부릅니다. 오오베야(大部屋)라는 단어는 일본을 대표하는 전통극 중 하나인 카부키에서 사용되는 표현입니다. 카부키 주연 배우들이 공연 전 옷을 갈아입거나 중간에 휴식을 취하기 위한 일종의 대기실 같은 방이 존재했는데 이를 「가쿠야(楽屋)」라고 합니다.

인기있는 주연 급 카부키 배우들은 전용 가쿠야에서 조용히 휴식을 취할 수 있었지만 조연 급 또는 엑스트라 급 배우들은 큰 방에 모여 대기하거나 휴식을 취할 수 있었는데 큰 방을 의미하는 오오베야라는 표현을 활용해 엑스트라들을 「오오베야 배우」라고 불렀던 것입니다. 우리나라와 마찬가지로 전문 엑스트라라고 할지라도 오오베야 배우 생활은 돈 벌이가 쉽지 않았기 때문에 도중에 그만 두는 사람도 적지 않았지만 후쿠모토 세이조오는 묵묵히 자신의 역할을 수행해 나아갑니다.

오오베야 배우로 시작해 스타덤에 오르는 경우도 가끔 있기는 했지만 부끄러움을 많이 타고 사람들 앞에서 말을 잘 하지 못했던 후쿠모토 씨에게는 그런 기회가 오지 않았습니다.

아무리 연습해도 대사 한마디 제대로 말하기 어려웠던 후쿠모토 씨는 주연급 배우가 되겠다는 꿈을 오래 전에 접고 타치마와리(시대극 영화의 칼싸움 장면)에 있어서 최고가 되겠다고 다짐합니다.

2001년 개봉한 시대극 영화 「아카카게(赤影)」에서 후쿠모토 씨는 15년 만에 이름을 부여 받는 큰 역할(?)을 맡게 되는데요. 주연급 악당인 타케노우치의 심복 「사사이 카즈마(笹井一磨)」를 연기하는 것으로 결정된 것이었습니다.

그 당시 58세였던 후쿠모토 씨가 받은 급여는 전속 계약료가 월 20만 엔(200만 원), 촬영에 들어가면 하루에 9천 엔(9만 원)이 추가되는 형태였습니다. 한 집안의 가장으로서 빠듯한 월급이었습니다. 후쿠모토 씨가 아카카게 조연을 맡고 있는 동안에도 다른 「에도시대 시대극 드라마」의 엑스트라 역할 의뢰가 들어오게 됩니다. 겹치기 출연을 해서 돈을 벌어야 조금이라도 생활비를 보탤 수 있기 때문에 대부분의 엑스트라 배우들은 이런 기회를 마다하지 않았지만 15년 만에 이름이 붙은 역할을 맡게 된 후쿠모토 씨는 악당 역할에 어울리도록 수염을 기른 상태였기 때문에 모처럼 들어온 에도시대 엑스트라 역할을 수행할 수 없게 됩니다. 에도시대에는 남자들이 수염을 기르지 않았기 때문에 시대극 고증 상 수염을 기른 사람은 아무리 엑스트라라고 할지라도 기용될 수 없었던 것입니다.

　주인공의 칼을 맞고 멋지게 죽기 위해 갈고 닦아 온 연기 인생을 영화 아카카게에 갈아 넣은 후쿠모토 씨에게 큰 위기가 찾아옵니다. 영화 아카카게의 감독「나카노 히로유키(中野裕之)」씨는 기존 시대극 영화와는 전혀 다르게 주인공이 아무도 죽이지 않는 설정을 고집했기 때문인데요.「죽어야만 사는 남자」후쿠모토 씨는 어떻게든 죽는 씬을 만들기 위해 대리인을 통해 감독과 협상했지만 결국 후쿠모토 씨가 연기하는 악당 사사이 카즈마는 마지막에 얼굴을 얻어 맞고 쓰러지는 것으로 결론이 나고 맙니다. 후쿠모토 씨는 이 당시 촬영 현장에서 얼굴을 얻어 맞고 머리를 너무 격렬하게 흔드는 바람에 가벼운 뇌진탕 증상이 오면서 순간 정신을 잃고 진짜로 쓰러졌다고 합니다. 일본 시대극 업계에서는 모르는 사람이 없었던「죽기 전문 배우(斬られ役, 키라레야쿠) 후쿠모토 세이조오」. 가끔 팬레터를 받기는 했지만 그는 대중 속의 기억에는 존재하지 않는 연기자였습니다.

연기 인생 처음이자 마지막 주연 영화
우즈마사 라임라이트(太秦ライムライト)

아카카게에서 큰 임팩트를 남기지 못했던 환갑을 앞 둔 후쿠모토 씨. 그에게 돌연 인생 절호의 찬스가 찾아옵니다.

2003년, 세계적으로 큰 인기를 끈 영화 「라스트 사무라이(Last Samurai)」 출현을 통해 탐크루즈 옆에서 아무 말 없이 묵묵히 그를 보좌해주는 사무라이 역할로 탁월한 연기력(?)을 인정받으며 세계적으로 주목받았던 것입니다. 그 당시 대사가 거의 없었던 후쿠모토 씨는 국적이 어디냐에 대한 논란으로 화제에 오르기도 했었는데요. 대사를 제대로 말하지 못하는 연기자로서의 큰 단점이 전혀 예상하지 못한 방향으로 꽃피우게 되었던 것입니다.

55년 동안 시대극 엑스트라 배우로 살아 오면서 단 한 번도 주연을 맡아보지 못했던 후쿠모토 세이조오는 2014년 개봉한 영화 「우즈마사 라임라이트(太秦ライムライト)」에서 70세의 나이에 처음으로 주연으로 캐스팅 됩니다.

수 많은 시대극이 탄생한 교토의 우즈마사를 배경으로 오오베야 배우, 즉 시대극 엑스트라 배우들의 삶을 조명한 영화에서 인생 첫 주연을 맡게 된 것이었습니다. 영화 자체가 후쿠모토 세이조오 자신의 이야기였기 때문에 주연에 발탁되었던 것으로 보입니다.

　이 영화는 2014년 환타지아 국제영화제에서 최우수 작품상을 수상했고 후쿠모토 세이조오는 일본인으로서는 처음으로 환타지아 국제영화제 최우수 주연 남우상을 받게 됩니다.

영화 『우즈마사 라임라이트(太秦ライムライト)』 공식 포스터

　55년 동안 엑스트라 영화인으로 살아오며 70세의 나이에 찾아온 첫 주연에서 큰 상을 수상한 후쿠모토 세이조오의 드라마틱한 인생은 스스로의 한계를 인정하고 주어진 삶에 최선을 다해 살아

가고 있는 많은 현대인들에게 큰 감동과 영감을 주고 있습니다.

「일본 최고의 죽는 역할(日本一の切られ役)」로 인정받으며 5만 번이나 칼을 맞고도 다시 일어섰던 후쿠모토 세이조오는 폐암이 발병하면서 2021년 1월 1일 다시 일어나기를 바라는 많은 팬들의 염원을 뒤로하고 77세를 일기로 돌아올 수 없는 여행을 떠나게 됩니다.

일본 최고의 시대극 엑스트라 배우 후쿠모토 세이조오 씨의 영면을 기원합니다.

현대 사회와 닮아 있는 에도의 치안 유지 방법

Episode #14
에도 치안의 핵심, 마치 부교쇼(町奉行所)

[이해를 돕기 위한 용어 해설]

町奉行(마치 부교)
まちぶぎょう

경찰청, 재판소, 소방청, 시청을 겸한 공사다망 한 조직의 수장을 의미합니다. 에도에는 「키타 마치 부교쇼(北町奉行所)」와 「미나미 마치 부교쇼(南町奉行所)」에 각각 한 명씩 총 두 명의 마치 부교(町奉行)가 임명되어 있었습니다.[1]

마치 부교는 에도 도쿠가와 막부의 직속 가신인 하타모토(旗本) 중에 선발되었는데 에도시대 시대극 드라마 「오오오카 에치젠(大岡越前)」,「토오야마노 킨상(遠山の金さん)」 등이 에도인들에게 존경 받았던 마치 부교의 활약상을 소재로 하고 있으며 지금도 많은 일본인들의 사랑을 받고 있습니다.

与力(요리키)
よりき

무사들에게 부여된 직명(職名) 중 하나입니다. 경찰청, 재판소, 소방청, 시청을 겸하고 있던 마치 부교쇼(町奉行所)에도 요리키

---
1 에도인문연구회(江戸人文研究会),『江戸の用語辞典』, 廣済堂出版(2020), p382.

(与力)들이 근무하고 있었습니다.

마을 치안을 담당하는 인력 중 관리직에 해당되며 그 아래에 실무진인 「도오신(同心)」을 두고 있었습니다.

自身番(지신반)
じしんばん

반야(番屋)라고 부르기도 합니다. 에도 마을 경계 지역에 설치되어 있던 마을 자경 조직으로 파출소 같은 역할을 하는 곳입니다.² 마을에서 거둔 자금으로 운용되었으며 막부에서 설치한 공조직이 아님에 주의할 필요가 있습니다.

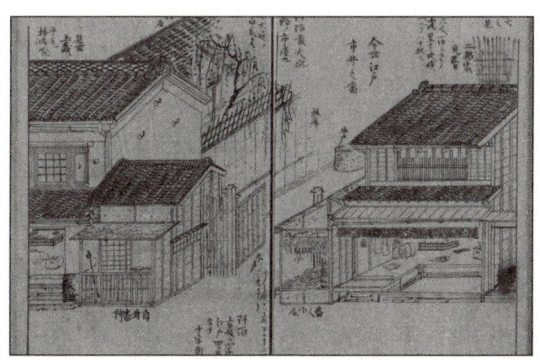

키도(木戸)로 불리우던 마을 출입구 좌측에 위치한 지신반쇼(自身番所)
『모리사다 만코(守貞漫稿)』, 국립 일본국회도서관 디지털 콜렉션

---
2 에도인문연구회(江戸人文研究会), 『江戸の用語辞典』, 廣済堂出版(2020), p195.

同心(도오신)
どうしん

마치 부교쇼(町奉行所)에 근무하는 관리직, 요리키(与力) 배하에서 실무진으로 근무했던 직명을 의미합니다.

에도시대 시대극 영화나 드라마를 보면 도오신(同心)들이 에도 마을의 범인을 색출하거나 체포하는 장면이 자주 나오는데 소수의 도오신들로 에도의 치안을 확보하는 것은 불가능했기 때문에 이러한 장면은 사실과 다릅니다. 정기적으로 마을을 순찰하며 마을 자경단인 지신반(自身番) 인원이 체포해 둔 범인을 심문하거나 데려가는 정도가 도오신들이 할 수 있는 업무 범위였습니다.

도오신은 급여가 넉넉하지 않았지만 마을 상인들로 부터 뒷돈을 챙길 수 있는 기회가 많았기 때문에 사설 정보원인「오캇삐키(岡っ引き)」를 사비로 고용하는 경우도 있었습니다.

에도는「사무라이 거주 구역」과「서민(町人, 쵸오닌) 거주 구역」이 나누어져 있었는데 도오신들은 서민 구역에 주거하는 경우가 많았고 이들이 사용하는 언어와 복장은 서민에 가까웠기 때문에 에도의 서민들에게는 친근감이 느껴지는 존재이기도 했습니다.[3]

---

[3] 에도인문연구회(江戸人文研究会),『江戸の用語辞典』, 廣済堂出版(2020), p284.

현대 사회와 닮아 있는 에도의 치안 유지 방법 - 249

100만 도시 에도의 치안을 책임지다.
에도 마치 부교쇼(江戸町奉行所)

　100만 도시 에도의 치안은 마치 부교쇼(町奉行所)라는 기관에 의해 통제되고 있었습니다. 마치(町)는 「마을」을 의미하고 부교(奉行)는 「윗 사람의 명령을 받고 일을 수행하는 사람」을 의미합니다. 따라서 부교쇼(奉行所)는 「윗 사람의 명령을 받고 일을 수행하는 사람이 근무하는 기관」 정도로 의미를 정의할 수 있습니다. 에도 마치 부교에 임명된 인물은 지금의 도쿄 도지사, 도쿄 고등재판소 판사, 경시 총감 등의 역할을 겸업으로 하고 있는 매우 높은 지위였다고 생각하시면 쉬울 것 같습니다.

　일본의 유명 시대극 드라마 「토오야마노 킨상(遠山の金さん)」, 「오오오카 에치젠(大岡越前)」 등이 「에도 마치 부교」를 주인공으로 하고 있습니다. 드라마에서는 에도 치안 관리의 최정상 위치에 있던 에도 마치 부교가 에도 시내를 돌아다니며 용의자를 색출하고 정보를 수집하는 등의 모습으로 그려지기도 하지만 이러한 현장 업무는 도오신(同心) 정도 되는 직급의 임무에 해당되는 영역으로 재미있는 드라마 전개를 위해 도입된 내용으로 보는 것이 타당합니다.

에도 마치 부교쇼(江戶町奉行所)의 구체적인 업무 내용

 에도에는 「키타 마치 부교쇼(北町奉行所)」, 「미나미 마치 부교쇼(南町奉行所)」 등 두 군데의 마치 부교쇼가 에도 치안을 책임지고 있었습니다. 키타(北)가 북쪽, 미나미(南)가 남쪽을 의미하기 때문에 한자를 보면 두 개의 마치 부교쇼가 에도의 북쪽 치안과 남쪽 치안을 각각 나누어 관할한 것으로 생각할 수 있지만 사실은 그렇지 않았습니다. 키타 마치 부교쇼와 미나미 마치 부교쇼 두 군데가 월 단위로 번갈아가면서 민사소송 업무 접수를 처리하고 있었기 때문입니다.

 예를 들어 1월에 키타 마치 부교쇼가 문을 열고 민사소송 업무를 접수하고 있었다면 미나미 마치 부교쇼는 문을 닫고 업무량 폭주로 처리하지 못한 용의자 심문, 판결 등의 업무만을 진행했던 것입니다. 2월이 되면 반대로 키타 마치 부교쇼는 문을 닫은 상태로 1월까지 처리하지 못했던 업무를 완료하고 미나미 마치 부교쇼는 문을 열고 민사소송 업무를 접수하는 형태였습니다.

 위치 상으로는 도쿄역 인근에 있던 키타 마치 부교쇼가 유라쿠쵸(有楽町) 인근에 있던 미나미 마치 부교쇼보다 북쪽에 있었던 것은 사실이지만 한 쪽 부교쇼가 비번인 동안 다른 한 쪽 부교쇼가 에도 전체에서 발생한 각종 사건 사고를 접수하면서 해결하는 형태로 두 개의 마치 부교쇼가 운용되고 있었습니다.

에도의 서민(町人, 쵸오닌) 인구만 약 50만 명 정도가 존재했습니다. 50만 명의 치안 민원을 해결하기 위해 배치된 인원을 살펴보면 두 개의 마치 부교쇼를 모두 합해 현장 출동을 하지 않는 사무관리직인 요리키(与力)가 50명, 현장 출동 실무 인력인 도오신(同心)이 200명 수준이었습니다.[4]

2013년 도쿄도 통계를 살펴보면 총 인구수 13,142,640명에 대해서 경찰관 수가 43,272명으로 인구 1만 명 당 경찰관 수가 33명이 되겠습니다. 에도 쵸오닌 인구수 50만 명에 대해서 약 250명 정도의 경찰인력(요리키 + 도오신)이 근무했기 때문에 인구 1만 명 당 치안 공무원 수가 5명임을 알 수 있습니다. 참고로 서울의 경우 2017년 기준 인구 1만 명 당 경찰관 수가 27명으로 도쿄보다 5명이 적습니다.

감시 카메라, 경찰차 등 현대 문물의 지원을 받으며 도쿄 인구 1만 명 당 33명의 경찰관이 근무하고 있는데 마을을 걸어 다니면서 탐문을 통해 단서를 잡아야 했던 에도시대 치안 인력이 인구 1만 명 당 5명에 불과했다는 것은 결국 에도 시내의 치안이 정상적이지 못했다는 것을 의미하기도 합니다.

---

4 야마모토 히로부미(山本博文), 『学校では習わない江戸時代』, 新潮文庫(2016), p89.

부족한 에도 치안 인력난을 해결하기 위한 꼼수

턱없이 부족한 인력난을 해결하기 위해서 치안을 책임지는 현장 실무진인 도오신(同心)들은 사비를 털어「오캇삐키(岡っ引き)」로 불리우는 정보원을 고용하기도 했습니다.

오캇삐키들은 용의자 체포 권한을 가지고 있지는 못했기 때문에 정보를 수집하는 형태로 현장 치안 실무자인 도오신을 도왔는데 오캇삐키들이 범죄 용의자들에 대한 정보를 수월하게 얻을 수 있었다는 점은 오캇삐키들 역시 범죄 경력이 있거나 현역 야쿠자 오야붕 같은 존재들이었다는 것을 의미하기도 했습니다. 이들 오야붕(親分) 아래에는「시탓삐키(下っ引き)」로 불리우는 코붕(子分)들이 존재해 정보 수집 활동을 조직적으로 수행하는 경우도 있었습니다.

과거 범죄 경력이 있던 오캇삐키, 시탓삐키를 활용해 동료에 대한 정보를 팔아 넘기게 했던 것인데 이들은 출소 후에도 범죄 가능성이 높은 일에 종사하는 경우가 다반사이다 보니 경찰에 해당하는 도오신(同心)들에게 약점이 잡혀 있는 경우가 많았고 다시 감옥에 갇힐 경우 자신들이 팔아 넘긴 범죄 용의자들과 마주칠 수도 있었기 때문에 도오신들에게 협조적일 수 밖에 없었습니다.

애당초 질이 좋지 않았던 오캇삐키들이 상점을 돌아다니면서 쵸오닌들로부터 돈을 받고 유착하는 경우도 발생했고 잘못된 정보를 제공하거나 묵인해 주는 등 치안을 더 악화시키는 사건들이 빈번하게 발생하면서 사태의 심각성을 인지한 도쿠가와 막부는 18세기 초, 「오캇삐키 활용 금지령」을 내리게 됩니다. 하지만 오캇삐키와 도오신의 협력 관계는 근절되지 못하고 메이지 시대에 접어들어서 까지 메이지 경찰과 오캇삐키의 공생 관계는 지속됩니다.

에도시대 서민 여성들은 「요리키, 스모 선수와 소방 대장(**与力、相撲に火消の頭**)[5]」이라는 문구를 통해 이상적인 남성상을 표현하고 있었는데요. 스모 선수는 강력한 힘, 소방 대장은 남성적 기질과 행동력이 매력 포인트였습니다. 그렇다면 마치 부교쇼에서 사무직으로 일하는 치안 인력, 「요리키」는 왜 인기가 많았을까요? 사무라이 신분이었다는 점도 인기의 비결로 들 수 있겠지만 에도의 서민들로부터 뒷 돈을 많이 받을 수 있는 직업이었다는 점이 결정적인 이유였습니다.

현장 실무진이었던 도오신 역시 박봉이었음에도 불구하고 오캇삐키같은 정보원을 사비로 고용할 수 있었다는 것은 그들 또한 뒷돈을 통해 경제난을 해결하고 있었음을 의미하기도 합니다.

---
5 이시카와 에이스케(**石川英輔**) 감수, 『大江戸、八百八町』, 実業之日本社(2004), p176.

에도 치안의 인력난을 해결한 마을 자경 조직

문제가 많았던 범죄 경력 정보원 오캇삐키, 그 부하들인 시탓삐키를 모두 합쳐도 에도 치안 인력은 1,000명을 넘지 않았습니다. 현실이 이렇다 보니 마치 부교쇼는 치안 유지에 그다지 적극적일 수 없었으며 결국 마을 자경 조직에 치안의 많은 부분을 일임하게 됩니다.

각 마을(町, 마치)마다 일종의 파출소와 같은 「지신반쇼(自身番所)」라는 사설 기관이 만들어졌고 이곳에 근무하는 치안 인력은 사무라이가 아닌 서민들이 고용됩니다. 범죄가 발생하면 지신반쇼에서 출동한 민간 인력들이 범죄 용의자를 체포해 구류해 두고 정기적으로 순찰하는 도오신들이 지신반쇼에 들러 구류된 용의자들 데려가거나 심문하는 시스템이었던 것입니다. 지금이야 전화 한 통만 하면 경찰이 수 분 내에 출동하는 시대이지만 범죄가 발생한 직후 신고자가 「마치 부교쇼」까지 뛰어가 자초지종을 설명하고 상황을 인지한 도오신들이 다시 범죄 현장으로 뛰어 오면 당연히 범죄자는 자취를 감출 것입니다. 이러한 부분을 효율적으로 처리하기 위해 마을 단위 자경 조직을 만들 수 밖에 없었던 것이지요. 도오신들의 활약을 그린 시대극도 상당 수 존재하지만 도오신의 실상 역시 시대극과는 많이 달랐다고 이야기할 수 있습니다.

사무라이의 넥타이
― Season #1 아기자기한 에도시대 생활사 이야기 ―

초판 발행 | 2022년 4월 25일

지 은 이 | 이정남
펴 낸 이 | 사무라이 로망스
교   정 | 우지현
삽   화 | 이예슬
펴 낸 곳 | Book 야부사메
출판 등록 | 2021년 8월 18일 제 2021-000171 호
디 자 인 | (주)미디어피앤피_강민지

ISBN 979-11-975641-6-1

이 책의 저작권은 지은이와 "Book 야부사메"가 소유합니다.
신저작권법에 의하여 한국 내에서 보호받는 저작물이므로 무단 전재와 복제를 금합니다.

* 문의 samurai-romance@naver.com

   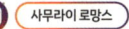 

건설 현장, 공장 및
일반 근로자 등을 위한

산재 분쟁 사례

① 나정은 변호사의 산재 · 노무 이야기

저자 **나 정 은** 변호사

- 태아의 건강 손상에도 산재 적용이 가능할까 ?
- 서비스 기사에게도 산재가 인정될까 ?
- 별도의 사업자등록을 가진 하수급업자가 산재 인정받을 수 있을까 ?
- 회사 외의 행사나 모임에서 발생한 재해가 산재로 인정되기 위한 조건은 ?
- 출퇴근 중 부상, 사망에 이른 경우 산재로 인정되는 요건은 ?
- 회사 회식에서 자발적 과음으로 인하여 사망한 경우 산재가 인정될까 ?
- 근로 장소에서 타인의 폭력에 의해 재해를 입은 경우 산재가 인정될까 ?
- 과도한 운전이 심근경색과 업무상 재해로서 인과관계가 인정될 수 있을까 ?
- 산재법이 적용되는 사업 또는 사업장의 의미는 ?
- 산재법상 구상권의 상대방인 제3자의 의미는 ?

Ⅰ. 산재보험 제도의 취지

[산재보험제도의 취지] 산재보험제도와 요양급여제도의 취지, 성격 및 내용 등을 종합하면, 임신한 여성 근로자에게 그 업무에 기인하여 발생한 '태아의 건강손상'은 여성 근로자의 노동능력에 미치는 영향 정도와 관계없이 '업무상 재해'에 포함된다(대법원 2020. 4. 29. 선고 2016두41071 판결 [요양급여신청반려처분취소])

Ⅱ. 근로자성

[산재보험법상 근로자성의 의미] 산업재해보상보험법에서 '근로자'가 근로기준법에 따른 근로자를 의미하는지 여부(적극) 및 근로기준법상의 근로자에 해당하는지 판단하는 방법(대법원 2017. 9. 7 선고 2017두46899 판결 [요양불승인처분취소])

산업재해보상보험법에서 말하는 근로자의 의미(=근로기준법상 근로자) / 근로기준법상 근로자에 해당하는지 판단하는 방법 및 이때 종속적인 관계가 있는지 판단하는 방법(대법원 2018. 4. 26. 선고 2016두49372 판결 [산재보험료 부과처분 취소])

스카이라이프 서비스 기사의 근로자성 인정여부(대법원 2019. 11. 28. 선고

건설 현장, 공장 및 일반 근로자 등을 위한
산재 분쟁 사례

2019두50168 판결 [요양승인처분취소])

　　대학입시학원 종합반 강사가 근로기준법상 근로자에 해당한다고 한 사례(대법원 2006. 12. 7. 선고 2004다29736 판결 [퇴직금])

　　운송업무 담당하면서 매달 고정급과 실비변상적인 유류비를 지급 받은 경우 근로자성 인정될 수 있다(대법원 2018. 10. 25. 선고 2015두51460 판결 [산재요양불승인처분취소])

　　[건설현장/ 별도의 사업자등록/ 근로자 해당 여부] 별도의 사업자등록을 가지고 있고 그에 따라 하수급 형태로 건설공사를 진행하였더라도 예외적으로 근로자성이 인정되어 요양급여를 인정받은 사례(서울행정법원 2015. 5. 14 선고 2014구단55949 판결 [최초요양 불승인 처분 취소])

　　[형식적 대표이사/ 사실상 근로자성 인정] 망인이 대표이사로 등기되어 있기는 하였으나, 그 지위는 형식적·명목적인 것에 불과하였을 뿐 실제 경영자의 구체적·개별적인 지휘·감독을 받아 근로를 제공하고 근로 자체의 대상적 성격으로 보수를 지급 받았다면 산재보험법상의 근로자에 해당한다(서울행정법원 2015구합57123 판결(2015. 11. 19. 선고))

　　공사현장에서 방수 하도급을 받은 사업자에 대하여 근로자성을 부정한 사례 (서울고등법원 2015누50865판결 요양불승인처분취소)

Ⅲ. 업무상 재해

1. 인과관계

[인과관계 의미/ 입증 책임 당사자/ 입증 정도] 업무상 재해가 인정되기 위해서는 근로자의 업무와 재해 간의 인과관계에 관하여는 이를 주장하는 측에서 입증하며 그 입증의 정도는 상당인과관계가 있다고 추단되는 경우이면 충분하다(대법원 1999. 1. 26 선고 98두10103 판결 [유족보상일시금및장의비부지급처분취소])

[다른 사유 경합 시 인과관계 판단 방법] 사업주가 관리하는 시설의 결함이나 관리소홀이 다른 사유와 경합하여 재해가 발생한 때 산업재해보상보험법에 정한 업무상 재해의 인정 여부(원칙적 적극) (대법원 2009. 3. 12 선고 2008두19147 판결 [유족급여장의비부지급처분취소])

근로자가 이동형 사다리를 타고 올라가다가 추락하여 사망한 사안에서 외상이 없고 사인이 확인되지 않는다고 하더라도 업무와 사망 사이에 인과관계가 존재할 수 있다고 판단한 사례(서울고등법원 2014. 11. 14 선고 2014누50745 판결 [유족급여 및 장의비 부지급처분 취소])

2. 회사 업무 외 회식 모임 사례

근로자가 회사 외의 행사나 모임에 참가하던 중 재해를 당한 경우 업무상 재해로 인정되기 위한 요건(대법원 2007. 11. 15 선고 2007두6717 판결 [요양불승인처분취소])

[업무상 재해/ 회사 외의 모임 참가] 근로자가 회사 외의 모임에 참가하던 중 재해를 당한 경우, 이를 업무상 재해로 인정하기 위한 요건 및 재해 발생에 근로자의 과실이 경합되어 있는 경우 상당인과관계 유무를 판단하는 방법(대법원 2017. 3. 30 선고 2016두31272 판결 [요양급여부지급처분취소])

사업주의 지배 관계에 있었던 행사나 모임에서 근로자가 재해를 입은 경우 인과관계 판단의 정도(대법원 2018두35391 판결 [유족급여 및 장의비 부지급처분 취소])

[업무상 재해 / 자발적 과음 / 업무상 재해 부인] 회사 회식에서 근로자가 자발적인 과음을 한 것이 원인이 되어 부상이 발생하거나 사망한 경우 업무상 재해가 부인된 사례(대법원 2015. 11. 12. 선고 2013두25276 판결[요양불승인처분취소])

강제되지 않은 모임에 참석하여 자발적 과음으로 인한 부상의 경우 업무상 재해로 인정될 수 있는지(대법원 2016. 6. 9. 선고 2016두34622 판결 [요양급

여부지급처분취소])

업무와 관련된 회식자리이고 적당량의 음주를 하였으며 예상할 수 있는 경로에 의하여 부상을 당하였을 경우 업무상 재해로 인정될 수 있다(대법원 2017. 5. 30. 선고 2016두54589 판결 [요양급여불승인처분취소])

근로자가 사회 통념상 사용자의 지배나 관리를 받는 행사 등의 도중이나 직후 그 장소를 벗어난 곳에서 재해를 당한 경우 산재 인정 요건(대법원 2008. 10. 9. 선고 2007두21082 판결 유족보상및장의비부지급처분취소])

3. 회식 후 만취 운전 사례

회사 동료 직원들과 음주를 곁들인 회식을 한 후 승용차를 운전하여 기숙사로 돌아가던 근로자가 도로 중앙분리대를 들이받는 교통사고로 사망한 사안(대법원 2009. 4. 9. 선고 2009두508 판결 유족보상및장의비부지급처분취소)

4. 출퇴근 사례

근로자가 사업주의 지배관리 아래 출퇴근하던 중 발생한 사고로 부상 등이 발생한 경우만 업무상 재해로 인정하는 산재보험법 조항의 위헌여부(헌법불합치 결정)(헌법재판소 2016. 9. 29 자 2014헌바254 결정 산업재해보상보험법제37조제1항 제1호 다목 등 위헌소원)

[출퇴근 사고/ 인력업체 제공/ 업무상 재해 인정] 인력업체가 제공한 차량을 운전하고 건설회사의 공사현장으로 출근하던 근로자가 교통사고를 당한 사안(대법원 2010. 4. 29. 선고 2010두184 판결 [요양불승인처분취소])

[출퇴근 재해/ 개인차량/ 인정] 개인차량으로 운전하였고 사업주의 지배.관리감독이 없었다면 출근시 사고가 발생하였더라도 이를 업무상 재해로 볼 수 없다(서울고등법원 2011. 12. 20 선고 2011누15611 판결 [최초요양불승인처분취소]) (판례변경)

5. 기타 사례

근로자가 타인의 폭력에 의하여 재해를 입은 경우, 업무상 재해로 인정할 수 있는지 판단하는 기준(대법원 2017. 4. 27. 선고 2016두55919 판결 [유족급여및장의비부지급처분취소])

IV. 업무상 질병

[업무상 질병/ 인과관계 판단 기준] 과도한 운전과 심근 경색이 인과관계가 존재하여 업무상 재해가 인정된다는 사례(대법원 2019. 4. 11. 선고 2018두40515 판결 [유족급여및장의비부지급처분취소])

산업재해보상보험법 제5조 제1호의 업무상 재해를 인정하기 위한 전제로서 근로자가 주장하는 질병의 존재를 인정하기 위한 방법([대법원 2018. 12. 27., 선고, 2018두46377, 판결] 요양불승인처분취소)

[업무상 질병/ 노출의 정도] 급성 골수성 백혈병이 업무 수행 중 벤젠 등의 유기용제에 장기간 노출되어 발병한 것으로서 업무상 재해에 해당한다고 한 사례(대법원 2004. 4. 9., 선고, 2003두12530, 판결 요양불승인처분취소)

[인관관계 증명책임자] 산업재해보상보험법 제5조 제1호가 정하는 업무상의 사유에 따른 질병으로 인정하기 위한 업무와 질병 사이의 인과관계에 관한 증명책임의 소재 및 증명의 정도(대법원 2017. 8. 29 선고 2015두3867 판결 [요양불승인처분취소])

[업무상 재해/ 인과관계가 부정된 사례] 휴게시간을 충분히 가질 수 있는 점, 수년간 동일한 업무인점을 고려하여 업무와 질병에 인과관계가 없다고 판시한 사례(대법원 2015. 12. 10. 선고 2015두49122 판결 [유족급여및장의비부지급처분취소])

평소에 정상적인 근무가 가능한 기초질병이나 기존질병이 직무의 과중 등이 원인이 되어 자연적인 진행속도 이상으로 급격하게 악화된 경우에도 인과관계가 인정될 수 있다는 사례(대법원 2017. 4. 28 선고 2016두56134 판결 [요양·보험급여결정승인처분취소])

V. 보험관계 성립 여부

산재보험법 적용대상이 되는 사업 또는 사업장의 의미(대법원 2015. 3. 12. 선고 2012두5176 판결 [산재보험료부과처분취소소송등])

산재보험법의 적용을 받는 사업자등록 명의인이나 그 사업에 관하여 보험가입자가 되었음을 근로복지공단에 신고한 자가 당해 사업의 실제 사업주로 추정되는지 여부(적극)(대법원 2004. 2. 26. 선고 2003두13823 판결 [보험료등부과처분취소])

2 이상의 단위로 분할·도급된 건설공사 전체에 대하여 1개의 보험관계가 성립하는 경우 및 그 경우 도급단위별 공사의 사업주들이 각각 전체공사에 관하여 보험가입자로서 보험관계 성립의 신고의무를 부담하는지 여부(소극)(대법원 2010. 7. 22. 선고 2010다11835 판결 [손해배상(기)])

건설업을 영위하는 사업주가 동종사업 일괄적용승인을 받은 각 건설현장의 일괄적용사업에 건설본사도 포함된다고 잘못 생각하여 건설본사를 포함시켜 일괄하여 사업개시신고를 하고 개산보험료를 납부한 경우, 보험 가입 신고를 태만히 한 경우로 볼 수 있는지 여부(대법원 2006. 8. 24. 선고 2004두10081 판결)

[건축주/ 산재보험가입의무/ 실제 공사 진행여부] 원고가 건설업자와 도급

계약을 체결한 후 공사대금을 지급하였을 뿐이고, 실제공사는 건설업자가 진행한 경우, 원고가 주택신축공사의 사업주라거나 원고에게 사업주로서 산업재해보상보험법에 따른 산업재해보상보험의 보험가입의무가 있다고 보기 어렵다(서울행정법원 2015구합78854 산재보험료부과처분취소)

건설공사가 그 공사내용을 달리하여 둘 이상의 단위로 분할되어 각각 다른 사업주에게 도급된 경우, 전체 공사가 구 산업재해보상보험법 시행령이 규정하는 하나의 총 공사에 해당하는지 여부의 판단 방법(대법원 2008. 8. 11. 선고 2006두8808 [산업재해보상보험급여액징수처분취소])

[산재보험법 적용제외 사업장/ 총 공사금액 산정 기준] 산업재해보상보험법의 적용제외사업 기준인 총공사금액 산정에 관하여 노동부장관이 고시한 '건설업자가 아닌 자가 시공하는 건설공사의 총공사금액 산정에 관한 규정'에서 정한 표준단가 확정을 위해 필요한 건축물의 용도·구조 및 벽이 없는 건축물인지 여부의 판단 방법(대법원 2014. 11. 27. 선고 2012두10574 판결[요양불승인처분취소])

Ⅵ. 요양·장애·유족·휴업 급여 관련

[요양급여 산정/ 과실상계법리 부적용] 선원법상 요양보상에서 기왕증 등 손해 확대에 기여한 부분이 있음을 이유로 보상액을 감액할 수 있는지 여부(

소극)(대법원 2008. 3. 27. 선고 2007다84420 판결 [진료비])

[요양급여/ 기왕증/ 과실상계 불가] 산업재해보상보험법상 요양급여에 민사상 손해배상 사건에서 기왕증이 손해의 확대 등에 기여한 경우 과실상계의 법리를 유추적용하여 그 손해의 확대 등에 기여한 기왕증을 참작하는 법리가 적용되는지 여부(소극)(대법원 2010. 8. 19. 선고 2010두5141 판결 [추가상병 불승인처분취소])

산업재해보상보험법상의 보험급여를 받은 자가 산재보험법에 정한 신고의무를 이행하지 아니하여 부당하게 보험급여를 지급받은 경우에 해당하는 경우, 근로복지공단이 유족급여에서 부당이득금을 충당할 수 있는지 여부(소극) (대법원2005두11845 판결)

업무상 재해로 신체장해를 입은 사람이 장해급여를 청구하지 않아 기존의 장해에 대해서 전혀 보상을 받지 못하고 있다가 기존의 장해상태가 악화되어 장해등급이 변경된 후 비로소 장해보상연금을 청구한 경우 기존 장애에 대한 급여를 받을 수 있는지 여부(대법원 2015. 4. 16. 선고 2012두26142 전원합의체 판결 [장해보상연금개시일자결정처분취소])

[업무상 재해/ 장애급여/ 시효소멸] 기존 장해에 대한 장해보상청구를 하지 않은 채 소멸시효가 완성되고 재요양 후 장해연금을 청구한 경우 소멸시효가 완성된 장해보상일시금의 지급일수에 해당하는 기간만큼 장해보상연금을

지급하지 않은 것은 정당한지 여부 (대법원 2015. 4. 16. 선고 2012두 26142 전원합의체 판결)

[선행장애/ 시효소멸/ 인과관계있는 후행 장애 발생] 선행 장애가 종료되었고 이를 청구할 수 있는 보험금 시효가 종료되었다고 하더라도 장해가 중하게 발생하고 최소한의 인과관계가 존재한다면 선행 장애에 대하여 장애 급여를 청구하는 것이 위법하지 않다(대법원 2020. 6. 4. 선고 2020두31774 판결 [장해급여부지급처분취소])

Ⅶ. 부당수급자에 대한 부당이득청구·반환징수권행사

[산재 보험가입자/ 부당수급/ 연대책임] 보험가입자에 대하여 산재보험법 조항에 따른 연대책임을 묻기 위하여 보험가입자에게 거짓된 신고 등에 관한 주관적 인식이 있어야 하는지 여부(적극) (대법원 2016. 7. 27 선고 2016두36079 판결 [부당이득금징수처분취소])

[부정방법/ 부당이득징수/ 시효소멸] 근로복지공단이 부정한 방법으로 보험급여를 받은 사람에게 산업재해보상보험법에 정한 금액을 부당이득반환 징수를 할 경우 그 징수권의 소멸시효 기산일(대법원 2009. 5. 14. 선고 2009두3880 판결 [부당이득징수결정처분취소])

[보험급여 결정 취소/ 보험금 반환 징수권] 산업재해보상보험법상 각종 보험급여 지급결정을 변경 또는 취소하는 처분이 적법한 경우, 그에 터 잡은 징수처분도 반드시 적법하다고 판단해야 하는지 여부(소극)(대법원 2014. 7. 24. 선고 2013두27159 판결 [요양승인결정등취소처분취소청구])

[부당이득징수 결정/ 징수금 감액] 행정청이 산재보험법에 의한 보험급여 수급자에 대하여 부당이득 징수결정을 한 후 그 하자를 이유로 징수금 액수를 감액하는 경우에는 감액 처분이 아닌 남아있는 처분을 다투어야 한다(대법원 2012. 9. 27., 선고, 2011두27247, 판결 부당이득금부과처분취소)

산업재해보상보험법 제84조 제1항 후문에 따라 근로복지공단이 징수할 금액에서 공제할 대상에 '실제로 수령한 건강보험 요양급여 등에 해당하는 금액에 해당하는 금액'이 아닌 장차 국민건강보험공단 등에 청구하여 받을 수 있는 금액이 포함되는지 여부(소극)(대법원 2017. 8. 29. 선고 2017두44718 판결 [부당이득징수결정취소])

[기 지급한 보험금/ 반환징수권] 구 산업재해보상보험법 제84조 제1항 제3호에 따라 보험급여를 받은 당사자로부터 잘못 지급된 보험급여액에 해당하는 금액을 징수하는 처분을 할 수 있는 경우(대법원 2014. 4. 10. 선고 2011두31697 판결 [부당이득징수결정처분취소])

Ⅷ. 구상권의 상대방인 제3자의 문제

[업무상 재해/ 구상금 상대방] 산업재해보상보험법 제54조 제1항에 정한 구상권 행사의 상대방이 되는 '제3자'의 의미 (대법원 2010. 4. 29. 선고 2009다98928 판결 [구상금])

[하도급업자/ 제3자 해당여부] 하수급인에게 고용된 근로자가 하수급인의 행위로 업무상 재해를 입은 경우, 하수급인이 산업재해보상보험법 제87조 제1항이 정한 '제3자'에서 제외되는지 여부(적극)(대법원 2016. 5. 26., 선고, 2014다204666, 판결)

[하도급관계/ 보험사업자/ 제3자 해당여부] 원수급인과 사이에 도급관계에 있는 하수급인은 보험가입자인 사업주로 볼 수 없고, 보험급여를 한 보험자(근로복지공단)의 구상권 행사 상대방인 제3자에도 해당하지 않는다(서울고등법원 2014. 1. 22. 선고 2013나2006306 판결 [구상금])

근로자가 동일한 사업주에 의하여 고용된 동료 근로자의 행위로 인하여 업무상 재해를 입은 경우, 동료 근로자가 구 산업재해보상보험법 제54조 제1항에 규정된 '제3자'에서 제외되는지 여부(적극)(대법원 2011. 7. 28., 선고, 2008다12408, 판결)

기중기 기사를 포함하여 기중기를 임차하여 작업하던 중 발생한 사고에 대하여 기중기기사가 기중기를 임차한 D에게 종속된 근로자인지 여부(소극)(대법원 2008. 5. 29. 선고 2006다44760 판결 [구상금])

[제3자의 행위로 인한 재해발생/ 제3자의 범위/ 구상권] 건축공사 일부를 재하수급한 건설회사가 중기임대업자로부터 운전기사와 함께 기중기를 빌려 작업을 하던 중 그 운전기사의 잘못으로 위 건설회사의 근로자가 사망한 사안에서 기중기에 관한 보험자에게 구상금을 청구한 사안(대법원 2008. 4. 10. 선고 2006다32910 판결)

[업무상 재해/ 구상 비율] 산업재해가 보험가입자와 제3자의 공동불법행위로 인하여 발생한 경우, 근로복지공단이 제3자에 대하여 구상권을 행사할 수 있는 범위(대법원 2010. 5. 13. 선고 2007다82059 판결 [구상금])

[대위청구/ 구상권의 상대방] 근로복지공단이 산재보험법에 의해 가해근로자 또는 그 사용자인 사업주에게 구상할 수 없는 경우, 그 사용자인 사업주와 자동차보험계약을 체결한 보험자에 대해서 구상권 청구할 수 있는지 여부(적극)(대법원 2013. 12. 26. 선고 2012다119092 판결 [구상금])

[기 지급한 보험료 공제 가능성/ 다른 보험자와의 관계] 산업재해보상보험법 제80조 제3항에서 정한 '수급권자가 동일한 사유로 민법이나 그 밖의 법령에 따라 받은 금품'의 범위(대법원 2015. 1. 15. 선고 2014두11571 판결 [유족급여부지급처분취소])

[구상의무/ 대위의 범위] 산업재해보상보험의 보험자인 근로복지공단이 불법행위의 피해자에게 보험급여를 한 후 피해자의 가해자 또는 그 보험자에 대한 손해배상채권을 대위하는 경우, 대위의 범위 및 근로복지공단의 보험급여 이후 손해배상 명목으로 피해자에게 지급한 돈을 공제할 수 있는지 여부(소극)(대법원 2015. 12. 10. 선고 2015다230228 판결 [구상금])

[보상급여/ 산재보험급여와 다른 보상이나 배상과의 관계] 사용자가 가입한 자기신체사고보험에 의해 근로자가 지급받은 보험금은 산업재해보상보험급여에서 공제될 수 없다고 본 사례([대법원 2015. 1. 15., 선고, 2014두724, 판결])

[보험급여청구/ 시효중단] 산업재해보상보험법상 고유한 시효중단 사유인 보험급여 청구에 따른 시효중단의 효력은 보험급여 결정에 대한 임의적 불복절차인 심사 청구나 재심사 청구에 따른 시효중단의 효력과는 별개로 존속하는지 여부(적극)(대법원 2019. 4. 25. 선고 2015두39897 판결 [장해급여부지급처분취소])

[보상금 소멸시효/ 진폐사건] 구 산업재해보상보험법 제91조의3에 따른 진폐보상연금 청구권의 소멸시효 기산점(대법원 2019. 7. 25. 선고 2018두42634 판결 [미지급보험급여부지급처분취소])

근로복지공단의 요양불승인처분에 대한 취소소송을 제기하여 승소확정판결을 받은 근로자가 요양으로 인하여 취업하지 못한 기간의 휴업급여를 청구한 경우, 그 휴업급여청구권이 시효완성으로 소멸하였다는 근로복지공단의 항변이 신의성실의 원칙에 반하여 허용될 수 없는지 여부(적극)(대법원 2008. 9. 18. 선고 2007두2173 전원합의체 판결. 휴업급여부지급처분취소)

CONTENTS

Ⅰ. 산재보험 제도의 취지 ·································· 22

Ⅱ. 근로자성 ·· 32

Ⅲ. 업무상 재해 ·· 70

Ⅳ. 업무상 질병 ·· 129

Ⅴ. 보험관계 성립 여부 ···································· 158

Ⅵ. 요양·장애·유족·휴업 급여 관련 ············ 187

Ⅶ. 부당수급자에 대한 부당이득청구·반환징수권행사 ······· 222

Ⅷ. 구상권의 상대방인 제3자의 문제 ············ 248

Ⅸ. 보험급여청구권에 대한 시효문제 ············ 295

❶ 나정은 변호사의 산재·노무 이야기

건설 현장, 공장 및 일반 근로자 등을 위한
산재 분쟁 사례

Ⅰ. 산재보험 제도의 취지

[산재보험제도의 취지] 산재보험제도와 요양급여제도의 취지, 성격 및 내용 등을 종합하면, 임신한 여성 근로자에게 그 업무에 기인하여 발생한 '태아의 건강손상'은 여성 근로자의 노동능력에 미치는 영향 정도와 관계없이 '업무상 재해'에 포함된다(대법원 2020. 4. 29. 선고 2016두41071 판결 [요양급여신청반려처분취소])

판례해설

산재보험법은 산재보험 사업을 시행하여 근로자의 업무상의 재해를 신속하고 공정하게 보상하며, 재해근로자의 재활 및 사회 복귀를 촉진하기 위하여 이에 필요한 보험시설을 설치·운영하고, 재해 예방과 그 밖에 근로자의 복지 증진을 위한 사업을 시행하여 근로자 보호에 이바지하는 것을 목적으로 한다(제1조). 산재보험법의 기본이념은 산업재해를 당한 근로자와 그 가족의 생존권을 보장하는 데 있고, 산재보험수급권은 이러한 헌법상의 생존권적 기본권에 근거하여 산재보험법에 의하여 구체화되었다.

대상판결은 이와 같은 산재보험법의 기본 취지를 고려하여 **근로자뿐 아니라 근로자의 태아에 대해서도 요양급여를 인정한 최초의 판례**에 해당한다. 특히 대상판결은 태아의 건강손상을 근로자의 업무상재해로 인정하였을 뿐 아니라, 태아일 때 인정한 요양급여가 출산 후에 소멸되지 아니한다고 보아 출생한 아이의 질병 등에 관하여도 요양급여를 인정하였다는 점에서 의미가 크다.

법원판단

1. 사실관계

가. 원고들은 모두 제주특별자치도 ○○병원인 '△△△△△'에서 근무하는 간호사인데, 공통적으로 2009년에 임신하여 2010년에 아이를 출산하였고, 그 아이들이 모두 선천성 심장질환을 갖고 있었다. 원고 3을 제외한 나머지 원고들은 임신 4주차에 유산증 후를 겪었다.

나. △△△△△에 근무하던 간호사들 중 <u>2009년에 임신한 사람은 원고들을 포함한 15명이었는데, 그 중 6명만이 건강한 아이를 출산하였을 뿐이고, 원고들 4명이 선천성 심장질환아를 출산하고, 다른 5명은 유산</u>을 하게 되었다. 이에 간호사의 근로여건과 작업환경이 노사간 쟁점이 되어, △△△△△은 2011년에 노사합의로 서울대학교 산학협력단에 역학조사를 의뢰하였다. 서울대학교 산학협력단은 2012. 2. 29. 역

학조사 보고서를 △△△△에 제출하였다.

다. 원고들은, 위 역학조사 보고서의 내용을 토대로 원고들이 임신 초기에 임신한 여성과 태아의 건강에 유해한 요소들에 노출되어 태아의 심장 형성에 장애가 발생하였으므로 선천성 심장질환아 출산이 업무상 재해에 해당한다고 주장하며, 2012. 12. 11. 피고(제주지사)에게 요양급여를 청구하였다. 이에 대하여 피고는 산업재해보상보험법(이하, '산재보험법'이라 한다)에서 업무상 재해란 '근로자 본인'의 부상·질병·장해·사망만을 의미하며 원고들의 자녀는 산재보험법의 적용을 받는 근로자로 볼 수 없다는 이유로, 2012. 12. 27. 요양급여 부지급 처분을 하였다(이하, '1차 거부처분'이라 한다).

라. 원고들은 변호사에게 법률자문을 구하여 '태아의 심장 형성에 장애가 발생하였을 당시에 태아는 모체의 일부였으므로, 발병 당시 태아의 질병은 모체의 질병으로 보아야 하고, 산재보험법의 적용 여부는 근로자에게 질병이 발병할 당시를 기준으로 하며, 발병 이후 근로자 지위를 상실하였다고 하여도 계속 산재보험이 적용되므로, 출산아의 선천성 심장질환을 업무상 질병으로 인정하여야 한다'고 주장하면서, 2013. 9. 12. 다시 피고(제주지사)에게 요양급여를 청구하였다.

마. 이에 피고는 2013. 9. 26. 원고들에게 "재해 발생일시를 특정하고, 산재보험 초진소견서, 신청 상병을 확인할 수 있는 각종 검사자료 및 결과지를 제출하라"고 자료보완을 요구하였다. **원고들은 2013. 10.경 피고에게 재해 발생 시점을 출산일이 아니라 '임신 중'이라고 특정하면서**

'임신 중의 의무기록'과 '선천성 심장질환에 관한 의학자료'를 추가로 제출하였다. 그런데도 피고는 2013. 11. 6. 원고들에 대하여 "자료보완을 요청하였으나 산재보험 초진소견서가 제출되지 않아 고객님의 상병명 및 요양기간 등 확인이 불가하다."라는 이유로 '민원서류 반려처분'을 하였다(이하, '이 사건 거부처분'이라 한다).

2. 대법원의 판단

가. 산재보험제도와 요양급여제도

1) 헌법 제34조 제2항은 국가의 사회보장·사회복지 증진의무를, 제6항은 국가의 재해예방 및 그 위험으로부터의 보호의무를 선언하고 있다. 산재보험법은 산재보험 사업을 시행하여 근로자의 업무상의 재해를 신속하고 공정하게 보상하며, 재해근로자의 재활 및 사회 복귀를 촉진하기 위하여 이에 필요한 보험시설을 설치·운영하고, 재해 예방과 그 밖에 근로자의 복지 증진을 위한 사업을 시행하여 근로자 보호에 이바지하는 것을 목적으로 한다(제1조). 산재보험법의 기본이념은 산업재해를 당한 근로자와 그 가족의 생존권을 보장하는 데 있고, 산재보험수급권은 이러한 헌법상의 생존권적 기본권에 근거하여 산재보험법에 의하여 구체화된 것이다(헌법재판소 2005. 11. 24. 선고 2004헌바97 결정 등 참조).

2) <u>산재보험제도는 작업장에서 근로자에게 발생할 수 있는 업무상의 재해라는 산업안전보건상의 위험을 사업주나 근로자 어느 일방에 전가하는 것이 아니라 공적(公的) 보험을 통해서 산업과 사회 전체가 이를 분담하고자 하는 목적</u>을 가진다. 이 제도는 간접적으로 근로자의 열악한 작업환경이 개선되도록 하는 유인으로 작용하고, 궁극적으로 경제·산업 발전 과정에서 소외될 수 있는 근로자의 안전과 건강을 위한 최소한의 사회적 안전망을 제공함으로써 사회 전체의 갈등과 비용을 줄여 안정적으로 산업의 발전과 경제성장에도 기여한다(대법원 2017. 8. 29. 선고 2015두3867 판결 등 참조). 산재보험법에 의한 보험급여는 근로자에 대한 생활보장적 성격을 갖는 외에 근로기준법에 따른 사용자의 재해보상과 관련해서는 책임보험의 성질도 가지고 책임보험적 기능도 수행하고 있고, 사업주와 국가의 관계에서는 국가가 궁극적으로 보상책임을 져야 한다(대법원 1994. 5. 24. 선고 93다38826 판결 참조).

3) 산재보험법에 의하면, '업무상의 재해'란 업무상의 사유에 따른 근로자의 부상·질병·장해 또는 사망을 말하며(제5조 제1호), 요양급여는 근로자가 업무상의 사유로 부상을 당하거나 질병에 걸린 경우에 그 근로자에게 지급한다(제40조 제1항). 요양급여의 범위는 진찰 및 검사, 약제 또는 진료재료와 의지(義肢) 그 밖의 보조기의 지급, 처치, 수술, 그 밖의 치료, 재활치료, 입원, 간호 및 간병, 이송 등에 미친다(제40조 제4항). 요양급여는 이 같은 보험급여를 받을 수 있는 자(이하,

'수급권자'라 한다)의 청구에 따라 지급하고(제36조 제2항), 근로자의 보험급여를 받을 권리는 퇴직하여도 소멸되지 아니한다(제88조 제1항). 요양급여는 재해 전후의 장해 상태에 관한 단순한 비교보다는 재해로 말미암아 비로소 발현된 증상이 있고 그 증상에 관하여 최소한 치료효과를 기대할 수 있는 요양이 필요한지에 따라서 그 지급 여부나 범위가 결정되어야 한다(대법원 2000. 3. 10. 선고 99두11646 판결).

나. 업무에 기인한 '태아의 건강손상'이 근로자의 업무상 재해에 해당하는지

이러한 산재보험제도와 요양급여제도의 취지, 성격 및 내용에다가 아래에서 드는 근거들을 종합하여 보면, **산재보험법의 해석상 임신한 여성근로자에게 그 업무에 기인하여 발생한 '태아의 건강손상'은 여성근로자의 노동능력에 미치는 영향 정도와 관계없이 산재보험법 제5조 제1호에서 정한 근로자의 '업무상 재해'에 포함된다고 봄이 타당**하다.

1) 구체적 분쟁사건의 재판에서 법률 또는 법률조항의 의미·내용과 적용 범위가 어떠한 것인지를 정하는 권한, 곧 법령의 해석·적용 권한은 사법권의 본질적 내용이고, 법률이 헌법규범과 조화되도록 해석하는 것은 법률의 해석·적용상 대원칙이다. 어떤 법률조항에 대하여 여러 갈래의 해석이 가능할 때 법원으로서는 가능하면 입법권을 존중하여 입법자가 제정한 규범이 존속하고 효력이 유지될 수 있도록 헌법에 합치되

는 해석, 즉 합헌적 법률해석을 선택하여야 한다(대법원 2009. 2. 12. 선고 2004두10289 판결, 헌법재판소 1990. 4. 2. 선고 89헌가113 결정 등 참조).

2) 헌법 제32조 제4항은 "여자의 근로는 특별한 보호를 받으며, 고용·임금 및 근로조건에 있어서 부당한 차별을 받지 아니한다."라고 정하여 여성 근로자의 사회적 부담과 제약을 완화하고 신체적·생리적 특수성 등을 고려하는 근로조건을 보장해야 할 국가의 의무, 나아가 사업주 등 사인으로부터 여성의 근로를 보호해야 할 의무를 규정하고 있다. 한편 헌법 제36조 제2항은 "국가는 모성의 보호를 위하여 노력하여야 한다."라고 정하여 모성에 대한 국가의 보호의무를 규정하고 있다. 임신과 출산 없이는 가족·사회·국가 공동체가 존속·유지할 수 없으므로, 모성의 보호는 공동체의 존속·유지와도 관련된다. 따라서 국가는 모성으로 인하여 발생하는 임신, 출산 등의 부담을 덜어주고 지원해야 할 의무를 진다.

헌법의 이러한 특별한 규정들은, 누구든지 성별에 의하여 정치적·경제적·사회적· 문화적 생활의 모든 영역에 있어서 차별을 받지 아니할 헌법 제11조의 평등권을 그 적용 영역의 특수성을 고려하여 구체화한 것으로 볼 수 있다. 그런데 '근로 제공을 통한 여성의 직업 수행의 영역'에서 위 헌법 규정들이 갖는 의미를 찾자면, 임신 중인 여성 근로자와 그 태아는 임신과 출산 과정에서 발생할 수 있는 업무상 유해 요소로부터 충분한 보호를 받아야 하고, 국가 역시 이러한 위해 요소로부터 여성 근로자에 대한 충분한 보호가 이루어지도록 할 책무가 있다는 것이다.

3) 사람은 생존한 동안 권리와 의무의 주체가 되므로(민법 제3조), 개별 법률에서 예외적으로 태아의 권리능력을 인정하는 규정을 두지 아니하는 한 태아는 원칙적으로 권리능력이 없다. **산재보험법에는 태아의 권리능력을 인정하는 별도의 규정이 없으므로 산재보험법의 해석상 모체와 태아는 '한 몸' 즉 '본성상 단일체'로 취급**된다. 태아는 모체 없이는 존재하지도 않고 존재할 수도 없으며, 태아는 모체의 일부로 모(母)와 함께 근로현장에 있기 때문에 언제라도 사고와 위험에 노출될 수 있다. 한편, 산재보험법상 요양급여는 근로자가 업무상의 사유로 부상을 당하거나 질병에 걸린 경우에 그 근로자에게 지급하는 것이므로, 장해급여와는 달리 그 부상이나 질병으로 인하여 반드시 노동능력을 상실할 것을 요건으로 하지는 않는다.

따라서 임신한 여성 근로자에게 그 업무에 기인하여 발생한 태아의 건강손상은 여성 근로자의 노동능력에 미치는 영향이나 그 정도와 관계없이 여성 근로자의 업무상 재해에 해당한다고 보아야 한다.

한편 피고는, 임신한 여성근로자가 업무에 기인하여 '유산'할 경우에 한하여 이를 여성근로자 본인의 신체의 완전성 손상으로 보아 업무상 재해로 인정할 수 있다는 관점에 서 있는데, 모체의 일부인 태아

의 건강손상의 정도에 따라 업무상 재해의 인정 여부를 달리하는 것 역시 부당하다. 모성과 태아의 생명 보호라는 측면에서는 유산과 태아의 건강손상을 구별할 합리적 근거가 없기 때문이다. 유산이 태아의 건강손상(그에 따른 필연적 결과로서의 선천성 질병·장애아 출산)보다 우선적인 보호가 필요한 중한 결과라고 볼 수도 없다. 왜냐하면 여성근로자에게 발생하는 경제적 부담의 측면에서는 전자보다 후자가 훨씬 중한 결과를 야기할 것임이 분명하고, 정신적 고통에는 개인차가 크지만 후자는 출산 이후에 장기적, 지속적으로 정신적 고통을 유발하므로 정신적 고통의 측면에서도 전자보다 후자가 덜하다고 단정할 수 없기 때문이다.

4) 나아가 산업재해의 위험을 사업주나 근로자 어느 일방에게 전가하지 않고 공적 보험을 통해 분담하도록 하는 것이 산재보험제도의 목적에 충실한 해석인 점, 산재보험이 민사상 구제에서 사회보험으로 발전하게 된 계기, 민사상 불법행위책임 증명의 어려움, 사업주의 무자력, 구제기간의 장기화 등을 고려하면, 임신한 여성 근로자의 업무에 기인한 태아의 건강손상을 업무상 재해에 포함시켜 산재보험법의 적용을 받도록 하는 것이 근로자는 물론이고 사업주에게도 바람직하다.

만일 산재보험법상 요양급여를 받을 수 없다면, 여성 근로자는 출산한 자녀의 치료 등을 위해 필요한 비용을 스스로 부담하거나 또는 사업주를 상대로 손해배상을 청구하고 증명해야 하는 부담을 질 수밖에 없는데, 이는 업무에 기인하여 발생한 재해에 관하여 여성 근로자에게 그에 따른 경제적 책임과 정신적 고통까지 전가하는 부당한 결과로 이어진다. 사업주 역시 산재보험이라는 공적 보험을 통해 보호받을 수 없게 되어 일시에 과중한 보상비용을 부담할 수 있으므로 산재보험법의 요양급여제도가 합리적으로 기능하지 못하는 결과를 초래한다.

Ⅱ. 근로자성

[산재보험법상 근로자성의 의미] 산재보험법에서 '근로자'가 근로기준법에 따른 근로자를 의미하는지 여부(적극) 및 근로기준법상의 근로자에 해당하는지 판단하는 방법(대법원 2017. 9. 7 선고 2017두46899 판결 [요양불승인처분취소])

판례해설

산재보험법상 근로자는 근로기준법에 따른 근로자를 의미하며, 판례는 근로기준법의 근로자인지 여부를 '계약의 형식을 불문하고, 근로제공관계의 실질이 근로제공자가 사업 또는 사업장에 임금을 목적으로 종속적인 관계에서 사용자에게 근로를 제공하였는지 여부 즉, **사용종속관계**'를 기초로 판단한다. 한편 사용자 또는 경영담당자 등으로 대표되는 회사의 임원은 대체로 근로자성이 부인되는데 **대상 판결은 회사의 임원인 경우라 하더라도 일률적으로 근로자성을 부인할 것이 아니라 사용종속관계의 여부를 기준으로 근로자성을 판단**하여 의미가 있다.

산재보험법상 보험급여를 청구한 근로자가 사업장인 법인의 조합원이자 이사인 동시에 법인 대표이사의 자녀라 하더라도, 근로자가 해당 사업장에서 재해 발생일까지 계속 근무하며 퇴비 업무를 담당하였고,

출퇴근 시간이 일정하였으며 다른 근로자들에 비해 오히려 가중된 업무를 부담하였던 점, 법인이 해당 근로자를 상시근로자에 포함시켜 4대 보험 성립신고를 마쳤던 점 등을 **종합하여 볼 때 해당 근로자의 근로자성이 인정된다**고 본 사례이다.

이 사안의 경우 원심은 근로자의 직계존속이 법인의 대표이사이고 해당 근로자가 다른 근로자들에 비하여 더 높은 급여를 받은 것이 조합원으로서 이익 배당을 받은 것이라 하여 해당 근로자를 포함한 일가족이 이 사건 법인을 "공동으로 경영"하는 것이라고 판단하였다. 그러나 대법원은 근로자성 판단의 기본 원칙으로 돌아가 회사나 법인의 **임원이라 하더라도 그 지위 또는 명칭이 형식적·명목적인 것이고 실제로는 매일 출근하여 업무집행권을 갖는 대표이사나 사용자의 지휘·감독 아래 일정한 근로를 제공하면서 그 대가로 보수를 받는 관계에 있다거나** 또는 회사로부터 위임받은 사무를 처리하는 외에 대표이사 등의 **지휘·감독 아래 일정한 노무를 담당하고 그 대가로 일정한 보수를 지급받아 왔다면 그러한 임원은 근로기준법상의 근로자에 해당한다**고 보았다.

법원판단

1. **산업재해보상보험법에서 '근로자'란 근로기준법에 따른 근로자를 의미**한다(제5조 제2호 본문). 근로기준법상의 근로자에 해당하는지

는 계약의 형식이 고용계약, 도급계약 또는 위임계약인지 여부보다 근로제공 관계의 실질이 근로제공자가 사업 또는 사업장에 임금을 목적으로 종속적인 관계에서 사용자에게 근로를 제공하였는지 여부에 따라 판단하여야 한다. 여기에서 종속적인 관계가 있는지 여부는 업무 내용을 사용자가 정하고 취업규칙 또는 복무규정 등의 적용을 받으며 업무수행과정에서 사용자가 상당한 지휘·감독을 하는지, 사용자가 근무시간과 근무장소를 지정하고 근로제공자가 이에 구속을 받는지, 근로제공자가 스스로 비품·원자재나 작업도구 등을 소유하거나 제3자를 고용하여 업무를 대행하게 하는 등 독립하여 자신의 계산으로 사업을 영위할 수 있는지, 근로제공을 통한 이윤의 창출과 손실의 초래 등 위험을 스스로 안고 있는지, 보수의 성격이 근로 자체의 대상적 성격인지, 기본급이나 고정급이 정하여졌고 근로소득세를 원천징수하였는지, 그리고 근로제공 관계의 계속성과 사용자에 대한 전속성의 유무와 그 정도, 사회보장제도에 관한 법령에서 근로자로서 지위를 인정받는지 등의 경제적·사회적 여러 조건을 종합하여 판단하여야 한다. 다만 기본급이나 고정급이 정하여졌는지, 근로소득세를 원천징수하였는지, 사회보장제도에 관하여 근로자로 인정받는지 등의 사정은 사용자가 경제적으로 우월한 지위를 이용하여 임의로 정할 여지가 크다는 점에서 그러한 점들이 인정되지 않는다는 것만으로 근로자성을 쉽게 부정하여서는 안 된다(대법원 2006. 12. 7. 선고 2004다29736 판결 등 참조).

또한 회사나 법인의 이사 또는 감사 등 임원이라고 하더라도 그 지위 또는 명칭이 형식적·명목적인 것이고 실제로는 매일 출근하여 업무집행권을 갖는 대표이사나 사용자의 지휘·감독 아래 일정한 근로를 제공하면서 그 대가로 보수를 받는 관계에 있다거나 또는 회사로부터 위임받은 사무를 처리하는 외에 대표이사 등의 지휘·감독 아래 일정한 노무를 담당하고 그 대가로 일정한 보수를 지급받아 왔다면 그러한 임원은 근로기준법상의 근로자에 해당한다(대법원 2003. 9. 26. 선고 2002다64681 판결 등 참조).

2. 원심이 인용한 제1심판결의 이유 및 원심이 적법하게 채택한 증거 등을 종합하면, 다음과 같은 사정들을 알 수 있다.

가. 원고의 아버지인 소외 1은 1997년 무렵 원주시 (주소 생략)에 주택과 계사(계사)를 건축하여 '○○농장'이라는 상호로 양계장(이하, '이 사건 사업장'이라고 한다)을 운영하다가, 2006. 2. 6. 그 조직을 변경하여 '○○영농조합법인'(이하, '이 사건 법인'이라고 한다)을 설립하고, 그 대표이사로 취임하였다.

나. 이 사건 법인은 사업개시일을 2007. 10. 20.로 하여 그 무렵 국민연금공단, 국민건강보험공단 및 피고에 대하여 원고 등을 상시근로자에 포함시켜 4대 보험(국민연금, 건강보험, 고용보험, 산재보험)의 성립신고 등을 마쳤고, 이후 이 사건 재해 발생일까지 원고에 대한 4대 보험료를 각각 납부하였다.

바. 원고가 이 사건 사업장에서 근무하면서 비품이나 작업도구 등을 자신의 계산으로 구입하여 사용하거나 업무를 제3자에게 대행시켰다는 정황은 나타나지 않는다.

다. 이 사건 사업장에서 자금관리, 출하 등의 중요한 결정은 소외 1이 하였고, 평소 근무하던 4인에 대한 일상적인 업무지시는 원고 모친인 소외 4가 하였다. 이 사건 법인은 평소 근로계약서를 작성하지 않았고, 취업규칙이나 복무규정을 만들어 두지는 않았으나, **위 3인에게 매월 고정된 기본급(원고 2,200,000원, 소외 2 2,200,000원, 소외 3 1,700,000원)에 근무외수당, 성과수당, 차량유지비 등을 합한 급여총액에서 4대 보험료와 근로소득세, 주민세를 공제한 실수령액을 구체적으로 산정하여 월별 '급여명세서'를 작성한 후, 실수령액을 각 금융계좌로 송금하는 방식으로 지급**하였다(다만 소외 3의 경우 국민연금, 고용보험, 산재보험의 보험료 등 공제를 하지 않았다). 한편 여성 일용직 노동자 1인과도 근로계약서는 작성하지 않았으나, 매월 출근일수에 비례하여 약정한 급여를 지급하고 '월별 일용직 급여대장'을 작성하였다.

라. 이 사건 법인은 매월 급여지급에서 원고, 소외 2 등은 근로자로 보아 각종 수당을 지급하고 고용보험료, 산재보험료를 공제·원천징수한 반면, 소외 1, 소외 4는 기본급 외에 각종 수당이나 차량유지비 등을 지급하지 않고, 국민연금보험료, 고용보험료, 산재보험료를 공제하지 않았다.

3. 이러한 사정을 앞서 본 법리에 비추어 보면 다음과 같이 판단할 수 있다.

가. 비록 원고가 명목상으로 이 사건 법인의 조합원 및 이사이기는 하나, 이는 형식적인 것에 불과하였을 가능성이 높고, 가족들이 주축이 된 영농조합법인이 상당수 존재하는 현실을 고려하지 않을 수 없으므로, 원고가 조합원 등에 해당한다고 하여 그 사정만으로 곧바로 근로자성을 부인할 수는 없고, 근로제공 관계의 실질이 임금을 목적으로 종속적인 관계에서 사용자에게 근로를 제공한 것인지 여부에 따라 그 근로자성을 판단하여야 한다.

나. 원고에게 지급된 월 급여액이 우리나라 임금근로자의 평균소득 내지 중위소득 수준으로 보이고, 원고, 소외 2, 소외 3 사이의 매월 급여액 차이가 그리 크지 않으며, 원고가 위 나머지 2인보다 평소 근무시간이 길었고 퇴비 업무가 계란 업무보다 고된 육체노동에 해당할 뿐 아니라, 위 나머지 2인보다 나이가 17~25세 가량 적은 원고가 제공한 육체노동의 질과 강도가 더 높을 것으로 보이므로, 원고에게 지급된 월 급여액이 상대적으로 높다는 사정만으로 그 급여액에 사업소득(이익배당)이 포함되어 있다고 평가하기도 어렵다.

다. **원고는 이 사건 법인의 사업내용인 퇴비업무에 종사하면서 일정한 근무시간 및 근무장소에 구속되어 일하였고, 스스로 비품 등을 소**

유하거나 제3자를 고용하여 업무를 대행한 적이 없으며, 이 사건 법인의 사업실적과 상관없이 일정한 액수의 급여를 받아왔고, 나아가 사업주도 원고에 대한 4대 보험료 관련 보험관계 성립신고 등을 마치고 이 사건 재해 발생일까지 원고에 대한 4대 보험료를 지속적으로 납부하였으므로, 원고는 대표이사인 소외 1 등의 지휘·감독 아래 임금을 목적으로 근로를 제공한 근로기준법상 근로자에 해당한다고 볼 여지가 크다.

4. 그럼에도 원심은 판시와 같은 이유로 원고를 포함한 일가족이 이 사건 법인을 공동으로 경영하였다고 보아 원고가 근로자에 해당하지 않는다고 판단하였으니, 이러한 원심판단에는 근로기준법상 근로자성 판단 등에 관한 법리를 오해하고 필요한 심리를 다하지 아니함으로써 판결에 영향을 미친 잘못이 있다. 이 점을 지적하는 상고이유 주장은 이유 있다.

산업재해보상보험법에서 말하는 근로자의 의미(=근로기준법상 근로자) / 근로기준법상 근로자에 해당하는지 판단하는 방법 및 이때 종속적인 관계가 있는지 판단하는 방법(대법원 2018. 4. 26. 선고 2016두49372 판결 [산재보험료 부과처분 취소])

판례해설

산재법의 적용을 받는 근로자는 근로기준법상의 근로자를 의미하고 근로기준법상 근로자로 판단하는 기준은 **계약의 형식이 고용계약, 도급계약 또는 위임계약인지 여부보다 근로제공 관계의 실질이 근로제공자가 사업 또는 사업장에 임금을 목적으로 종속적인 관계에서 사용자에게 근로를 제공하였는지 여부**에 따라 판단할 수 있다.

대상판결에서 **배달대행업체를 운영하는 원고**는 자신이 배달원의 사업주가 아니라는 이유로 보험료부과처분에 대하여 취소신청을 하였는바, **배달대행업체와 실제 배달원들 사이에 종속적인 고용관계가 인정되지 않는다**는 이유로 산재보험료 부과처분이 취소되었다.

법원판단

가. 산업재해보상보험법에서 말하는 근로자란 근로기준법상 근로자를 의미한다(제5조 제2호 본문). **근로기준법상 근로자에 해당하는지는 계약의 형식이 고용계약, 도급계약 또는 위임계약인지 여부보다 근로제공 관계의 실질이 근로제공자가 사업 또는 사업장에 임금을 목적으로 종속적인 관계에서 사용자에게 근로를 제공하였는지 여부에 따라 판단**하여야 한다. 여기에서 **종속적인 관계가 있는지 여부**는, ① 업무

내용을 사용자가 정하고 취업규칙 또는 복무규정 등의 적용을 받으며 업무수행과정에서 사용자가 상당한 지휘·감독을 하는지, ② 사용자가 근무시간과 근무장소를 지정하고 근로제공자가 이에 구속을 받는지, ③ 근로제공자가 스스로 비품·원자재나 작업도구 등을 소유하거나 제3자를 고용하여 업무를 대행하게 하는 등 독립하여 자신의 계산으로 사업을 영위할 수 있는지, ④ 근로제공을 통한 이윤의 창출과 손실의 초래 등 위험을 스스로 안고 있는지, ⑤ 보수의 성격이 근로 자체의 대상적 성격인지, ⑥ 기본급이나 고정급이 정하여졌고 근로소득세를 원천징수하였는지, 그리고 ⑦ 근로제공 관계의 계속성과 사용자에 대한 전속성의 유무와 그 정도, ⑧ 사회보장제도에 관한 법령에서 근로자로서 지위를 인정받는지 등의 경제적·사회적 여러 조건을 종합하여 판단하여야 한다. 다만 기본급이나 고정급이 정하여졌는지, 근로소득세를 원천징수하였는지, 사회보장제도에 관하여 근로자로 인정받는지 등과 같은 사정은 **사용자가 경제적으로 우월한 지위를 이용하여 임의로 정할 여지가 크다는 점에서 그러한 점들이 인정되지 않는다는 것만으로 근로자성을 쉽게 부정하여서는 안 된다**(대법원 2006. 12. 7. 선고 2004다29736 판결 등 참조).

나. 원심판결 이유 및 원심이 일부 인용한 제1심판결의 이유에 의하면, 다음과 같은 사정들을 알 수 있다.

⑴ 원고는 서울 광진구 (주소 생략)에서 'OOO OO'(이하, '이 사건

사업장'이라 한다)이라는 배달대행업체를 운영하면서, 음식점 등(이하, '가맹점'이라 한다)에 배달대행프로그램(애플리케이션)인 '△△△ △'(이하, '이 사건 프로그램'이라 한다)을 설치해 주고, 가맹점으로부터 그 프로그램 사용료로 월 10만 원을 지급받았다.

(2) 피고 보조참가인(이하, '참가인'이라 한다)은 2013. 10. 3.부터 자신의 스마트폰에 이 사건 프로그램을 설치하고 배달 업무를 수행하였다.

(3) 참가인을 포함한 이 사건 사업장 소속 배달원들은 가맹점에서 이 사건 프로그램을 통해 배달요청을 할 경우 그 요청을 선택할 것인지 거절할 것인지 여부를 결정할 수 있었다. 그 요청을 거절하더라도 원고로부터 특별한 제재가 없었고, 이 사건 프로그램에는 위성항법장치(Global Positioning System, GPS) 기능이 없어 원고가 배달원들의 현재 위치와 배송상황 등을 관제할 수 없었으며, 배송지연으로 인한 책임을 원고가 전적으로 부담하는 것도 아니었다.

(4) 원고는 배달원들의 업무시간이나 근무장소를 별도로 정하지 않았다. 나아가 **배달원들은 이 사건 사업장 소속으로 수행하는 배달 업무에 지장이 없는 한 다른 시간대에 다른 회사의 배달 업무를 수행하는 것도 가능하였고, 다른 사람에게 배달 업무를 대행**하도록 할 수도 있었다.

(5) 배달원들은 가맹점으로부터 배달 건당 2,500원에서 4,500원 정도의 배달수수료를 지급받음으로써 그 수익을 얻었고, 별도로 원고로부터 고정급이나 상여금 등을 지급받지는 않았다.

(6) 원고는 배달원들과 근로계약서를 작성하지 않았고, 배달원들이

지급받는 수수료에서 근로소득세를 원천징수하지 않았으며, 배달원들을 근로자명단에 포함시켜 4대 보험(국민연금, 건강보험, 고용보험, 산재보험)의 보험관계 성립신고를 하지도 않았다.

(7) 참가인은 2013. 11. 26. 20:30경 서울 광진구 중곡동 소재 군자역 근처에서 원고의 친형 소유의 오토바이를 운전하여 배달을 하다가 무단횡단을 하던 보행자와 충돌하는 사고를 당하여 폐쇄성 흉추 골절과 흉수 손상 등을 입었다.

다. 이러한 사정을 앞서 본 법리에 비추어 보면, **참가인이 원고의 지휘·감독 아래 임금을 목적으로 근로를 제공한 근로기준법상 근로자에 해당한다고 보기는 어렵다.** 같은 취지에서, 원심이 참가인을 근로기준법상 근로자에 해당하지 않는다고 판단한 것은 앞서 본 법리에 기초한 것으로서 정당하고, 거기에 상고이유 주장과 같이 근로자성의 인정에 관한 법리를 오해한 잘못이 없다.

스카이라이프 서비스 기사의 근로자성 인정여부(대법원 2019. 11. 28. 선고 2019두50168 판결 [요양승인처분취소])

판례해설

각 가입자의 세대에 방문하여 특정 기업의 제품을 설치하거나 유지

보수하는 것을 주업무로 하는 서비스 기사의 대부분은 해당 기업과 근로계약이 아닌 도급계약을 체결하는 것이 보통인바, 대상판결에서는 계약의 형식이 근로계약인지 도급계약인지 혹은 위임계약인지 여부가 아니라 **계약의 실질적 종속관계가 존재하는지 여부를 두고 근로관계를 판단**해야 한다고 판시하고 있다.

나아가 <u>실질적 종속관계가 있는지를 파악</u>하기 위해서는 ① 업무 내용을 사용자가 정하고 취업규칙 또는 복무규정 등의 적용을 받으며 업무수행과정에서 사용자가 상당한 지휘·감독을 하는지, ② 사용자가 근무시간과 근무장소를 지정하고 근로제공자가 이에 구속을 받는지, ③ 근로제공자가 스스로 비품·원자재나 작업도구 등을 소유하거나 제3자를 고용하여 업무를 대행하게 하는 등 독립하여 자신의 계산으로 사업을 영위할 수 있는지, ④ 근로제공을 통한 이윤의 창출과 손실의 초래 등 위험을 스스로 안고 있는지, ⑤ 보수의 성격이 근로 자체의 대상적 성격인지, ⑥ 기본급이나 고정급이 정하여졌고 근로소득세를 원천징수하였는지, 그리고 ⑦ 근로제공 관계의 계속성과 사용자에 대한 전속성의 유무와 그 정도, ⑧ 사회보장제도에 관한 법령에서 근로자로서 지위를 인정받는지 등의 경제적·사회적 여러 조건을 종합하여 판단하여야 한다. 다만 기본급이나 고정급이 정하여졌는지, 근로소득세를 원천징수하였는지, 사회보장제도에 관하여 근로자로 인정받는지 등과 같은 사정은 사용자가 경제적으로 우월한 지위를 이용하여 임의로 정할 여지가 크다는 점에서 부수적인 판단 요소로 기능한다.

이와 같은 법리 하에 대상판결에서는 위와 같은 서비스 기사들이 원고가 지정한 근무 시간·장소에 구속되고 비품 등을 원고가 제공하며, 보수 역시 노무의 대가로 평가되는 등 사용종속관계가 충분히 인정되므로 원고가 서비스기사들인 피고보조참가인의 사용자로서 산재보험금을 납입할 의무가 있다고 판단하였다.

법원판단

1. 사건 경위와 쟁점

가. 원고는 주식회사 케이티스카이라이프(이하, '스카이라이프'라 한다)로부터 스카이라이프 상품 신규·이전 설치, 사후 유지보수(A/S)(이하, '스카이라이프 서비스'라 한다) 등의 업무를 위탁받았고, 위탁받은 스카이라이프 서비스를 지역별 기사(이하, '서비스 기사'라 한다)들로 하여금 수행하도록 하였다.

나. 피고보조참가인(이하, '참가인'이라 한다)은 2015. 3. 24.경부터 용인시 수지 지역에서 원고의 서비스 기사로서 스카이라이프 서비스 업무를 수행하기 시작했는데, 원고가 참가인의 서비스 지역을 용인시 수지에서 이천시로 변경함에 따라 2016. 3.경부터는 이천시 지역에서 스카이라이프 서비스 업무를 수행하였다.

다. 참가인은 2017. 6. 19. 스카이라이프 서비스 고객의 집 지붕에서 안테나 위치 수정 작업을 하다가 추락해 '좌측 족관절 외측 측부 인대 파열'을 진단받은 다음 피고에게 요양급여를 신청하였다. 그러나 피고는 2017. 8. 4. 참가인에게 '참가인은 근로기준법에 따른 근로자에 해당하지 않는다'는 이유로 요양불승인 처분을 했다가, 이에 불복한 참가인의 심사청구를 받고, 2018. 2. 20. 참가인에게 '참가인은 근로기준법에 따른 근로자에 해당한다'는 이유로 요양불승인 처분을 취소함과 아울러 요양승인 처분을 하였다.

라. 쟁점은 참가인이 근로기준법에 따른 근로자로서 산업재해보상보험법에 따른 보험급여를 받을 수 있는지 여부이다.

2. 산업재해보상보험법에 따른 근로자에 관한 판단기준

가. 산업재해보상보험법은 이 법에 따라 보험급여를 받을 수 있는 근로자에 대하여 제125조가 정한 특수형태근로종사자에 대한 특례 등을 제외하고는 '근로기준법에 따른 근로자'를 말한다고 정하고 있다(제5조 제2호 본문). 따라서 **보험급여 대상자인 근로자는 원칙적으로 '근로기준법에 따른 근로자'에 해당**하는지에 따라 결정된다(대법원 1999. 2. 24. 선고 98두2201 판결, 대법원 2018. 10. 25. 선고 2015두51460 판결 등 참조).

나. 근로기준법에 따른 근로자에 해당하는지는 **계약의 형식이 고용계약인지 도급계약인지보다 그 실질이 근로자가 사용자에 대한 종속적 관계에서 임금을 목적으로 사용자에게 근로를 제공하였는지 여부에 따라 판단**하여야 한다. 여기에서 종속적인 관계가 있는지는 업무 내용을 사용자가 정하고 취업규칙 또는 복무(인사)규정 등이 적용되며 업무 수행 과정에서 사용자가 지휘·감독을 하는지, 사용자가 근무 시간·장소를 지정하고 근로자가 이에 구속되는지, 노무제공자가 스스로 비품·원자재나 작업도구를 소유하거나 제3자를 고용하여 업무를 대행하도록 하는 등 독립하여 자신의 계산으로 사업을 영위할 수 있는지, 노무제공을 통해 스스로 이윤을 창출하거나 손실 등 위험을 부담하는지, 보수의 성격이 근로 자체의 대상적 성격인지, 기본급이나 고정급이 정해져 있는지, 근로소득세를 원천징수하는지 등 보수에 관한 사항, 근로 제공 관계의 계속성과 사용자에 대한 전속성의 유무와 그 정도, 사회보장제도에 관한 법령에서 근로자로 인정되는지 등 경제적·사회적 여러 조건을 종합하여 판단하여야 한다. 다만, **사용자가 정한 취업규칙 또는 복무(인사)규정 등이 적용되는지, 기본급이나 고정급이 정해져 있는지, 근로소득세를 원천징수하는지, 사회보장제도에 관하여 근로자로 인정되는지 등의 사정은 사용자가 경제적으로 우월한 지위를 이용하여 임의로 정할 여지가 크기 때문에, 그러한 점들이 인정되지 않는다고 해서 그것만으로 근로자가 아니라고 쉽게 단정해서는 안 된다**(대법원 2006. 12. 7. 선고 2004다29736 판결, 대법원 2018. 10. 25. 선고 2015두51460 판결 등 참조).

3. 원심 판단의 당부

가. 원심판결 이유와 적법하게 채택된 증거에 따르면 다음과 같은 사정을 알 수 있다.(1) 사용자인 원고는 참가인의 업무 내용을 정하고 평가를 하는 등 참가인의 업무 수행 과정에서 지휘·감독을 하였다.

(가) 원고가 휴대 정보 단말기(Personal Digital Assistance, 이하 'PDA'라 한다)를 통해 참가인에게 스카이라이프 서비스 업무를 배정하면 참가인은 이에 따라 업무를 수행하였다. 원고가 PDA에 등록한 내용에는 서비스 기사인 참가인이 리모컨 판매대금, 출장비 등을 받을 수 있는지 여부까지 포함되어 있었다. 참가인은 업무 수행 후 PDA를 통해 원고에게 업무 수행 내역을 보고하였고, 원고는 이후 고객 전화 설문을 통해 참가인의 업무 수행이 원활했는지를 평가하였다.

(나) 원고는 직영기사와 마찬가지로 참가인 등 **서비스 기사에게도 장비 설치, 사후 유지보수업무 등의 기술교육을 정기적으로 실시하였고 관련 시험도 실시**하였다.

(다) 원고는 참가인에게 원고 팀장이라는 직함과 원고의 전화번호가 기재된 명함을 만들어 주었다.

(2) **참가인이 일정한 사업장에 출퇴근한 것은 아니지만, 다음 사정**

을 고려하면 사용자인 원고가 지정한 근무 시간·장소에 구속되었다고 평가할 수 있다.

(가) 원고의 결정에 따라 참가인의 업무 지역이 용인시 수지에서 이천시로 변경되었다.

(나) 원고가 통상 오전 8시경부터 PDA로 업무를 배정하므로, 이에 따라 참가인은 오전 9시경 첫 고객을 방문함으로써 일과를 시작하였다. 참가인 등 서비스 기사는 원칙적으로 배정 업무를 당일 처리해야 하는데, 오후 6시까지 고객센터로 A/S 요청이 접수되므로 적어도 오후 6시가 지나야 업무시간이 종료하였다.

(다) 참가인이 서비스 기사로서 업무를 수행한 장소는 원고가 PDA를 통해 배정한 고객의 자택이나 사무실 등이었다.

(3) 원고는 참가인에게 스카이라이프 서비스에 필수적인 안테나, 동축케이블, 수신기 등 고가의 장비를 무상으로 제공하였다. 참가인은 원고로부터 PDA로 배정받은 업무를 제3자를 고용하여 대행하도록 할 수 없었고 자신이 직접 처리하였다. 따라서 참가인은 원고로부터 독립하여 자신의 계산으로 사업을 영위하였다고 보기는 어렵다.

원고가 참가인에게 계측기, 커넥터, 드릴 등 장비나 케이블텍, 분배기 등 고객 제공용 부품을 유상으로 판매하였고, 참가인이 고객 방문 차량을 직접 조달하고, 그 유지관리비를 스스로 부담하는 등 참가인이 업무를 수행하면서 비용을 지출하기도 하였다. 그러나 이러한 사정만으로 참가인이 자신의 계산으로 사업을 한 것으로 볼 수는 없다.

(4) **참가인이 이윤 창출이나 손실 등 위험을 스스로 부담하였다고 볼 수는 없다.**

(가) 참가인은 오로지 원고가 PDA로 배정한 업무만을 수행하였을 뿐, 원고를 통하지 않고 독자적으로 시장에서 고객과 접촉하여 영업을 수행할 수 없었다. 참가인은 원고의 승인 없이 임의로 출장비 등을 수령할 수도 없었다.

(나) 참가인이 설치 수수료, 사후 유지보수 수수료와 별도로 영업수수료 명목의 돈도 원고로부터 받았다. 그러나 참가인이 적극적으로 고객을 유치하여 그 대가로 영업수수료를 받은 것이 아니라, 기존에 A/S 업무를 수행하면서 교부한 명함을 본 고객으로부터 연락이 오면 회사에 업무를 이관하고 그 대가로 원고로부터 영업수수료를 받았을 뿐이어서, 참가인을 독립사업자로 평가할 수 있을 정도로 참가인이 원고와 독자적으로 이윤 창출이 가능하였다고 보기는 어렵다. 또한 참가인이 원고와 독자적으로 손실 등 위험을 부담하였다고 볼 만한 자료도 없다.

(5) 참가인이 원고로부터 받은 수수료 등 보수는 참가인이 원고에게 제공한 노무의 대가일 뿐이고 그 밖에 다른 성격이 있지는 않다. 참가인이 원고로부터 금액을 특정하여 고정급을 받지는 않았다. 그러나 참

가인의 노력에 따른 성과와 무관하게 스카이라이프 가입자 수만을 기준으로 금액을 산정해 사후 유지보수 수수료를 지급받았는데, 이를 고려하면 참가인이 받은 수수료에 어느 정도 고정급으로서의 성격이 있다고 평가할 수 있다.

(6) 참가인은 2015. 3.경부터 2017. 6. 19. 재해 발생 당시까지 원고에게만 전속하여 스카이라이프 서비스 업무를 수행하였다.

(7) 참가인이 원고에게 제공하는 노무를 둘러싼 경제적·사회적 조건을 보면, 참가인의 소득활동이 원고에게만 의존하고 있고, 참가인이 수행하는 업무가 원고의 사업 수행에 필수적이다.

나. 이러한 사정을 위에서 본 법리에 비추어 살펴보면, **참가인은 근로기준법에 따른 근로자로서 산업재해보상보험법에 따른 보험급여를 받을 수 있다**고 보아야 한다. 원고가 정한 취업규칙이나 복무(인사)규정이 참가인에게 적용되지 않고, 참가인이 원고로부터 금액이 특정된 고정급을 받지 않았으며, 근로소득세 원천징수도 이루어지지 않았고, 다른 사회보장 관련 법령에서는 참가인이 근로자로 인정되지 않고 있다. 그러나 이들은 모두 사용자인 원고가 경제적으로 우월한 지위를 이용하여 임의로 정할 수 있는 사안이므로 이를 들어 참가인의 근로기준법상 근로자성을 부정할 수는 없다.

같은 취지의 원심 판단은 정당하고, 원심 판단에 상고이유 주장과 같이 근로기준법상 근로자에 대한 법리를 오해하거나 필요한 심리를 다하지 않은 잘못이 없다.

대학입시학원 종합반 강사가 근로기준법상 근로자에 해당한다고 한 사례(대법원 2006. 12. 7. 선고 2004다29736 판결 [퇴직금])

법원판단

근로기준법상의 근로자에 해당하는지 여부는 계약의 형식이 고용계약인지 도급계약인지보다 그 실질에 있어 근로자가 사업 또는 사업장에 임금을 목적으로 종속적인 관계에서 사용자에게 근로를 제공하였는지 여부에 따라 판단하여야 하고, 위에서 말하는 종속적인 관계가 있는지 여부는 <u>업무 내용을 사용자가 정하고 취업규칙 또는 복무(인사)규정 등의 적용을 받으며 업무 수행 과정에서 사용자가 상당한 지휘·감독을 하는지, 사용자가 근무시간과 근무장소를 지정하고 근로자가 이에 구속을 받는지, 노무제공자가 스스로 비품·원자재나 작업도구 등을 소유하거나 제3자를 고용하여 업무를 대행케 하는 등 독립하여 자신의 계산으로 사업을 영위할 수 있는지, 노무 제공을 통한 이윤의 창출과 손실의 초래 등 위험을 스스로 안고 있는지와 보수의 성격이 근로 자체의 대상적 성격인지, 기본급이나 고정급이 정하여졌는지 및 근로소득세의 원천징수 여부 등 보수에 관한 사항, 근로 제공 관계의 계속성과 사용자에 대한 전속성의 유무와 그 정도, 사회보장제도에 관한</u>

<u>법령에서 근로자로서 지위를 인정받는지 등의 경제적·사회적 여러 조건을 종합하여 판단</u>하여야 한다(대법원 1994. 12. 9. 선고 94다22859 판결 등 참조). 다만, 기본급이나 고정급이 정하여졌는지, 근로소득세를 원천징수하였는지, 사회보장제도에 관하여 근로자로 인정받는지 등의 사정은 사용자가 경제적으로 우월한 지위를 이용하여 임의로 정할 여지가 크다는 점에서 그러한 점들이 인정되지 않는다는 것만으로 근로자성을 쉽게 부정하여서는 안 된다.

이 사건에 관하여 보건대, 기록에 의하면 다음과 같은 사실이 인정된다.

① 원고들은 1985년 내지 1991년부터 1999년 12월 내지 2001년 2월까지 피고가 운영하는 학원의 종합반 강사로서 수강생을 대상으로 강의해 왔고, 원고들 중 김두환, 신영규, 정용수는 그 기간 중 한 두 해 내지 5년 가량을 제외하고는 <u>학급 담임</u>을 맡아 왔다. ② 원고들은 매년 2월 중순부터 대입 수학능력시험일이 있는 11월까지 아침 9시부터 저녁 7시까지 이어지는 10교시의 강의시간 중 하루에 4~5교시, 1개월에 100시간~110시간의 강의를 하고 시간당 28,000원 내지 30,000원으로 계산된 월 300만 원 정도의 강사료를 받았고, 수학능력시험이 끝난 후 다음해 2월의 개강 전까지는 강의를 하지 않고 강사료도 받지 않았으며, 다만 국어 강의를 맡은 원고 정용수는 11월 20일경부터 12월 말까지 대학별 논술 시험에 대비한 논술 강의를 하고 이에 따른 강사료를 받았다. ③ 위 학원의 일과는 **대략 08:30에 열리는 교직원 조례**부터 시작되

는데, 원고들 중 학급 담임을 맡은 강사는 08:00까지 학원에 나와 수강생들의 아침 자습과 방송 수업을 감독하다 08:30 교직원 조례에 참석하고 담임을 맡지 않은 강사는 그날 자신이 할 첫 강의 시작 전까지 학원에 나와 맡은 강의의 마지막 시간인 오후 5시 내지 7시까지 강의를 하고 퇴근하였고, 담임을 맡은 원고들은 순번을 정하여 한 달에 몇 차례 수강생들의 저녁 자습을 감독한 후 퇴근하였다.

④ 원고들은 강의가 없는 자유시간에는 대부분 다음 강의에 대비한 휴식이나 교재 연구 등에 시간을 쓰게 되므로 학원을 떠나 다른 곳에 강의를 나간다는 것은 사실상 불가능하였고, 다만 특정 요일 오전이나 오후에 강의가 없도록 조정하는 것은 가능하였다.

⑤ 피고 학원에서 강의할 교재는, 강사들이 복수의 교재를 학원측에 추천하면 학원측이 그 중 하나를 선택하여 사용하도록 하였다.

⑥ 담임을 맡은 강사들의 경우, 자신들이 맡은 강의 외에 아침 교직원 조례 등에서 전달받은 단순 사무와 행정적인 일로서 아침 자습과 방송 수업 감독, 저녁 자습 감독, 수강생 조례 주재, 전달 사항 통보, 등록금 통지서·모의고사 성적표 배부, 수강생들의 외출증·조퇴증의 작성·발급, 결석·지각·조퇴·외출 학생 학부모 통보, 개별 상담, 모의고사 시험 감독, 수능 시험 후 대학 지원 상황 파악·보고, 합격자 현황 파악·보고 등 그때그때 학원측에서 필요하다고 인정하여 담임 강사들에게 맡긴 업무를 처리하였고, 이와 같은 담임 업무 수행에 대한 대가로 월 30만 원의 담임 수당을 지급받았다. 그리고 담임을 맡지 않은 강사(원고 김주성)라

도 필요에 따라 모의고사 시험 감독 등의 업무가 부과되었다.

⑦ 원고들은 위 학원에서 처음 강사로 일할 때에는 특별히 문서로 된 계약서를 작성하지 않았고 근로소득세를 납부하였으며 위 학원이 사업장으로 된 직장의료보험에 가입하였는데, 1994년 초부터 학원측은 방침을 바꾸어 매년 강사들과 강의용역제공계약이라는 이름의 계약서를 작성하였고, 강사들로 하여금 부가가치세법상 사업자등록을 하게 하고 직장의료보험 대신 지역의료보험에 가입하게 하였으며, 강사들의 보수에 대하여 근로소득세 대신 사업소득세를 원천징수하였다.

위에서 본 출근시간과 강의시간 및 강의장소의 지정, 사실상 다른 사업장에 대한 노무 제공 가능성의 제한, 강의 외 부수 업무 수행 등의 사정에다가, 시간당 일정액에 정해진 강의시간수를 곱한 금액을 보수로 지급받았을 뿐 수강생수와 이에 따른 학원의 수입 증감이 보수에 영향을 미치지 아니한 사정 등을 종합하여 보면, 원고들은 임금을 목적으로 종속적인 관계에서 피고에게 근로를 제공한 근로자에 해당한다고 봄이 상당하다.

운송업무 담당하면서 매달 고정급과 실비변상적인 유류비를 지급받은 경우 근로자성 인정될 수 있다(대법원 2018. 10. 25. 선고 2015두51460 판결 [산재요양불승인처분취소]).

법원판단

1. 상고이유 제1점에 대하여

가. 산업재해보상보험법에서 말하는 '근로자'란 근로기준법상 근로자를 의미한다(제5조 제2호 본문). 근로기준법상 근로자에 해당하는지는 계약의 형식이 고용계약, 도급계약 또는 위임계약인지 여부보다 근로제공 관계의 실질이 근로제공자가 사업 또는 사업장에 임금을 목적으로 종속적인 관계에서 사용자에게 근로를 제공하였는지 여부에 따라 판단하여야 한다. 여기에서 종속적인 관계가 있는지는, 업무 내용을 사용자가 정하고 취업규칙 또는 복무규정 등의 적용을 받으며 업무 수행과정에서 사용자가 상당한 지휘·감독을 하는지, 사용자가 근무시간과 근무 장소를 지정하고 근로제공자가 이에 구속을 받는지, 근로제공자가 스스로 비품·원자재나 작업도구 등을 소유하거나 제3자를 고용하여 업무를 대행하게 하는 등 독립하여 자신의 계산으로 사업을 영위할 수 있는지, 근로제공을 통한 이윤의 창출과 손실의 초래 등 위험을 스스로 안고 있는지, 보수의 성격이 근로 자체의 대상적 성격인지, 기본급이나 고정급이 정하여졌고 근로소득세를 원천징수하였는지, 그리고 근로제공 관계의 계속성과 사용자에 대한 전속성의 유무와 정도, 사회보장제도에 관한 법령에서 근로자로서 지위를 인정받는지 등의 경제적·사회적 여러 조건을 종합하여 판단하여야 한다. 다만 **기본급이나 고정급이 정하여졌는지, 근로소득세를 원천징수하였는지, 사회보장제도에**

관하여 근로자로 인정받는지 등과 같은 사정은 사용자가 경제적으로 우월한 지위를 이용하여 임의로 정할 여지가 크다는 점에서 그러한 점들이 인정되지 않는다는 것만으로 근로자성을 쉽게 부정하여서는 안 된다(대법원 2006. 12. 7. 선고 2004다29736 판결, 대법원 2017. 9. 7. 선고 2017두46899 판결 등 참조).

나. 원심은 아래와 같은 사정 등을 종합하여 원고가 근로기준법상의 근로자에 해당한다고 판단하였다.

① 원고는 휴일을 제외한 날을 근무일로 하여 운송 업무를 담당하면서 그 대가로 피고소송참가인(이하, '참가인'이라고 한다)으로부터 매월 고정급과 실비변상적인 유류비, 도로통행비, 주차비 등을 지급받아 왔다. 휴일에 근무하는 경우에는 특근으로 인정되어 추가로 수당을 지급받았다.

② 원고가 지급받은 급여는 물품 운송의 양이나 배송 횟수, 배송 거리 등에 따라 그 액수가 달라지지 않았다. 원고는 운송 업무의 증감에 따른 위험을 부담하지 않았고, 이윤과 손실은 모두 참가인에게 귀속되었다.

③ 원고는 참가인의 지시에 따라 물품을 운송하였고, 독립적인 지위에서 물품 운송을 위탁받을 수 없었으며, 참가인이 지정하는 물품

외에 다른 물품 운송을 할 수 없었다.

④ 원고의 휴가일수와 기간이 미리 정해져 있었고, 배송조수의 고용 여부와 근로조건도 참가인이 정하였다.

다. 앞에서 본 법리와 기록에 비추어 살펴보면, 원심의 위와 같은 판단에 상고이유 주장과 같이 근로기준법상 근로자에 관한 법리를 오해한 잘못이 없다. 상고이유에서 들고 있는 대법원판결은 사안을 달리하여 이 사건에 원용하기에 적절하지 아니하다.

[건설현장 노동자/ 별도의 사업자등록을 한 사업자/ 근로자 해당 여부] 별도의 사업자등록을 가지고 있고 그에 따라 하수급 형태로 건설공사를 진행하였더라도 예외적으로 근로자성이 인정되어 요양급여를 인정받은 사례(서울행정법원 2015. 5. 14 선고 2014구단55949 판결 [최초요양 불승인 처분 취소])

판례 해설

산업재해보상보험법의 보호 대상이 되려면 근로기준법상 근로자에 해당하여야 하고, <u>법원은 산업재해보상보험법이 보호대상으로 삼은 근로기준법 상의 근로자에 해당하는지 여부는 계약의 형식이 고용계약인지 도급계약인지보다 그 실질에 있어 근로자가 사업 또는 사업장</u>

에 임금을 목적으로 종속적인 관계에서 사용자에게 근로를 제공하였는지 여부에 따라 판단**하여야 한다는 입장이다.

비록 원고가 별도의 사업자등록을 하였다 하더라도, 원고의 사업장과 관련된 거래 내역이 없고, 원고가 스스로 자재를 구입한 후 이를 원고의 차량을 이용하여 운반하기는 하였으나 이는 XX건설의 편의를 위하여 원고가 구입 후 자신의 차량을 이용하였을 뿐 이에 소요되는 비용은 XX건설이 모두 부담하였던 점, 사건 공사 기간 동안 원고가 위 근로자들을 지휘·감독한 사실이 없고 오히려 **XX건설 직원인 이●이 공사일지 등을 작성하며 이 사건 공사현장에서 원고 및 일용 근로자들을 지휘·감독하였던 점**, 외국인이나 신용불량자인 근로자들을 대신하여 원고가 임금을 한꺼번에 대리 수령한 후 자신과 함께 분배하였던 점 등을 비추어 볼 때, 법원은 **원고 역시 건설회사의 일용 근로자에 해당한다고 판단하여 원고의 청구에 따라 근로복지공단의 최초요양 불승인 처분을 취소**하였다.

공단 처분경위

가. 원고는 2013. 6. 19. 09:00경 주식회사 석도건설(이하, '석도건설'이라고 한다)이 진행하고 있던 ○○아파트 지붕슁글 보수공사(이하, '이 사건 공사'라고 한다) 현장에서 **옥상 실리콘 공사 중 뒤로 넘어지는 사고**

(이하, '이 사건 사고'라고 한다)를 당하여 제1, 2요추체 골절(이하, '이 사건 상병'이라고 한다) 진단을 받은 사람이다.

나. 원고는 이 사건 상병을 이유로 2013. 7. 23. 피고에게 최초요양급여신청을 하였으나 피고는 2013. 9. 11. 원고가 석도건설로부터 이 사건 공사를 하도급 받은 하수급자이지 근로기준법상의 근로자가 아니라는 이유로 원고의 신청을 불승인하는 처분(이하, '이 사건 처분'이라 한다)을 하였다.

법원판단

(1) <u>산업재해보상보험법 소정의 업무상의 재해라 함은 근로자가 사업주와의 근로계약에 기하여 사업주의 지배·관리 하에서 근로업무의 수행 또는 그에 수반되는 통상적인 활동을 하는 과정에서 이러한 업무에 기인하여 발생한 재해</u>를 말하므로, 산업재해보상보험법상 보호대상이 되려면 근로기준법 상 근로자에 해당하여야 한다.

한편, <u>산업재해보상보험법이 보호대상으로 삼은 근로기준법상의 근로자에 해당하는지 여부는 계약의 형식이 고용계약인지 도급계약인지보다 그 실질에 있어 근로자가 사업 또는 사업장에 임금을 목적으로 종속적인 관계에서 사용자에게 근로를 제공하였는지 여부에 따라 판단</u>하여야 하고, 위에서 말하는 종속적인 관계가 있는지 여부는 **업무 내용**

을 사용자가 정하고 취업규칙 또는 복무(인사)규정 등의 적용을 받으며 업무수행 과정에서 사용자가 상당한 지휘·감독을 하는지, 사용자가 근무시간과 근무장소를 지정하고 근로자가 이에 구속을 받는지, 노무제공자가 스스로 비품·원자재나 작업도구등을 소유하거나 제3자를 고용하여 업무를 대행하게 하는 등 독립하여 자신의 계산으로 사업을 영위할 수 있는지, 노무 제공을 통한 이윤의 창출과 손실의 초래 등 위험을 스스로 안고 있는지와, 보수의 성격이 근로 자체의 대상적 성격인지, 기본급이나 고정급이 정하여졌는지 및 근로소득세의 원천징수 여부 등 보수에 관한 사항, 근로 제공관계의 계속성과 사용자에 대한 전속성의 유무와 그 정도, 사회보장제도에 관한 법령에서 근로자로서 지위를 인정받는지 등의 경제적·사회적 여러 조건을 종합하여 판단하여야 한다. 나아가 근로를 제공하는 자가 차량, 기계 등을 소유하고 그 차량이나 기계를 이용하여 노무를 제공하였다고 하여 곧바로 독립하여 자신의 계산으로 사업을 영위하고, 노무 제공을 통한 이윤의 창출과 손실의 초래 등 위험을 안는 사업자라고 단정 할 것은 아니다.

(2) 살피건대, 앞서 든 증거들 및 인정사실로 알 수 있는 다음과 같은 사정을 종합하면, **원고는 독립하여 자신의 계산으로 사업을 영위하는 사업자의 지위에서가 아니라 석도건설에 일용 근로자로 고용되어 근로기준법상 근로자의 지위에서 이 사건 사고를 당하였다고 보는 것이 타당하고, 을제2, 3, 5, 8호증의 각 기재만으로는 위 인정을 뒤집기에 부족**하다(특히 이·은 이 법정에서 을제8호증은 석도건설의 피해를 우

려하여 일부 사실과 다르게 말한 점이 있다고 증언하였다).

① 이 사건 공사 기간, 공사의 내용은 석도건설이 지정한 것이었고, 원고는 이 사건 공사를 시작하면서 이 사건 공사로 인하여 원고가 석도건설로부터 지급받을 총 공사금액에 관한 합의를 한 사실이 없다. 오히려 원고를 포함한 근로자들이 1일당 15만원씩 일한 만큼의 임금을 지급받기로 하였으며, 실제 석도건설은 공사 종료 후 원고를 포함한 근로자들의 투입현황을 매일 확인하여 **최종적으로 일한 만큼의 인건비를 원고에게 지급**하였다.

② 원고와 석도건설 사이의 근로계약서는 작성된 바가 없으나, 이는 **단기간의 공사기간을 정하여 일용직으로 근무하는 근로자들 사이에서는 관행적인** 것이다.

③ 원고가 스스로 자재를 구입한 후 이를 원고의 차량을 이용하여 운반하기는 하였으나 이는 석도건설의 편의를 위하여 원고의 차량을 이용한 것뿐이며, **이에 소요되는 비용은 원고가 아닌 석도건설이 모두 부담**하였다.

④ 원고가 외국인 근로자 등 근로자들을 모집하여 이 사건 공사현장에서 함께 일을 하였으나 이는 지붕쉥글 공사에 전문성이 없는 석도건설을 대신하여 이 분야의 전문가인 원고가 함께 일할 근로자를 모집하

여 온 것이고, 다른 공사현장에서도 원고가 대표로 임금을 수령하여 함께 일한 근로자들에게 나누어준 적이 여러 번 있다.

⑤ 이 사건 공사기간 동안 원고가 위 근로자들을 지휘·감독한 사실이 없고, 오히려 이 사건 공사가 지연되거나 불필요하게 많은 인력이 투입될 경우 석도건설이 그 비용과 피해를 부담하여야 하기 때문에 석도건설 직원인 이·이 공사일보 등을 작성하며 이 사건 공사현장에서 원고 및 일용 근로자들을 지휘·감독하였다.

⑥ 원고가 따로 사업자등록을 하기는 하였지만, 원고가 등록한 사업장 명의로 영수증이 발행되는 등 원고의 사업장과 관련된 거래내역은 확인된 바 없고, 외국인, 신용불량자 등인 일용 근로자를 위하여 원고가 임금을 대리 수령하여 이를 함께 일한 근로자들에게 정산하여주고 원고도 자신이 일한 만큼의 임금을 수령하였다.

다. 소결론

따라서 이와 다른 전제에서 원고가 이 사건 사고 당시 근로자가 아니었다는 이유로 원고의 신청을 불승인한 피고의 이 사건 처분은 위법하다.

[형식적 대표이사/ 사실상 근로자성 인정] 망인이 대표이사로 등기되어 있

기는 하였으나, 그 지위는 형식적·명목적인 것에 불과하였을 뿐 실제 경영자의 구체적·개별적인 지휘·감독을 받아 근로를 제공하고 근로 자체의 대상적 성격으로 보수를 지급받았다면 산재보험법상의 근로자에 해당한다(서울행정법원 2015구합57123 판결(2015. 11. 19. 선고))

판례해설

앞선 판례들을 통해 확인한 바와 같이 근로기준법상 근로자에 해당하는지 여부는 **그 실질에 있어 그가 사업 또는 사업장에 임금을 목적으로 종속적인 관계에서 사용자에게 근로를 제공하였는지 여부에 따라 판단하여야 할 것이고, 법인 등기부에 임원으로 등기되었는지 여부에 따라 판단할 것은 아니다.** 따라서 주식회사의 대표이사로 등기되어 있는 자라고 하더라도 실질적으로 대내·외적인 업무집행권을 가지고 이를 행사하였는지 여부, 실제 경영자로부터 구체적, 개별적인 지휘, 감독을 받아 근로를 제공하고 그 대가로 보수를 지급받았는지 여부를 구체적으로 살펴 근로자인지 여부를 판단하여야 한다.

망인은 본사의 상무이사로 재직하는 동시에 계열사 여러 곳의 대표이사로 등기되어 있었으나, **각종 결재 시 최종 결재란이 아닌 상무란에 결재하였고, 최종결재권한은 부회장란에 결재하는 실제 경영자가 행사하였으며, 망인는 단지 회사의 대표가 참석해야 하는 외부 행사 등**

에 실제 경영자를 대신하여 참석할 수 있도록 실제 경영주와 함께 대표이사로 등기되어 있을 뿐이었다. 나아가 망인은 회사의 주식을 보유한 사실이 없고, 대표이사로 계열사 등에 추가 등기되는 것과 관계없이 한 회사에서만 매월 고정적인 급여(대표이사로 등기되기 전과 동일한 금액)를 지급받았다.

이러한 사실에 비추어 볼 때, 망인의 대표이사로서의 지위는 형식적·명목적인 것에 불과하여 회사의 대내적 업무집행권을 독자적으로 행사하지 않았고, 실제 경영자로부터 구체적·개별적인 지휘·감독을 받아 근로를 제공하고 근로 자체의 대가로서 보수를 지급 받았던 것으로 인정할 수 있는바, 망인은 산업재해보상보험법상의 근로자에 해당한다고 할 것이다.

법원판단

1) 관련 법리

산업재해보상보험법은 동법상의 보험급여를 받을 수 있는 근로자에 대하여 '근로기준법에 따른 근로자'를 말한다고 규정하는 외에 다른 규정을 두고 있지 아니하므로 보험급여 대상자인 근로자는 오로지 <u>'근로기준법상의 근로자'에 해당하는지의 여부에 의하여 판가름 나</u>

는 것이고, 그 해당 여부는 그 실질에 있어 그가 사업 또는 사업장에 임금을 목적으로 종속적인 관계에서 사용자에게 근로를 제공하였는지 여부에 따라 판단하여야 할 것이지, 법인등기부에 임원으로 등기되었는지 여부에 따라 판단할 것은 아니다. 한편 주식회사 대표이사는 대외적으로는 회사를 대표하고 대내적으로는 회사의 업무를 집행할 권한을 가지는 것이므로 특별한 사정이 없는 한 산업재해보상보험법상의 근로자에 해당하지 않는다고 할 것이나, **주식회사의 대표이사로 등기되어 있는 자라고 하더라도 대표이사로서의 지위가 형식적·명목적인 것에 불과하여 회사의 대내적인 업무집행권이 없을 뿐 아니라 대외적인 업무집행에 있어서도 등기 명의에 기인하여 그 명의로 집행되는 것일 뿐 그 의사결정권자인 실제 경영자가 따로 있으며, 자신은 단지 실제 경영자로부터 구체적·개별적인 지휘·감독을 받아 근로를 제공하고 경영성과나 업무성적에 따른 것이 아니라 근로 자체의 대상적 성격으로 보수를 지급받는 경우에는 예외적으로 산업재해보상법상의 근로자에 해당한다**고 할 것이다.(대법원 2009. 8. 20. 선고 2009두1440 판결 참조).

2) 이 사건의 경우

가) 갑 제4 내지 13, 15 내지 20호증(가지번호 포함)의 각 기재, 증인 K, L의 각 증언, 이 법원의 주식회사 D에 대한 사실조회결과에 변론 전체의 취지를 종합하면, 아래와 같은 사실이 인정된다.

① D의 실질적인 소유자 겸 사용자인 소외 J, M, N은 O 계열사를 효율적으로 운영·관리하기 위하여 2008. 10.경 I 본부(이하, '이 사건 본부'라 한다)라는 회사조직을 설립하였다. **이 사건 본부는 D등 O계열사(대외적으로는 개별 법인으로 설립되어 있었으나, I 내부에서는 D은 'P본부', E은 'Q본부' 등 I산하 지역사업본부로 인식되었다)의 업무를 사실상 총괄하고 결정**하였으며, O 계열사의 업무는 각 계열사에 사전에 위임된 업무가 아닌 이상 모두 이 사건 본부의 결정으로 이루어졌다.

② 이 사건 본부에 구체적인 지시나 결정을 하는 사람은 I부회장인 J과 I 총괄사장인 N이었는데, 특히 **J은 O 계열사의 모든 직원들의 인사이동 및 임금인상 여부 등에 관한 결정권한을 독자적으로 행사**하였다.(망인 역시 'I대표이사 사장 J'명의로 이 사건 본부 기술정책실 상무, P본부 대표, Q본부 대표 등으로 인사발령되었고, 망인이 D과 체결한 2011. 5. 24.자 연봉계약서에도 D의 대표이사는 여전히 J이고, 망인의 D 내 직위는 '상무'라고만 기재되어 있다).

③ **J, N은 결제서류, 전화나 문자 등으로 망인에게 구체적·개별적으로 업무 지시를 하였고, 망인이 D 등의 대표이사로 등기된 후에도 위와 같은 업무방식이나 내용에는 변화가 없었다.** 특히 H의 사직 및 자살과 관련된 업무를 처리하는 과정에서도 망인은 J의 지시에 따라 H에게 권고사직을 요구하거나 유족과의 협상 등을 진행하였고, J, N에게 수시로 자신의 동선을 보고하였다.

④ **D 등 O 계열사의 직원들은 망인을 '상무'라고 불렀고[D 등의 조직도상에도 망인은 R(I 회장/J, N의 부친) J, N의 지시를 받는 상무이

사로 기재되어 있었다], 각종 결재 시에도 망인은 상무란에 결재하였으며, 최종 결재권한은 부회장란에 결재하는 J이 행사하였다.

⑤ 망인은 단독으로 D등의 대표이사로 등기되어 있었던 것이 아니라, 실제 경영주인 J과 함께 대표이사로 등기되어 있었는데, J은 본인이 대표이사로서 참석해야 하는 외부행사 등에 망인이 대신 참석할 수 있도록 위와 같이 등기할 것을 망인에게 지시하였다.

⑥ I의 실제 경영주인 R, J, N은 O 계열사의 주식 지분 대부분을 보유하고 있으나, 망인은 해당 주식을 보유한 사실이 없다. 또한 J, N은 I의 모든 계열사로부터 보수를 받았으나, 망인은 E 등의 대표이사로 추가 등기되는 것과 관계없이 D으로부터만 매월 약 400만 원 정도의 급여를 받았다.

나) 위 인정사실에 나타난 I의 조직체계, 망인에게 주어진 업무권한과 업무처리방식, J 등과의 지휘·감독관계, 망인이 E 등의 대표이사로 등기된 경위, 망인의 급여 내역 등을 종합하여 볼 때, 비록 망인이 E 등의 대표이사로 등기되어 있기는 하였으나, 그 지위는 형식적·명목적인 것에 불과했던 것으로 보이고, **망인은 실제 경영자인 J 등의 구체적·개별적인 지휘·감독을 받아 근로**(E 직원인 H의 사직 및 자살에 관한 H 및 그 유족들과의 협상 등의 업무도 이에 포함된다)**를 제공하고 근로 자체의 대상적 성격으로 보수를 지급받았으므로, 산업재해보상보험법상의 근로자에 해당한다.**

따라서 원고의 주장은 이유 있고, 이와 다른 전제에 선 피고의 이 사건 처분은 위법하므로 취소되어야 한다.

공사현장에서 방수 하도급을 받은 사업자에 대하여 근로자성을 부정한 사례 (서울고등법원 2015누50865판결 요양불승인처분취소)

판례해설

이 사건의 1심 판결에서는 원고가 방수공사를 하도급 받기 전 일당을 받고 일한 기간이 있는 사실을 이유로 원고가 하수급인이라고 볼 증거가 부족하고 일용근로자에 해당한다고 판단하였다.

그러나, A건설과 B산업의 관계자가 일치하여 원고가 공사대금 450만원에 미장, 방수공사를 하도급 받았다고 진술하고 있을 뿐 아니라 원고가 ① 출근시간에 구애받지 않고 공사현장에 출입한 점, ② 원고가 일용근로자 D를 현장에서 일하게 하면서 원고가 일당을 지급하기로 하고 D에게 작업을 지시하였던 점, ③ 사고 당일 공사현장에는 작업이 없었으나 원고와 D만 현장에 나와 작업을 하던 중 원고가 재해를 입은 사실 등을 살펴볼 때, 원고는 일용근로자로서 사용자의 지휘, 감독을 받으면서 근로를 제공하였다고 보기 어려운바, 항소심에서는 이러한 사실들을 인정하여 원고가 일용 근로자가 아닌 하수급인에 해당한다고 판단하였다.

법원판단

　B산업의 공사담당자와 A건설의 현장관리자는 모두 원고가 공사대금 450만원에 미장, 방수등의 공사를 하도급 받았다고 진술하고 있는 점, D는 원고에 의하여 고용되어 일당 15만원을 받기로 하고 원고의 지시에 따라 작업을 수행하였고, A건설이나 B산업으로부터 작업지시나 일당을 지급받은 적이 없는 점, 원고는 다른 일용근로자들과 달리 출근시간에 구애됨이 없이 자유롭게 공사현장에 출입한 점, 일용근로자는 사용자의 출근요구가 있는 날에 공사현장에 출근하고 현장소장등이 구체적으로 지시하는 작업에 한하여 이를 수행하는 것이 일반적인데, 원고는 사고 당일 A건설이나 B산업으로부터 출근요구나 작업지시를 받은 사실이 전혀 없음에도 D와 함께 공사현장에 나와 방수작업을 하다 사고를 당하였는바, 도저히 일용근로자의 통상적인 작업형태라고 볼 수 없는 점 등을 종합해보면, 원고는 일용근로자가 아니라 하수급인이라고 봄이 상당하다.

Ⅲ. 업무상 재해

1. 인과관계

[인과관계 의미/ 입증 책임 당사자/ 입증 정도] 업무상 재해가 인정되기 위해서는 근로자의 업무와 재해 간의 인과관계에 관하여 이를 주장하는 측에서 입증하여야 하며 그 입증의 정도는 상당인과관계가 있다고 추단되는 정도로 충분하다(대법원 1999. 1. 26 선고 98두10103 판결 [유족보상일시금및장의비부지급처분취소]).

판례해설

업무상 재해를 인정하기 위하여 판례는 두 가지 기준을 제시하는데, 업무기인성과 업무수행성이 그것이다. 이때 업무기인성은 근로자의 업무과 재해 사이의 인과관계를 의미하는바, 이와 관련하여 대상판결에서 주목해야 할 점은 대상판결이 **근로자의 업무 수행과 재해 사이의 인과관계의 인정 기준**에 더하여, 재해의 발생원인에 대한 직접적인 증거가 없는 경우의 인과관계의 판단 기준을 제시할 뿐 아니라, 재해의 발생 원인에 사업주가 관리하는 시설의 결함 등이 경합된 경우 업무상 재해를 인정하기 위한 판단을 포함하고 있다는 것이다.

먼저 산업재해법에서 의미하는 ① 업무상 재해라 함은 근로자가 업무수행 중 그 업무에 기인하여 발생한 재해를 말하므로 업무와 재해 사이에 상당인과관계가 있어야 하고, 이 경우 근로자의 업무와 재해 간의 인과관계에 관하여는 이를 주장하는 측에서 입증하여야 할 것이나, ② 업무와 재해 사이의 상당인과관계의 유무는 보통 평균인이 아니라 당해 근로자의 건강과 신체조건을 기준으로 하여 판단하여야 하고, ③ 무엇보다도 인과관계의 입증 정도에 관하여 반드시 의학적·자연과학적으로 명백히 입증하여야 하는 것은 아니고 제반 사정을 고려할 때 업무와 재해 사이에 상당인과관계가 있다고 추단되는 경우에는 그 입증이 되었다고 판단하고 있다. ④ 더 나아가 재해발생원인에 관한 직접적인 증거가 없는 경우라도 간접적인 사실관계 등에 의거하여 경험법칙상 가장 합리적인 설명이 가능한 추론에 의하여 업무기인성을 추정할 수 있는 경우에는 업무상 재해라고 인정할 수 있다고 판시하였다.

법원판단

1. 산업재해보상보험법 제4조 제1호의 **업무상 재해라 함은 근로자가 업무수행 중 그 업무에 기인하여 발생한 재해를 말하므로 업무와 재해 사이에 상당인과관계가 있어야 하고, 이 경우 근로자의 업무와 재

해 간의 인과관계에 관하여는 이를 주장하는 측에서 입증하여야 할 것이나, 업무와 재해 사이의 상당인과관계의 유무는 보통 평균인이 아니라 당해 근로자의 건강과 신체조건을 기준으로 하여 판단하여야 하고, 또한 인과관계의 입증 정도에 관하여도 반드시 의학적·자연과학적으로 명백히 입증하여야 하는 것은 아니고 제반 사정을 고려할 때 업무와 재해 사이에 상당인과관계가 있다고 추단되는 경우에도 그 입증이 있다고 할 것이므로(대법원 1994. 6. 28. 선고 94누2565 판결 등 참조), 재해발생원인에 관한 직접적인 증거가 없는 경우라도 간접적인 사실관계 등에 의거하여 경험법칙상 가장 합리적인 설명이 가능한 추론에 의하여 업무기인성을 추정할 수 있는 경우에는 업무상 재해라고 보아야 할 것이다.

또한 사업주가 관리하고 있는 시설의 결함 또는 사업주의 시설관리 소홀로 인하여 재해가 발생하거나 또는 그와 같은 시설의 결함이나 관리소홀이 다른 사유와 경합하여 재해가 발생한 때에는 피재근로자의 자해행위 등으로 인한 경우를 제외하고는 이를 업무상 재해로 보아야 할 것이다.

2. 원심은 그 판시와 같은 사실을 인정한 다음, 그 인정 사실에 의하면 원고의 남편인 소외 망 송□홍은 사망 당시 측두엽성간질을 앓고 있는 환자로서 이러한 사실을 원심 판시 소외 회사에서도 알고 있었는데, 휴가 중 출근하라는 지시를 받고 마음이 내키지 아니함에도 심야

에 광주에서 부산까지 승용차를 타고 이동하여 제대로 수면을 취하지도 못한 채 출근하여 회의자료를 작성함으로써 육체적 피로와 정신적 스트레스가 쌓였고, 그 외에 달리 위 망인이 타살되었거나 정상적인 의식상태에서 위 타워크레인에 올라가 자살할 만한 사유가 나타나 있지 아니한 이 사건에서는 그에 따라 위 망인에게 측두엽성간질의 증상이 발현되어 위와 같은 인식기능의 장애를 일으키고 상당한 시간 이러한 정신착란이 지속된 상태에서 자다가 일어나 작업복을 입고 위 현장으로 가 타워크레인에 올라갔다가 추락하였다고 볼 수밖에 없고, 한편 구 산업안전기준에관한규칙(1997. 1. 11. 노동부령 제113호로 개정되기 이전의 것) 제449조는 건설작업에 의한 위험예방을 위하여 사업주는 추락에 의하여 근로자에게 위험을 미칠 우려가 있는 장소에는 관계 근로자 외의 자의 출입을 금지시켜야 한다고 규정하고 있는바, 앞서 본 바와 같이 위 타워크레인에 관계 근로자 외의 자가 자유롭게 출입할 수 있도록 되어 있었던 이상 위 타워크레인에는 안전상의 하자가 있었다고 보아야 하고, 이러한 하자가 위 망인의 간질증상발현과 경합하여 위 사고의 원인으로 되었다 할 것이어서, 위 망인의 업무상 과로 또는 스트레스에 의한 위 간질증상의 발현 및 위 타워크레인의 관리상의 하자와 이 사건 사고 사이에 인과관계가 있다고 봄이 상당하다고 판단하였는바, 원심의 위와 같은 인정과 판단은 앞서 본 법리에 비추어 정당하고, 거기에 채증법칙을 위배하고 심리를 다하지 아니함으로써 사실을 오인한 위법이 있다고 할 수 없다.

소론이 인용하는 판결들은 사인불명의 경우에 업무에 기인한 사망으로 추정된다고 할 수 없다는 내용으로서 이 사건에 원용하기에 적절하지 아니하다.

또한 원심은, 원고가 소외 삼성생명보험 주식회사를 상대로 제기한 보험금청구사건에서 망인이 자살한 것이라는 점이 인정되지 않았다고 하여 이 사건에서 바로 망인의 사망을 업무상의 재해에 의한 것이라고 인정한 것이 아니라, 단지 위 보험금청구사건 기록을 업무상 재해 여부를 판단하기 위한 사실인정의 증거로 채용한 것일 뿐이므로 원심이 산업재해보상보험과 생명보험과의 차이를 간과하였다고 할 수 없다.

[다른 사유 경합시 인과관계 판단방법] 사업주가 관리하는 시설의 결함이나 관리소홀이 다른 사유와 경합하여 재해가 발생한 때 산업재해보상보험법에 정한 업무상 재해의 인정 여부(원칙적 적극) (대법원 2009. 3. 12 선고 2008두19147 판결 [유족급여장의비부지급처분취소])

판례해설

앞서 업무상 재해가 인정되기 위한 상당인과관계 및 그 입증의 정도에 관하여 알아보았다. 대상판결은 그에 더하여 재해의 발생원인에 다른 사유 즉, 사업주가 관리하는 시설의 결함이나 관리소홀 등이 경합하였을 경우 업무상 재해가 인정될 수 있는지에 대하여 판단하였다.

법원은 **사업주가 관리하고 있는 시설의 결함 또는 사업주의 시설관리소홀로 인하여 재해가 발생하거나 또는 그와 같은 시설의 결함이나 관리소홀이 다른 사유와 경합하여 재해가 발생한 때에는 근로자의 자해행위 등으로 인한 경우를 제외하고는 이를 업무상 재해로 판단하여야 한다**고 판시함으로서 업무상 재해의 인과관계의 범위를 다소 확장하는 해석을 하였다.

따라서 작업장에서 재해를 당한 근로자의 업무와 재해가 상당인과관계가 있다고 인정되는 이상, 그 외 근로자의 음주 또는 사용자의 관리소홀로 인한 시설결함 등이 재해의 발생 원인과 경합하여 인정된다 하더라도 **이러한 원인이 인과관계에 절대적으로 영향을 미치지 아니하는 한 이미 인정된 업무와 재해 사이의 인과관계가 단절되지 아니할 것으로 보인다**.

법원판단

원심은 제1심판결의 이유를 인용하여, 망인은 이 사건 공사현장에서 외래방문자 출입일지 기록 유지, 외래방문자 출입증 발급 및 안전장구 지급, 화재 및 도난방지를 위한 순찰업무, 외부차량 출입통제 등의 업무를 담당한 사실, 망인은 2005. 10. 9. 16:00경 출근하여 이종식과 교대하여 근무를 시작하였고, 같은 날 17:45경 이 사건 공사현장 중 정문의 경비초소로부터 약 10m 정도 떨어져 있는 지하주차장 램프(ramp) 측면부에 있는 지상 1층 개구부에서 7.1m 깊이의 지하층으로 추락하여 병원에 후송되었으나 같은 날 20:37경 사망한 사실, <u>위 개구부는 '바브켓(스키드로더)'이라는 장비를 사용하여 지상에서 깊이 약 7.1m 정도의 지하층 공사현장으로 모래를 공급하기 위하여 설치한 가로 172㎝×세로 75㎝ 크기의 자재반입구로서, 개구부에 이르기 위해서는 지하주차장 램프로 길게 이어지는 높이 93㎝ 정도의 옹벽을 타고 올라가 다시 강관 파이프로 된 높이 110㎝ 정도의 상부난간대 및 높이 55㎝ 정도의 중간대를 타고 넘어가야만 하는데, 이 사건 사고 당시 개구부는 합판으로 덮여 있었던 사실,</u> 망인은 이 사건 공사현장에 출근할 당시 정확한 음주량은 알 수 없으나 술을 마신 상태였던 사실 등을 인정한 다음, <u>망인은 당시 69세의 노인으로서 경비업무 중 공사현장의 전반적인 순찰업무보다는 출입구 정문에 설치된 경비초소에서 외래방문자 출입관리 및 외부차량 출입통제 등의 업무에 보다 초점이 맞추어져 있었을 것으로 보이고, 위 개구부가 일반적으로 접근하기 용이하지 아니한 구조이며, 당시 합판까지 덮여 있었으므로 사업주의 시설관리소홀이 있었다고 단정하기도 어렵고, 망인의 통상적인 경비업무의 내용적·장소적 범위에 위 개구부까지 포함되는 것으로 보기도 어려우며, 망인의 음주상태가 이 사건 사고의 발생에 간접적으로나마 영향을 미쳤을 것으로 여겨진다는 등의 사정을 들어, 설령 망인이 순찰·점검업무를 수행할 생각으로 위 개구부에 접근하였다가 추락한 것이라고 하더라도, 그 사고는 망인의 업무에 통상 수반하는 위험의 범위 내에 있는 것이 아니</u>

라 사업주의 지배관리를 벗어난 망인의 사적인 행위로 인하여 발생하였다 할 것이고, 또한 시설의 결함 또는 사업주의 시설관리소홀 등이 망인의 음주와 경합하여 발생한 사고라고 볼 수도 없으므로, 이 사건 사고로 인한 망인의 사망과 업무 사이에는 상당인과관계가 없다고 판단하였다.

그러나 위와 같은 원심의 판단은 다음과 같은 점에서 이를 그대로 받아들일 수 없다.

산업재해보상보험법 제4조제1호 소정의 업무상 재해라 함은 근로자가 업무수행중 그 업무에 기인하여 발생한 재해를 말하므로 업무와 재해 사이에 상당인과관계가 있어야 하고, 그와 같은 인과관계는 이를 주장하는 측에서 증명하여야 할 것이나, 그것은 반드시 의학적·자연과학적으로 명백히 입증하여야 하는 것은 아니고 제반 사정을 고려할 때 업무와 재해 사이에 상당인과관계가 있다고 추단되는 경우에도 그 증명이 있다고 할 것이므로, 재해발생원인에 관한 직접적인 증거가 없는 경우라도 간접적인 사실관계 등에 의거하여 경험법칙상 가장 합리적인 설명이 가능한 추론에 의하여 업무기인성을 추정할 수 있는 경우에는 업무상 재해라고 보아야 할 것이며, 또한 **사업주가 관리하고 있는 시설의 결함 또는 사업주의 시설관리소홀로 인하여 재해가 발생하거나 또는 그와 같은 시설의 결함이나 관리소홀이 다른 사유와 경합하여 재해가 발생한 때에는 "피재근로자의 자해행위 등"으로 인한 경우를 제외**

하고는 이를 업무상 재해로 보아야 할 것이고(대법원 1999. 1. 26. 선고 98두10103 판결, 대법원 2006. 9. 22. 선고 2006두8341 판결 등 참조) 한편, 업무수행 중 사고를 당한 근로자가 사고 당시 술에 취한 상태에 있었다는 이유만으로 그 사고로 인한 사상을 업무상 재해가 아니라고 할 수는 없는 것이다(대법원 2001. 7. 27. 선고 2000두5562 판결 등 참조).

원심이 인정한 사실관계에 의하더라도, 망인의 업무가 경비초소에서의 방문자 및 차량의 출입통제에 국한되는 것이 아니라 공사현장의 전반적인 순찰업무까지 포함된다는 것이므로 공사현장의 일부로서 위 경비초소에서 불과 10m 떨어진 곳에 있는 위 개구부 역시 순찰업무의 대상에 포함된다고 볼 것이고, 또한 망인이 옹벽 너머를 살피기 위한 목적 등으로 위 개구부로 접근하였을 가능성도 충분한 것이므로, 망인이 위 개구부에 접근한 것이 통상 수반되는 위험의 범위나 사업주의 지배관리를 벗어나 사적인 행위로 인한 것이라고 단정할 수도 없다. 나아가, 위 개구부에 이르기 위해서 높이 93㎝ 정도의 옹벽을 타고 올라가 다시 강관파이프로 된 높이 110㎝ 정도의 상부난간대 및 높이 55㎝ 정도의 중간대를 타고 넘어가는 것이 성인 남성에게 그다지 어려운 것도 아니라고 보이고, 순찰업무를 담당하는 망인이나 기타 근로자들이 업무상 필요하다고 판단하여 위 개구부에 접근할 가능성은 충분하다고 할 것이어서, 사업주로서는 위 개구부를 충분한 강도의 덮개로 막거나 공사현장에서 근무하는 망인 등 피용자들에게 안전교육을 철저히 실시하고 출입을 엄격히 통제하는 등 사고발생의 방지를 위한 필요한 조치를 다하여야 마땅할 것이어서 위 개구부를 합판으로 덮어 놓은 것만으로 사고발생의 방지를 위한 충분한 조치를 다한 것으로 보기도 어려우므로, 이 사건 사고는 사업주의 시설관리소홀 등이 망인의 음주나 부주의와 경합하여 발생한 사고라고 볼 여지가 충분하다고 할 것이다.

그럼에도 불구하고, 원심이 그 판시와 같은 사정만을 들어 이 사건 사고로 인한 망인의 사망과 업무 사이의 상당인과관계를 부정한 제1심판결을 그대로 유지한 데에는 업무와 재해 사이의 상당인과관계에 관한 법리를 오해하고 사업주의 시설관리소홀 여부 등에 관하여 필요한 심리를 다하지 아니하였거나 사실을 오인하여 판결에 영향을 미친 위법이 있다고 할 것이다. 이 점에 관한 상고이유의 주장은 이유 있다.

그러므로 원심판결을 파기하고, 사건을 다시 심리·판단하도록 원심법원에 환송하기로 하여 관여 대법관의 일치된 의견으로 주문과 같이 판결한다.

근로자가 이동형 사다리를 타고 올라가다가 추락하여 사망한 사안에서 외상이 없고 사인이 확인되지 않는다고 하더라도 업무와 사망 사이에 인과관계가 존재할 수 있다고 판단한 사례(서울고등법원 2014. 11. 14 선고 2014누50745 판결 [유족급여 및 장의비 부지급처분 취소])

법원판단

가. 산업재해보상보험법 제4조 제1호에서 정한 업무상 재해란 근로자가 업무수행 중 그 업무에 기인하여 발생한 재해를 말하므로 업무와 재해 사이에 상당인과관계가 있어야 하고, 그와 같은 인과관계는 이를 주장하는 측에서 증명하여야 할 것이나, 그것은 반드시 의학적·자연과학적으로 명백히 입증하여야 하는 것은 아니고 제반 사정을 고려할 때 업무와 재해 사이에 상당인과관계가 있다고 추단되는 경우에도 그 증명이 있다고 할 것이므로, 재해발생 원인에 관한 직접적인 증거가 없는 경우라도 간접적인 사실관계 등에 의거하여 경험법칙상 가장 합리적인 설명이 가능한 추론에 의하여 업무기인성을 추정할 수 있는 경우에는 업무상 재해라고 보아야 할 것이며, 또한 사업주가 관리하고 있는 시설의 결함 또는 사업주의 시설관리 소홀로 인하여 재해가 발생하거나 또는 그와 같은 시설의 결함이나 관리 소홀이 다른 사유와 경합하여 재해가 발생한 때에는 피재근로자의 자해행위 등으로 인한 경우를 제외하고는 이를 업무상 재해로 보아야 한다(대법원 1999. 1. 26. 선고 98두10103 판결, 대법원 2009. 3. 12. 선고 2008두19147 판결 등 참조).

나. 위 법리에 비추어 이 사건을 보건대, 위 인정 사실 및 위 각 증거에 의하면, 다음과 같이 피고에게 유리한 사정이 인정된다.
① 망인은 이동형 사다리(A자형)의 넷째 칸(높이 120cm)에서 셋째 칸(높이 90cm)으로 발을 옮기다가 추락하였는데, 그 추락할 당시

의 높이가 비교적 낮은 편이다. ② 망인의 경우 사체를 부검하는 방법에 의하여 사인을 규명하지 않았고, 사체검안의사 역시 사인을 알 수 없다고 판단하였다. ③ 이 사건 재해 당시의 의무기록에 의하면, 망인이 두부에 손상을 입었다는 내용이나 그 밖에 다른 외상을 입었다는 기재는 없는 것으로 보이고, 현장을 목격한 B 역시 망인이 머리에서 피를 흘리는 모습 등을 확인하지 못하였다고 진술하였다. ④ **망인은 비교적 고령(사고 당시 67세)이고, 울혈성 심장기능 상실, 심장 떨림, 협심증 등의 심장질환을 약 10년 동안 지속적으로 앓아 왔다.** ⑤ 피고의 자문의들과 제1심의 진료기록 감정의는 망인이 심장질환에 의하여 사다리에서 추락한 다음 사망에 이르게 되었을 가능성이 높다고 판단하였다.

다. 그러나 위 인정 사실과 위 각 증거에 갑 제18 내지 22호증(가지번호 있는 경우포함)의 각 기재, 제1심법원의 한국산업안전보건공단 이사장에 대한 사실조회회신 및 변론 전체의 취지를 종합하여 알 수 있는 다음과 같은 사정에 비추어 보면, 위에서 본 피고에게 유리한 사정을 참작하더라도, **이 사건 재해는 사업주가 관리하고 있는 사다리의 결함 및 안전모 미지급으로 인하여 발생하였거나 또는 적어도 그와 같은 사다리의 결함이나 관리 소홀이 원고의 기존 심장질환과 경합하여 발생한 것으로 볼 수 있으므로, 망인의 업무와 이 사건 재해 사이에 상당인과관계가 있다고 추단**된다.

㉠ 망인은 경비원으로서 이 사건 재해 당시 이동형 사다리(또는 접이식 사다리)에서 업무를 수행 중이었는데, 그 사다리는 벌림방지 장치

의 걸이 부분이 벌어지고 파손되어 사다리의 발판(3단) 양쪽이 전선으로 감겨진 상태였으므로 사업주가 관리하는 시설에 결함이 있었고, 또한 원고에게 안전모도 지급되지 않았다(이러한 사유로 사업주인 C개발과 그 대표이사는 각 산업안전보건법위반죄로 벌금형을 받았다). ⓒ 이 사건 재해를 조사한 한국산업안전보건공단은 망인의 추락 원인으로 ⓐ 망인이 벌림방지 장치가 파손된 사다리에 올라 밸브 잠금작업을 마치고 내려오는 과정에서 3단을 디딜 때 전선 부분을 밟아 미끄러져 추락하였을 경우와 ⓑ 사다리의 고정상태가 안정적이지 못해 작업 당시의 흔들림에 의해 몸의 중심을 잃고 추락하였을 경우를 들고 있는바, 이에 따르면 망인은 업무 수행 중 결함을 가진 사다리에서 추락하여 사망에 이르게 된 것이다. ⓒ 한국산업안전보건공단이 2007년 발행한 연구결과보고서(갑 제18호증)에 의하면, 2006년 산업현장에서 추락으로 재해를 입은 자가 11,687명이고, 그 중 3m 미만에서의 추락으로 사망한 자가 96명에 이른다(이러한 사고의 기인물은 주로 사다리, 운송수단, 기계설비 등이다). 또한 산업안전보건연구원에서 2011년 발표한 '2010년 산업재해원인조사(업무상 사고)'에 의하면, 2010년 ~ 2012년 기인물별 추락재해 발생건수 중 높이 2~3m 미만에서 추락하여 사망한 자가 47명이고, 높이 2m 미만에서 추락하여 사망한자가 27명에 이른다. 이러한 통계의 의미는 낮은 높이에서 추락하더라도 사망하는 경우가 있을 수 있다는 것이다. ⓔ 망인이 추락한 사다리 3단의 높이는 약 1m 정도에 불과하나, 미끄러지는 상황에서 사다리 발판(2단과 3단 사이)에 발이 걸려 뒤로 넘어질 때 무게중심이 머리 쪽으로 급격히 쏠리면서, 자유낙하보다

빠른 속도로 머리가 먼저 지면에 부딪쳤을 가능성이 있었고, 또한 망인은 60대 후반으로 20대의 운동신경 반응속도와 비교할 때 두 배 가까이 반응속도가 느리므로 낙하 시 팔을 이용하여 머리를 보호할 수 있는 시간이 짧았다(한국산업안전보건공단의 위 조사 참조). ㉤ 망인은 이 사건 재해 당시 뒤로 넘어지면서 뒷머리가 빠르게 지면을 충격하였을 것으로 보이는데, 사다리 3단의 높이가 약 1m이고 망인의 키가 166cm이므로 망인의머리는 약 2m 66cm 높이에서 추락한 것으로 볼 수 있는 점, 망인은 체중이 77kg인데다가 비교적 고령인 점, 지면이 건물의 콘크리트 바닥인 점, 안전모를 착용하지 않았던 점, 목격자인 B은 근로감독관으로부터 조사를 받을 당시에 망인의 머리가 콘크리트바닥에 부딪쳤을 때 쾅하는 소리가 바가지가 밟아서 깨지는 소리만큼 컸다고 진술한 점 등에 비추어 보면, 망인의 두부에 상당한 외력이 가해졌을 것으로 보인다. ㉥ 비록 **이 사건 재해 당시의 의무기록에 의하면 망인이 두부에 손상을 입었다는 내용이나 그 밖에 다른 외상을 입었다는 기재가 보이지 않으나, 두부 외상은 신체의 다른 부위의 외상에 비하여 사망률이 높은 질병으로서 부딪히기나 맞은 부위의 피부가 찢어지거나 혹이 생기는 경우가 많지만, 외형적으로 두부 외상을 직접적으로 의심할만한 상처가 없는 경우도 흔하므로 단순히 외관만으로 손상 정도를 판단할 수 없다**(갑제21, 22호증 참조). ㉦ 망인이 약 10년 동안 심장질환을 앓아 왔고 피고의 자문의들뿐만 아니라 제1심의 진료기록 감정의도 망인이 심장질환에 의해 사다리에서 추락한 다음 사망에 이르게 되었다고 보고 있으나, 이 사건 재해 이전에도 망인에게 이 사건과 같은 심장마비 등이 발생하였다는 자료가 없고(**망인의 의무기록에 '과거력이 없음', '심정지 원인으로 비심장성'이라 기재되어 있다. 을 제3호증**), 이 사건 재해 당시의 의무기록에도 망인에게 심장마비 등이 발생하였다는 자료가 없으며, 망인이 앓아온 심장질환도 이 사건 재해가 발생하기 수년 전부터 발생빈도가 점점 떨어지는 추세에 있었던 점 등에 비추어볼때, 사다리에 올라타 업무를 수행하고 있던 망인에게 갑자기 심장마비 등이 발생하였다고 단정하기 쉽지 아니하고(추락이 먼저 일어나고 이로 인해 심장마비 등이 뒤따랐을 수도 있다), 설령 심장마비 등의 증세가 먼저 나타났다 하더라도 사다리에서 뒤로넘어지는 추락사고가 없었더라면 사망으로까지는 이어지지 않았을 가능성이 커 보인다(즉 심장마비 등이 먼저 발생하였다고 가정하더라도, 최소한 심장마비 등과 업무 수행 중 추락으로 인한 두부 손상이 경합하여 사망에 이르게 된 것으로 보이는데, 이러한경우에도 후자가 상당한 역할을 수행하였을 것으로 추단된다). ◎ 이에 따라, 비록 망인의 사체검안서에 직접사인이 미상으로 기재되어 있고 부검도 유족이 원치 않아 실시되지 않았다 하더라도, 위에서 본 바와 같이 망인은 추락으로 인한 두부 손상에 의하여 사망한 것으로 추단된다(망인에 대한 부검이 실시되지 않았다는 사유만으로 반드시 상당인과관계의 존재가 부인되는 것은 아니다. 대법원2004. 3. 26. 선고 2003두12844 판결 참조).

따라서 원고의 위 주장은 이유 있다.

2. 회사 업무 외 회식 모임 사례

근로자가 회사 외의 행사나 모임에 참가하던 중 재해를 당한 경우 업무상 재해로 인정되기 위한 요건(대법원 2007. 11. 15 선고 2007두6717 판결 [요양불승인처분취소])

판례해설

대법원은 통상적으로 종사하는 업무가 아니라 회사 밖에서의 행사나 모임에 참가하던 중 재해를 당한 경우에도 일정 요건 하에 업무상 재해를 인정하는 입장이다. 이러한 요건으로서 **우선 ① 그 행사나 모임의 주최자, 목적, 내용, 참가인원과 그 강제성 여부, 운영방법, 비용부담 등의 사정들에 비추어, 사회통념상 그 행사나 모임의 전반적인 과정이 사용자의 지배나 관리를 받는 상태에 있어야 하고, 또한 ② 근로자가 그와 같은 행사나 모임의 순리적인 경로를 일탈하지 아니한 상태일 것**을 요구하고 있다.

그리고 이와 같은 행사의 목적을 판단하는 사실관계로서 **해당 모임의 참석이 강제되었는지, 모임에서 법인 카드가 사용되었는지, 모임 가운데 업무에 관한 이야기가 오고 갔었는지 및 재해가 모임 참석 또는 이동 중에 발생한 것인지 여부**가 업무상 재해를 판단하는 기초 자료가 된다.

법원판단

근로자가 근로계약에 의하여 통상 종사할 의무가 있는 업무로 규정되어 있지 아니한 회사 외의 행사나 모임에 참가하던 중 재해를 당한 경우, 이를 업무상 재해로 인정하려면, 우선 그 행사나 모임의 주최자, 목적, 내용, 참가인원과 그 강제성 여부, 운영방법, 비용부담 등의 사정들에 비추어, 사회통념상 그 행사나 모임의 전반적인 과정이 사용자의 지배나 관리를 받는 상태에 있어야 하고, 또한 근로자가 그와 같은 행사나 모임의 순리적인 경로를 일탈하지 아니한 상태에 있어야 한다(대법원 1997. 8. 29. 선고 97누7271 판결 등 참조).

원심은 그 채용 증거들을 종합하여, 원고들은 **종합사회복지관(이하, '복지관'이라고 한다)에 사회복지사로 입사하여 근무하던 중 2005. 10. 31. 16:00경부터 복지관의 10월 행사들에 대한 자체평가와 2006년도 사업계획수립을 위한 회의를 했으나, 회의를 다 마치지 못해 회식장소에서 회의를 계속하기로 하였는데, 이 사건 회식은 복지관의 전 직원을 대상으로 며칠 전부터 예정 및 공지되어 있었으며, 회식비용은 법인카드로 결제하고 경비로 처리한 사실, 복지관은 서울 성북구 __에 있고, 어린이집은 서울 성북구 __아파트 ○○동 ○○호에 있으며, 회식 장소는 서울 ○○구 ○○동석△역 부근에 있어 회식장소로 이동하기 위해서는 복지관에서 출발하여 아◐◑고개를 지나 길△역을 거쳐 가게 되는 사실, 복지관 직원들이 회의를 마치고 차량 3대에 나눠타고 가던 중 **아◐◑고개**

에 이르러 2대는 직진해서 회식 장소로 가고, 원고들과 __, __가 함께 탄 원고 __ 소유의 __ 뉴△▣떼 차량은 __이 운전하여 아❶❶고개 입구에서 우회전한 후 어린이집에 들러 아이를 태우고 가다가 길△역에 이르기 전에 이 사건 재해가 발생한 사실, 그 당시 원고 __이 아이를 데리고 나와 다시 운전을 하고 가다가 아이가 울고 보채서 차량을 세우고 아이를 달래다가 무심코 조수석에 앉았고, 그 바람에 원고 __이 운전석에 앉을 수밖에 없었는데, 원고 __이 우는 아이를 달래고 있고 위 차량이 좌회전 차량의 진행에 방해가 되어 위 차량을 빨리 이동해야 할 상황이어서 원고 __이 위 차량을 운전하게 된 사실, 원고 __은 운전 미숙으로 핸들을 왼쪽으로 과대 조작하여 때마침 반대방향에서 좌회전 대기 중이던 차량의 왼쪽 뒤 휀더(fender) 부분을 충돌하고 계속 진행하여 반대편 인도를 넘어 난간을 충돌한 후 약 6.5m 아래로 추락하여 그 밑에 주차된 차량의 트렁크를 충돌했고, 원고 __이 운전하던 차량은 전복된 사실, 한편 원고 __은 평소 19:00에 끝나는 복지관 근처에 있는 위 어린이집에 1살 된 아이를 맡겨놓고 업무를 하다가 퇴근하면서 어린이집에 들러 아이를 찾아서 퇴근하였는데, 회식이 있는 경우에는 통상 어린이집에서 아이를 찾아 복지관에서 하는 회식장소에 데리고 와서 회식이 끝나면 곧바로 아이를 데리고 퇴근하곤 한 사실 등 판시와 같은 사실을 인정한 다음, 이 사건 재해 당일 회의가 있었으나 회의를 마치지 못해 회식장소에서 회의를 계속하기로 했던 점, 이 사건 회식은 며칠 전부터 전 직원을 대상으로 예정 및 공지되어 있었고 실제로 복지관 관장과 부장 등 간부진이 위 회식에 모두 참석하였던 점, 회식비용 역시 사업장 법인카드로 결제하고 경비로 처리했던 점 등에 비추어, **이 사건 회식은 업무수행의 연장행위로서 사회통념상 사용자의 지배나 관리를 받는 복지원의 공식적인 행사로 보이고, 나아가 원고들의 회식 참가 경로에 관하여, 비록 원고들을 태운 이 사건 차량이 회식장소로 이동하던 중 원고의 아이를 데리러 어린이집에 들렀던 점은 있으나, 원고는 평소에도 19:00에 끝나는 어린이집에 아이를 맡겨두고 일을 하다가 퇴근하면서 아이를 찾아서 퇴근하였고, 퇴근 이후 저녁회식이 있는 경우에는 특별한 사정이 없는 한 원고로서는 어린이집의 종료시간 때문에 어린이집에 맡겨놓은 아이를 찾아 아이와 함께 저녁회식에 참석할 수밖에 없었는데,** 이러한 사정을 복지관 측에서는 이미 알고 있었고 평소에도 이를 인용하고 있었던 점, 원고가 아이를 데리러 어린이집으로 들렀던 경로는 복지관에서 회식장소인 석△역 부근까지의 가는 최적경로에는 살짝 비켜나 있으나, 전체적으로 보아 복지관에서 회식장소로 가는 방향과 동일하고, 이 사건 어린이집이 위 최적 경로에 크게 벗어나지 아니한 지점에 있었던 점 등에 비추어 보면, 원고들의 이 사건 이동 경로가 이 사건 회식장소로 가는 순리적인 경로를 일탈하였다고는 보이지 아니한다는 이유로, 이 사건 재해는 이 사건 재해 차량을 누가 운전하였는지 여부나 운전자에게 과실이 있었는지 여부를 불문하고, 업무로 인하여 발생한 재해라고 판단하였다.

앞서 본 법리와 기록에 비추어 살펴보면, 위와 같은 원심의 판단은 옳은 것으로 수긍이 가고, 거기에 상고이유의 주장과 같은 채증법칙 위배나 심리미진 또는 업무상 재해에 관한 법리오해의 위법이 있다고 할 수 없다.

[업무상 재해/ 회사 외의 모임 참가] 근로자가 회사외의 모임에 참가하던 중 재해를 당한 경우, 이를 업무상 재해로 인정하기 위한 요건 및 재해 발생에 근로자의 과실이 경합되어 있는 경우 상당인과관계 유무를 판단하는 방법(대법원 2017. 3. 30 선고 2016두31272 판결 [요양급여부지급처분취소])

판례해설

건설회사 이사인 원고는 2013. 3. 거래처 직원들을 만나 막걸리집을 거쳐 호프집, 노래방 등을 돌며 3차까지 이어지는 회식을 했다. **원고는 3차인 노래방에서의 회식이 끝나자 밖으로 나와 거래처 직원을 위해 대리운전기사를 불렀고, 기다리던 중 술기운을 이기지 못하고 바닥에 쓰러져 머리를 부딪치는 사고를 당한 사안이다.**

대법원은 이 사건에서 **산재보험법 제37조 제2항을 인용하면서 원고 즉, 근로자에게 다소 과실이 존재한다고 하더라도 근로자의 고의·자해행위 및 범죄행위 또는 그것이 원인이 되어 발생한 재해 등이 아닌 이상, 재해 발생에 근로자의 과실이 경합 되어 있음을 이유로 업무와 재해 사이의 상당인과관계를 부정함에 있어서는 신중을 기하여야 한다**고 판시함으로서 근로자에게 보다 유리한 입장을 취하였다.

법원판단

1. 근로자가 근로계약에 따른 업무가 아닌 회사 외의 모임에 참가하던 중 재해를 당한 경우, **이를 업무상 재해로 인정하려면 모임의 주최자, 목적, 내용, 참가인원과 강제성 여부, 운영방법, 비용부담 등의 사정들에 비추어 사회통념상 행사나 모임의 전반적인 과정이 사용자의 지배나 관리를 받는 상태에 있어야 하고, 근로자가 그와 같은 모임의 정상적인 경로를 일탈하지 아니한 상태**에 있어야 한다(대법원 1997. 8. 29. 선고 97누7271 판결, 대법원 2007. 11. 15. 선고 2007두6717 판결 등 참조).

나아가 산업재해보상보험법(이하, '산재보험법'이라 한다)에 의한 보험급여는 근로자의 생활보장적 성격이 있을 뿐만 아니라 사용자의 과실을 요하지 아니함은 물론 법률에 특별한 규정이 없는 한 근로자의 과실을 이유로 책임을 부정하거나 책임의 범위를 제한하지 못하는 것이 원칙이므로, 해당 재해가 산재보험법 제37조 제2항에 규정된 근로자의 고의·자해행위나 범죄행위 또는 그것이 원인이 되어 발생한 경우가 아닌 이상 재해 발생에 근로자의 과실이 경합되어 있음을 이유로 업무와 재해 사이의 상당인과관계를 부정함에 있어서는 신중을 기하여야 한다(대법원 2010. 8. 19. 선고 2010두4216 판결 참조).

2. 원심은 제1심판결을 인용하여, ① 이 사건 회사의 업무총괄이사인

원고가 2013. 3. 29. 저녁 업무협의를 위해 동료 직원 소외 1과 함께 거래처 회사 직원인 소외 2를 만나 막걸리집, 호프집, 노래방 순서로 회식을 한 사실, ② 막걸리집의 비용은 소외 2가 계산하였고, 호프집과 노래방의 비용은 소외 1이 계산한 사실, ③ 원고와 소외 1, 소외 2는 호프집에서 업무협의를 마친 후 노래방으로 이동하여 유흥을 즐긴 사실, ④ 노래방 회식을 마친 뒤 원고는 소외 1, 소외 2와 함께 소외 2의 대리운전기사를 기다리던 중 넘어지면서 머리를 다치는 이 사건 사고를 당한 사실, ⑤ 소외 1은 목격자 문답서에서 '원고는 이 사건 사고 무렵 평소와 비슷한 정도로 술을 마신 것으로 보이고, 약간 비틀거리는 정도로 조금 취한 정도였으며, 고관절 수술을 받은 적이 있어 다리가 조금 약한 것으로 생각된다'고 진술한 사실 등을 인정한 다음, 노래방에서의 유흥행위는 출장에 당연히 또는 통상 수반되는 범위 내의 행위라고 보기 어려우므로 업무수행을 벗어난 사적인 행위에 해당하고, 노래방 회식을 사용자의 지배나 관리를 받는 모임으로 보더라도 이 사건 회식에서의 과음으로 인하여 원고에게 정상적인 거동이나 판단능력 장애가 생겼다고 보기 어려우므로, 이 사건 사고는 업무상 사고에 해당하지 않는다고 판단하였다.

3. 그러나 원심의 이러한 판단은 다음과 같은 이유로 수긍하기 어렵다.

원심이 적법하게 채택한 증거에 의하면, ① 원고는 이 사건 회사의 업무총괄이사이고 그 주된 업무가 용역 수주, 거래처 관리 및 접대인 사실, ② 소외 2는 이 사건 회사에 도시관리계획결정 및 실시계획인가 관련 용역을 도급 준 거래처 회사의 부장인 사실, ③ 원고와 소외 1은 2013. 3. 29. 18:45경 소외 2를 업무협의 명목으로 만나 자정이 넘을 때까지 막걸리집, 호프집, 노래방으로 옮겨가며 접대한 사실, ④ 위 회식에서 원고는 순차로 막걸리 2병, 맥주 600cc, 맥주 900cc 정도를 마신 사실, ⑤ 노래방 회식이 끝날 무렵 원고는 약간 비틀거릴 정도로 술에 취했던 사실, ⑥ 이후 이 사건 회사에서 호프집, 노래방 비용을 업무비용으로 처리해 준 사실을 알 수 있다.

이러한 사정을 앞서 본 법리에 비추어 살펴보면, **이 사건 회식은 원고가 이 사건 회사의 업무총괄이사로서 거래처 담당자를 만나 업무협의와 접대를 하려는 목적에서 비롯한 것으로서 업무수행의 연장이라고 볼 수 있고, 위에서 본 회식 모두 거래처의 직원이 동석하였을 뿐 아니라 회식이 마무리될 때까지 참석자에 변동이 없었으며, 호프집과 노래방 비용을 추후 회사에서 업무비용으로 처리해 주었으므로, 앞선 회식뿐만 아니라 노래방에서의 회식까지의 전반적인 과정이 사용자의 지배나 관리를 받는 상태에 있었다고 봄이 타당**하다. 나아가, 원고는 노래방에서의 회식 직후 술에 취해 비틀거리던 상태에서 거래처 담당자의 대리운전기사를 기다리다 넘어져 머리를 다친 것이므로, 원고가 모임의 정상적인 경로를 일탈하였다고 볼 수도 없다.

그럼에도 원심은 이와 달리 위와 같은 이유로 이 사건 사고가 업무상 사고에 해당하지 않는다고 판단하였으니, 이러한 원심판결에는 산재보험법의 업무상 재해에 관한 법리를 오해하여 판결에 영향을 미친 위법이 있다. 이를 지적하는 상고이유 주장은 이유 있다.

사업주의 지배관계에 있었던 행사나 모임에서 근로자가 재해를 입은 경우 인과관계 판단의 정도(대법원 2018두35391 판결 [유족급여 및 장의비 부지급 처분 취소])

판례해설

회식자리에서는 사내 문화에 따라 근로자가 의례적으로 음주를 할 수 밖에 없는 경우가 더러 존재한다. 이런 상황에서 평소 주량을 넘은 과도한 음주로 인하여 재해가 발생하였을 경우 업무상 재해로 인정받을 수 있을까? 가능하다면, 업무상 재해로 인정받기 위한 요건은 무엇일까?

법원은 이에 대해 긍정하는 입장에서, 먼저 이러한 음주가 **사업주의 지배나 관리를 받는 상태에 있는 회식 과정**에서 이루어졌다면 근로자가 주량을 초과하여 음주를 한 것이 주된 원인이 되어 부상·질병·신체장해 또는 사망 등의 재해를 입은 경우라도 상당인과관계가 인정되는 한 업무상 재해에 해당할 여지가 있다고 전제한 뒤, 이러한 상당인과관계의 판단에 있어서는 '사업주가 과음행위를 만류하거나 제지하였는 데도 근로자 스스로 독자적이고 자발적으로 과음을 한 것인지, 업무와 관련된 회식 과정에서 통상적으로 따르는 위험의 범위 내에서 재해가 발생하였다고 볼 수 있는지 또는 과음으로 인한 심신장애와 무관한 다른 비정상적인 경로를 거쳐 재해가 발생하였는지' 등 여러 사정을 고려하여야 한다고 판시하고 있다.

결국 법원은 사업주의 지배나 관리를 받는 상태에서의 회식 자리일 경우 가급적 업무상 재해를 인정하려는 경향이 있다고 볼 수 있다.

법원판단

1. 근로자가 회사 밖의 행사나 모임에 참가하던 중 재해를 입은 경우에 **그 행사나 모임의 주최자, 목적, 내용, 참가인원과 그 강제성 여부, 운영방법, 비용부담 등의 사정에 비추어, 사회통념상 그 행사나 모임의 전반적인 과정이 사용자의 지배나 관리를 받는 상태에 있고 또한 근로자가 그와 같은 행사나 모임의 순리적인 경로를 벗어나지 않은 상태에 있다고 인정**되는 경우 산업재해보상보험법에서 정한 업무상 재해에 해당한다고 볼 수 있다(대법원 2007. 11. 15. 선고 2007두6717 판결 등 참조).

<u>사업주의 지배나 관리를 받는 상태에 있는 회식 과정에서 근로자가 주량을 초과하여 음주를 한 것이 주된 원인이 되어 부상·질병·신체장해 또는 사망 등의 재해를 입은 경우 이러한 재해는 상당인과관계가 인정되는 한 업무상 재해</u>로 볼 수 있다(대법원 2008. 10. 9. 선고 2008두9812 판결, 대법원 2015. 11. 12. 선고 2013두25276 판결 등 참조). 이때 상당인과관계는 사업주가 과음행위를 만류하거나 제지하였는데도 근로자 스스로 독자적이고 자발적으로 과음을 한 것인지, 업무와 관련된 회식 과정에서 통상적으로 따르는 위험의 범위 내에서 재해가 발생하였다고 볼 수 있는지 아니면 과음으로 인한 심신장애와 무관한 다른 비정상적인 경로를 거쳐 재해가 발생하였는지 등 여러 사정을 고려하여 판단하여야 한다(위 대법원 2013두25276 판결, 대법원 2017. 5. 30. 선고 2016두54589 판결 등 참조).

2. 원심판결 이유와 원심이 적법하게 채택한 증거에 따르면, 다음과 같은 사정을 알 수 있다.

가. 주식회사 B(이하, 'B'이라 한다)은 C 아파트 신축공사(이하, '이 사건 공사'라 한다)를 진행하던 중 2016. 4. 14. 이 사건 품평회를 개최하였다. 이것은 이 사건 공사를 일부 완료한 상태에서 한 세대를 정하여 인테리어 공사를 포함한 마무리 공사까지 마치고 본사의 건설부문 대표, 기술부문장, 유관부서 실장과 팀장 등과 관계자를 불러서 완성된 모습을 시연하는 행사로, 완성될 건물의 안정성과 완성도를 미리 예측하고 향

후 공사의 진행 방향과 전략을 정하는 중요한 행사였다.

나. 원고의 남편인 D는 이 사건 공사의 안전관리팀 팀장으로서 이 사건 품평회의 총괄적인 안전관리계획을 수립하고 이행 여부를 관리하였으며 2016년 3월과 4월 내내 계속하여 이 사건 품평회를 준비하였다.

다. 이 사건 품평회는 이 사건 사고 당일 오전 8시경부터 오후 1시경까지 진행되었고, 같은 날 개최된 B의 상반기 문화행사는 오후 6시 30분경부터 7시 30분경까지 볼링장에서 진행되었다. 바로 이어진 이 사건 1차 회식은 오후 7시 30분경부터 9시경까지 식당에서, 이 사건 2차 회식은 오후 9시 20분경부터 10시 50분경까지 유흥주점인 노래방에서 진행되었다.

라. 이 사건 1차 회식에는 이 사건 공사의 현장직원 23명 전원이 참석했고, 이 사건 2차 회식에는 이 사건 공사를 총괄하고 있는 공사부장 E, 공사과장 F과 이 사건 품평회의 안전관리 업무를 담당한 D 등 안전관리팀 5명을 포함하여 총 9명이 참석하였다. D는 이 사건 1차 회식과 이 사건 2차 회식에서 술을 마셨고, 이 사건 1차, 2차 회식비용은 모두 B의 법인카드로 결제하였다.

마. D는 평소 자신의 차량이나 대중교통을 이용하여 출퇴근을 하였고, B은 이 사건 품평회 등 회사 전체적인 행사가 있는 경우 대중교통을

이용하여 이동하도록 권고하였다. **D가 대중교통을 이용하는 경우 통상적으로 수인선 월곶역에서 전철을 타고 인천논현역에서 내린 후 버스정류장까지 도보로 약 5분간 걸어가 G번 버스를 이용하여 귀가**하였다. D는 이 사건 2차 회식을 마친 후 평소처럼 대중교통을 이용하여 집으로 향했다. 수인선 월곶역에서 전철을 타고 23:35경 인천논현역에서 내린 다음, G번 버스정류장으로 이동하던 중 왕복 11차선 도로의 횡단보도를 건너다 차량에 부딪치는 이 사건 사고가 발생하였다.

3. 이러한 사정을 위에서 본 법리에 비추어 살펴보면, **D는 사업주인 B의 중요한 행사로서 자신이 안전관리 업무를 총괄한 이 사건 품평회를 마치고 같은 날 사업주가 마련한 회식에서 술을 마시고 퇴근하던 중 이 사건 사고가 발생하였으므로, 이 사건 사고는 사업주의 지배·관리를 받는 상태에서 발생한 업무상 재해로 볼 여지가 있다.**

그런데도 원심은 이 사건 사고를 업무상 재해로 인정하기 어렵다고 판단하였다. 원심 판단에는 업무상 재해에 관한 법리를 오해하여 판결에 영향을 미친 잘못이 있다. 이를 지적하는 상고이유 주장은 정당하다.

[업무상재해 / 자발적 과음 / 업무상 재해 부인] 회식에서 근로자의 자발적인 과음이 원인이 되어 근로자가 부상을 입거나 사망한 경우 업무상 재해가 부인된 사례(대법원 2015. 11. 12. 선고 2013두25276 판결[요양불승인처분취소])

> **판시사항**
> 사업주가 지배나 관리를 하는 회식에서 근로자가 주량을 초과하여 음주를 한 것이 주된 원인이 되어 부상·질병 또는 장해가 발생하거나 사망한 경우, 업무상 재해에 해당하는지 여부 및 업무와 과음, 재해 사이에 상당인과관계가 있는지 판단하는 방법

판례해설

대상판례는 사업주가 지배·관리를 하는 회식에서 근로자가 주량을 초과하여 음주를 한 것이 주된 원인이 되어 부상·질병 또는 장해가 발생하거나 사망한 경우, 먼저 업무상 재해에 해당하는지 및 해당한다면 업무와 과음, 재해 사이에 상당인과관계 판단의 기준이 무엇인지에 대하여 판시하였다.

법원은 근로자인 **원고가 소속 팀의 1차 회식 자리에서 과음하여 이미 만취한 상태였고**, 해당 팀의 책임자인 소외 1이 원고 등 참석 직원들에게 술잔을 돌리거나 술을 마시지 않는 직원에게 술 마시기를 권하지는 않은 사실, 소외 1은 주량이 소주 반병 정도이나 당시 맥주 한 잔 정도를 마셨고, 화장실에 간다고 나간 원고가 돌아오지 않자 다른 직원인 소외 2에게 원고를 찾아보라고 지시하기도 한 사실 등에 비추어 볼 때 원고의 과음은 자발적으로 이루어진 것으로서 그로 인하여 발생

한 부상은 업무상 재해로서의 상당인과관계가 인정되지 않는다고 판단하였다. 즉 **대상판결의 기본적인 해석은 음주가 강제되지 않은 상황에서 스스로 자발적 과음으로 인하여 발생한 부상은 업무와 상당인과관계가 없다고 판단한 것이므로 주의를 요한다**고 할 것이다.

법원판단

근로자가 근로계약에 의하여 통상 종사할 의무가 있는 업무로 규정되어 있지 않은 회사 외의 행사나 모임에 참가하던 중 재해를 당한 경우, 이를 업무상 재해로 인정하려면, **우선 그 행사나 모임의 주최자, 목적, 내용, 참가인원과 그 강제성 여부, 운영방법, 비용부담 등의 사정들에 비추어, 사회통념상 그 행사나 모임의 전반적인 과정이 사업주의 지배나 관리를 받는 상태에 있어야 하고, 또한 근로자가 그와 같은 행사나 모임의 순리적인 경로를 일탈하지 아니한 상태에 있어야 한다**(대법원 2007.11.15.선고 2007두6717판결 참조). 그리고 사업주가 지배나 관리를 하는 회식에서 근로자가 주량을 초과하여 음주를 한 것이 주된 원인이 되어 부상·질병 또는 장해가 발생하거나 사망하게 된 경우에도 업무와 과음, 그리고 위와 같은 재해 사이에 상당인과관계가 인정된다면 산업재해보상보험법에서 정한 업무상 재해에 해당한다고 볼 수 있다. 다만 여기서 **업무와 과음, 재해 사이에 상당인과관계가 있는지는 사업주가 음주를 권유하거나 사실상 강요하였는지 아니면 음주가 근로자 본**

인의 판단과 의사에 의하여 자발적으로 이루어진 것인지, 재해를 당한 근로자 외에 다른 근로자들이 마신 술의 양은 어느 정도인지, 그 재해가 업무와 관련된 회식 과정에서 통상 수반하는 위험의 범위 내에 있는 것인지, 회식 또는 과음으로 인한 심신장애와 무관한 다른 비정상적인 경로를 거쳐 발생한 재해는 아닌지 등 여러 사정을 고려하여 신중하게 판단하여야 할 것</u>이다.

원심판결 이유와 기록에 의하면,① 원고는 소외 회사의 ㅇㅇ팀에 소속된 상담원으로서, 2012.7.6.18:20경부터 같은 날 21:15경까지 음식점에서 ㅇㅇ팀 책임자인 실장 소외 1을 포함하여 30명의 직원과 함께 ㅇㅇ팀의 1차 회식을 한 다음, 같은 날 21:43경 소외 1을 포함하여 12명의 직원과 함께 바로 옆 건물 4층에 있는 노래연습장으로 자리를 옮겨 2차 회식을 한 사실,② 원고는 위 노래연습장으로 옮기고 얼마 지나지 않아 화장실을 찾기 위해 노래연습장에서 나와 같은 층에 있는 비상구 문을 열고 들어갔는데, 그 안쪽에 있던 밖으로 나 있는 커다란 창문을 화장실 문으로 오인하여 밑에 놓여 있던 발판을 밟고 올라가 그 창문을 열고 나갔다가 건물 밖으로 추락하여 '골반골절, 천추골절 등'의 부상을 입은 사실,③ 원고는 1차 회식자리에서 술을 많이 마셔 만취한 상태였으나, 소외 1이 원고 등 참석 직원들에게 술잔을 돌리거나 술을 마시지 않는 직원에게 술 마시기를 권하지는 않은 사실,④ 소외 1은 주량이 소주 반병 정도이나 당시 맥주 한 잔 정도를 마셨고, 화장실에 간다고 나간 원고가 돌아오지 않자 다른 직원인 소외 2에게 원고를 찾아보라고 지시하기도 한 사실을 알 수 있다.

　이러한 사실관계를 앞서 본 법리에 비추어 살펴보면, 비록 원고가 참여한 회식이 사업주측의 주최로 이루어진 것이라고 하더라도, <u>원고는 사업주의 강요 등이 없었음에도 자발적 의사로 자신의 주량을 초과하여 소외 1이나 소외 2등 회식을 함께 하였던 다른 사람들의 음주량을 훨씬 넘는 과음을 하였고, 그것이 주된 원인이 되어 업무와 관련된 회식 과정에 통상 수반되는 위험이라고 보기 어려운 위와 같은 사고를 당하게 된 것</u>이므로, 업무와 원고가 입은 재해 사이에 상당인과관계가 있다고 보기는 어렵다고 할 것이다.

　강제되지 않은 모임에 참석하여 자발적 과음으로 인한 부상의 경우 업무상 재해로 인정될 수 있는지(대법원 2016. 6. 9. 선고 2016두34622 판결 [요양급여부지급처분취소])

법원판단

　1. 근로자가 근로계약에 따른 업무가 아닌 회사 외의 모임에 참가하던 중 재해를 당한 경우, 이를 업무상 재해로 인정하려면 모임의 주최자, 목적, 내용, 참가인원과 강제성 여부, 운영방법, 비용부담 등의 사정에 비추어, 사회통념상 그 모임의 전반적인 과정이 사용자의 지배나

관리를 받는 상태에 있어야 한다(대법원 2007. 11. 15. 선고 2007두6717 판결 등 참조).

2. 원심은, 이 사건 회식이 지점장의 지시 또는 승인을 거쳐 사전에 계획되거나 참석이 사실상 강제된 모임이 아니고, 참석자들 사이에 업무에 관한 논의가 있었다고 보이지 않으며, 그 비용도 참석자들이 부담하였고, 원고가 팀장에게 명예퇴직 대상자가 된 것에 관한 스트레스를 호소하였다는 사정을 들어 회식이 원고의 업무와 관련된 것이라고 보기 어려우므로, 이 사건 회식의 전반적인 과정이 사용자의 지배나 관리를 받는 상태에 있었다고 인정할 수 없다고 판단한 다음, 이 사건 사고가 업무상 재해에 해당한다는 원고의 주장을 배척하였다.

원고는, 이 사건 회식이 단순한 사적 모임이 아니었고, 원고가 명예퇴직 대상자가 되어 극단적인 스트레스를 받아 과음을 하다가 이 사건 사고를 당하였으므로, 이는 업무상 재해에 해당한다고 주장한다.

그러나 원심의 위와 같은 판단은 앞서 본 법리에 따른 것으로서, 거기에 상고이유 주장과 같이 사실을 오인하였거나 업무상 재해에 관한 법리를 오해한 잘못이 없다.

업무와 관련된 회식자리이고 적당양의 음주를 하였으며 예상할 수 있는 경로에 의하여 부상을 당하였을 경우 업무상 재해로 인정될 수 있다(대법원

2017. 5. 30. 선고 2016두54589 판결 [요양급여불승인처분취소])

법원판단

1. 근로자가 회사 밖의 행사나 모임에 참가하던 중 재해를 입은 경우에 그 행사나 모임의 주최자, 목적, 내용, 참가인원과 그 강제성 여부, 운영 방법, 비용부담 등의 사정에 비추어, 사회통념상 그 행사나 모임의 전반적인 과정이 사용자의 지배나 관리를 받는 상태에 있고 **또한 근로자가 그와 같은 행사나 모임의 순리적인 경로를 벗어나지 않은 상태에 있다고 인정되면 산업재해보상보험법에서 정한 업무상 재해로 인정할 수 있다**(대법원 2007. 11. 15. 선고 2007두6717 판결 등 참조).

사업주의 지배나 관리를 받는 상태에 있는 회식 과정에서 근로자가 주량을 초과하여 음주를 한 것이 주된 원인이 되어 부상·질병·신체장해 또는 사망 등의 재해를 입은 경우, 이러한 재해는 상당인과관계가 인정되는 한 업무상 재해로 볼 수 있다(대법원 2008. 10. 9. 선고 2008두9812 판결, 대법원 2015. 11. 12. 선고 2013두25276 판결 등 참조). 이때 업무·과음·재해 사이의 상당인과관계는 사업주가 과음행위를 만류하거나 제지하였는데도 근로자 스스로 독자적이고 자발적으로 과음을 한 것인지, 재해를 입은 근로자 외에 다른 근로자들이 마신 술의 양은 어느 정도인지, 업무와 관련된 회식 과정에서 통상적으로 따르는 위험의 범위 내에서 재해가 발생하였다고 볼 수 있는지, 과음으로 인한 심신장애와 무관한 다른 비정상적인 경로를 거쳐 재해가 발생하였는지 등 여러 사정을 고려하여 판단하여야 한다(위 대법원 2013두25276 판결 참조).

2. 원심은, 원고가 1차 회식 당시 음주 권유나 강요가 없었는데도 자발적 의사로 과음을 하고 2층에 위치한 단란주점 건물 계단에서 추락한 이 사건 사고는 1차 회식의 순리적인 경로를 벗어난 상태에서 과음이 주된 원인이 되어 발생한 것으로서, 업무와 관련된 회식 과정에 통상 수반되는 위험이라고 보기 어려우므로, 업무와 이 사건 사고 사이의 상당인과관계가 인정되지 않는다고 판단하였다. 그 근거로 다음과 같은 사정을 들고 있다.

가. 소외 1 주식회사(이하, '소외 1 회사'라고 한다) 직원인 원고는 1차 회식 당시 회식 주관자인 소외 2 부장이 술을 마시지 않았는데도 1차 회식의 분위기에 편승하여 자발적 의사로 소주 2병 반 정도를 마셨다.

나. 2차 회식은 1차 회식 중 소외 2 부장의 제의로 즉석에서 결정된 것으로서 참석이 강제되지 않았다.

다. 회식에 참석한 사람 모두 광주광역시에 있는 회사 숙소에서 함께 거주하고 있어 평소에도 함께 식사와 음주를 하였을 것으로 보인다.

라. 소외 1 회사가 원고 등 직원의 아침, 저녁 식사비를 지원해 주고 있어 소외 2 부장이 소외 1 회사의 사업주인 소외 3으로부터 법인카드를 교부받아 1, 2차 회식비용을 결제하였다고 하더라도 단란주점에서 이루

어진 2차 회식을 공식적인 회식으로 볼 수 없다.

3. 그러나 원심의 이러한 판단은 그대로 수긍하기 어렵다.

가. 원심판결 이유와 기록에 의하면 다음과 같은 사정을 알 수 있다.
(1) 소외 1 회사의 ○○공사현장에는 사업주 소외 3의 친동생인 소외 2 부장, 소외 4 반장과 원고 3명이 근무하고 있었다.
(2) **1, 2차 회식은 ○○공사현장의 직원 3명이 모두 참석한 송년회식이었고, 소외 1 회사에서는 매년 송년회식의 일환으로 저녁식사 후 노래방에 가곤** 하였다.
(3) 1차 회식에서는, 술을 체질적으로 잘 마시지 못하는 소외 2를 제외하고 원고와 소외 4는 서로 비슷한 양의 술을 마셨다. **2차 회식은 회사 숙소 근처의 단란주점에서 이루어졌고, 원고는 단란주점에 오자마자 전화를 받으러 나가 추가로 술을 마시지 않았다.**
(4) 1, 2차 회식비용 모두 <u>소외 1 회사의 법인카드로 계산</u>하였다.
(5) ○○공사현장의 직원 3명이 회사 숙소에서 함께 생활하는 상황에서 가장 어리고 직위가 낮은 원고가 자신의 의사에 따라 2차 회식에 참석하지 않기는 어려워 보인다.

나. 이러한 사정을 앞에서 본 법리에 비추어 살펴보면, **1차 회식과 마찬가지로 2차 회식 역시 사용자의 지배나 관리를 받는 상태에 있었다**고 볼 수 있다. 나아가 <u>원고가 소외 2 등의 만류나 제지에도 불구하고</u>

과음을 한 것으로 보이지 않고, 회식 장소에서 전화를 받으러 나간다거나 화장실에 다녀오는 등의 행위는 회식 과정에서 있을 수 있는 것으로서 순리적인 경로를 벗어났다고 단정할 수도 없다. 따라서 업무와 관련된 회식자리의 음주로 인한 주취상태가 직접적인 원인이 되어 원고가 단란주점 계단에서 실족하여 이 사건 사고를 당하였다고 볼 수 있으므로, 위 사고는 업무상 재해에 해당한다고 봄이 타당하다.

그런데도 원심은, 2차 회식이 사적·임의적 모임에 해당함을 전제로 원고가 1차 회식의 순리적인 경로를 벗어나 이 사건 사고를 당하였다고 판단하였다. 이러한 원심판결에는 업무상 재해에 관한 법리를 오해한 나머지 필요한 심리를 다하지 않아 판결에 영향을 미친 잘못이 있다.

근로자가 사회통념상 사용자의 지배나 관리를 받는 행사 등의 도중이나 직후 그 장소를 벗어난 곳에서 재해를 당한 경우 산재 인정 요건(대법원 2008. 10. 9. 선고 2007두21082 판결 유족보상및장의비부지급처분취소])

판례해설

직장인들에게 협력업체와의 회식은 사실상 협력업체의 관리 업무의 일환으로서 기본 업무의 연장선상에 있다고 할 수 있다. 따라서 이러한 회식에서 재해를 당하였다면 법원은 일정한 요건 하에 업무상 재해로 인정한다.

대법원은 위와 같은 회식의 과정에서 근로자가 사업주와 함께 있는 모임 등을 벗어난 장소에서 재해를 당하였다고 하더라도 **행사장소 등의 이탈 및 재해 발생의 직접적인 원인이 행사나 모임에서의 과음에 있었던 때에는 그 과음행위가 사업주의 만류 또는 제지에도 불구하고, 근로자 자신의 독자적이고 자발적인 결단에 의하여 이루어졌다거나 과음으로 인한 심신장애와 무관한 다른 비정상적인 경로를 거쳐 재해가 발생하였다는 등의 특별한 사정이 없는 한** 그러한 재해는 산업재해보상보험법이 정하는 업무상 재해에 해당한다고 판시하였다.

법원판단

1. **근로자가 근로계약에 의하여 통상 종사할 의무가 있는 업무로 규정되어 있지 아니한 회사 외의 행사나 모임에 참가하던 중 재해를 당한 경우**에도, **행사나 모임의 주최자, 목적, 내용, 참가인원과 강제성 여부, 운영방법, 비용부담 등의 사정들에 비추어 사회통념상 행사나 모임의 전반적인 과정이 사용자의 지배나 관리를 받는 상태에 있었다면 이는 업무상 재해에 해당**하는바(대법원 1997. 8. 29. 선고 97누7271 판결, 대법원 2007. 3. 29. 2006두19150 판결 등 참조), 근로자가 이러한 행사나 모임의 도중이나 직후 그 장소를 벗어난 곳에서 재해를 당하였다고

하더라도 **행사장소 등의 이탈 및 재해 발생의 직접적인 원인이 행사나 모임에서의 과음에 있었던 때에는 그 과음행위가 사업주의 만류 또는 제지에도 불구하고, 근로자 자신의 독자적이고 자발적인 결단에 의하여 이루어졌다거나 과음으로 인한 심신장애와 무관한 다른 비정상적인 경로를 거쳐 재해가 발생하였다는 등의 특별한 사정이 없는 한** 그러한 재해는 산업재해보상보험법이 정하는 업무상 재해에 해당한다고 봄이 상당하다.

2. 원심판결 이유에 의하면, 원고의 남편인 소외 1이 대우조선해양주식회사의 도장1팀 과장으로 재직하던 중, **선주측 감독관을 접대함과 아울러 위 회사의 실무책임자와 협력업체 직원들의 노고를 위로하기 위하여 마련된 회식자리에 참석하여 상당량의 술을 마신 사실**, 소외 1은 위 회식이 끝나기 전 회식장소에서 이탈한 후, 그로부터 48m 정도 떨어진 막다른 골목길 안의 가정집 담장 너머로 추락하여 사망한 사실, 부검 결과 소외 1은 당시 혈중알콜농도가 0.16%의 주취상태였고, 위 사고장소에 갈 만한 다른 특별한 이유가 없었던 사실, **회식비용은 위 회식을 주관한 도장1팀 2파트장 소외 2가 결제하였다가 팀장 및 파트장의 업무추진비와 팀의 시상금을 모아 놓은 팀의 운영비에서 전부 돌려받은 사실을 알 수 있는바**, 이를 앞서 본 법리에 비추어 살펴보면, **위 회식은 사용자의 지배나 관리를 받는 상태에 있었을 뿐** 아니라, 위 회식자리에서의 음주로 인한 주취상태가 직접적인 원인이 되어 소외 1이 회식장소를 이탈하여 위와 같은 사고를 당하게 되었다고 봄이 상당하므로, 위 사

고는 업무상 재해에 해당하다 할 것이다.

그럼에도 원심은, 소외 1이 회식장소를 이탈하게 된 경위를 고려하지 않은 채 이 사건 사고가 회식장소를 벗어난 곳에서 발생한 것에만 중점을 둔 나머지 이 사건 사고가 업무상 재해에 해당하지 않는다고 판단하였는바, 이러한 원심의 판단에는 산업재해보상보험법 소정의 업무상 재해에 관한 법리를 오해한 위법이 있고, 이는 판결 결과에 영향을 미쳤음이 분명하다. 이 점을 지적하는 상고이유의 주장은 이유 있다.

3. 회식 후 만취 운전 사례

회사 동료 직원들과 음주를 곁들인 회식을 한 후 승용차를 운전하여 기숙사로 돌아가던 근로자가 도로 중앙분리대를 들이받는 교통사고로 사망한 사안(대법원 2009. 4. 9. 선고 2009두508 판결【유족보상및장의비부지급처분취소】)

판례해설

회사 동료 직원들과 음주를 곁들인 회식을 한 후 스스로 승용차를 운전하여 기숙사로 돌아가던 근로자가 도로 중앙분리대를 들이받는 교통사고로 사망한 사안에서, 법원은 회식이 업무 수행의 범위에 속한다고 하더라도 사고가 **망인의 만취운전으로 발생한 이상 업무상 재해에 해당하지 않는다**고 판단하였다.

법원판단

원심은 그 채택증거에 의하여, 원고의 남편인 소외 1이 소외 2 주식회사의 영업부장으로 근무하던 중 2006. 9. 15. 18:00경부터 23:30경까지 동료 직원들과 함께 음주를 곁들인 회식을 한 후 부산 (차량 번호 생략)카스타 승용차를 운전하여 소외 2 주식회사의 기숙사로 돌아가던 중 다음날 00:01경 도로 중앙분리대를 들이받는 교통사고(이하, '이 사건 사고'라 한다)를 일으켜 그 날 12:08경 사망한 사실을 인정하였다. 이어서 원심은, 소외 1이 참석한 위 회식은 그 전반적인 과정이 소외 2 주식회사의 지배·관리 아래 있어서 사회통념상 위 망인이 수행한 업무의 연장이고, 이 사건 사고는 업무가 종료된 후 퇴근 과정에서 일어난 재해이지만 그 인정의 여러 사정들에 의하면 소외 1이 소외 2 주식회사의 기숙사로 퇴근하는 과정이 소외 2 주식회사의 지배·관리 아래에 있었다고 할 것이므로 업무상 재해에 해당한다고 한 다음, 이 사건 사고 당시 위 망인이 혈중알콜농도 0.205%의 만취한 상태이었기는 하나 그 당시 기상 악화로 인한 시야장애가 이 사건 사고의 더 큰 원인이 되었다고 볼 수도 있다는 등의 이유로 소외 1의 음주운전행위는 피고의 유족보상책임에 영향을 주지 못한다고 판단하였다.

그러나 원심이 인정한 위 사실관계에 의하면, 위 회식이 위 망인이 수행하는 업무의 범위에 속한다고 하더라도 이 사건 사고는 그 업무수행의 자연적인 경과에 의하여 유발된 것이 아니라 **위 망인 자신이 만취한 상태에서 운전하면서 도로 중앙분리대를 들이받음으로써 발생하였다고 할 것**이고, 이러한 경우에는 비록 기상 악화로 인한 시야장애가 개입하였다고 하더라도 그것이 사고 발생의 압도적인 원인이어서 음주운전이 별다른 의미를 가지지 아니한다는 등의 다른 특별한 사정이 없는 한 이 사건 사고와 같은 교통사고가 그 업무 수행에 수반되는 일반적인 위험의 범위 내에 있는 것이라고 할 수 없다. 기록에 의하면 이 사건 사고는 오히려 주로 **위 망인의 만취운전으로 인하여 발생한 것**으로 보이므로, 위 망인의 업무수행과 이 사건 사고로 인한 그의 사망 사이에는 상당인과관계가 없다고 할 것이고, 그렇다면 위 망인의 사망은 업무상 재해에 해당하지 않는다.

그럼에도 불구하고 이 사건 사고가 업무상 재해에 해당함을 전제로 피고의 이 사건 유족보상 및 장의비 부지급처분을 취소한 원심판결에는 산업재해보상보험법상 업무상 재해의 법리를 오해함으로써 판결 결과에 영향을 미친 위법이 있다.

4. 출퇴근 사례

근로자가 사업주의 지배관리 아래 출퇴근하던 중 발생한 사고로 부상 등이 발생한 경우만 업무상 재해로 인정하는 산재보험법 조항의 위헌여부(헌법재판소 2016. 9. 29 자 2014헌바254 결정 산업재해보상보험법제37조제1항 제1호 다목 등 위헌소원)

판시사항
근로자가 사업주의 지배관리 아래 출퇴근하던 중 발생한 사고로 부상 등이 발생한 경우만 업무상 재해로 인정하는 산업재해보상보험법 제37조 제1항 제1호 다목(이하, '심판대상조항'이라 한다)이 평등원칙에 위배되는지 여부(적극)

법원판단

도보나 자기 소유 교통수단 또는 대중교통수단 등을 이용하여 출퇴근하는 산업재해보상보험(이하, '산재보험'이라 한다) 가입 근로자(이하, '비혜택근로자'라 한다)는 <u>사업주가 제공하거나 그에 준하는 교통수단을 이용하여 출퇴근하는 산재보험 가입 근로자(이하, '혜택근로자'라 한다)와 같은 근로자인데도 사업주의 지배관리 아래 있다고 볼 수 없는 통상적 경로와 방법으로 출퇴근하던 중에 발생한 재해(이하, '통상의 출퇴근 재해'라 한다)를 업무상 재해로 인정받지 못한다는 점에서 차별취급이 존재</u>한다.

산재보험제도는 사업주의 무과실배상책임을 전보하는 기능도 있지만, 오늘날 산업재해로부터 피재근로자와 그 가족의 생활을 보장하는 **기능의 중요성**이 더 커지고 있다. 그런데 근로자의 출퇴근 행위는 업무의 전 단계로서 업무와 밀접·불가분의 관계에 있고, 사실상 사업주가 정한 출퇴근 시각과 근무지에 기속된다. 대법원은 출장행위 중 발생한 재해를 사업주의 지배관리 아래 발생한 업무상 재해로 인정하는데, 이러한 출장행위도 이동방법이나 경로선택이 근로자에게 맡겨져 있다는 점에서 통상의 출퇴근행위와 다를 바 없다. 따라서 통상의 출퇴근 재해를 업무상 재해로 인정하여 근로자를 보호해 주는 것이 산재보험의 생활보장적 성격에 부합한다.

사업장 규모나 재정여건의 부족 또는 사업주의 일방적 의사나 개인 사정 등으로 출퇴근용 차량을 제공받지 못하거나 그에 준하는 교통수단을 지원받지 못하는 **비혜택근로자는 비록 산재보험에 가입되어 있다 하더라도 출퇴근 재해에 대하여 보상을 받을 수 없는데, 이러한 차별을 정당화할 수 있는 합리적 근거를 찾을 수 없다.**

<u>통상의 출퇴근 재해를 산재보험법상 업무상 재해로 인정할 경우 산재보험 재정상황이 악화되거나 사업주 부담 보험료가 인상될 수 있다는 문제점은 보상대상을 제한하거나 근로자에게도 해당 보험료의 일정 부분을 부담시키는 방법 등으로 어느 정도 해결</u>할 수 있다. 반면에 통상의 출퇴근 중 재해를 입은 비혜택근로자는 가해자를 상대로 불법

행위 책임을 물어도 충분한 구제를 받지 못하는 것이 현실이고, 심판대상조항으로 초래되는 비혜택근로자와 그 가족의 정신적·신체적 혹은 경제적 불이익은 매우 중대하다.

따라서 심판대상조항은 합리적 이유 없이 비혜택근로자를 자의적으로 차별하는 것이므로, 헌법상 평등원칙에 위배된다.

[출퇴근 사고/ 인력업체 제공/ 업무상 재해 인정] 인력업체가 제공한 차량을 운전하고 건설회사의 공사현장으로 출근하던 근로자가 교통사고를 당한 사안(대법원 2010. 4. 29. 선고 2010두184 판결 [요양불승인처분취소])

판례해설

지금은 확립된 판례로서 많은 이들이 인지하고 있으나, 기존에는 출·퇴근 중에 발생한 재해를 업무상 재해로 인정할 것인지에 대하여 의견이 분분하였다. 그러나 현재 대법원의 확립된 입장은 출·퇴근 중에 발생한 재해라고 하더라도 일정 요건 아래 업무상 재해임을 인정하는 것인바, 사업주가 제공한 교통수단을 이용하여 출·퇴근하거나 사업주가 이에 준하는 교통수단을 이용하도록 하는 경우를 비롯하여 외형상으로는 출·퇴근의 방법과 그 경로의 선택이 근로자에게 맡겨진 것으로 보이나 출·퇴근 도중에 업무를 행하였다거나 통상적인 출·퇴근시간 이전 혹은 이후에 업무와 관련한 긴급한 사무처리나 그 밖에 업무의 특성이나 근무지의 특수성 등으로 출·퇴근의 방법 등에 선택의 여지가 없어 실제로는 그것이 근로자에게 유보된 것이라고 볼 수 없고 사회통념상 아주 긴밀한 정도로 업무와 밀접·불가분의 관계에 있다고 판단되는 경우에는, 그러한 출·퇴근 중에 발생한 재해와 업무 사이에는 직접적이고도 밀접한 내적 관련성이 존재하여 그 재해는 사업주의 지배·관리 아래 업무상의 사유로 발생한 것이라고 볼 수 있다.

법원판단

구「산업재해보상보험법(2007.12.14.법률 제8694호로 개정되기 전의 것,이하 '산재보험법'이라 한다)제5조제1호」의 '**업무상 재해**'라 함은 근로자와 사업주 사이의 근로계약에 터잡아 사업주의 지배·관리 아래 당해 근로업무의 수행 또는 그에 수반되는 통상적인 활동을 하는 과정에서 이러한 업무에 기인하여 발생한 재해를 말하고, 일반적으로 근로자의 출·퇴근이 노무의 제공이라는 업무와 밀접·불가분의 관계에 있다 하더라도 그 출·퇴근방법과 경로의 선택이 근로자에게 유보되어 있는 이상 근로자가 선택한 출·퇴근 방법과 경로의 선택이 통상적이라는 이유만으로 출·퇴근 중에 발생한 재해가 업무상의 재해로 될 수는 없을 것이지만, 이와 달리 근로자의 출·퇴근 과정이 사업주의 지

<u>배·관리 아래 있다고 볼 수 있는 경우에는 출·퇴근 중에 발생한 재해도 업무상의 재해로 될 수 있다</u>(대법원2007.9.28.선고 2005두12572전원합의체 판결 등 참조).

출·퇴근 중에 발생한 재해와 관련하여, 사업주가 제공한 교통수단을 근로자가 이용하거나 또는 사업주가 이에 준하는 교통수단을 이용하도록 하는 경우(대법원 2004.4.23.선고2004두121판결 참조)를 비롯하여, 외형상으로는 출·퇴근의 방법과 그 경로의 선택이 근로자에게 맡겨진 것으로 보이나 출·퇴근 도중에 업무를 행하였다거나 통상적인 출·퇴근시간 이전 혹은 이후에 업무와 관련한 긴급한 사무처리나 그 밖에 업무의 특성이나 근무지의 특수성 등으로 출·퇴근의 방법 등에 선택의 여지가 없어 실제로는 그것이 근로자에게 유보된 것이라고 볼 수 없고 사회통념상 아주 긴밀한 정도로 업무와 밀접·불가분의 관계에 있다고 판단되는 경우에는(대법원 2004.11.25.선고 2002두10124 판결, 대법원 2004.11.25.선고 2002두12298판결, 대법원 2005.9.29.선고 2005두4458판결, 대법원 2008.3.27.선고 2006두2022판결, 대법원 2008.4.24.선고 2006두15660판결 참조), 그러한 출·퇴근 중에 발생한 재해와 업무 사이에는 직접적이고도 밀접한 내적 관련성이 존재하여 그 재해는 사업주의 지배·관리 아래 업무상의 사유로 발생한 것이라고 볼 수 있을 것이다.

원심이 인용한 제1심판결 및 원심판결의 이유에 의하면, 제1심은 그 채택 증거를 종합하여, 주식회사 한화건설의 하도급업체인 기린건설이 경기 가평군 소재 가평연수원 신축공사의 일부를 하도급받아 시공하면서 숙련 인력을 인력소개업체를 통하여 제공받기로 하고, 위 인력소개업체가 일용근로자들의 출·퇴근을 위한 교통수단을 마련하되, 기린건설은 일용근로자들의 일당 이외에 교통비로 매일 40,000원을 추가 지급하기로 약정한 사실, 원고를 포함한 근로자들은 2007년 6월 초경부터 새벽 5시경 위 인력소개업체 사무실에 모여서 위업체가 제공하는 이 사건 봉고차를 이용하여 위 신축공사 현장으로 출근하였는데, 원고는 이 사건 공사현장에 매일 출근한 것이 아니라, 2007년 10월에는 8일, 2007년 11월에는 5일을 출근하였으며, 다른 업체의 공사현장에도 수시로 출역한 사실, 원고는 2007.11.14.06:15경 이 사건 봉고차를 운전하고 출근하던 중 이 사건 교통사고를 당한 사실을 인정한 다음, 기린건설이 장거리 출·퇴근에 필요한 차량을 직접 제공한 것이 아니라 인력소개업체로 하여금 스스로 판단하여 차량 등의 교통수단을 제공하도록 하였으며, 원고로서도 출·퇴근 방법 및 경로 등에 관하여 기린건설로부터 어떠한 지시나 통제도 받지 않았다는 이유로 이 사건 사고가 업무상재해에 해당하지 아니한다고 판단하였다.

그러나 원심이 적법하게 확정한 사실관계와 기록에 의하면, 서울 영등포구에 거주하고 있던 원고는 아침 7시까지 경기 가평군에 있는 이 사건 공사현장으로 출근해야 하는데, 출근시간에 버스 등 대중교통수단을 이용하여 출근하는 것이 곤란하므로 이 사건 봉고차를 이용할 수밖에 없었던 것으로 보이는 점, 기린건설도 이러한 사정을 잘 알면서 일용근로자들을 위한 교통수단을 직접 제공하는 대신 인력소개업체에게 교통비를 추가 지급하면서 이 사건 봉고차를 근로자들의 출·퇴근용 교통수단으로 제공하도록 한 것으로 보이는 점, 원고는 사고 당시 이 사건 봉고차에 일용근로자들을 태우고 서울 영등포구 소재 인력소개업체의 사무실을 출발하여 이 사건 공사현장을 향하여 가다가 이 사건 교통사고를 당한 것으로 보이는 점 등의 사정을 알 수 있다.

원심의 인정사실과 위 각 사정을 앞서 본 법리에 비추어 보면, 이 사건 봉고차는 기린건설이 제공한 교통수단에 준하는 것으로 볼 수 있고, **원고가 기린건설의 이 사건 공사현장에 매일 출근한 것이 아니라, 공사현장을 수시로 바꾸어 가면서 근무하였다고 하더라도 이는 일용근로계약의 특성에 기인한 것일 뿐, 이 사건 사고 당일의 출근과정에 대한 기린건설의 지배·관리를 부정할 사유로 보기는 어려우며, 원고로서도 이 사건 봉고차를 이용한 출근 이외에 다른 합리적인 선택의 기대가능성이 없는 경우에 해당한다고 볼 여지가 많다**고 할 것이고, 사정이 그러하다면 원고가 이 사건 봉고차를 운전하여 이 사건 공사현장까지 이동하면서 합리적인 경로를 벗어났다는 등의 특별한 사정이 없는 한, 이 사건 사고 당시 출근 방법과 경로의 선택이 사실상 원고에게 유보되었다고 볼 수 없고 사업주인 기린건설의 객관적 지배·관리 아래 있었다고 볼 수 있는 여지가 충분하다 할 것이다.

그럼에도 원심이 위에서 살펴본 출·퇴근 중에 발생한 사고의 업무상 재해 판정에 필요한 예외적 사정의 존재 여부에 관하여 심리를 다하지 아니한 채 그 판시와 같은 사정만을 들어 이 사건 사고가 업무상 재해가 아니라고 단정한 것은, 산재보험법상 업무상 재해에 관한 법리를 오해하여 필요한 심리를 다하지 아니한 위법이 있다 할 것이다.

이 점을 지적하는 취지의 상고이유의 주장은 이유 있다.

그러므로 원심판결을 파기하고, 사건을 다시 심리·판단하게 하기 위하여 원심법원에 환송하기로 하여, 관여 대법관 의 일치된 의견으로 주문과 같이 판결한다.

[산재보험법 개정]

기존 산재보험법 규정은 출퇴근 중의 사고에 대하여는 출퇴근 과정이 사업주의 지배, 관리하에 있는 경우에만 업무상재해로 규정하였으나, 헌법재판소 2016. 9. 29. 자 2014헌바254 결정으로 근로자가 사업주의 지배관리 아래 출퇴근하던 중 발생한 사고로 부상 등이 발생한 경우만 업무상 재해로 인정하는 산업재해보상보험법 제37조 제1항 제1호 다목에 대하여 헌법불합치결정이 있었다. 이후 산재보험의 해당규정이 개정되어 2018. 1. 1. 부터는 출퇴근시 사업주의 지배관리여부과 관계없이 통상적인 경로와 방법으로 출퇴근하다가 발생한 사고를 출퇴근재해로 규정하여 산재보상을 받을 수 있게 되었다. 그러나 개정규정 시행일 이전에 발생한 사고는 여전히 종전 규정에 따라 보상여부를 판단하게 된다.

[출퇴근 재해/ 개인차량/ 인정] 개인차량을 스스로 운전하여 출·퇴근하였고, 여기에 사업주의 지배·관리·감독이 없었다면 출근 시 사고가 발생하였더라도 이를 업무상 재해로 볼 수 없다(서울고등법원 2011. 12. 20 선고 2011누15611 판결 [최초요양불승인처분취소])

법원판단

1) 근로자의 출퇴근은 일반적으로 출퇴근 방법과 경로의 선택이 근로자에게 유보되어 있어 통상 사업주의 지배·관리하에 있다고 할 수 없고, 산업재해보상보험법에서 근로자가 통상적인 방법과 경로에 의하여 출퇴근하는 중에 발생한 사고를 업무상 재해로 인정한다는 특별한 규정을 따로 두고 있지 않은 이상, 근로자가 **선택한 출퇴근 방법과 경로의 선택이 통상적이라는 이유만으로 출퇴근 중에 발생한 재해가 업무상의 재해로 될 수는 없다**. 따라서 출·퇴근 중에 발생한 재해가 업무상의 재해로 되기 위해서는 사업주가 제공한 교통수단을 근로자가 이용하거나 또는 사업주가 이에 준하는 교통 수단을 이용하도록 하는 경우, 외형상으로는 출퇴근의 방법과 그 경로의 선택이 근로자에게 맡겨진 것으로 보이지만 출퇴근 도중에 업무를 행하였다거나 통상적인 출퇴근 시간 이전 혹은 이후에 업무와 관련한 긴급한 사무처리나 그 밖에 업무의 특성이나 근무지의 특수성 등으로 출퇴근의 방법 등에 선택의 여지가 없어 실제로는 그것이 근로자에게 유보된 것이라고 볼 수 없

고 사회통념상 아주 긴밀한 정도로 업무와 밀접·불가분의 관계에 있다고 판단되는 경우 등 근로자의 출퇴근 과정이 사업주의 지배·관리 하에 있다고 볼 수 있는 경우라야 한다(대법원 2014. 2. 27. 선고 2013두17817 판결).

2) 앞서 본 인정사실에 변론 전체의 취지를 더하여 알 수 있는 다음과 같은 사정들을 종합하면, 출퇴근 방법 등에 선택의 여지가 없어 원고가 자신의 승용차를 이용할 수 밖에 없었다거나 사회통념상 아주 긴밀한 정도로 업무와 밀접·불가분의 관계에 있는 등 원고의 퇴근 과정이 사업주의 지배·관리하에 있다고 볼 수 없으므로 이 사건 사고는 업무상 재해로 볼 수 없다. 따라서 이와 같은 전제에서 이루어진 이 사건 처분은 적법하다.

① 원고는 이 사건 사고 당시 사업주가 제공한 교통수단이나 이에 준하는 교통수단을 이용한 것이 아니라, 자기 소유의 승용차를 운전하고 있었고 이는 회사의 업무에 사용되지 않았다.

② 소외 회사는 원고에게 급여 외에 유류비 등을 따로 지급한 바 없으며, 개인 승용차를 이용하여 출퇴근하도록 지시한 바도 없다.

③ 소외 회사 내에는 주차장이 있었으나 원고를 비롯한 생산직 사원들에게는 주차공간을 제공하지 않았고 회사 근처 공터에 주차하라고 권유하였다.

④ 소외 회사는 지하철역(금정역)으로부터 도보 약 7분 거리(437m)에 위치해 있고, 위 지하철역 하행선 막차 운행시간은 24시 5분경으로,

원고는 이 사건 사고발생 당일 및 평일 퇴근시간 무렵 지하철을 이용할 수 있었다. 이에 대해 원고는 평일 퇴근시간 기준으로 지하철을 이용하여 퇴근하는 경우 성균관대역에서 원고의 주거지까지 마을버스

를 이용할 수 없어 선택의 여지가 없었다고 주장하나, 성균관대역에서 원고의 주거지까지 거리는 약 1.97km인바, 도보로 이동이 불가능하다거나 예상 택시요금에 비추어 택시를 이용하기 곤란하다고 보이지 않는다.

⑤ 소외 회사에서 원고의 거주지까지 대중교통을 이용할 경우 승용차를 이용하는 것 보다 약 20분 더 소요되고, 원고가 야근을 할 경우에도 대중교통을 이용할 수 있는 시각인데, 대중교통수단과 승용차 중 어느 것을 이용할 것인 가는 소요 시간, 출·퇴근 시간대의 교통상황, 차량 유지비, 출·퇴근 전후의 자동차 필요성, 도보의 필요성 등을 고려하여 선택하는바, 승용차를 이용할 때 소요 시간이 단축된다는 사정만으로 승용차 이외의 교통수단으로 소외 회사에 출·퇴근하는 것을 기대하기 어렵다고는 볼 수 없다.

5. 기타 사례

근로자가 타인의 폭력에 의하여 재해를 입은 경우, 업무상 재해로 인정할 수 있는지 판단하는 기준(대법원 2017. 4. 27. 선고 2016두55919 판결 [유족급여및장의비부지급처분취소])

판례해설

드물게 발생하는 일이지만, 직장 내 폭행으로 인하여 상해가 발생하는 경우가 있다. 대상판결은 그와 같은 경우 업무상 재해를 인정하기 위한 요건을 설시하여 의미가 있다.

대상 판결에 따르면 **근로자가 타인의 폭력에 의하여 입은 상해를 업무상 재해로 인정하기 위해서는**, 가해자의 폭력행위가 가해자와 피해자와의 사적인 관계에서 기인하였다거나 피해자가 직무의 한도를 넘어 상대방을 자극하거나 도발함으로써 발생한 경우에는 업무기인성을 인정할 수 없어 업무상 재해로 볼 수 없다고 할 것이지만, <u>그것이 직장 안의 인간관계 또는 직무에 내재하거나 통상 수반하는 위험이 현실화되어 발생한 것으로서 업무와의 사이에 상당인과관계가 있으면 업무상 재해로 인정할 수 있다고</u> 판단하였다.

결국 해당 다툼이 쌍방의 개인적인 사정에 의해서 발생한 것이 아니어야 하고, 더 나아가 피해자가 상대방을 자극하거나 도발함이 없음에도 불구하고 상해를 입은 경우에 비로소 산재에 포함되는 직장 내 폭행으로 인정받을 수 있다.

법원판단

가. 산업재해보상보험법(이하, '산재보험법'이라 한다) 제5조 제1호는 "업무상의 재해란 업무상의 사유에 따른 근로자의 부상·질병·장해 또는 사망을 말한다."고 규정하고 있는 바, **근로자가 타인의 폭력에 의하여 재해를 입은 경우**라고 하더라도, 가해자의 폭력행위가 피해자와의 사적인 관계에서 기인하였다거나 피해자가 직무의 한도를 넘어 상대방을 자극하거나 도발함으로써 발생한 경우에는 업무기인성을 인정할 수 없어 업무상 재해로 볼 수 없다고 할 것이나, 그것이 직장안의 인간관계 또는 직무에 내재하거나 통상 수반하는 위험이 현실화되어 발생한 것으로서 업무와 사이에 상당인과관계가 있으면 업무상 재해로 **인정**하여야 할 것이다(대법원 1995. 1. 24. 선고 94누8587 판결 등 참조).

나. 원심은 다음과 같은 사실을 인정하였다.

(1) 원고의 배우자인 소외 1(이하, '망인'이라 한다)은 주식회사 금비의 이천공장 생산팀 제병C조의 반장이었고, 소외 2는 같은 조에 속한 후배 직원으로 금전관리 등 총무 업무를 하고 있었다.

(2) 망인은 야간근무 중이던 2014. 7. 16. 22:00경 회사로부터 지급받은 야식비의 사용 방법을 두고 소외 2와 의견을 나누던 중 말다툼을 하게 되었다.

(3) 위 말다툼이 격화되어 소외 2가 망인에게 "야식비를 회식 불참자에게 나누어주지 않으면 이는 엄연히 갈취나 마찬가지이다"라는 취지의 발언을 하기에 이르렀고, 이에 격분한 망인이 소외 2의 얼굴을 때리면서 몸싸움이 시작되어 두 사람은 서로 엉겨 붙은 채 바닥을 수차례 구르기도 하였다. 동료 직원들의 만류로 몸싸움이 잠시 중단되었으나 망인이 다시 대걸레 막대기를 들고 소외 2에게 휘두르면서 두 사람이 다시 엉겨 붙어 싸우게 되었다. 동료 직원들이 다시 몸싸움을 말리고 만류하는 과정에서 망인은 갑자기 기력을 잃고 잠시 걸어 나가다가 그대로 쓰러졌다(이하, 망인이 쓰러지기까지의 과정을 통틀어 '이 사건 다툼'이라 한다).

(4) 망인은 곧바로 병원으로 이송되었으나 이 사건 다툼이 있은 지 얼마 지나지 아니한 2014. 7. 17. 00:33경 급성 심장사를 원인으로 사망하였다.

다. 원심은 이러한 사실관계를 전제로 하여, 평소 심장질환이 있던 망인이 이 사건 다툼의 과정에서 받은 충격으로 인해 사망에 이르게 되었다는 점은 인정하면서도, 다른 한편으로 ① **망인이 먼저 소외 2를 폭행하였고 동료 직원들의 만류에도 불구하고 재차 소외 2에게 폭력을 행사한 점**, ② **반면 소외 2는 적극적으로 망인을 공격하지는 않은 점**, ③ **소외 2의 갈취 관련 발언이 망인의 선행 폭력을 정당화할 수 있을 정도로 지나친 것으로 보이지는 않는 점** 등의 사정을 들어, **이 사건 다툼은 망인의 사적인 화풀이의 일환으로 망인의 업무행위에 포함된다고 볼**

수 없고, 따라서 이로 인하여 망인의 심장질환이 악화되어 사망에 이르렀다고 하더라도 이를 업무상 재해로 평가할 수 없다**고 판단하였다.

라. 그러나 원심의 이러한 업무관련성에 관한 판단은 다음과 같은 이유로 수긍하기 어렵다.

(1) 먼저 원심이 적법하게 채택한 증거에 의하면, 야식비 사용과 관련한 망인의 의견은 단합을 위해 기존의 관행대로 전체를 단체회식비로 사용하자는 것이었으나, 소외 2의 의견은 회식 불참자에게는 야식비를 분배하자는 것이었고, 이로 인하여 이 사건 다툼이 시작되었음을 알 수 있다.

(2) 이러한 사정 및 원심이 인정한 사실관계를 앞서 본 법리와 기록에 비추어 살펴보면 다음과 같이 판단된다.

① 망인과 소외 2가 말다툼을 벌이게 된 근본 원인은 회사로부터 분배된 야식비의 구체적 사용방법에 관한 것이었으므로, **이 사건 다툼은 회사에서의 업무처리 방식과 관련한 다툼**으로 볼 수 있다.

② 원심은 망인이 먼저 소외 2를 자극하거나 도발하여 이 사건 다툼이 발생한 것으로 전제하고 있으나, 야식비와 관련된 논의 과정에서 오히려 소외 2가 망인에게 먼저 갈취 등을 언급하며 공격적인 발언을

한 것으로 볼 수 있고, 이러한 발언은 망인이 업무와 관련하여 정당하게 개진한 의견을 범죄행위에 빗대는 모욕적인 것으로서, 망인과 소외 2의 회사 내에서의 관계 등을 고려하면 이러한 발언의 정도가 가벼운 것이라고 단정하기 어렵다.

③ 이 사건 다툼이 발생한 장소는 회사 내부였고, 당시 망인과 소외 2는 함께 야간근무 중이었으며, 두 사람 사이에 위 문제 이외에 사적인 원한관계가 있었다는 사정도 엿보이지 아니한다.

(3) 위와 같은 사정을 종합하면, **이 사건 다툼은 직장 안의 인간관계 또는 직무에 내재하거나 통상 수반하는 위험이 현실화되어 발생한 것으로 보아야 하고**, 망인과 소외 2의 사적인 관계에서 기인하였다거나 망인이 직무의 한도를 넘어 상대방을 자극하거나 도발함으로써 발생한 경우라고 보기 어렵다.

마. 그럼에도 원심은 그 판시와 같은 이유로 업무관련성을 부정하였으니, 이러한 원심의 판단에는 업무관련성에 관한 법리를 오해하여 그릇된 판단을 함으로써 판결에 영향을 미친 잘못이 있다.

2. 상고이유 제2점에 대하여

산재보험법 제37조 제2항 본문은 "근로자의 고의·자해행위나 범죄행위 또는 그것이 원인이 되어 발생한 부상·질병·장해 또는 사망은 업무상의 재해로 보지 아니한다."라고 규정하고 있다.

원심은, 망인의 소외 2에 대한 폭력행위가 형사상 범죄행위에 해당하는데 망인은 결과적으로 그 폭력행위가 원인이 되어 사망한 것이므로, 망인의 사망은 산재보험법 제37조 제2항 본문에 의하더라도 업무상 재해로 볼 수 없다고 판단하였다.

그러나 산재보험법 제37조 제2항에서 규정하고 있는 '근로자의 범죄행위가 원인이 되어 사망 등이 발생한 경우'라 함은, 근로자의 범죄행위가 사망 등의 직접 원인이 되는 경우를 의미하는 것이지, 근로자의 폭행으로 자극을 받은 제3자가 그 근로자를 공격하여 사망 등이 발생한 경우와 같이 간접적이거나 부수적인 원인이 되는 경우까지 포함된다고 볼 수는 없다.

그럼에도 원심은 위와 같은 이유를 들어 망인의 사망이 업무상 재해에 해당되지 않는다고 보았으니, 이러한 원심의 판단에는 산재보험법 제37조 제2항 본문에 관한 법리를 오해하여 판결에 영향을 미친 잘못이 있다.

Ⅳ. 업무상 질병

[업무상 질병/ 인과관계 판단 기준] 과도한 운전과 심근 경색 사이에 인과관계가 존재하여 업무상 재해가 인정된다는 사례(대법원 2019. 4. 11. 선고 2018두40515 판결 [유족급여및장의비부지급처분취소])

판례해설

대법원은 일반적인 법리로서 **질병의 주된 발생원인이 업무수행과 직접적인 관계가 없더라도 적어도 업무상의 과로나 스트레스가 질병의 주된 발생원인과 경합하여 질병을 유발 또는 악화시켰다면 업무수행과 질병의 유발 또는 악화 사이에 인과관계가 있다**고 판단하고 있고, 이에 더하여 업무와 질병 또는 사망과의 인과관계 유무는 보통 평균인이 아니라 <u>당해 근로자의 건강과 신체조건을 기준으로 판단</u>하여야 한다고 판시하여 왔다.

대상판결 사안에서 <u>망인은 사망 전 4주간 주당 평균 47시간 7분을 근무하였는데, 사망 전날부터 1주일간 무려 72시간을 근무한 이후 심근경색으로 사망하였는바</u> 해당 망인의 상태, 근무시간 등을 고려한다면 사망과 업무는 일정한 인과관계가 존재한다고 판단함으로써 이를 부정한 원심 판결을 취소하였다.

법원판단

1. 산업재해보상보험법 제5조 제1호에서 말하는 '업무상의 재해'는 근로자가 업무수행 과정에서 유해·위험 요인을 취급하거나 그에 노출되어 발생한 질병, 업무상 부상이 원인이 되어 발생한 질병, 그 밖에 업무와 관련하여 발생한 질병으로서 근로자의 업무수행 중 그 업무에 기인하여 발생한 질병을 의미하는 것이므로 업무와 사망의 원인이 된 질병 사이에 인과관계가 있어야 한다. 그러나 **질병의 주된 발생원인이 업무수행과 직접적인 관계가 없더라도 적어도 업무상의 과로나 스트레스가 질병의 주된 발생원인에 겹쳐서 질병을 유발 또는 악화시켰다면 그 사이에 인과관계가 있다고 볼 수 있고**, 그 인과관계는 반드시 의학적·자연과학적으로 명백히 증명되어야 하는 것은 아니며, 제반 사정을 고려할 때 업무와 질병 사이에 상당인과관계가 있다고 추단되는 경우에도 그 증명이 있다고 보아야 한다. 또한 평소에 정상적인 근무가 가능한 기초질병이나 기존질병이 직무의 과중 등이 원인이 되어 자연적인 진행 속도 이상으로 급격하게 악화된 때에도 그 증명이 있는 경우에 포함되는 것이고, 이때 업무와 질병 또는 사망과의 인과관계 유무는 보통 평균인이 아니라 당해 근로자의 건강과 신체조건을 기준으로

판단하여야 한다. 나아가 과로의 내용이 통상인이 감내하기 곤란한 정도이고 본인에게 그로 인하여 사망에 이를 위험이 있는 질병이나 체질적 요인이 있었던 것으로 밝혀진 경우에는 과로 이외에 달리 사망의 원인이 되었다고 볼 특별한 사정이 드러나지 아니하는 한 업무상 과로와 신체적 요인으로 사망한 것으로 추정함이 경험칙과 논리칙에 부합한다(대법원 2009. 3. 26. 선고 2009두164 판결, 대법원 2010. 1. 28. 선고 2009두5794 판결 등 참조).

2. 원심판결 이유와 원심이 적법하게 채택한 증거에 의하면, 다음과 같은 사정들을 알 수 있다.

가. 망 B(C생, 이하 '망인'이라 한다)은 2015. 1. 1.부터 합자회사 D의 전세버스 운전기사로 근무하였는데 2015. 6.경부터 2015. 8. 초순경까지 메르스 질병으로 행락객이 급감하여 버스 운전업무를 하지 못하다가 메르스 질병 확산이 줄어든 2015. 8. 중순경부터 다시 버스 운전업무에 종사하였다. 이후 **체험학습, 관광** 등의 수요가 한꺼번에 몰려 2015. 9. 15.부터 사망 전날인 2015. 10. 3.까지 19일 동안 휴무 없이 계속 전세버스를 운전하였다.

나. **망인은 사망 전 4주간 주당 평균 47시간 7분을 근무하였는데, 사망 전날부터 1주일간 72시간을 근무**하였다. 대기시간을 제외한 실제 운전업무시간을 기준으로 할 때, 망인은 사망 2주 전부터 그전 1주일간

은 23시간 31분, 사망 1주 전부터 그전 1주일간은 30시간 38분, 사망 전날부터 그전 1주일간은 38시간 25분을 각 근무하였다.

한편, 망인은 전세버스를 운전하였던 관계로 외부관광지 등 일정하지 않은 곳에서 대기하였고, 대기한 장소에는 휴게실 등의 휴게공간이 설치되어 있지 않아 망인은 차량 또는 주차장에서 대기하여야 했다.

다. **망인은 사망 전날인 2015. 10. 3. 10:15경부터 다음 날 01:30경까지 기존에 해오던 전세버스 운전업무가 아닌 셔틀버스 운전업무를 하였다. 위 셔틀버스 운행구간은 집중력이 요구되는 커브 구간이 있는 산지에 위치해 있고, 망인은 위 구간을 반복하여 왕복하였으며, 차량 소재지에서 셔틀버스 운행장소로의 왕복 이동시간을 포함하여 15시간 15분 동안 버스를 운전**하였다.

라. 망인은 사망 당일인 2015. 10. 4. 01:30경 위 셔틀버스 운행을 마치고 곧바로 그 버스를 운전하여 집 앞에 도착하여 버스를 그곳에 세워두고 집에 들어가 잠시 눈을 붙이다가 같은 날 07:15경 위 버스를 운전하여 08:00경 출근하여 버스를 세차하던 중 08:30경 쓰러져 같은 날 09:28경 급성심근경색증으로 사망에 이르렀다.

3. 이러한 사실관계를 앞서 본 법리에 비추어 살펴보면, 망인의 업무와 사망 사이에 상당인과관계를 인정할 여지가 있다. 그 이유는 다음과 같다.

가. 버스 운전기사는 승객들의 안전 및 교통사고의 방지를 위하여 긴장하고 집중하여야 하므로 기본적으로 적지 않은 정신적·육체적 스트레스를 받게 되는데, 망인은 전세버스 수요의 갑작스러운 증가로 사망 전날까지 19일 동안 휴무 없이 계속 근무하였고, 사망 전날부터 1주일간은 사망 전 4주간 주당 평균 근무시간인 47시간 7분을 크게 상회하는 72시간이나 근무하는 등으로 업무상 부담이 단기간에 급증함으로써 육체적·정신적 피로가 급격하게 증가한 것으로 보인다.

나. 망인의 근무시간에 대기시간이 포함되어 있기는 하나, 휴게실이 아닌 차량 또는 주차장에서 대기하여야 하고, 승객들의 일정을 따르다 보니 대기시간도 규칙적이지 않았기 때문에 대기시간 전부가 온전한 휴식시간이었다고 보기는 어렵다.

다. 특히 망인은 사망 전날 전세버스 운전이 아닌 셔틀버스 운전 업무를 하였는데, 위 양 업무는 운행 주기, 운행구간, 승객의 승·하차 빈도 등에 큰 차이가 있었을 뿐 아니라 망인이 야간근무 3시간 30분을 포함하여 15시간 넘게 운전을 하였고, 사망 당일 01:30경 귀가한 후 충분한 휴식을 취하지 못한 채 08:00경에 출근하여 버스를 세차하던 중 쓰러져 09:28경 사망에 이른 일련의 과정에 비추어 볼 때, 망인의 업무내용이나 업무강도에 급격한 변화가 있었고 발병 당시에 업무로 인한 피로가 급격하게 누적된 상태였다고 볼 수 있다.

라. 망인이 수행한 운전 업무 이외에 달리 사망의 원인이 되었다고 볼 만한 특별한 사정을 찾아볼 수도 없으므로, 망인의 나이(61세), 흡연습관 등 망인이 기존에 보유하고 있던 다른 위험인자를 고려하더라도 위

와 같은 운전업무로 단기간에 가중된 과로와 스트레스가 망인의 급성 심근경색을 유발 또는 악화시켰다고 추단할 수 있다.

4. 그럼에도 원심은 그 판시와 같은 사정만을 들어 망인의 사망과 업무 사이에 상당인과관계를 인정할 수 없다고 판단하였다. 이러한 원심 판단에는 필요한 심리를 다하지 아니한 채 산업재해보상보험법상 업무상의 재해에 관한 법리를 오해하여 판결에 영향을 미친 잘못이 있다. 이 점을 지적하는 상고이유 주장은 이유 있다.

산업재해보상보험법 제5조 제1호의 업무상 재해를 인정하기 위한 전제로서 근로자가 주장하는 질병의 존재를 인정하기 위한 방법([대법원 2018. 12. 27., 선고, 2018두46377, 판결] 요양불승인처분취소)

판례해설

법원은 근로자가 자신의 질병이 업무상 재해로 인한 것임을 인정받기 위해서는 적어도 **감정 결과 등 객관적이고 합리적인 방법으로 확인되는 근로자의 증상이 그 질병의 진단과 관련하여 일반적으로 통용되는 의학적 지식이나 진단기준에 부합하여야 한다**고 판시하면서 그 판단기준을 제시하고 있다.

대상판결에서는 근로자가 업무상 재해로 주장하는 특정 질병이 진단방법에 따라 결론이 달라질 수 있는 것이라면 이는 일반적으로 통용되는 의학적 지식이나 진단기준에 부합하지 않는다고 판단하여 원심을 파기하여 원심법원으로 사건을 돌려보냈다.

법원판단

1. **산업재해보상보험법(이하, '산재보험법'이라고 한다) 제5조 제1호의 업무상 재해를 인정하기 위한 전제로서 근로자가 주장하는 질병의 존재를 인정하기 위해서는 감정 결과 등 객관적이고 합리적인 방법으로 확인되는 근로자의 증상이 그 질병의 진단과 관련하여 일반적으로 통용되는 의학적 지식이나 진단기준에 부합하여야 하고, 그렇지 않다면 특별한 사정이 없는 한 질병의 존재 자체를 인정하기는 어렵다**고 보아야 한다.

2. 가. 원심은 적법하게 채택한 증거에 의하여 아래의 사실들을 인정하였다.

1) 원고는 1981. 12.경부터 1994. 12. 7.까지 ○○광업소, △△△, □□□□□ 주식회사 등에서 광원으로 근무하였다.

2) 원고는 2016. 3. 29. ◇◇대학교 의과대학 부속병원에서 '괴저를 동반하지 않은 레이노증후군(양측 수부)'(이하, '이 사건 상병'이라고 한다)

진단을 받았다. 이를 근거로 원고는 피고에게 '약 21년간 탄광에서 광원으로 근무하는 동안 착암기 등 공구를 운전하는 등 진동이 수반되는 작업을 장기간 수행하여 이 사건 상병이 발병하였다'고 주장하며 요양급여를 신청하였다.

3) 피고는 2016. 10. 4. '이 사건 상병이 인정되지 아니하고, 진동 노출 작업을 그만둔 후 상당 기간이 경과하여 원고 수행 업무와 이 사건 상병 사이의 상당인과관계 또한 인정되지 않는다'는 이유를 들어 원고에 대한 요양을 불승인하는 이 사건 처분을 하였다.

4) 제1심법원은 ☆☆☆☆☆☆ ☆☆☆☆병원장에게 원고의 신체감정을 촉탁하였는데, 감정촉탁의는 '냉각부하검사에서 창백증의 소견은 확인되지 않았다', '원고는 겨울철에 손가락의 색조변화, 감각이 무뎌짐 등의 증상이 있는 것으로 보이고, 이러한 증상은 과거 20년간 진동공구 사용에 의해 발생한 것이라고 판단된다', '다만 원고의 현 상태가 피고가 제시한 요양의 기준에 해당하지 않는 정도라고 판단되고, 치료가 필요한 상태이거나 장해가 현저하게 남아 노동능력에 문제가 있는 정도라고 판단되지 않는다'는 취지로 회신하였다.

나. 원심은, 원고의 주치의인 ◇◇대학교 의과대학 부속병원 담당의의 소견 및 제1심법원의 감정촉탁결과 등을 근거로, 원고에게 양손 손끝의 감각이 무뎌지고 차가워지는 증상이 존재하는 사실이 인정되고, 원고의 이러한 증상은 산재보험법 시행령 제34조 제1항, 제3항 [별표 3] 제12호 (라)목에서 정한 '진동에 노출되는 부위에 발생하는 레이노

현상'으로서 요양급여의 대상인 산재보험법 제37조 제1항 제2호 (가) 목에서 정한 업무상 질병에 해당한다고 판단하였다.

3. 그러나 원고에게 업무상 재해에 해당하는 질병이 존재하는 것으로 본 원심의 판단은 다음과 같은 이유로 그대로 수긍할 수 없다.

기록에 의하면, ① 원고의 주치의는 원고에 대하여 X선 촬영, 레이노 스캔 검사, 자가면역질환 감별을 위한 진단검사를 실시한 후 원고를 레이노증후군으로 진단한 사실, ② 원고에게 양손 손끝의 감각이 무뎌지고 차가워지는 증상이 인정되기는 하나, 레이노증후군 진단을 위하여 피고가 요구하고 있는 냉각부하검사 결과에서는 레이노증후군의 대표적 증상인 창백증 소견이 확인되지 않은 사실을 알 수 있다. 한편 제1심 법원의 감정촉탁결과에 의하면, 일반적으로 냉각부하검사 결과 창백증 소견이 확인되지 않는 경우에도 원고에게 나타난 위 증상만으로 원고를 레이노증후군으로 진단하는 것이 가능한지가 명확하지 않다.

이처럼 <u>검사방법에 따라 원고에 대한 진단 결과가 달라질 수 있다면, 원심으로서는 레이노증후군 진단과 관련하여 일반적으로 통용되는 의학적 지식이나 진단기준이 어떠한지를 먼저 확정한 후, 그에 따를 때 원고를 레이노증후군으로 진단할 수 있는지를 나아가 심리하였어야 할 것</u>이다.

그런데도 원심은, 일반적으로 통용되는 의학적 지식이나 진단기준에 비추어 원고의 위와 같은 증상을 레이노증후군으로 진단할 수 있는지 여부를 심리, 판단하지 아니한 채 원고에게 양손 손끝의 감각이 무뎌지고 차가워지는 증상이 인정된다는 감정촉탁결과 등만을 근거로 이 사건 상병이 인정된다고 단정하였다. 이러한 원심판결에는 산재보험법상 업무상 재해에 관한 법리를 오해하여 필요한 심리를 다하지 아니함으로써 판결에 영향을 미친 잘못이 있다. 이를 지적하는 취지의 상고이유 주장은 이유 있다.

[반도체 사건] 질병과 업무 사이에 인과관계가 부인된 사건(대법원 2016. 8. 30. 선고 2014두12185 판결 [유족급여및장의비부지급처분취소등])

판례해설

유명한 ** 반도체 사건이다. 근로자에게 어떠한 질병이 발생하였을 경우 해당 질병과 업무 사이에 상당인과관계가 존재하여야 하는바, 대상 사건은 그와 같은 인과성이 인정되지 않아 업무상 재해가 인정되지 않은 사건이다. 즉 법원은 **근로자가 다루었던 트리클로로에틸렌을 비롯한 화학물질 등과 급성 골수성 백혈병의 인과성이 알려진 바가 없을 뿐 아니라, 그로 인하여 암이 발생한다는 연구결과가 없었고, 근로자의 노출의 정도 등을 고려하더라도 질병과 업무사이에 인과관계가 존재하지 않는다고 판단하였다.**

법원판단

1. 산업재해보상보험법 제5조 제1호의 '업무상의 재해'란 근로자의 업무수행 중 그 업무에 기인하여 발생한 재해를 말하므로 업무와 재해 사이에 상당인과관계가 있어야 하고, 이 경우 근로자의 업무와 재해 사이의 인과관계는 이를 주장하는 측에서 증명하여야 한다. 상당인과관계가 반드시 직접증거에 의하여 의학적·자연과학적으로 명백히 증명되어야 하는 것은 아니지만 당해 근로자의 건강과 신체조건을 기준으로 하여 취업 당시의 건강상태, 기존 질병의 유무, 종사한 업무의 성질 및 근무환경 등 간접사실에 의하여 업무와 재해 사이의 상당인과관계가 추단될 정도로는 증명되어야 한다(대법원 2012. 5. 9. 선고 2011두30427 판결 등 참조).

2. 원심은 그 판시와 같은 사실을 기초로 하여 아래와 같은 사정을 종합하면, 망 소외인, 원고 2, 원고 3이 수행한 업무와 이 사건 각 질병 또는 사망 사이에 상당인과관계가 있다고 보기 어렵다는 이유로, 피고가 원고들에 대하여 한 이 사건 각 처분이 적법하다고 판단하였다.

가. 망 소외인이 평탄화 및 백랩 공정에서 취급한 연마제에 인간에게 암을 일으킨다고 할 수 없는 비결정질 실리카 또는 비결정질 증기 실리카가 포함되어 있을 뿐이고, 2라인 백랩 공정에서 아르신이 검출되었으나 그 검출량이 흔적(trace)에 그친 점, 설비엔지니어 업무의 특성상 단

시간에 고농도의 유해물질에 노출될 수 있다고 하더라도 직접 취급한 물질이 암과 별다른 관련이 없는 점 등에 비추어 보면, 망 소외인이 아르신이나 평탄화 및 백랩 공정 또는 다른 공정에서 발생한 유해물질에 노출되었고 과로하거나 스트레스를 받았다고 하더라도, 그 노출 또는 과로 등의 정도가 위 질병을 유발하거나 그 진행을 촉진할 정도라고 보기 어려우며, 망 소외인이 그 밖의 유해물질에 노출되었다고 볼 증거가 부족하다.

나. 원고 2가 절단·절곡 공정에서 취급한 트리클로로에틸렌을 비롯한 화학물질들이 급성 골수성 백혈병과의 연관성이 알려진 바 없거나 인간에게 암을 일으킨다고 할 수 없는 것들이고, 원고 2가 몰드 또는 인쇄 공정에서 발생 가능한 벤젠이나 포름알데히드에 노출되었고 과로하거나 스트레스를 받았다고 하더라도, 그 노출 또는 과로 등의 정도가 위 질병을 유발하거나 그 진행을 촉진할 정도라고 보기 어려우며, 그 밖의 유해물질에 노출되었다고 볼 증거가 부족하다.

다. 원고 3이 도금공정에서 취급한 납, 주석, 황산 등이 악성 림프종을 유발하였다거나 그 진행을 촉진하였다고 보기 어렵고, 원고 3이 트리클로로에틸렌과 인쇄 공정에서 발생 가능한 벤젠 등을 포함하여 다른 공정에서 발생한 유해물질에 노출되었고 과로하거나 스트레스를 받았다고 하더라도, 그 노출 또는 과로 등의 정도가 위 질병을 유발하거나 그 진행을 촉진할 정도에 이르렀다고 보기 어려우며, 그 밖의 유해물질에 노출되었다고 볼 증거가 부족하다.

3. 앞서 본 법리와 기록에 비추어 살펴보면, 원심의 위와 같은 판단에 상고이유 주장과 같이 망 소외인, 원고 2, 원고 3이 노출된 유해물질과 그로 인하여 발생하는 질병에 대하여 필요한 심리를 다하지 아니한 채 논리와 경험의 법칙에 반하여 사실을 오인하였거나, 업무와 재해 사이의 상당인과관계에 관한 법리를 오해한 잘못이 없다.

4. 그러므로 상고를 모두 기각하고, 상고비용은 패소자들이 부담하기로 하여, 관여 대법관의 일치된 의견으로 주문과 같이 판결한다.

[업무상 질병/ 노출의 정도] 급성 골수성 백혈병이 업무 수행 중 벤젠 등의 유기용제에 장기간 노출되어 발병한 것으로서 업무상 재해에 해당한다고 한 사례(대법원 2004. 4. 9., 선고, 2003두12530, 판결 요양불승인처분취소)

판례해설

대상판결 사안은 **대법원 2016. 8. 30. 선고 2014두12185, 즉 위 ** 반도체 판결과 유사한 사안이지만 이와 달리 업무상 재해(질병)로 인정받은 사안**이다. 본 사안에서는 해당 유독 물질과 질병 사이에 인과관계를 인정하기 위한 조건으로 질병과 업무 중 유독 물질에 접촉하는 빈

도 그리고 노출의 정도 등을 고려하여 인과관계를 인정하였다

법원판단

구 산업재해보상보험법(1999. 12. 31. 법률 제6073호로 개정되기 전의 것) 제4조 제1호에서 말하는 '업무상 재해'라 함은 근로자가 업무수행중 그 업무에 기인하여 발생한 재해를 말하는 것이므로, 업무와 재해발생 사이에 상당인과관계가 있어야 하고 이 경우 근로자의 업무와 질병 또는 위 질병에 따른 사망 간의 인과관계에 관하여는 이를 주장하는 측에서 입증하여야 하지만, 그 인과관계는 반드시 의학적, 자연과학적으로 명백히 입증하여야만 하는 것은 아니고, 근로자의 취업당시 건강상태, 질병의 원인, 작업장에 발병원인물질이 있었는지 여부, 발병원인물질이 있는 작업장에서의 근무기간 등 제반 사정을 고려할 때 업무와 질병 또는 그에 따른 사망 사이에 상당인과관계가 있다고 추단되는 경우에도 입증이 있다고 보아야 할 것이고(대법원 1997. 2. 28. 선고 96누14883 판결, 2000. 5. 12. 선고 99두11424 판결 등 참조), 업무와 재해 사이의 상당인과관계의 유무는 보통 평균인이 아니라 당해 근로자의 건강과 신체조건을 기준으로 판단하여야 할 것이다(대법원 1992. 5. 12. 선고 91누10466 판결, 1996. 9. 6. 선고 96누6103 판결 등 참조).

원심판결 및 원심이 인용한 제1심판결 이유에 의하면, 원심은 그 채용 증거에 의하여, 원고는 1987. 10. 12. 한국타이어 주식회사(이하, '소외 회사'라 한다)에 입사하여 1988. 6. 30.까지 성형과에서 업무를 보조(한솔 취급)하였고, 그 후부터 1989. 6. 30.까지 재료과 비드실에서 업무를 보조(와이어릴 교체 및 비드 운전)하다가, 그 이후부터 1990. 3. 31.까지 3호기 작업(한솔 사용기계), 그 이후부터 1995. 5. 18.까지 4호기 작업(한솔 미사용 기계)을 하였고, 1995. 5.경 허리를 다쳐 휴직한 후 치료받은 다음 1996. 9. 1. 복직하여 인사교육팀으로 발령받았으나 비드실에서 보조작업(한솔취급)을 해오다 1997. 6. 30. 회사를 퇴직한 사실, 타이어의 제조공정은 원료 정련공정, 압출·압연공정, 비드공정, 재단공정, 성형공정, 가류공정, 검사공정 등으로 이루어지는데, 비드공정은 고장력 스틸 와이어(steel wire)에 고무를 토핑(topping)하여 여러 층으로 감고(권취작업) 여기에 필러 고무를 부착하고 플리퍼(flipper)로 감싸는 작업(후리퍼작업)이고, 성형공정은 타이어에 사용되는 모든 구성재료를 성형기에서 순차적으로 붙여 원통형의 생 타이어를 만드는 작업인 사실, **성형작업 중 날개 부분을 붙일 때 접착력을 높이기 위해 고무에 한솔이나 시멘트를 뿌려주거나 붓으로 발라주는 작업을 하는데 이 과정에서 한솔에 포함된 발암물질인 벤젠에 노출되게 되고**, 비드공정 중 권취작업을 위해 와이어가 한솔통을 통과해야 되는데 한솔통을 통과한 와이어에 묻은 한솔이 증발하면서, 그리고 한솔 저장탱크에서 한솔을 운반통에 담아와 이를 한솔통에 붓는 과정에서도 벤젠에 노출되며, 특히 권취작업과 후리퍼작업에서 생산된 나비드와 비드 재고품에 한솔을 칠하는 작업과정에서 더 많은 양의 벤젠에 노출되는 사실, 소외 회사가 1996.부터 1999.까지 사용한 두 종류의 한솔에는 각각 0.1~0.4 vol%(동남유화 DN-400), 0.53~0.59 vol%(한국석유 S-203)의 벤젠이 함유되어 있었고, 그 외에 유해화학물질인 노말펜탄, 노말헥산, 톨루엔, 크실렌 등도 검출되었는데, 비드작업 보조자의 노출농도는 노말헥산 1.0377ppm, 벤젠 0.18ppm(1994년 원고와 유사 작업자의 예), 비드 재고품 붓칠 작업자의 노출농도는 벤젠 0.24ppm, 헥산 5.90ppm, 성형공정 보조작업자의 노출농도는 벤젠 0.18ppm 정도로 추정되는 사실, 원고는 소외 회사에 재직하는 동안 산재 휴직기간 9개월을 제외한 나머지 근무기간 9년 중 9개월을 성형과에서, 8년 3개월을 비드실에서 근무하였고, 소외 회사는 1일 8시간씩 3조 3교대 근무를 하게 하였는데, 원고는 정규근무시간 외에도 1992.에 월평균 26.2시간, 1993.에 월평균 42.8시간, 1994. 6.부터 1995. 4.까지 월평균 51.7시간의 연장근무를 하였으며, 벤젠에 노출될 위험성이 가장 높은 재고 비드에 한솔을 칠하는 작업은 정규 근무시간 외에 주로 잔업으로 월 1~2회, 1회에 30분~2시간 정도씩을 한 사실, <u>원고는 1960. 12. 13.생으로 입사 전이나 입사 후 건강에 아무런 이상이 없었는데, 퇴직 후인 1999. 5.경부터 피부에 반점이 생기고 몸에 멍이 드는 등 이상 징후가 나타나 피부반점 및 편도선염 등으로 치료를 받는 과정에서 이 사건 상병인 급성골수성 백혈병(이하, '이 사건 상병'이라 한다)의 진단을 받게 되었고 병원에 입원하여 항암치료를 받았으며, 가족 중 백혈병력이 있는 사람은 없고, 1일 담배 1갑 정도를 흡연하는 사실</u>, 백혈병의 발병원인은 유

<u>전적 요인과 환경적 요인이 있는데, 대부분의 환자에서 그 발병원인을 정확히 확인할 수 없으나, 방사능 피폭, 벤젠이나 다른 화학물질이 백혈병과 관련이 있는 것으로 알려져 있고, 일부 바이러스 감염도 백혈병의 발병과 관련이 있는 것으로 알려져 있으며, 백혈병의 잠복기간은 평균 11.4년인 사실</u> 등을 인정한 다음, 위 인정 사실에 의하면, 근무장소 및 근무내용, 작업에 사용된 유기용제의 성분 등에 비추어 원고는 소외 회사에 입사하여 9년간 성형과 및 비드실에서 근무하는 과정에서 발암물질로서 백혈병을 유발하는 벤젠에 지속적으로 노출되어 왔고, 그 노출정도가 한국산업안전공단 보건연구원의 측정결과 0.047ppm에서 최고 0.082ppm(비드와 나비드가 붙은 것을 떼어 내거나 기계 또는 바닥을 닦는 데 사용하는 양, 한솔통을 운반하거나 열려진 한솔통에서 증발하는 벤젠량, 피부흡수량 등은 고려하지 않은 것이므로 실제로는 더 많은 양의 벤젠에 노출되어 왔다고 판단된다) 정도로 노출허용기준을 초과하지는 않으나, 노출수치가 낮더라도 장기간에 걸쳐 벤젠에 노출됨으로써 이 사건 상병의 유발인자로 작용하기에 충분하므로, 원고의 상병이 다른 원인에 의해 발생되었다는 특별한 사정이 없는 이상 이 사건 원고의 상병은 위와 같이 업무 수행중 벤젠 등 유기용제에 노출되어 발병한 것이거나 적어도 그것이 발병을 촉진한 하나의 원인이 되었다고 추단할 수 있고, 따라서 원고의 상병은 업무와 상당인과관계가 있는 것으로서 업무상 재해에 해당한다고 판단하였는 바, 기록과 위에서 본 법리에 비추어 살펴보면, 위와 같은 원심의 사실인정과 판단은 옳은 것으로 수긍이 가고, 거기에 상고이유에서 지적하는

바와 같은 사실오인, 업무상 재해의 상당인과관계에 관한 법리오해 등의 위법이 있다고 할 수 없다.

[인관관계 증명책임자] 산업재해보상보험법 제5조 제1호가 정하는 업무상의 사유에 따른 질병으로 인정하기 위한 업무와 질병 사이의 인과관계에 관한 증명책임의 소재 및 증명의 정도(대법원 2017. 8. 29 선고 2015두3867 판결 [요양불승인처분취소])

법원판단

가. **산업재해보상보험제도는 작업장에서 발생할 수 있는 산업안전보건상의 위험을 사업주나 근로자 어느 일방에 전가하는 것이 아니라 공적(공적) 보험을 통해서 산업과 사회 전체가 이를 분담하고자 하는 목적**을 가진다. 이 제도는 간접적으로 근로자의 열악한 작업환경이 개선되도록 하는 유인으로 작용하고, 궁극적으로 경제·산업 발전 과정에서 소외될 수 있는 근로자의 안전과 건강을 위한 최소한의 사회적 안전망을 제공함으로써 사회 전체의 갈등과 비용을 줄여 안정적으로 산업의 발전과 경제성장에 기여하고 있다.

전통적인 산업분야에서는 산업재해 발생의 원인이 어느 정도 규명되어 있다. 그러나 첨단산업분야에서는 작업현장에서 생길 수 있는 이른바 '직업병'에 대한 경험적·이론적 연구결과가 없거나 상대적으로 부족한 경우가 많다. 첨단산업은 발전 속도가 매우 빨라 작업장에서 사용되는 화학물질이 빈번히 바뀌고 화학물질 그 자체나 작업방식이 영업비밀에 해당하는 경우도 많다. 이러한 경우 산업재해의 존부와 발생 원인을 사후적으로 찾아내기가 쉽지 않다.

사업장이 개별적인 화학물질의 사용에 관한 법령상 기준을 벗어나지 않더라도, 그것만으로 안전하다고 단정할 수도 없다. 작업현장에서 사용되는 각종 화학물질에서 유해한 부산물이 나오고 근로자가 이러한 화학물질 등에 복합적으로 노출되어 원인이 뚜렷하게 규명되지 않은 질병에 걸릴 위험이 있는데, 이러한 위험을 미리 방지할 정도로 법령상 규제 기준이 마련되지 못할 수 있기 때문이다. 또한 첨단산업분야의 경우 수많은 유해화학물질로부터 근로자를 보호하기 위한 안전대책이나 교육 역시 불충분할 수 있다.

이러한 점을 감안하여 사회보장제도로 사회적 안전망의 사각지대에 대한 보호를 강화함과 동시에 규범적 차원에서 당사자들 사이의 이해관계를 조정하고 갈등을 해소할 필요가 있다. 산업재해보상보험제도는 무과실 책임을 전제로 한 것으로 기업 등 사업자의 과실 유무를 묻지 않고 산업재해에 대한 보상을 하되, 사회 전체가 비용을 분담하도록 한다. 산업사회가 원활하게 유지·발전하도록 하는 윤활유와 같은 이러한 기능은 첨단산업분야에서 더욱 중요한 의미를 갖는다. 첨단산업은 불확실한 위험을 감수해야 하는 상황에 부딪칠 수도 있는데, 그러한 위험을 대비하는 보험은 근로자의 희생을 보상하면서도 첨단산업의 발전을 장려하는 기능이 있기 때문이다. 위와 같은 이해관계 조정 등의 필요성과 산업재해보상보험의 사회적 기능은 산업재해보상보험의 지급 여부에 결정적인 요건으로 작용하는 인과관계를 판단하는 과정에서 규범적으로 조화롭게 반영되어야 한다.

나. 산업재해보상보험법 제5조 제1호가 정하는 **업무상의 사유에 따른 질병으로 인정하려면 업무와 질병 사이에 인과관계가 있어야 하고 그 증명책임은 원칙적으로 근로자 측**에 있다. 여기에서 말하는 **인과관계는 반드시 의학적·자연과학적으로 명백히 증명되어야 하는 것은 아니고 법적·규범적 관점에서 상당인과관계가 인정되면 그 증명이 있**다고 보아야 한다. 산업재해의 발생원인에 관한 직접적인 증거가 없더라도 근로자의 취업 당시 건강상태, 질병의 원인, 작업장에 발병원인이 될 만한 물질이 있었는지 여부, 발병원인물질이 있는 작업장에서 근무한 기간 등의 여러 사정을 고려하여 경험칙과 사회통념에 따라 합리적인 추론을 통하여 인과관계를 인정할 수 있다. 이때 업무와 질병 사이의 인과관계는 사회 평균인이 아니라 질병이 생긴 근로자의 건강과 신체조건을 기준으로 판단하여야 한다(대법원 2004. 4. 9. 선고 2003두12530 판결, 대법원 2008. 5. 15. 선고 2008두3821 판결 등 참조).

위에서 보았듯이 첨단산업분야에서 유해화학물질로 인한 질병에 대해 산업재해보상보험으로 근로자를 보호할 현실적·규범적 이유가 있는 점, 산업재해보상보험제도의 목적과 기능 등을 종합적으로 고려할 때, 근로자에게 발병한 질병이 이른바 '희귀질환' 또는 첨단산업현장에서 새롭게 발생하는 유형의 질환에 해당하고 그에 관한 연구결과가 충분하지 않아 발병원인으로 의심되는 요소들과 근로자의 질병 사이에 인과관계를 명확하게 규명하는 것이 현재의 의학과 자연과학 수준에서 곤란하더라도 그것만으로 인과관계를 쉽사리 부정할 수 없다. 특히, **희귀질환의 평균 유병률이나 연령별 평균 유병률에 비해 특정 산업 종사자 군이나 특정 사업장에서 그 질환의 발병률 또는 일정 연령대의 발병률이 높거나, 사업주의 협조 거부 또는 관련 행정청의 조사 거부나 지연 등으로 그 질환에 영향을 미칠 수 있는 작업환경상 유해요소들의 종류와 노출 정도를 구체적으로 특정할 수 없었다는 등의 특별한 사정이 인정된다면, 이는 상당인과관계를 인정하는 단계에서 근로자에게 유리한 간접사실로 고려할 수 있다.** 나아가 작업환경에 여러 유해물질이나 유해요소가 존재하는 경우 개별 유해요인들이 특정 질환의 발병이나 악화에 복합적·누적적으로 작용할 가능성을 간과해서는 안 된다.

[업무상 재해/ 인과관계가 부정된 사례] 사망한 근로자가 휴일 없이 근무하기는 하였으나 휴게시간을 충분히 가질 수 있었던 점, 수년간 동일하게 해온 업무인 점을 고려하여 업무와 질병 사이에 인과관계가 없다고 판시한 사례(대법원 2015. 12. 10. 선고 2015두49122 판결 [유족급여및장의비부지급처분취소])

판례해설

원심에서는 사망한 근로자가 29세에 불과한 점, 기저 질환이 존재하지 않았던 점, 재해가 발생하기 전 심각한 스트레스가 존재하였을 것이 추단된다는 점을 고려하여 업무상 재해로 인정하였으나 대법원은 이와 같은 원심의 판단을 취소하였다.

즉 대법원은 망인이 주말 휴일 없이 근무하기는 하였으나 평일 20:00 이후에는 휴게 시간을 가질 수 있었던 점, 해당 업무를 7년 가량 동일한 방법으로 수행하여 이에 대한 심리적 압박이 크지 않았을 것이라는 점, 사망 당일 뇌동맥이 파열될 정도의 스트레스 등 심리적인 압박이 있었을 것이라고 예측하기 어렵다는 점을 고려하여 업무상 재해를 인정하지 않았다.

사실상 위 사례들의 사실관계는 거의 유사하나, 구체적인 사안에 따라 대법원은 산업재해로 인정하기도, 부정하기도 한다. 따라서 업무상 재해를 입은 근로자라면 다양한 판례의 구체적 사안을 잘 구별하여 자신에게 해당하는 사례를 적절히 인용하여야 할 것이다.

법원판단

1. 산업재해보상보험법상의 업무상 재해란 근로자의 업무수행 중 그 업무에 기인하여 발생한 질병을 의미하는 것이므로 업무와 질병 사이에 인과관계가 있어야 하고, **질병의 주된 발생 원인이 업무수행과 직접적인 관계가 없더라도 적어도 업무상의 과로나 스트레스가 질병의 주된 발생 원인에 겹쳐서 질병을 유발 또는 악화시켰다면 그 사이에 인과관계가 있다고 보아야 하는바**, 이러한 인과관계는 반드시 의학적 · 자연과학적으로 명백히 증명되어야 하는 것은 아니나 여러 사정을 고려할 때 업무와 질병 사이에 상당인과관계가 있다고 추단될 정도로는 증명되어야 한다(대법원 2006. 3. 9. 선고 2005두13841 판결 등 참조).

2. 원심은 그 채택 증거를 종합하여 그 판시와 같은 사실을 인정한 다음, ① 망인의 사망 당시 연령이 29세에 불과하고, 망인의 직접사인인 박리성 뇌동맥류와 관련하여 혈관벽의 연화를 유발하는 결체조직, 자가면역질환 또는 일반적인 혈관위해요소인 고혈압, 당뇨 등은 망인에게 모두 발견되지 아니한 점, ② 망인과 2인 1조로 함께 일하던 실장 B가 2012년 1월경부터 건축사 시험을 준비하면서부터 업무량 증가로 토요일 근무를 할 수밖에 없게 되었고, 2012년 8월경부터 이 사건 재해일인 2012. 9. 6.까지는 휴무 없이 계속 출근하였으며 근무시간도 이 사건 재해일에 이르기까지 점차 증가한 점, ③ 업무의 내용에 있어서도 B는 건축설계업무, 망인은 이를 보조하는 업무를 수행하다가 B의 시험

준비로 망인이 B가 하던 업무를 일정 부분 대신하게 되면서 망인은 설계의 정확성에 대한 압박감을 느낄 수밖에 없었던 것으로 보이는 점, ④ 특히 이 사건 재해일 전날 소장의 지시로 망인은 시어머니와의 저녁 약속을 취소하고 22:00경까지 다음날 오전 완성을 목표로 공장용지인 토지의 용도변경을 전제로 그 위에 다세대주택을 건축할 수 있도록 하는 내용의 계획서를 작성하면서 상당한 피로와 정신적 스트레스를 받았을 것으로 보이는 점 등의 사정을 종합하면, 망인에게 뇌동맥류라는 기존 질환이 있었다고 하더라도 업무상 과로와 스트레스로 인하여 그러한 기존 질환이 자연경과 이상으로 급격히 악화되었다고 봄이 타당하므로 망인의 사망은 업무상 재해에 해당한다고 판단하였다.

3. 그러나 원심의 판단은 다음과 같은 이유에서 그대로 수긍하기 어렵다.

원심판결 이유와 원심이 적법하게 채택한 증거에 의하여 알 수 있는 다음과 같은 사정, 즉 ① 망인이 담당한 업무는 주로 설계업무로서 업무의 강도나 밀도에 비추어 신체적·정신적 부담이 중한 업무라고 보기는 어려울 뿐만 아니라 비록 이 사건 재해일 4주 전부터는 휴무일 없이 근무하기는 하였으나 보통 20시 이전에는 퇴근하여 어느 정도 규칙적인 휴식을 취할 수 있었던 점, ② 망인이 B가 건축사 시험을 준비하면서부터 종래 담당하던 설계보조업무를 넘어 주된 설계업무까지도 일부 담당하기는 하였으나, 망인은 이 사건 회사에서 7년 정도 도면 작성 등 설계업무를 수행하였으므로 설계업무의 범위가 다소 넓어졌다고 하더라도 변화된 업무에 쉽게 적응할 수 있었을 것으로 보이고, 망인이 할 수 없는 업무는 여전히 B가 담당하였고 B의 조언과 검토 아래 업무를 수행하였으므로 업무의 변화로 인하여 특별히 심한 정신적 압박을 받았으리라고는 여겨지지 아니하는 점, ③ 사업주인 소장의 지시로 시어머니와의 저녁 약속을 취소하고 22:00경까지 근무한 것이 뇌동맥류의 파열을 유발할 정도의 급격한 정신적 충격이 될 정도라고 보기는 어려운 점, ④ 뇌동맥류는 특별한 원인이 없이도 자연발생적으로 파열될 수도 있는 점 등을 종합하면 망인이 업무 수행 과정에서 과로 및 스트레스가 없지 않았다 하더라도 그것이 기존 질환인 뇌동맥류를 자연경과 이상으로 급격하게 악화시켜 파열에 이르게 할 정도였다고 단정하기 어렵다.

그럼에도 이와 달리 원심은 그 판시와 같은 사정만으로 망인의 사망과 업무상 과로 및 스트레스 사이에 상당인과관계가 있다고 보아 망인의 사망은 업무상 재해에 해당한다고 판단하였다. 이러한 원심판결에는 업무상 재해에서 상당인과관계의 증명 등에 관한 법리를 오해하여 필요한 심리를 다하지 아니함으로써 판결에 영향을 미친 위법이 있다.

4. 그러므로 원심판결을 파기하고, 사건을 다시 심리·판단하게 하기 위하여 원심법원에 환송하기로 하여 관여 대법관의 일치된 의견으로 주문과 같이 판결한다.

평소에는 정상적인 근무가 가능할 정도의 기저 질환 또는 질병이 직무의 과중 등이 원인이 되어 자연적인 진행속도 이상으로 급격하게 악화된 경우에는 업무상 재해의 인과관계가 인정될 수 있다는 사례(대법원 2017. 4. 28 선고 2016두56134 판결 [요양·보험급여결정승인처분취소])

판례해설

산업재해보상보험법 제5조 제1호에 정한 '업무상의 재해'에 해당하기 위해서는 업무와 재해 발생 사이에 인과관계가 있어야 하는데 이때 필요한 인과관계 증명의 정도에 대하여 설시한 판례이다.

평소에는 정상적인 근무가 가능할 정도의 기초질병이나 기존질병이 직무의 과중 등이 원인이 되어, 이와 같은 직무의 과중 등이 없는 상태에 기대할 수 있는 자연적인 진행속도 이상으로 급격하게 악화된 경우, 법원은 업무와 이러한 급격한 질병의 악화 사이에 인과관계가 증명된 것으로 보아야 한다고 판단하였다.

한편 사안에서 법원은 산업재해보상보험법의 적용을 받는 여러 개의 건설공사 사업장을 옮겨 다니며 근무한 근로자가 작업 중 질병에 걸린 경우, 질병이 업무상 재해에 해당하는지를 판단할 때 근로자가 복수의 사용자 아래서 경험한 모든 업무를 포함하여 판단의 자료로 삼아야 한다고 판시하였다.

법원판단

1. 산업재해보상보험법 제5조 제1호에 정한 '업무상의 재해'는 업무수행 중 그 업무에 기인하여 발생한 근로자의 부상, 질병, 장해 또는 사망을 뜻하므로 이에 해당하기 위해서는 업무와 재해발생 사이에 인과관계가 있어야 한다. 그리고 그 인과관계는 반드시 의학적·자연과학적으로 명백히 증명하여야 하는 것이 아니라 제반 사정을 고려할 때 업무와 질병 사이에 상당인과관계가 있다고 추단되면 증명된 것으로 보아야 하고, 평소에 정상적인 근무가 가능한 기초질병이나 기존질병이 직무의 과중 등이 원인이 되어 자연적인 진행속도 이상으로 급격하게 악화된 때에도 인과관계가 증명된 것으로 보아야 한다(대법원 2009. 3. 26. 선고 2009두164 판결 등 참조).

한편 **여러 개의 건설공사 사업장을 옮겨 다니며 근무한 근로자**가 작업 중 질병에 걸린 경우 그 건설공사 사업장이 모두 산업재해보상보험법의 적용 대상이라면 당해 질병이 업무상 재해에 해당하는지 여부를 판단할 때에 **그 근로자가 복수의 사용자 아래서 경험한 모든 업무를 포함시켜 그 판단의 자료**로 삼아야 한다(대법원 1992. 5. 12. 선고 91누10466 판결, 대법원 2010. 1. 28. 선고 2009두5794 판결 등 참조).

2. 원심은 제1심판결의 이유를 인용하여 판시와 같은 사실을 인정한 다음, 참가인이 이 사건 공사현장에서 근무한 기간은 약 4개월 정도에

불과하고, 2007년 초경부터 견비통, 어깨의 염좌 및 긴장, 어깨의 유착성 피막염 등으로 이 사건 상병 부위에 치료를 받은 내역이 다수 존재하며, **이 사건 상병을 진단받은 시점은 이 사건 공사현장에서 근무를 종료한 날로부터 약 2개월 후인 사정에 비추어 이 사건 상병의 발병 시점이 이 사건 공사현장에서 근무한 시기 이전이었거나 이후일 가능성을 배제할 수 없다는 점 등을 근거로, 참가인의 이 사건 공사현장에서의 작업이 이 사건 상병의 발병 및 악화에 영향을 미쳤다고 단정하기 어렵다고 보아, 참가인의 업무와 이 사건 상병 사이의 상당인과관계가 인정되지 않는다고 판단하였다.**

3. 그러나 원심의 이러한 판단은 다음과 같은 이유로 그대로 수긍하기 어렵다.

원심판결 이유와 기록에 의하면, 참가인은 이 사건 요양신청 당시부터 원심에 이르기까지 일관하여 이 사건 공사현장을 포함하여 약 27년 동안 여러 건설공사 사업장에서 미장공으로 근무해 왔다고 진술하였고, 2004. 7.경부터는 고용보험 일용근로내역서의 기재에 의하여 그 진술이 뒷받침되는 점 등을 알 수 있다.

이러한 사정을 앞서 본 법리에 비추어 살펴보면, 이 사건 상병이 업무상 재해에 해당하는지 여부는 이 사건 공사현장에서 수행한 업무뿐만 아니라 최소한 산업재해보상보험법이 적용되는 것으로 확인되는 그 이전

건설공사 사업장들에서 수행한 업무도 모두 포함하여 판단하여야 한다.

따라서 **원심으로서는 참가인이 미장공으로 근무한 기간, 사업장 및 구체적 업무 내용, 참가인이 2007년 초경부터 치료받은 어깨 관련 질병의 증상, 원인 및 치료내역 등에 관하여 더 심리한 다음, 미장공으로 근무할 때 왼쪽 어깨에 어느 정도 부담이 가해졌는지를 면밀히 살핌과 동시에 장기간에 걸쳐 참가인이 수행한 모든 업무로 인하여 참가인에게 이 사건 상병이 발생하였거나 자연적인 진행속도 이상으로 상병이 급격히 악화된 것인지 여부를 살펴보았어야 하고**, 참가인이 2007년 초경부터 치료받은 어깨 관련 질병과 이 사건 상병의 연관성에 관하여도 살펴보았어야 한다.

그럼에도 원심은, **참가인의 이 사건 공사현장에서의 업무만을 기초로 하여 업무와 이 사건 상병 사이에 인과관계를 인정할 증거가 부족하다**는 이유로 이 사건 상병이 업무상 재해에 해당하지 않는다고 판단하였으니, 이러한 원심판결에는 업무상 재해의 상당인과관계에 관한 법리를 오해한 나머지 필요한 심리를 다하지 아니함으로써 판결에 영향을 미친 위법이 있다.

4. 그러므로 나머지 상고이유에 관한 판단을 생략한 채, 원심판결을 파기하고, 사건을 다시 심리·판단하도록 원심법원에 환송하기로 하여, 관여 대법관의 일치된 의견으로 주문과 같이 판결한다.

V. 보험관계 성립 여부

산재보험법 적용대상이 되는 사업 또는 사업장의 의미(대법원 2015. 3. 12. 선고 2012두5176 판결 [산재보험료부과처분취소소송등])

판례해설

법원은 산업재해법 제6조에 따라 그 적용대상이 되는 사업 또는 사업장의 의미를 일정한 장소를 바탕으로 유기적으로 단일하게 조직되어 계속적으로 행하는 경제적 활동단위를 가리키는 것이라고 하면서, 장소적 분리 여부는 산업재해보상보험관계 적용단위로서 독립한 '사업 또는 사업장'에 해당하는지를 판단하는 우선적인 기준이 된다고 판시하였다.

다만 장소적으로 분리된 복수의 경제적 활동단위가 존재한다고 하더라도 이를 동일한 사업주가 운영하는 경우에는 각 조직의 규모, 업무의 내용 및 처리방식 등을 종합하여 각 단위별 경제활동의 내용이 보험가입자의 최종적 사업목적을 위하여 유기적으로 결합되어 있는지, 장소적 분리가 독립된 별개의 '사업 또는 사업장'을 두어야 할 업무상 필요성에서 기인한 것인지, 각 경제적 활동단위가 전체적으로 재해발생의 위험도를 공유한다고 볼 수 있는지 등을 <u>추가적으로 고려하여 복수의 경제적 활동단위가 독립한 '사업 또는 사업장'에 해당</u>하는지 판단하고 있다.

법원판단

산업재해보상보험관계의 적용단위가 되는 구 산업재해보상보험법(2007. 4. 11. 법률 제8373호로 전부 개정되기 전의 것) 제5조 및 산업재해보상보험법 제6조 소정의 '사업 또는 사업장'이라 함은 일정한 장소를 바탕으로 유기적으로 단일하게 조직되어 계속적으로 행하는 경제적 활동단위를 가리키는 것이다. 따라서 <u>장소적 분리 여부는 산업재해보상보험관계 적용단위로서의 독립한 '사업 또는 사업장'에 해당하는지를 판단하는 우선적인 기준</u>이라 할 것이다. 다만 사업에 수반되는 업무상 재해의 위험 정도에 따라 사업주 간 보험료 부담이 공평하여야 하는 산업재해보상보험제도 고유의 특수성과 법의 취지를 고려하면, 비록 장소적으로 분리된 복수의 경제적 활동단위가 존재한다고 하더라도 이를 동일한 사업주가 운영하는 경우에는 각 조직의 규모, 업무의 내용 및 처리방식 등을 종합하여 각 단위별 경제활동의 내용이 보험가입자의 최종적 사업목적을 위하여 유기적으로 결합되어 있는지, 장소적 분리가 독립된 별개의 '사업 또는 사업장'을 두어야 할 업무상 필요성에서 기인한 것인지, 각 경제적 활동단위가 전체적으로 재해발생의 위험도를 공유한다고 볼 수 있는지 여부 등을 추가적으로 고려하여 독립한 '사업 또는 사업장'에 해당하는지 여부를 판단하여야 한다.

원심판결 이유에 의하면, 원심은 이 사건 차고지로 출퇴근하는 기능직 근로자들에 대한 업무지시를 본사에서 내리고 그들에 대한 인사 등 관리업무 역시 본사에서 수행하며, 본사에 근무하는 직원들이 정화조 점검 업무도 담당하는 점, 이 사건 차고지는 단순한 차고지로서 기능하고 그 장소적 분리는 차고지의 악취 등을 꺼려하는 인근 주민들을 고려하였기 때문인 것으로 보이는 점, 원고 조직의 규모 등을 종합하여 보면, 원고의 본사와 이 사건 차고지는 정화조 청소업 및 그에 부대되는 사업이라는 최종적 사업목적을 위하여 유기적으로 결합되어 있고 규범적으로 보아 전체적으로 재해발생의 위험도를 공유한다고 볼 수 있다는 이유로, 원고의 본사와 이 사건 차고지가 산업재해보상보험관계에 있어 별개의 독립한 사업 또는 사업장으로서 별개의 보험료율을 적용하여야 한다는 취지의 원고 주장을 배척하였다.

앞서 본 법리와 기록에 비추어 살펴보면, 원심의 위와 같은 판단은 정당하여 수긍할 수 있고, 거기에 상고이유 주장과 같이 산업재해보상보험관계에 있어 분리적용 여부 및 보험료율의 결정에 관한 법리오해 등의 위법이 없다.

또한 원고는 산재보험 분리적용취소처분이 산재보험료율 관련 노동부 고시에 반한다는 취지로도 주장하나, 위 노동부 고시의 내용이 별개의 독립된 '사업 또는 사업장'에 해당하는지 여부의 기준에 관한 사항을 포함하고 있다고 보기 어려우므로, 이를 근거로 이 사건 각 처분의 적법성을 다투는 주장 역시 받아들일 수 없다.

산재보험법의 적용을 받는 사업자등록 명의인이나 그 사업에 관하여 보험가입자가 되었음을 근로복지공단에 신고한 자가 당해 사업의 실제 사업주로 추정되는지 여부(적극)(대법원 2004. 2. 26. 선고 2003두13823 판결 [보험료등부과처분취소])

판례해설

산업재해 관련 법은 원칙적으로 모든 사업의 사업주는 당연히 산업재해보상보험의 보험가입자가 되고, 그 사업이 개시한 날 또는 사업주가 당연가입자가 되는 사업에 해당되게 된 날에 산업재해보상보험관계가 성립한다고 규정하고 있으며, 이와 같은 경우 **보험가입자인 사업주가 누구인지는 근로복지공단에 대한 신고내용이나 관할세무서장에 대한 사업자등록신청내용에 따라 결정되는 것이 아니라 해당 사실의 실질에 의하여 결정된다.**

이와 같은 이유로 법의 적용을 받는 사업의 사업자등록 명의인이나

그 사업에 관하여 보험가입자가 되었음을 근로복지공단에 신고한 자는 달리 특별한 사정이 없는 한 **당해 사업의 실제 사업주로 추정**되는 것이고, 사업자등록 명의인이 당해 사업의 경영에 실질적으로 관여한 바 없다는 점은 그와 같은 사정을 주장하는 자가 입증하여야 한다. 다만, 대법원을 이러한 추정을 복멸함에 있어 매우 엄격하고도 신중하게 판단하는 입장에 있다.

대상 사건 역시 원심은 보험 가입자 외에 실질적인 사업주가 달리 있었다고 인정하였으나 대법원은 이와 달리 명의상 사업주가 자신이 아니라는 증명이 완성되지 않았고, 명의상 사업주 역시 사업주로서 어느 정도 사업에 관여하였다는 이유로 원심판결을 파기하였다.

법원판단

1. 원심은 그 채용 증거들을 종합하여 **피고가 의류가공업체인 태림실업의 근로자로서 업무상 재해를 당한 김일영에게 휴업급여 등 102,540,770원 상당의 보험급여를 지급한 사실, 태림실업이 위 업무상 재해 발생 당시 산업재해보상보험법(이하, '법'이라 한다) 제12조 제1항에서 정한 보험가입신고를 하지 아니한 사실** 등 판시사실들을 인정한 다음, 태림실업에 관하여 원고 명의로 사업자등록이 되어 있지만, 실제로는 최숙자나 윤용만이 태림실업을 운영하여 왔고 **원고는 위 업무상**

재해가 일어났을 때까지 태림실업의 운영에 전혀 관여한 바 없으므로, 태림실업의 사업주, 즉 산업재해보상보험의 가입의무자는 원고가 아니라 최숙자나 윤용만이라고 판단하여, 원고가 태림실업의 실제 사업주임을 전제로 피고가 원고에게 법 제65조에 의한 보험료 9,086,460원 및 임금채권보장법 제3조, 제8조에 의한 임금채권부담금 43,200원을 각 부과한 처분과 법 제72조 제1항 제1호, 법시행령 제78조 제1항에 의한 징수금 51,270,380원을 부과한 처분(이하, 통틀어 '이 사건 처분'이라 한다)을 모두 취소하였다.

2. 그러나 원심의 위와 같은 판단은 다음에서 보는 바에 비추어 수긍하기 어렵다.

가. 법 제5조, 제7조, 제10조는 대통령령이 정하는 예외적인 경우를 제외하고는 모든 사업의 사업주는 당연히 산업재해보상보험의 보험가입자가 되고, 그 사업이 개시한 날 또는 사업주가 당연가입자가 되는 사업에 해당되게 된 날에 산업재해보상보험관계가 성립한다고 규정하고 있으므로, 이러한 경우 <u>보험가입자인 사업주가 누구인지는 근로복지공단에 대한 신고내용이나 관할세무서장에 대한 사업자등록신청내용에 따라 결정되는 것이 아니라 해당 사실의 실질에 의하여 결정된다고 봄이 상당</u>하나(대법원 1999. 2. 24. 선고 98두2201 판결 참조), 법의 적용을 받는 사업의 사업자등록 명의인이나 그 사업에 관하여 보험가입자가 되었음을 근로복지공단에 신고한 자는 달리 특별한 사정이 없

는 한 당해 사업의 실제 사업주로 추정되는 것이고, 사업자등록 명의인이 당해 사업의 경영에 실질적으로 관여한 바 없다는 점은 그와 같은 사정을 주장하는 자가 입증하여야 한다. 또한, 이 경우 사업자등록 명의인 등이 당해 사업의 경영에 실질적으로 관여하였는지 여부는 사업자금의 조달 방법, 영업으로 인한 손익의 귀속, 투자나 납품 등 중요계약의 체결 여부의 결정 등 당해 사업의 운영 전반에 관계된 여러 사정들을 두루 살펴 종합적으로 판단하여야 할 것이고, 그가 사업장에 상주하거나 정기적으로 출근하면서 노무나 회계 등 일상적 업무에 일일이 개입하지 아니하였다 하여 당해 사업의 경영에 실질적으로 관여한 바 없다고 쉽사리 단정하여서는 아니 된다.

나. 원심이 원고의 청구원인 주장, 즉 그가 태림실업의 운영에 전혀 관여한 바가 없으며, 실제 사업주는 최숙자나 윤용만이라는 주장을 받아들이면서 채용한 아래의 증거들을 위의 법리에 비추어 살펴보면, 모두 다음에서 보는 바와 같이 신빙성이 의심스럽거나 증거가치가 박약하고, 그 외에는 위와 같은 주장을 뒷받침할 만한 다른 증거들을 기록에서 찾아보기 어렵다.

⑴ 먼저, **원심 증인 윤용만은 원고의 딸 최숙자와 내연 관계에 있는 자로서, 어차피 위 징수금 등을 납부할 자력이 전혀 없는 상태에 있음**을 알 수 있으므로, 그의 증언이나 그가 작성한 갑 제17호증(확인서)의 기재는 신빙성이 약하다.

(2) 갑 제12호증(사업자등록신청서), 갑 제13호증(부동산임대차계약서), 갑 제20호증 및 갑 제21호증의 1, 2, 3(각 사업자등록증), 갑 제22호증(건축허가서), 을 제2호증(진술서), 을 제11호증(확인서), 을 제12호증(확인서)의 각 기재와 제1심법원의 반포세무서장에 대한 사실조회 결과에 의하면, **원고가 관할세무서장에게 부가가치세법에 따라 태림실업의 사업자등록을 신청한 사실, 원고가 단독으로 또는 다른 사람들과 공동으로 여러 곳에서 사업자등록을 하고, 건설업 등을 영위한 사실 및 최숙자가 태림실업에서 실질적인 업무수행을 담당**하였고, 태림실업 직원들이 최숙자나 윤용만을 '사장'으로 호칭한 사실을 알 수 있으나, 다른 한편, 기록에 의하면, 최숙자는 원고의 딸이고, 태림실업의 사업자등록은 원고 본인이 직접 신청함으로써 이루어진 사실, 위 사업자등록신청서나 그와 함께 제출된 태림실업의 사업장 임대차계약서상 임차인인 원고 이름 옆에 찍힌 도장이 원고가 평소 사업상 거래에 사용하여 오던 것과 동일한 도장인 사실, 권승용 등 태림실업의 직원들이 평소 원고를 사장으로 지칭하여 왔고, 윤용만을 '윤부장'으로 부르기도 한 사실, 윤용만은 신용불량자로서 태림실업을 인수·운영함에 있어 거의 투자한 것이 없고, 태림실업에서 근무하기 시작한 것도 사업 개시 이후인 2000. 10.경부터인 사실, 원고가 태림실업이 영업을 하던 3~4개월 동안 여러 차례 공장을 방문한 사실, 원고가 최근까지도 여러 곳에서 다세대주택과 아파트를 신축하는 등 주택사업을 활발히 벌여온 사실(그에 의하면, 원고는 상당한 자금 및 경영 능력을 갖추고 있는 것으로 보인다) 등을 알 수 있고, 거기에 원고가 위 사업자등록신청서나 임

대차계약서는 모두 최숙자에 의하여 위조된 것이라고 주장하면서도 최숙자를 사문서위조 등으로 고발하지 아니하고 있는 점(반면, 원고는 제1심법원의 사실조회에 대하여 비치된 자료를 근거로 원고 본인이 직접 태림실업의 사업자등록신청을 하였다고 회보한 반포세무서 공무원 안성진을 허위공문서작성 혐의로 고발하기까지 하였다. 한편, 원고는 위 고발사건과 관련하여 수사기관에 제출한 진정서에서 최숙자가 자신에 대하여 좋지 않은 감정을 품고 있으니 그를 조사하지 말아달라는 요구를 하고 있으나, 위 임대차계약서 및 사업자등록신청서의 위조를 시인하는 취지가 기재된 최숙자 작성의 확인서가 이 사건 처분의 취소를 구하는 행정심판사건의 증거서류로 제출된 점에 비추어 이는 수긍하기 어렵다) 및 최숙자가 태림실업의 인수 및 운영 자금을 실제 조달하였다거나 최소한 이를 조달할 만한 경제적 능력이 있었다고 볼 만한 자료를 기록상 전혀 찾아볼 수 없는 점까지 종합하여 보면, 앞서 본 사정들만으로는 원고가 태림실업의 경영에 실질적으로 관여하지 아니하였다고 단정하기 어렵다.

다. 결국, 원고가 위 업무상 재해 발생 당시 태림실업의 운영에 실질적으로 관여한 바 없다고 단정한 원심의 조치에는 채증법칙 위배 및 심리미진으로 인한 사실오인의 위법이 있다 할 것이고, 따라서 이 점을 지적하는 피고의 상고이유 주장은 이유 있다.

2 이상의 단위로 분할·도급된 건설공사 전체에 대하여 1개의 보험

관계가 성립하는 경우 및 그 경우 도급단위별 공사의 사업주들이 각각 전체공사에 관하여 보험가입자로서 보험관계 성립의 신고의무를 부담하는지 여부(소극)(대법원 2010. 7. 22. 선고 2010다11835 판결 [손해배상(기)])

판례해설

하나의 현장에서 여러 공정별로 별개의 사업자로 등록되었다고 하더라도 이는 **산재보험이 적용되는 하나의 사업장에 해당하지만 각기 다른 사업주체라고 한다면 다른 사업주체의 근로자에 대한 산재보험금을 부담할 필요는 없다**

법원판단

구 산업재해보상보험법(2003. 12. 31. 법률 제7049호로 개정되기 전의 것) 제5조, 제7조 제1항, 제10조 및 같은 법 시행령 제2조 제1항 제1호, 제2항, 제3조 제1항 제3호 등의 규정을 종합해 보면, **건설공사가 2 이상의 단위로 분할되어 도급된 경우(발주자가 공사의 일부를 직접 행하는 경우를 포함한다) 최종목적물이 도급단위별 공사들 전체에 의하여 완성되는 것이고 또 도급단위별 공사들이 시간적으로나 장소적으로 분리하여 독립적으로 행하여지는 것이 아닌 때에는 전체공사에 대하여 1개의 보험관계가 성립하게 되나 (대법원 1995. 2. 28. 선고 94누3186 판결 참조), 그렇다고 하여 도급단위별 공사의 사업주들이 각각 전체공사에 대하여 보험의 가입자로 되는 것은 아니고 각자 자신이 행하는 도급단위별 공사의 범위 내에서 보험의 가입자가 되므로 보험관계의 성립을 신고할 의무도 해당 공사에 관하여서만 개별적으로 부담한다.

기록에 의하면, 원고는 1999. 3.경 남양주시 화도읍 차산리 (상세 번지 생략) 지상에 연면적 412.19㎡의 철근콘크리트조 2층 주택을 신축하기 위한 건축허가를 받아 그 공사(이하, '이 사건 공사'라 한다)를 직영해 오다가 법적 분쟁으로 인하여 이를 중단하게 되었고 그 분쟁이 종결된 후 2004. 10. 8.경 잔여공사를 재개하면서 그 중 욕실과 계단 벽면의 타일부착공사를 소외인에게 도급준 사실, 그런데 소외인이 위 타일부착공사의 근로자로 사용한 피고가 2004. 10. 9. 계단 벽면에 타일을 부착하다 작업대에서 떨어져 다치는 사고(이하, '이 사건 사고'라 한다)가 발생한 사실, 그 후 소외인이 자취를 감춘 상태에서 원고는 피고가 산재보험으로 치료라도 받을 수 있게 해 달라고 부탁하자 2004. 10. 27. 이 사건 공사 전체를 자신의 직영공사로 하고 피고를 자신이 사용한 근로자인 것처럼 하여 보험관계의 성립을 신고한 사실, 이에 따라 피고는 보험급여를 지급받게 되었으나, 원고는 위 보험급여가 보험가입신고를 게을리한 기간 중에 발생한 재해에 대하여 지급된 것이라는 이유로 위 보험급여의 50% 상당액을 징수당한 사실을 알 수 있다.

이러한 사정을 앞서 본 법리에 비추어 보면, 원고가 하나의 주택을 신축하는 이 사건 공사를 직영해 오다가 그 중 일부를 소외인에게 도급주어 시행하게 함으로써 이 사건 공사는 원고의 직영단위 공사와 소외인의 도급단위 공사로 분할되었는데, 이 사건 공사의 최종목적물인 주택은 위 단위별 공사들이 모두 끝나야 전체적으로 완성되는 것이고 위 단위별 공사들은 같은 장소에서 이루어졌을 뿐 아니라 시간적으로도 겹치고 있으므로, 특별한 사정이 없는 한 위 단위별 <u>공사들 전체에 대하여 1개의 보험관계가 성립한다</u>고 볼 수 있으나, 그렇다 하더라도 원고는 이 사건 공사 전체에 대하여 보험의 가입자가 되는 것이 아니라 <u>자신이 행한 직영단위 공사의 범위 내에서만 보험의 가입자</u>가 되므로 소외인의 도급단위 공사에 관하여는 보험관계의 성립을 신고할 의무가 없고, 피고 또한 원고의 직영단위 공사에 사용된 근로자가 아니라 소외인이 도급단위 공사에 사용한 근로자일 뿐이므로 원고를 보험가입자로 하는 보험관계에서 보험수급권자가 될 수 없다.

그렇다면 원고가 자신의 근로자가 아닌 피고에 대한 관계에서 보험의 가입자가 되지 않아 그에 관한 보험관계의 성립을 신고할 의무가 없다는 취지도 포함된 원심의 판단은 결론적으로 정당하고, 상고이유의 주장과 같은 법리오해 등으로 인하여 판결에 영향을 미친 위법이 없다.

건설업을 영위하는 사업주가 동종사업 일괄적용승인을 받은 각 건설현장의 일괄적용사업에 건설본사도 포함된다고 잘못 생각하여 건설본사를 포함시켜 일괄하여 사업개시신고를 하고 개산보험료를 납부한 경우, 보험 가입 신고를 태만히 한 경우로 볼 수 있는지 여부(대법원 2006. 8. 24. 선고 2004두10081 판결)

판례해설

구 산재보험법은 보험관계성립신고를 하도록 하면서 보험가입신고를 하여야 할 기한이 만료되는 날이 지나도록 보험가입신고를 하지 않은 경우를 '보험관계성립신고를 게을리한 때'라고 규정하고 이와 같이 보험관계성립신고를 게을리 하던 중 발생한 산재에 대하여서는 지급된 산재보험급여액의 1/2까지 사업주에게 징수할 수 있다고 규정하고 있다.

이에 따라 **건설본사와 건설현장은 분리하여 별도로 보험관계성립신고를** 하여야 하나, 각 건설현장에 대한 동종사업 일괄적용승인을 받고 건설본사도 일괄적용되는 사업에 포함되는 것으로 잘못 생각하여 일괄하여 사업개시신고를 하였다 하더라도, 재해 발생 이전에 보고·납부한 개산보험료에 건설본사에 대한 것이 포함되어 있다는 등의 사정이 있다면, 그 형식이 어떻든 실질적으로 건설본사에 관한 보험관계가 성립한 사실을 신고하였다고 보아야 한다고 판단하였다.

즉, '보험관계성립신고를 게을리한 경우'를 판단함에 있어서 이를 형식적으로 판단한 것이 아니라 실질적으로 사업주가 보험가입신고를 해 태하였는지 즉 해당사업에 대한 보험료 납부가 실제로 이루어지지 않았 는지를 구체적으로 살펴 판단한 판결이다.

법원판단

1. 건설업을 영위하는 사업주가 건설본사에 대하여 분리하여 별도로 보험관계성립신고를 하지 아니하였더라도, 각 건설현장에 대한 동종사업 일괄적용승인을 받고 건설본사도 일괄적용되는 사업에 포함된다고 잘못 생각하여 일괄하여 사업개시신고를 하였고, 재해발생 이전에 보고·납부한 개산보험료에 건설본사에 대한 것이 포함되어 있다는 등의 사정이 있다면, <u>그 형식이야 여하간에 실질적으로 건설본사에 관한 보험관계가 성립된 사실을 신고하였다고 볼 것</u>이므로, 그 보험료의 차액을 정산하는 것은 별론으로 하더라도, 산업재해보상보험법(2003. 12. 31. 법률 제7049호로 개정되기 전의 것. 이하 '법'이라 한다) 제72조 제1항 제1호 소정의 보험가입신고를 태만히 한 경우에 해당한다 하여 보험급여액의 일부를 징수하는 제재를 가할 수는 없다고 보아야 할 것이다(대법원 1994. 9. 23. 선고 93누20207 판결 참조).

원심판결 이유에 의하면, 원심은 그 채용 증거를 종합하여, 원고가 건설본사에 대하여 별도로 산재보험에 가입하지는 않았으나, 각 건설공사현장에 대하여 1997. 1. 7.부터 건설일괄 유기(有期)사업으로 산재보험에 가입한 사실, 이 사건 재해발생 이전인 2001. 3.경 피고에게 2000년도 확정보험료 및 2001년도 개산보험료 신고를 하면서 보험료 산정의 기초가 되는 임금총액을 609,396,980원으로 하여 보험료를 신고, 납부하였는데, 이는 원고의 2000년도 재무제표 등 및 임금대장상의 건설 현장직원의 임금 합계 596,906,980원(이는 595,906,980원의 오기임이 명백하다)과 건설 본사직원의 임금 합계 39,890,000원을 합한 635,796,980원에서 대표이사의 급여 26,400,000원을 뺀 금액과 일치하는 사실을 인정한 후 이에 터 잡아 원고는 건설본사도 일괄적용되는 사업에 포함된다고 잘못 생각한 나머지 재해발생 이전에 건설본사에 대한 보험료를 포함하여 개산보험료를 신고, 납부한 것으로 봄이 상당하다고 판단하였는바, 그 과정에 심리미진이나 채증법칙에 위배하여 사실을 오인한 위법이 없고, 나아가 **원심이 이를 기초로 원고가 건설본사에 대하여 별도로 산재보험에 가입하지는 않았으나 건설본사의 보험료를 포함하여 건설일괄 보험료를 신고, 납부한 이상 건설본사에 대한 보험가입신고를 태만히 한 경우에 해당한다고 볼 수는 없다고 하여 이를 태만히 하였음을 전제로 보험급여액 징수금을 부과한 이 사건 처분이 위법하다고 판단**한 것도 위 법리에 따른 것으로 수긍할 수 있으므로, 거기에 산업재해보상보험법상 사업종류 및 산재보험료율 적용에 관한 법리오해의 위법이 있다는 상고논지는 받아들일 수 없다.

한편, 기록에 의하면, 원고가 2000년도 확정보험료 및 2001년도 개산보험료 신고를 하면서 임금총액에 포함되어야 할 잡급인부 노임

90,945,000원과 외주가공비 중 임금해당분인 116,842,400원의 신고를 누락한 것은 사실이나, 이는 건설현장에 대한 임금총액 중 일부의 신고를 누락한 것이 되어 그 누락분에 해당하는 보험료의 추가징수 및 가산금 징수를 할 수 있는 사유가 됨은 별론으로 하고, 그 누락액을 감안하면 원고가 신고한 임금총액은 건설현장에 대한 임금총액에도 미치지 못한다고 하여 이를 이유로 원고가 신고한 보험료에 건설본사에 대한 보험료가 포함되지 않은 것으로 볼 수는 없으므로, 같은 취지로 판단한 원심의 조치를 탓하는 상고논지도 받아들일 수 없다.

[건축주/ 산재보험가입의무/ 실재 공사 진행여부] 원고가 건설업자와 도급계약을 체결한 후 공사대금을 지급하였을 뿐이고, 실제공사는 건설업자가 진행한 경우, 원고가 주택신축공사의 사업주라거나 원고에게 사업주로서 산업재해보상보험법에 따른 산업재해보상보험의 보험가입의무가 있다고 보기 어렵다(서울행정법원 2015구합78854 산재보험료부과처분취소)

판례 해설

근로자를 사용하는 모든 사업의 사업주는 산재보험법에 따른 산재보험의 보험가입자가 되는데, 사업주가 보험관계성립신고를 게을리 한 기간 중에 발생한 재해에 대하여 산재보험급여가 지급되는 경우 그 급여를 징수할 수 있다.

주택신축공사현장에서 근로자가 비계철거작업 중 추락하여 재해를 입어 근로복지공단에 요양승인을 받고, 공단은 재해현장에서 주택건축허가를 받은 건축주를 사업주로 보아 산재보험관계성립신고기한까지 보험가입 신고를 하지 않은 상태에서 발생한 재해에 대해 지급한 보험급여액을 납부할 것을 통지하였다.

이와 관련하여, **법원은 이 사건 건축주는 주택 신축공사 도급계약을 체결하고, 수급인이 공사에 필요한 기술과 인력을 가진 근로자를 채용하고 근로자의 행위에 대하여 사용자로서의 모든 책임을 지기로 하고, 산업재해를 예방하기 위해 안전시설 설치 및 보험가입 등 조치를 하기로 하였으며 건축주는 계약금액에 안전관리비 및 산재보험료 상당액을 계상하기로 한 사실, 수급인은 주택 건축에 필요한 부분의 조장들을 고용하고 임금을 지급하는 등 공사 시작부터 완공까지 전체적으로 지휘·감독한 사실을 인정할 수 있어, 건축주는 주택신축공사의 사업주라거나 그에게 사업주로서 산재보험가입의무가 있다고 보기 어렵다고 판시하였다.**

법원판단

1. 처분의 경위

b은 2014.10.16. 주택신축공사현장에서 비계철거작업 중 추락하여

재해를 입고, 피고로부터 요양승인을 받았다.

피고는 재해 현장에서 주택건축허가를 받은 원고를 사업주로 보아 산재보험관계 성립신고 기한까지 보험가입 신고를 하지 않은 상태에서 발생한 재해에 대해 지급한 보험급여액을 별지 거래와 같이 납부할 것을 통지하였다(이하, '이 사건 처분'이라 한다).

2. 이 사건 처분의 적법 여부

산업재해보상보험법 제6조, 고용보험 및 산업재해보상보험의 보험료 징수 등에 관한 법률 제5조 제3항, 제11조 제1항, 제26조 제1항 제1호에 따르면, **근로자를 사용하는 모든 사업의 사업주는 산업재해보상보험법에 따른 산업재해보상보험의 보험가입자가 되는데, 사업주가 보험관계 성립신고를 게을리 한 기간 중에 발생한 재해에 대하여 산재보험급여가 지급되는 경우 그 급여를 사업주로부터 징수**할 수 있다.

갑 제1내지5호증, 을제1호증의 각 기재, 증인 c의 증언에 변론 전체의 취지를 더하여 보면, ① 원고는 2014.6.10. 서울 노원구 d 대지142㎡에 주택을 짓기 위하여 c와 주택 신축공사에 관한 도급계약(이하, '이 사건 도급계약'이라 한다)을 체결한 사실 ② 도급계약서 수급인의 주소란에 주식회사 비엠시스템의 주소가, 성명란에 'c'가 각 기재되어 있는 사실(c는 법인 명의가 필요하여 주식회사 비엠시스템 명의로 계약을 한 후 주식회사 비엠시스템과 함께 공사를 진행하였다고 증언하였다), ③ 주식회사 비엠시스템은 골조 공사를 하고 c는 나머지 공사를 한 사실, ④

이 사건 도급계약(제8조 제1항, 제14조 제1항)에 따르면 수급인이 공사에 필요한 기술과 인력을 가진 근로자를 채용하고 근로자의 행위에 대하여 사용자로서의 모든 책임을 지기로 하고, 산업재해를 예방하기 위하여 안전시설의 설치 및 보험의 가입 등 적정한 조치를 하기로 한 사실(원고는 계약금액에 안전관리비 및 산업재해보상 보험료 상당액을 계상하기로 하였다), ⑤ c는 주택 건축에 필요한 부분의 조장들을 고용하고(조장들이 데려온 근로자들이 현장에서 근무하였다), 임금을 지급하는 등 공사 시작부터 완공까지 전체적으로 지휘감독을 한 사실, ⑥ 원고는 2014.6.11.부터 2015.9.8.까지 c에게 총 계약금액 290,000,000원 중 270,973,200원을 공사대금으로 지급한 사실, ⑦ c는 구청 직원으로 부터 현장에 있던 비계를 철거하여 달라는 요청을 받고, 현장 철거 업무를 담당했던 e에게 비례를 철거하여 달라는 요청을 받고, 현장 철거 업무를 담당했던 e에게 비계를 철거하여 달라고 한 사실, ⑧ e은 2014.10.16. b로 하여금 비계를 철거하게 하였는데 b은 비계를 철거하던 중 추락하여 재해를 입은 사실, ⑨ 산업재해보상보험심의위원회는 위 비계철거 공사를 주택신축공사와 동일한 목적물의 완성을 위하여 상호 연관된 하나의 공사로 보아 b에 대한 요양을 인정하기로 의결한 사실, ⑩ c는 2014.11.18. 원고 명의로 건축허가를 받은 사실을 인정할 수 있다.

위 인정사실에 의하면 **원고는 c와 이 사건 도급계약을 체결한 후 공사대금을 지급하였을 뿐이고 그 사업주로서 산업재해보상보험법에 따른 산업재해보상보험의 보험가입의무가 있다고 보기 어렵다.** 따라서 이와 다른 전제에서 이루어진 이 사건 처분은 위법하다.

건설공사가 그 공사내용을 달리하여 둘 이상의 단위로 분할되어 각각 다른 사업주에게 도급된 경우, 전체 공사가 구 산업재해보상보험법 시행령이 규정하는 하나의 총 공사에 해당하는지 여부의 판단 방법(대법원 2008. 8. 11. 선고 2006두8808 [산업재해보상보험급여액징수처분취소])

판례해설

건설공사가 그 공사내용을 달리하여 둘 이상의 다른 사업주에게 도급되었으나 전체 공사가 하나의 총 공사로 평가되는 경우, 산재보험가입신고의 기한이 만료되는 날은 전체 공사기간이 아니라 도급단위별 공사의 공사 기간을 기준으로 개별적으로 판단하여야 한다.

산재보험법은 보험관계성립신고를 하도록 하면서 보험가입신고를 하여야 할 기한이 만료되는 날이 지나도록 보험가입신고를 하지 않은 경우 보험관계성립신고를 게을리한 때에 해당하며, 이같이 보험관계성립신고를 게을리 하던 중 발생한 산재에 대하여 지급된 산재보험급여액의 1/2까지 사업주에게 징수할 수 있다고 규정하고 있다.

최종목적물의 완성을 위하여 행하는 동일한 건설공사를 2 이상으로 분할하여 도급(발주자가 공사의 일부를 직접 행하는 경우를 포함한다)을 주어 2 이상의 도급단위별 건설공사가 동일 위험권 내에 있음으로 인하여 전체 공사가 하나의 총 공사로 평가되고, 그 도급단위별 건설공사의 사업주가 구 산업재해보상보험법(2003. 12. 31. 법률 제7049호로 개정되기 전의 것, 이하 '산재보험법'이라고 한다) 제12조 제1항이 정한 보험관계의 성립신고를 하여야 할 경우에, '보험가입신고를 하여야 할 기한이 만료되는 날'은 총 공사를 이루는 전체 공사의 공사기간을 기준으로 판단할 것이 아니라, 그 도급단위별 공사의 공사기간을 기준으로 개별적으로 판단하여야 한다.

이에 따르면, 원고가 직접 시공한 전기배선 증설공사가 적외선 건조기 설치공사와 전체적으로 하나의 총공사라고 본다 하더라도 그 보험관계성립 신고기한의 만료일은 전기배선 증설공사만을 기준으로 산정하여야 할 것임에도, 이와 달리 총 공사를 이루는 전체 공사의 공사기간을 기준으로 그 만료일을 산정한 원심판결은 법리오해의 위법이 있다고 판단하였다.

법원판단

1. 원심은 그가 채택한 증거에 의하여, 원고가 원고 공장에 설치할 적외선 건조기의 제작 및 설치 공사에 관하여 제3자와 도급금액 18,000,000원, 제작 및 설치기간을 2003. 8. 21.부터 다음달 9. 7.까지로 정한 도급계약을 체결하면서, 제3자가 그 적외선 건조기를 자신의 공장

에서 제작한 후 원고 공장의 전기배선 증설공사가 완료된 후에 설치하기로 약정한 사실, 원고는 위 적외선 건조기 설치 전에 원고 공장 시설의 기존 전류의 초과분 및 예비전력의 확보를 위한 전기배선 증설공사를 자재비 및 인건비 합계 3,950,000원을 들여 2003. 8. 25.부터 같은 달 8. 26.까지 사이에 직접 시공하기로 하였던 사실, 원고에게 일용공으로 고용된 소외인이 같은 달 8. 26. 위 전기배선 증설공사 중 산업재해를 당한 사실, 피고가 원심 판시의 위 산업재해에 대한 보험급여액을 지급한 사실을 인정한 다음, 원고가 직영한 위 공사와 제3자에게 도급을 준 공사는 공사의 성격이나 내용으로 보아 서로 불가분의 관계에 있는 것이고 동일한 위험지역 안에서 최종적으로 적외선 건조기를 설치하기 위한 일련의 공사로서, 위 공사 전체가 구 산업재해보상보험법 시행령(2003. 5. 7. 대통령령 17977호로 개정되기 전의 것, 이하 '구 시행령'이라 한다) 제2조 제1항 제1호에 정의된 총공사에 해당하므로, 원고에게 위 산재보험법 제12조 제1항 소정의 산재보험 당연적용사업 보험가입자의 보험관계성립 신고의무가 있다고 전제한 후, 원고는 총공사를 이루는 전체 공사의 개시일인 2003. 8. 21.부터 14일째 되는 날인 같은 해 9. 4.까지 보험가입신고를 할 수 있다고 보고, 이 사건 재해는 원고가 보험가입신고를 해태한 기간 중에 발생한 것이 아니므로, 이 사건 재해에 대한 보험급여액의 일정액을 징수한 피고의 이 사건 처분이 위법하다고 판단하였다.

2. 그러나 **최종목적물의 완성을 위하여 행하는 동일한 건설공사를 2 이상으로 분할하여 도급(발주자가 공사의 일부를 직접 행하는 경우**

를 포함한다)을 주어 2 이상의 도급단위별 건설공사가 동일 위험권 내에 있음으로 인하여 전체 공사가 하나의 총공사로 평가되고, 그 도급단위별 건설공사의 사업주가 구 산업재해보상보험법(2003. 12. 31. 법률 제7049호로 개정되기 전의 것, 이하 '산재보험법'이라고 한다) 제12조 제1항이 정한 보험관계의 성립신고를 하여야 할 경우에, 그 **'보험가입신고를 하여야 할 기한이 만료되는 날'은 총공사를 이루는 전체 공사의 공사기간을 기준으로 판단할 것이 아니라, 그 도급단위별 공사의 공사기간을 기준으로 개별적으로 판단**하여야 한다.

따라서 **원고가 직접 시공한 전기배선 증설공사가 적외선 건조기 설치공사와 전체적으로 하나의 총공사라고 본다 하더라도 그 보험관계 성립 신고기한의 만료일은 전기배선 증설공사를 기준으로 산정하여야 할 것임에도**, 이와 달리 총공사를 이루는 전체 공사의 공사기간을 기준으로 그 만료일을 산정하여 위 결론에 이른 원심판결은 상고이유에서 지적하는 바의 법리오해의 위법이 있다.

3. 직권으로 보건대, 건설공사가 그 공사내용을 달리하여 2 이상의 단위로 분할되어 각각 다른 사업주에게 도급된 경우(발주자가 공사의 일부를 직접 행하는 경우를 포함한다) 전체 공사가 위 구 시행령이 규정하는 하나의 총공사에 해당하는지 여부는 우선 전체 공사에 의하여 최종 목적물이 완성되는지 아니면 도급단위별 공사마다 최종목적물이 완성되는 것인지의 여부에 의하여 결정되고, 다음으로 최종 목적물이 전

체 공사에 의하여 완성되는 경우라 하더라도 각 도급단위별 공사들이 시간적 또는 장소적으로 분리하여 독립적으로 행하여지는 것인지 여부에 의하여 결정되며, 2 이상으로 분할된 도급단위별 공사들이 시간적 또는 장소적으로 분리하여 행하여진다 함은 어느 하나의 도급단위별 공사에서 진행되는 작업 등으로 인하여 이와 별도로 도급된 다른 공사에 종사하는 근로자가 업무상 재해를 당할 위험이 없는 경우, 즉 도급단위별 공사가 동일 위험권 내에 있지 아니한 경우를 뜻한다(대법원 1995. 2. 28. 선고 94누3186 판결 참조).

그런데 **이 사건에서 원심이 인정한 사실관계에 의하면, 원고가 직영한 전기배선 증설공사와 제3자가 도급받은 건조기 제작 및 설치공사는, 최종목적물인 건조기의 설치 공사가 2 이상으로 분할도급된 공사라고 할 여지는 있다고 하더라도, 그 각 공사가 같은 시각에 같은 공간에서 이루어지지 않을 수 있고, 실제로도 그 각 작업이 시간적·장소적으로 분리되어 독립적으로 시행되었기 때문에, 위 각 공사를 동일 위험권 내에 있는 하나의 총공사로 평가할 수가 없으므로, 각기 별개의 공사로 보아야 할 것**이고, 따라서 공사금액이 2,000만 원에 미만하는 위 전기배선 증설공사는 구 시행령 제3조 제1항 제3호의 산업재해보상법 적용제외 사업에 해당하여 원고에게 그에 관한 위 법 제12조 제1항의 보험관계성립 신고의무가 있다고 할 수 없다.

그렇다면 피고가 원고에게 전기배선 증설공사에 관한 보험관계성립

신고의무가 있음을 전제로 하여 이 사건 보험급여액 징수처분을 한 것은 위법하므로(원고는 원심에서 이 사유를 위 징수처분의 위법사유로 주장하고 있다), 이 사건 재해가 원고가 보험가입신고를 해태한 기간중에 발생하였는지 여부와 무관하게, 위 징수처분은 취소를 면할 수 없는바, 원심은 총공사에 관한 법리를 오해하기는 하였으나 다른 사유에 의해 결국, 이 사건 처분이 위법하다고 판단하여 원고의 청구를 인용하였으니 그 결론에 있어서는 정당하다 할 것이어서, 원심의 위 잘못은 판결 결과에는 영향이 없다 할 것이다.

[산재보험법 적용제외 사업장/ 총 공사금액 산정 기준] 산업재해보상보험법의 적용제외사업 기준인 총공사금액 산정에 관하여 노동부장관이 고시한 '건설업자가 아닌 자가 시공하는 건설공사의 총공사금액 산정에 관한 규정'에서 정한 표준단가 확정을 위해 필요한 건축물의 용도·구조 및 벽이 없는 건축물인지 여부의 판단 방법(대법원 2014. 11. 27. 선고 2012두10574 판결[요양불승인처분취소])

판례해설

구 고용보험 및 산업재해보상보험의 보험료징수 등에 관한 법률 시행령(2010. 7. 12. 대통령령 제22269호로 개정되기 전의 것) 제2조 제1항 제2호 단서에 따라 노동부 장관이 고시한 '건설업자가 아닌 자가 시공하는 건설공사의 총공사금액 산정에 관한 규정'(노동부 고시 제2008-96호)의 '표준단가 확정을 위해 필요한 건축물의 용도·구조 및 벽이 없는 건축물'에 해당하는지 여부는 **산업재해보상보험관계 성립 기준시인 <u>사업이 시작된 날을 기준</u>으로 건축허가서의 내용뿐만 아니라 공사도급계약(건축주 직영의 경우 공사계획)의 내용 등을 종합적**으로 고려하여 판단하여야 한다.

이 사건의 **원심**은 위 대법원의 입장과 동일한 견지에서 **사업이 시작된 날을 기준으로 건축허가서가 아닌 공사도급계약 내용 및 공사계획을 토대로 하여 표준단가를 산정**하였으며, 이 사건 공사도급계약에 따라 건축되는 이 사건 창고 및 축사의 표준단가에 건축허가서에 기재된 연면적을 곱하여 산정한 **총공사금액이 2,000만 원에 미치지 못한다는 이유로 이 사건 공사는 산업재해보상보험법의 적용제외사업에 해당한다고 판단**하였다. 이에 대법원은 원심의 판결이 **정당**하다고 보았다.

판결요지

산업재해보상보험법 제6조 단서,같은 법 시행령 제2조 제1항 제3호 (가)목은 건설산업기본법에 의한 건설업자 등이 아닌 자가 시공하는 공사 중 고용보험 및 산업재해보상보험의보험료징수 등에 관한 법률 시행령 제2조 제1항 제2호에 따른 총 공사금액이 2,000만 원 미만인 공사에 대하여는 산업재해보상보험법을 적용하지 아니하는 것으로 규정하고 있고, 구 고용보험 및 산업재해보상보험의 보험료징수 등에 관한 법률 시행령(2010.7.12.대통령령제22269호로 개정되기 전의 것)제2조 제1항 제2호 단서는 "건설산업기본법 제41조의 규정에 따른 건축물 시공자의 제한을 받지 아니하는 건설공사 중 동법 제2조 제5호의 규정에 의한 건설업자가 아닌 자가 시공하는 건설공사의 경우에는 노동부장관이 정하여 고시하는 방법에 따라 산정한 금액을 총공사 금액으로 한다."고 규정하고 있다. 이에 따라 「건설업자가 아닌 자가 시공하는 건설공사의 총공사금액 산정에 관한 규정」(노동부 고시 제2008-96호,이하 '이 사건 고시'라고 한다)제5조는 건설공사에 적용되는 용도별·구조별 표준단가를 정하면서 벽이 없는 건축물의 건설공사는 표준단가의 30%를 적용하도록 규정하고 있고, 제6조 제1항은 건설공사의 총공사금액은 표준단가에 건축법 시행규칙 제8조에 따른 건축허가서상 연면적을 곱하여 산정하도록 규정하고 있다. **이 사건 고시 제6조 제1항이 총 공사금액을 산정함에 있어 건축허가서상 연면적을 기준으로 하고 있을 뿐 표준단가 확정을 위한요소인 벽의 유무를 포함하는 건축물의 구조에 관하여는 건축허가서에 따를 것을 규정하고 있지 아니한 점,** 제6조 제4항 본문이 구조별 표준단가가 명시되지 않은 건축물은 건축사가작성한 공사비내역서에 따라 총공사금액을 산정하도록 규정하고 있는 점 등에 비추어 보면, 이 사건 고시에서 정한 표준단가 확정을 위해 필요한 건축물의 용도·구조 및 벽이 없는 건축물인지 여부는 산업재해보상보험관계 성립 기준시인 사업이 시작된 날을 기준으로 건축허가서의 내용뿐만 아니라 공사도급계약(건축주 직영의 경우 공사계획)의 내용 등을 종합적으로 고려하여 판단하여야 한다.

원심은 그 판시와 같은 사실을 인정한 다음, 이 사건 공사도급계약에 따라 건축되는 이 사건 창고 및 축사의 형태에 해당하는 표준단가에 건축허가서에 기재된 연면적을 곱하여 산정한 총공사금액이 2,000만 원에 미치지 못한다는 이유로, 이 사건 공사는 산업재해보상보험법의 적용제외사업에 해당한다고 판단하였다.

앞에서 본 법리와 기록에 의하여 살펴보면, 원심의 위와 같은 판단은 정당하고, 거기에 산업재해보상보험법의 적용제외사업에 관한 법리를 오해한 위법이 없다.

산재보험법 시행령 개정

구 산재보험법 시행령 제2조 1항 3호는 「주택법」에 따른 주택건설사업자, 「건설산업기본법」에 따른 건설업자, 「전기공사업법」에 따른 공사업자, 「정보통신공사업법」에 따른 정보통신공사업자, 「소방시설공사업법」에 따른 소방시설업자 또는 「문화재수리 등에 관한 법률」 제2조제5호에 따른 문화재수리업자가 아닌 자가 시공하는 공사로서 「고용보험 및 산업재해보상보험의 보험료징수 등에 관한 법률 시행령」 제2조제1항 제2호에 따른 총공사금액(이하, "총공사금액"이라 한다)이 2천만원 미만인 공사와 연적이 100제곱미터 이하인 건축물의 건축 또는 연면적이 200제곱미터 이하인 건축물의 대수선에 관한 공사는 산재보험법의 적용 제외 사업으로 규정하고 있었다.

이는 산재보험 운영의 재원부족, 영세사업자의 보험료납부 부담 등을 이유로 한 규정인데, 이러한 소규모 건설 공사의 경우 고용된 근로자가 업무상재해를 입어도 사업주의 자력이 불충분하여 산재보상을 받지 못하고, 사업주로부터의 배상도 받지 못 해 업무상 재해 위험의 사각지대에 놓이는 결과가 초래되었다. 이에 2017.12.26. 해당 규정이 삭제되어, 개정 규정 시행일인 2018.7.1. 부터는 공사의 종류, 규모를 가리지 않고 2,000만원 미만의 공사에 대하여 산재보험법이 적용되어 근로자 보호의 범위가 크게 확대되게 되었다.

Ⅵ. 요양·장애·유족·휴업 급여 관련

[요양급여 산정/ 과실상계법리 부적용] 선원법상 요양보상에서 기왕증 등 손해 확대에 기여한 부분이 있음을 이유로 보상액을 감액할 수 있는지 여부(소극)(대법원 2008. 3. 27. 선고 2007다84420 판결 [진료비])

판례해설

산업재해보상보험법상의 요양급여는 업무상 재해로 상실된 노동능력을 일정 수준까지 보장하는 것을 주목적으로 하는 장해급여 등과는 달리, 업무상 재해에 의한 상해 및 질병을 치료하여 상실된 노동능력을 원상회복하는 것을 주목적으로 하는 것이므로 재해 전후의 장해 상태에 관한 단순한 비교보다는 재해로 말미암아 비로소 발현된 증상이 있고 그 증상에 대하여 최소한 치료효과를 기대할 수 있는 요양이 필요한지에 따라서 그의 지급 여부 등이 결정되는바 기존 기왕증 등으로 인하여 손해가 확대된 부분이 있다고 하더라도 이에 대하여 과실상계 법리를 적용하여 보상금액을 감액시킬 수 없다.

법원판단

　원심은 그 채용 증거들을 종합하여, 판시와 같이 인성해운 주식회사와 보험자인 피고가 체결한 이 사건 보험계약의 내용과 인성해운 주식회사 소유 선박에 승선중이던 소외인에게 발생한 이 사건 1, 2차 사고의 경위와 내용, 이후 소외인이 원고가 경영하는 해동병원 등에서 받은 상해진단과 치료의 내용 및 그로 인한 진료비의 발생내역, 그리고 이 사건 진료비와 그 밖의 장해보상금을 둘러싸고 원고와 소외인, 인성해운 주식회사와 피고 등과의 사이에서 전개된 관련소송과 그 과정에서 이루어진 소외인에 대한 신체감정촉탁 결과 등에 관한 사실을 인정한 다음, 그 인정 사실에 나타난 다음과 같은 사정 즉, 소외인의 증상에 관한 전문가들의 의견 중 그 의견제출 경위의 중립성, 조사방법의 직접성 등을 감안하여 신뢰성이 더 있어 보이는 인제대학교 부속 부산백병원 의사들의 감정 결과에서 소외인의 요추간판탈출증은 외상에 의하여 증상이 악화되었을 것으로 보고 이에 대한 이 사건 각 사고의 관여도는 각 50%이거나 1차 사고보다 2차 사고가 더 높은 것으로 평가한 점, 소외인은 20년 넘게 주로 조리장으로 승선근무하여 오면서 비록 그 사이에 퇴행성 변화로 인한 퇴행성척추염, 척추관협착증, 요추간판팽윤 등의 기왕증이 진행되었지만 그로 인하여 적어도 이 사건 1차 사고 전까지는 업무를 수행하는 데에 지장을 받지는 아니하였던 점, 그리고 소외인은 이 사건 1차 사고 후로도 허리통증이 있기는 했지만 2차례 약물치료를 받았을 뿐 승선근무를 계속하였던 점, 그런데 **소외인은 이 사건 보험기간**

중에 위와 같은 계속적인 승선근무로 인하여 그 증세가 악화되어 가던 중 미골골절이 함께 수반될 정도의 이 사건 2차 사고까지 당하였고 그리하여 이 사건 2차 사고 후로는 극심한 허리통증으로 인하여 정상적인 근무를 하지 못할 정도가 되었으며 그런 가운데서도 주방일을 대신할 사람이 없어 부산항에 입항할 때까지 주방일을 하지 않을 수 없었던 점, 그런 끝에 소외인은 수술적 치료가 포함된 이 사건 진료를 받기에 이른 점, 치료 종결 상태에서 소외인은 요통, 요부운동장해, 좌하지 방사통, 우하지 동통 등의 후유증이 있어 산업재해보상보험법 시행령 [별표 2] 신체장해등급표상 제5급 제8호에 해당하는 신체장애를 지니게 된 점 등을 종합하면, 이 사건 진료의 대상이 된 소외인의 증상은 당초 업무수행에 지장을 주지 않은 정도의 퇴행성 변화로 인한 기왕증이 있는 상태에서 이 사건 보험기간 전에 발생한 이 사건 1차 사고로 인하여 그 증세가 다소 악화되었지만 업무수행을 할 수 없거나 수술적 치료를 받아야 할 정도에는 이르지 않았는데 이 사건 보험기간 중의 계속적인 승선근무와 그 중에 발생한 이 사건 2차 사고로 인하여, 자연적 경과를 넘어 급격히 악화됨으로써 업무수행을 할 수 없을 정도에 이르고 급기야 수술적 치료를 받아야 할 정도에 이른 것이라 할 것이어서 이는 특히 요양급여와의 관계에서는 업무상 재해에 해당할 뿐만 아니라, 그 원인사실이 이 사건 보험기간 내에 발생한 것이라 할 것이므로, 따라서 이에 대한 진료로 발생한 이 사건 진료비는 이 사건 보험계약상의 보상하여야 할 손해에 해당한다고 판단하였다.

산업재해보상보험법에 규정된 업무상 재해는 근로자가 업무수행에 기인하여 입은 재해를 뜻하는 것이어서 업무와 재해발생과의 사이에 인과관계가 있어야 하지만 그 재해가 업무와 직접 관련이 없는 기존의 질병이더라도 그것이 업무와 관련하여 발생한 사고 등으로 말미암아 더욱 악화되거나 그 증상이 비로소 발현된 것이라면 업무와의 사이에는 **인과관계가 존재한다**고 보아야 하고(대법원 1999. 12. 10. 선고 99두10360 판결 등 참조), 이와 같은 산업재해보상보험법상의 업무상 재해에 관한 인과관계의 법리는 선원법상의 직무상 재해에 관해서도 동일하게 적용된다.

위 법리 및 기록에 비추어 살펴보면, 원심이 위와 같이 이 사건 진료의 대상이 된 소외인의 증상은 퇴행성 변화와 보험기간 전에 발생한 이 사건 1차 사고로 인한 기여 부분이 포함되어 있다고 하더라도 보험기간 중에 발생한 이 사건 2차 사고로 말미암아 자연적 경과를 넘어 급격히 악화된 것으로서 선박소유자에게 선원에 대한 요양보상을 규정한 선원법 제85조 소정의 직무상 재해에 해당된다고 판단한 것은 정당하고, 한편 이 사건 보험계약은 그에 적용되는 근로자재해보장보험 보통약관 제5조, 재해보상책임담보특별약관 제1조 제1항 제2호에 따라 선원법 적용 근로자에 대하여는 ' 선원법 제85조 내지 제92조에 정한 재해보상금액의 지급으로 인하여 피보험자에게 발생하는 손해'를 보상하는 것임이 기록상 분명하므로, 같은 취지에서 이 사건 진료비가 이 사건 보험계약이 보상하는 손해에 해당한다는 원심의 판단도 정당하다.

원심판결에 이 사건 보험계약의 약관상 '보상하는 손해'에 관한 사실오인, 심리미진, 보험금지급책임에 관한 법리오해의 위법이 있다는 상고이유의 주장은 받아들일 수 없다.

2. 상고이유 제2점에 관한 판단

원심은 근로기준법상의 재해보상책임에는 법률에 특별한 규정이 없는 한 과실책임의 원칙과 과실상계의 이론이 적용되지 않는 것이며, 특히 근로기준법 제81조에 의하면 휴업보상과 장해보상에 대하여는 근로자에게 중대한 과실이 있음을 이유로 그 보상책임을 면할 수 있는 경우를 규정하고 있으나 요양보상에는 아무런 규정이 없으므로 기업자는 근로자에게 과실이 있다고 하여도 그 과실비율에 상당한 요양보상금의 지급을 면할 수 없는 점(대법원 1983. 4. 12. 선고 82다카1702 판결 등 참조), 산업재해보상보험법상의 요양급여는 업무상 재해로 상실된 노동능력을 일정 수준까지 보장하는 것을 주목적으로 하는 장해급여 등과는 달리 업무상 재해에 의한 상병을 치료하여 상실된 노동능력을 원상회복하는 것을 주목적으로 하는 것이므로 재해 전후의 장해상태에 관한 단순한 비교보다는 재해로 말미암아 비로소 발현된 증상이 있고 그 증상에 대하여 최소한 치료효과를 기대할 수 있는 요양이 필요한지에 따라서 그의 지급 여부 등이 결정되어야 하는 점(대법원 2000. 3. 10. 선고 99두11646 판결 등 참조), <u>선원법의 재해보상 내지 요양보상은 근로기준법이나 산업재해보상보험법의 그것과 제도적</u>

성격을 같이하는 점 등에 기초하여 이 사건 요양보상에 있어서 기왕증 등이 손해 확대에 기여한 부분이 있다고 하더라도 이를 이유로 감액하여서는 안 된다고 판단하여 이에 관한 피고의 주장을 배척하였는바, 원심이 판시한 근거와 이 사건 보험이 '선원법 제85조 내지 제92조에 정한 재해보상금액의 지급으로 인하여 피보험자에게 발생하는 손해'를 보상하는 책임보험이며 인성해운 주식회사의 재해보상책임에 대한 피고의 보상범위에 관하여 이를 제한하는 특약을 두고 있지 않은 점(재해보상책임담보특별약관 제2조는 요양보상의 특례로서 보험가입금액에 따른 요양보상의 제한을 인정하고 있다.) 등을 종합하여 보면 원심의 위와 같은 판단은 수긍할 수 있고, 거기에 상고이유에서 주장하는 바와 같은 보험금 감액 여부에 관한 심리미진과 법리오해의 위법이 있다고 할 수 없다.

[요양급여/ 기왕증/ 과실상계 불가] 산업재해보상보험법상 요양급여에 민사상 손해배상 사건에서 기왕증이 손해의 확대 등에 기여한 경우 과실상계의 법리를 유추적용하여 그 손해의 확대 등에 기여한 기왕증을 참작하는 법리가 적용되는지 여부(소극)(대법원 2010. 8. 19. 선고 2010두5141 판결 [추가상병불승인처분취소])

판례해설

 손해의 공평한 분배라는 민사상 손해배상의 법리에 따라 손해배상을 청구할 수 있는 자라고 하더라도 손해가 발생한 부분에 관하여 그 스스로에게 일정한 과실이 존재하는 경우에는 당연히 이러한 과실을 고려하여 그 청구한 손해액을 감액할 수 있는바, 이러한 법리를 '과실상계'라고 한다. 다만 이와 같이 손해의 공평 타당을 추구하는 민법상 과실상계 법리가 과연 산재 보험제도에도 적용될 수 있는지 여부가 대상 판결의 핵심이다.

 이에 대하여 대법원은 산업재해보상보험 사업을 시행하여 근로자의 업무상의 재해를 신속하고 공정하게 보상하며, 재해근로자의 재활 및 사회 복귀를 촉진하기 위하여 이에 필요한 보험시설을 설치·운영하고, **재해 예방과 그 밖에 근로자의 복지 증진을 위한 사업을 시행하여 근로자 보호에 이바지하는 것을 목적으로 하는 산재보험법에 의한 보험급여는 사용자가 근로기준법에 의하여 보상하여야 할 근로자의 업무상 재해로 인한 손해를 국가가 보험자의 입장에서 근로자에게 직접 전보하는 성질을 가지고 있는 것으로서 근로자의 생활보장적 성격**을 가지고 있다(대법원 1994. 5. 24. 선고 93다38826 판결 등 참조)고 전제한 뒤, **산재보험법에 의한 산업재해보상보험 제도는 불법행위로 인한 손해를 배상하는 제도와 그 취지나 목적을 달리하는 관계로, 법률에 특별한 규정이 없는 한 산재보험법에 의한 급여지급책임에는 과실책임**

밑줄_의 원칙이나 과실상계의 이론이 적용되지 않는다_라고 판시하였다.

따라서 산재 발생에 근로자의 과실이 어느 정도 개입되었다고 하더라도 산재 보험금 지급 시 근로자의 과실을 참작하여 그 급여액이 삭감되지 않는다고 할 것이다.

법원판단

구 산업재해보상보험법(2007. 12. 14. 법률 제8694호로 전부 개정되기 전의 것, 이하 '산재보험법'이라고 한다)에 규정된 **업무상의 재해라고 함은 근로자의 업무수행 중 그 업무에 기인하여 발생한 질병 등을 의미하는 것이므로 업무와 질병 등 사이에 상당인과관계가 있어야 하고, 이 경우 근로자의 업무와 질병 등 사이의 인과관계에 관하여는 이를 주장하는 측에서 입증**하여야 한다(대법원 2001. 7. 27. 선고 2000두4538 판결, 대법원 2007. 4. 12. 선고 2006두4912 판결 등 참조).

한편 산업재해보상보험 사업을 시행하여 근로자의 업무상의 재해를 신속하고 공정하게 보상하며, 재해근로자의 재활 및 사회 복귀를 촉진하기 위하여 이에 필요한 보험시설을 설치·운영하고, **재해 예방과 그 밖에 근로자의 복지 증진을 위한 사업을 시행하여 근로자 보호에 이바지하는 것을 목적으로 하는 산재보험법에 의한 보험급여는 사용자가 근**

로기준법에 의하여 보상하여야 할 근로자의 업무상 재해로 인한 손해를 국가가 보험자의 입장에서 근로자에게 직접 전보하는 성질을 가지고 있는 것으로서 근로자의 생활보장적 성격을 가지고 있다(대법원 1994. 5. 24. 선고 93다38826 판결 등 참조). 또한 산재보험법에 의한 산업재해보상보험 제도는 불법행위로 인한 손해를 배상하는 제도와 그 취지나 목적을 달리하는 관계로, 법률에 특별한 규정이 없는 한 산재보험법에 의한 급여지급책임에는 과실책임의 원칙이나 과실상계의 이론이 적용되지 않는다.

그렇다면 이러한 산재보험법의 입법 취지와 기본이념, 그에 따른 보험급여의 성격 등을 종합하면, **민사상 손해배상 사건에 있어 기왕증이 손해의 확대 등에 기여한 경우에 공평의 견지에서 법원이 손해배상액을 정하면서 과실상계의 법리를 유추적용하여 그 손해의 확대 등에 기여한 기왕증을 참작하는 법리가 산재보험법상 요양급여에도 그대로 적용된다고 볼 수는 없다**고 할 것이다.

그럼에도 불구하고, 원심은 이와 달리 그 판시와 같은 이유만을 들어, 민사상 손해배상 사건에서의 기왕증 기여도의 개념을 업무와 질병 사이에 상당인과관계가 있을 것을 요구하는 산업재해보상보험 제도에도 마찬가지로 적용할 수 있다는 전제하에, 이 사건 추가상병은 상당 부분 원고의 기존질환 또는 개인적인 취약성 등에 기인한 것이지만, 그 일부는 이 사건 최초상병 및 그 치료과정이 원인이 되어 발생하였다 할 것이고, 이 사건 최초상병 및 그 치료과정이 기여한 비율은 1/4 정도로 봄이 상당하다고 판단하여 이 사건 추가상병의 요양승인신청에 대한 불승인처분 중 1/4 부분을 취소하고 말았으니, 결국 이러한 원심판결에는 산재보험법상 업무상의 재해 인정에 있어서 상당인과관계에 관한 법리 등을 오해한 위법이 있고, 이러한 위법은 판결에 영향을 미쳤음이 분명하다. 이 점을 지적하는 이 부분 상고이유의 주장은 이유 있다.

산업재해보상보험법상의 보험급여를 받은 자가 산재보험법에 정한 신고의무를 이행하지 아니하여 부당하게 보험급여를 지급받은 경우, 근로복지공단이 유족급여에서 부당이득금을 충당할 수 있는지 여부(소극)(대법원2005두11845 판결)

판례해설

산재보험법은 보험금여를 받은 자가 산재보험법에 정한 신고의무를 이행하지 않아 부당하게 보험급여를 받은 경우 수급권자에게 이를 부당이득으로 징수할 수 있도록 규정하고 있다. 그런데 **수급권자가 신고의무를 불이행하여 부당하게 보험급여를 지급받은 경우라도, 그의 사망 후 그 유족에게 유족급여를 지급할 때에 지급할 유족급여에서 부당이득을 받은 수급권자로부터 징수할 부당이득금을 충당할 수는 없다.**

왜냐하면 **산재보험법상의 유족급여는 피재근로자의 사망 당시 그가 부양하던 유족의 생활보장을 목적으로 하여 수급권자를 정한 것이므로 피재 근로자가 근로복지공단에 대하여 가지는 보험급여와는 성질이 달라 유족은 피재근로자의 권리를 상속하는 것이 아니고 산재보험법의 규정에 의해 직접 자기 고유의 유족급여수급권을 취득하는 것**으로 보아야 하고, 피재근로자에 대한 부당이득징수는 해당 피재근로자에 대하여만 가능하며, 피재근로자의 유족급여에 대해 이를 징수하는 것은 유족급여수급권자를 민법의 상속인과 달리 특별히 규정하고 있는 법의 취지에도 부합하지 않기 때문이다.

법원판단

산업재해보상보험법(이하, '산재보험법'이라 한다) 제53조는 근로복지공단은 보험급여를 받은 자가 허위 기타 부정한 방법으로 보험급여를 받은 경우, 산재보험법 제99조 제2항 내지 제4항의 규정에 의한 신고의무를 이행하지 아니함으로써 부당하게 보험급여를 지급받은 경우, 기타 과오급된 보험급여가 있는 경우에는 그 급여액에 해당하는 금액을 징수하여야 한다고 규정하고 있고, 산재보험법 제53조의2는 근로복지공단은 제53조의 규정에 의한 부당이득을 받은 자에 대하여 지급할 보험급여가 있는 경우에는 이를 제53조의 규정에 의하여 징수할 금액에 충당할 수 있다고 규정하고 있다.

<u>산재보험법 제53조와 제53조의2의 이러한 규정은 보험급여를 부당하게 지급받은 자로부터 그 보험급여 상당액을 징수함으로써 보험재정의 건전화를 꾀함과 아울러 그 징수절차의 편의를 도모하고자 하는 데에 그 입법 취지</u>가 있다.

그런데 산재보험법상의 유족급여는 피재 근로자의 사망 당시 그에 의하여 부양되고 있던 유족의 생활보장 등을 목적으로 하여 민법과는 다른 입장에서 수급권자를 정한 것으로서 피재 근로자 본인이 피고에 대하여 가지는 보험급여와는 그 성격이 다르고, 수급권자인 유족은 상속인으로서가 아니라 산재보험법의 관련 규정에 의하여 직접 자기의 고유의 권리로서 유족급여의 수급권을 취득하는 것으로 보아야 한다.

그리고 산재보험법상의 보험급여를 받을 권리는 양도나 압류가 금지되고(산재보험법 제55조 제2항) 이에 따라 상계 역시 금지되는 것(민법 제497조)임에도, 피고가 산재보험법 제53조의2 규정에 의하여 피재 근로자의 유족에게 지급할 유족급여를 피재 근로자 본인으로부터 징수할 부당이득 보험급여 상당액에 충당한다면 명문의 규정도 없이 사실상 유족급여에 대하여 상계를 허용하는 결과에 이르게 되므로 산재보험법 제55조 제2항이나 민법 제497조의 규정 취지는 몰각되고 말 것이다.

이러한 점들에 비추어 볼 때, 보험급여를 받은 자가 산재보험법 제99

조 제2항 내지 제4항의 규정에 의한 신고의무를 이행하지 아니함으로써 부당하게 보험급여를 지급받은 경우라도, 그의 사망 후 피고가 그 유족에게 산재보험법 제43조에 의하여 유족급여를 지급함에 있어서는 산재보험법 제53조의2의 규정에 의하여 그 지급할 유족급여에서 부당이득을 받은 수급권자로부터 징수할 부당이득금을 충당할 수는 없다고 봄이 상당하다.

원심이 같은 취지에서, 피고가 망 소외인의 유족인 원고들에게 지급할 유족급여를 망 소외인으로부터 징수할 부당이득 보험급여 상당액에 충당하고 나머지 유족급여만을 지급한 이 사건 처분이 위법하다고 판단한 것은 정당하다.

업무상 재해로 신체장해를 입은 사람이 장해급여를 청구하지 않아 기존의 장해에 대해서 전혀 보상을 받지 못하고 있다가 기존의 장해상태가 악화되어 장해등급이 변경된 후 비로소 장해보상연금을 청구한 경우 기존 장애에 대한 급여를 받을 수 있는지 여부(대법원 2015. 4. 16. 선고 2012두26142 전원합의체 판결 [장해보상연금개시일자결정처분취소])

판례해설

　장해보상일시금을 받은 사람이 재요양 후의 장해상태가 종전에 비하여 악화되어 장해보상연금을 청구한 경우에는 '재요양 후 치유된 날이 속하는 달의 <u>다음 달부터</u> 변경된 장해등급에 해당하는 장해보상연금을 지급하되, 이미 지급한 장해보상일시금의 지급일수에 해당하는 기간만큼의 장해보상연금'은 이를 부지급하도록 규정하고 있는바, 이와 같이 부지급하는 이유는 <u>업무상의 재해로 요양급여 및 장해보상일시금을 받은 사람이 재요양 후 장해상태가 악화되어 변경된 장해등급에 해당하는 장해보상연금을 전액 받게 된다면 이미 보상받은 장해급여 부분에 대해서까지 중복하여 장해급여를 받는 결과가 되므로, 이러한 불합리한 결과가 발생하는 것을 막기 위함</u>이다.

　다만 대상 판결은 이와 달리 업무상 재해로 신체장해를 입은 사람이 장해급여를 청구하지 않아 기존의 장해에 대해서 전혀 보상을 받지 못하고 있다가 기존의 장해상태가 악화되어 장해등급이 변경된 후 비로소 장해보상연금을 청구한 것인바, 이에 대하여 전합체의 견해가 다수의견과 반대의견으로 대립하였다. 반대의견은 장애 지급청구권의 시효는 3년으로 이미 3년이 지난 시점에 해당 장애가 악화되어 새로운 장애가 발생하였을 경우라도 이미 청구권이 소멸된 장애에 대해서는 장해보상연금을 청구할 수 없다고 판단한 반면, 대법원의 다수 의견은 기본적으로 업무상 발생한 장애에 대해서는 가급적 널리 보상받을 수 있도록 하려는 취지에서 기존에 전혀 장해급여를 청구하지 않던 중에 마침 그 장애가 악화되어 새로운 장애가 발생하였고, 그 동안의 장애급여도 지급되지받지 않았다면 새로이 장해급여를 청구하는 것이 크게 불합리 하지 않다고 판단하였다.

사실 법리적으로는 **반대의견이 타당한 것으로 보인다. 그러나 대법원 다수의견은 업무상 재해에 있어서는 가급적 근로자를 널리 보호하려는 취지를 가장 우선적으로 고려한 결과로 보인다.**

법원판단

1. 근로자가 업무상의 재해로 부상을 당하거나 질병에 걸린 경우에 근로자는 산업재해보상보험법(이하, '법'이라고만 한다)이 정하는 바에 따라 그 치유를 위하여 요양급여를 지급받고 이와 더불어 요양으로 취업하지 못한 기간에 대하여는 휴업급여를, 치유된 후에도 신체 등에 장해가 있는 경우에는 장해급여 등의 보험급여를 받게 된다(법 제36조). **근로자가 요양급여를 받아 치유된 후에도 그 요양의 대상이 되었던 업무상의 부상 또는 질병이 재발하거나 치유 당시보다 상태가 악화되어 이를 치유하기 위한 적극적인 치료가 필요한 때에는 재요양을 받을 수 있고**(법 제51조 제1항), 재요양을 받고 치유된 후 장해상태가 종전에 비하여 악화된 경우에는 그 악화된 장해상태에 해당하는 장해등급에 따

라 장해급여를 지급받는데, 재요양 후의 장해급여의 산정 및 지급방법은 대통령령으로 정한다(제60조 제2항).

이에 따라 산업재해보상보험법 시행령(이하, '시행령'이라고만 한다)은 장해급여의 수급자를 장해보상연금을 받던 사람과 장해보상일시금을 받은 사람으로 구분하고, 다시 그 수급자가 재요양 후의 장해급여를 장해보상연금으로 청구한 경우와 장해보상일시금으로 청구한 경우로 나누어 그 산정 및 지급 방법을 규정하고 있는데, **장해보상일시금을 받은 사람이 재요양 후의 장해상태가 종전에 비하여 악화되어 장해보상연금을 청구한 경우에는 '재요양 후 치유된 날이 속하는 달의 다음 달부터 변경된 장해등급에 해당하는 장해보상연금을 지급하되, 이미 지급한 장해보상일시금의 지급일수에 해당하는 기간만큼의 장해보상연금'은 이를 부지급**하도록 규정하고 있다(시행령 제58조 제3항 제1호, 이하 '이 사건 조항'이라고 한다).

이 사건 조항의 취지는 <u>업무상의 재해로 요양급여 및 장해보상일시금을 받은 사람이 재요양 후 장해상태가 악화되어 변경된 장해등급에 해당하는 장해보상연금을 전액 받게 된다면 이미 보상받은 장해급여 부분에 대해서까지 중복하여 장해급여를 받는 결과가 되므로, 이러한 불합리한 결과가 발생하는 것을 막기 위함</u>이다.

따라서 업무상 재해로 인하여 신체장해를 입은 사람이 그 당시에 판정된 장해등급에 따른 장해급여를 청구하지 아니하여 기존의 장해에 대해서 전혀 보상을 받지 못하고 있다가 기존의 장해상태가 악화되어 장해등급이 변경된 후 비로소 변경된 장해등급에 따라 장해보상연금을 청구한 경우에는, **그와 같은 중복지급의 불합리한 결과는 발생하지 아니하므로, 피고로서는 재요양 후 치유된 날이 속하는 달의 다음 달부터 변경된 장해등급에 해당하는 장해보상연금의 지급일수에 따라 장해보상연금을 지급**하여야 할 것이고, 이 사건 조항을 근거로 삼아 근로자에게 지급한 적이 없는 기존의 장해등급에 따른 장해보상일시금의 지급일수에 해당하는 기간만큼의 장해보상연금을 부지급하여서는 아니 된다. 그리고 이러한 이치는 기존의 장해등급에 대한 장해급여청구를 하지 않고 있던 중 **그 청구권이 시효 소멸된 경우에도 마찬가지로 적용된다**고 보아야 한다. 중복지급의 가능성이 없는 것은 이때에도 동일하며, '이미 지급한 장해보상일시금의 지급일수'라고 표현한 이 사건 조항의 문언에도 부합하기 때문이다.

2. 원심은 그 채택 증거를 종합하여, 원고가 1982. 7. 15. 주식회사 국보 소속 정비기사로 근무하던 중 다른 근로자에게 다리를 밟혀 우슬관절 활액낭염, 건초염 진단을 받고 신경외과의원, 정형외과의원 등에서 우슬관절부 대퇴골수 치료를 받은 사실, 원고는 치료 후에도 우측 고관절 및 슬관절 부위에 통증이 계속되자 1983. 12. 26. 고신대학교 복음병원에서 양측 대퇴골두 무혈성 괴사 진단을 받고, 1984. 1. 6. 우측 고관절 인공관절 치환술을 받았으며 경과가 호전되어 1984. 2. 4. 퇴원 후 1984.

3. 말경까지 치료를 받은 사실, 그 후 원고는 피고에게 대퇴골두 무혈성 괴사를 상병으로 요양신청을 하여 1985. 10. 14. 승인을 받았고, 2003. 10. 10. 피고에게 장해급여 신청을 하였으며, 피고는 2003. 10. 23. 원고의 우측 다리 장해등급이 제8급 제7호에 해당하나, 치료종결일인 1984. 3. 말경부터 3년의 소멸시효가 완성되었다는 사유로 장해급여를 부지급하는 처분을 한 사실, 원고는 2009. 4. 22. 피고로부터 좌측 고관절부 무혈성 괴사 및 골관절염에 대하여 인공관절 치환술이 필요하다는 이유로 재요양을 승인받아 좌측 고관절 인공관절 치환술을 받고 2010. 4. 14. 치료를 종결한 후 2010. 4. 23. 피고에게 장해급여 신청을 하였는데, 이에 대하여 피고는 2010. 5. 4. 원고의 좌측 다리의 장해등급은 제8급 제7호에 해당하고 기존 우측 다리의 장해등급 제8급 제7호와 조정하면 원고의 장해상태는 조정 제6급에 해당하나, 산업재해보상보험법 시행령 제58조 제3항에 따라 시효 소멸한 기존 우측 다리의 장해등급 제8급에 대한 장해보상일시금 지급일수에 해당하는 기간만큼 장해보상연금을 부지급해야 하므로, 재요양 후 치료종결일이 속하는 달의 다음 달인 2010. 5. 1.부터 1,102일의 기간만큼을 제외한 2013. 5. 7.부터 장해등급 제6급에 해당하는 장해보상연금을 지급한다는 내용의 이 사건 처분을 한 사실을 인정한 다음, 그 판시와 같은 이유를 들어 기존 장해등급에 따른 장해급여 청구권이 시효로 소멸한 경우에는 이 사건 조항을 적용할 수 없으므로 이 사건 처분은 위법하다고 판단하였다.

이러한 원심의 판단은 앞서 본 법리에 따른 것으로서 정당하고, 거기에 재요양 후의 장해급여의 산정 및 지급 방법 등에 관한 법리를 오해한 잘못이 없다.

[업무상 재해/ 장애급여/ 시효소멸] 기존 장해에 대한 장해보상청구를 하지 않은 채 소멸시효가 완성되고 재요양 후 장해연금을 청구한 경우 소멸시효가 완성된 장해보상일시금의 지급일수에 해당하는 기간만큼 장해보상연금을 지급하지 않은 것은 정당한지 여부 (대법원 2015. 4. 16. 선고 2012두 26142 전원합의체 판결)

판례해설

산업재해보상보험법 시행령 제58조 제3항 제1호는 기존에 산업재해보상보험법상 장해보상일시금을 지급받은 사람이 재요양을 받고 그 장해상태가 악화되어 장해보상연금을 청구하는 경우, **이미 지급한 장해보상일시금의 지급일수에 해당하는 기간만큼의 장해보상연금은 지급하지 않도록 규정**하고 있다.

대법원은 위 법령의 문언 및 입법취지 등을 고려할 때, 기존의 장해보상일시금 청구권이 시효로 소멸되어 이를 지급받지 못한 자에 대해서는 위 조항의 적용이 없다고 보아, **위 조항을 근거로 원고의 기존 장해등급에 따른 장해보상일시금 지급일수에 해당하는 기간만큼 장해보상연**

금을 부지급한 피고의 처분이 위법하다고 판단한 원심을 수긍하였다.

즉, 기존에 장해로 보상을 받은 후 그 상태가 악화되어 장해보상연금을 청구한 경우에는 그 기존의 지급일수 부분의 연금을 공제하는 반면, 이러한 장해로 인한 보상을 받지 못한 사람의 경우에는 비록 그 소멸시효가 완성되었다고 할지라도, 장해보상연금을 기존의 장해보상일시금을 받을 수 있었던 기간만큼 공제하지 않는다고 판단한 것이다.

법원판단

1. 근로자가 업무상의 재해로 부상을 당하거나 질병에 걸린 경우에 근로자는 산업재해보상보험법(이하, '법'이라고만 한다)이 정하는 바에 따라 그 치유를 위하여 요양급여를 지급받고 이와 더불어 요양으로 취업하지 못한 기간에 대하여는 휴업급여를, 치유된 후에도 신체 등에 장해가 있는 경우에는 장해급여 등의 보험급여를 받게 된다(법 제36조). 근로자가 요양급여를 받아 치유된 후에도 그 요양의 대상이 되었던 업무상의 부상 또는 질병이 재발하거나 치유 당시보다 상태가 악화되어 이를 치유하기 위한 적극적인 치료가 필요한 때에는 재요양을 받을 수 있고(법 제51조 제1항), 재요양을 받고 치유된 후 장해상태가 종전에 비하여 악화된 경우에는 그 악화된 장해상태에 해당하는 장해등급에 따라 장해급여를 지급받는데, 재요양 후의 장해급여의 산정 및 지급방법은

대통령령으로 정한다(제60조 제2항). 이에 따라 산업재해보상보험법 시행령(이하, '시행령'이라고만 한다)은 장해급여의 수급자를 장해보상연금을 받던 사람과 장해보상일시금을 받은 사람으로 구분하고, 다시 그 수급자가 재요양 후의 장해급여를 장해보상연금으로 청구한 경우와 장해보상일시금으로 청구한경우로 나누어 그 산정 및 지급 방법을 규정하고 있는데, 장해보상일시금을 받은 사람이 재요양 후의 장해상태가 종전에 비하여 악화되어 장해보상연금을 청구한 경우에는'재요양후 치유된 날이 속하는 달의 다음 달부터 변경된 장해등급에 해당하는 장해보상연금을 지급하되, 이미 지급한 장해보상일시금의 지급일수에 해당하는 기간만큼의 장해보상연금'은 이를 부지급하도록 규정하고 있다(시행령 제58조 제3항 제1호, 이하 '이 사건 조항'이라고 한다).

이 사건 조항의 취지는 **업무상의 재해로 요양급여 및 장해보상일시금을 받은 사람이 재요양 후 장해상태가 악화되어 변경된 장해등급에 해당하는 장해보상연금을 전액 받게 된다면 이미 보상받은 장해급여 부분에 대해서까지 중복하여 장해급여를 받는 결과가 되므로, 이러한 불합리한 결과가 발생하는 것을 막기 위함**이다.

따라서 업무상 재해로 인하여 신체장해를 입은 사람이 그 당시에 판정된 장해등급에 따른 장해급여를 청구하지 아니하여 기존의 장해에 대해서 전혀 보상을 받지 못하고 있다가 기존의 장해상태가 악화되어 장해등급이 변경된 후 비로소 변경된 장해등급에 따라 장해보상연금을 청구한 경우에는, **그와 같은 중복지급의 불합리한 결과는 발생하지 아니하므로, 피고로서는 재요양 후 치유된 날이 속하는 달의 다음 달부터 변경된 장해등급에 해당하는 장해보상연금의 지급일수에 따라 장해보상연금을 지급하여야 할 것**이고, 이 사건 조항을 근거로 삼아 근로자에게 지급한 적이 없는 기존의 장해등급에 따른 장해보상일시금의 지급일수에 해당하는 기간만큼의 장해보상연금을 부지급하여서는 아니 된다. 그리고 **이러한 이치는 기존의 장해등급에 대한 장해급여청구를 하지 않고 있던 중 그 청구권이 시효 소멸된 경우에도 마찬가지로 적용된다고 보아야 한다. 중복지급의 가능성이 없는 것은 이때에도 동일하며, '이미 지급한 장해보상일시금의 지급일수'라고 표현한 이 사건 조항의 문언에도 부합하기 때문**이다.

2.원심은 그 채택 증거를 종합하여, 원고가 1982.7.15.주식회사 국보 소속 정비기사로 근무하던 중 다른 근로자에게 다리를 밟혀 우슬관절 활액낭염, 건초염 진단을 받고 신경외과의원, 정형외과의원 등에서 우슬관절부 대퇴골수 치료를 받은 사실, 원고는 치료 후에도 우측 고관절 및 슬관절 부위에 통증이 계속되자 1983.12.26. ○○대학교 복음병원에서 양측 대퇴골두 무혈성 괴사 진단을 받고,1984.1.6.우측 고관절 인공관절 치환술을 받았으며 경과가 호전되어 1984.2.4.퇴원 후 1984.3.말경까지 치료를 받은 사실, 그 후 원고는 피고에게 대퇴골두 무혈성 괴사를 상병으로 요양신청을 하여 1985.10.14.승인을 받았고,2003.10.10.피고에게 장해급여 신청을 하였으며, 피고는 2003.10.23.원고의 우측 다리장

해등급이 제8급 제7호에 해당하나, 치료종결일인 1984.3.말경부터 3년의 소멸시효가 완성되었다는 사유로 장해급여를 부지급하는 처분을 한 사실, 원고는 2009.4.22. 피고로부터 좌측 고관절부 무혈성 괴사 및 골관절염에 대하여 인공관절 치환술이 필요하다는 이유로 재요양을 승인받아 좌측 고관절 인공관절 치환술을 받고 2010.4.14.치료를 종결한 후2010.4.23.피고에게 장해급여 신청을 하였는데, 이에 대하여 피고는 2010.5.4.원고의 좌측 다리의 장해등급은 제8급 제7호에 해당하고 기존 우측 다리의 장해등급 제8급 제7호와 조정하면 원고의 장해상태는 조정 제6급에 해당하나, **산업재해보상보험법 시행령 제58조 제3항에 따라 시효 소멸한 기존 우측 다리의 장해등급 제8급에 대한 장해보상일시금 지급일수에 해당하는 기간만큼 장해보상연금을 부지급해야 하므로, 재요양 후 치료종결일이 속하는 달의 다음 달인 2010.5.1.부터 1,102일의 기간만큼을 제외한 2013.5.7.부터 장해등급 제6급에 해당하는 장해보상연금을 지급한다는 내용의 이 사건 처분을 한 사실을 인정한 다음, 그 판시와 같은 이유를 들어 기존 장해등급에 따른 장해급여 청구권이 시효로 소멸한 경우에는 이 사건 조항을 적용할 수 없으므로 이 사건 처분은 위법하다고 판단하였다.**

이러한 원심의 판단은 앞서 본 법리에 따른 것으로서 정당하고, 거기에 재요양 후의 장해급여의 산정 및 지급 방법 등에 관한 법리를 오해한 잘못이 없다.

근로복지공단이 소음작업장을 떠난 때부터 3년이 지나 甲의 청구권이 시효로 소멸하였고 현재 소음작업장에 복귀하여 근무하고 있다는 이유로 장해급여의 지급을 거절한 사안(서울고등법원 2014. 4. 18. 선고 2012누21248 판결 [장해급여부지급처분취소])

판례해설

대상판결 역시 소업작업장에서 근로하던 근로자가 해당 작업장을 떠난 뒤 3년이 지나 다시 복귀하여 근무하던 중 장애급여를 신청한 사안으로 장애에 대한 시효는 확진 받은 때부터 기산된다고 판단하여 공단의 부지급 결정에 대한 취소를 인정하였다(이하, **대법원2005두11845 판결사례 참조**)

판결요지

용접공으로 근무하던 甲이 '양측 감각신경성 난청'을 진단받고 작업장 소음으로 위 상병이 발생하였다는 이유로 장해급여를 청구하였으나, 근로복지공단이 소음작업장을 떠난 때부터 3년이 지나 甲의 청구권이 시효로 소멸하였고 현재 소음작업장에 복귀하여 근무하고 있다는 이유로 장해급여의 지급을 거절한 사안에서, 처분사유의 근거법령인 산업재해보상보험법 시행규칙 제48조 [별표 5] 제2호 (가)목 1) 라)에서 '직업성 난청 치유의 시기는 해당 근로자가 더 이상 직업상 난청이 유발될 수 있는 장소에서 업무를 하지 않게 되었을 때'로 정하고 있는 것은 법령의 위임 없이 법규성이 있는 법령에 규정된 '치유' 시기와 다른 치유 시기를 규정함으로써 장해급여청구권의 행사를 제한하고 있으므로 국민에 대한 대외적 구속력이 없고, **甲의 장해급여청구권은 산업재해보상보험법 제5조에서 정한 '치유' 시점에 따라 甲이 병원에서 영구장해로서 치료의 효과를 더 이상 기대할 수 없고 증상이 고정된 상태에 이르게 된 위 상병의 증상이 있음을 확진받은 때에 성립되었고** 甲의 장해급여 청구 당시 장해급여청구권에 대한 소멸시효가 완성되지 않았다는 것은 역수상 명백하므로, 근로복지공단이 甲의 장해급여 지급을 거절한 처분은 위법하다고 한 사례.

[선행장애/ 시효소멸/ 인과관계있는 후행 장애 발생] 선행 장애가 종료되었고 이를 청구할 수 있는 보험금 시효가 종료되었다고 하더라도 장해가 중하게 발생하였고, 최소한의 인과관계가 존재한다면 선행 장애에 대하여 장애 급여를 청구하는 것이 위법하지 않다(대법원 2020. 6. 4. 선고 2020두31774 판결 [장해급여부지급처분취소])

판례해설

　산업재해법에 의하면 근로자가 요양급여를 받고 치유된 후에도 그 요양의 대상이 되었던 업무상의 부상 또는 질병이 재발하거나 치유 당시보다 상태가 악화되어 이를 치유하기 위한 적극적인 치료가 필요한 때에는 재요양을 받을 수 있고, 여기서 **재요양은 일단 요양이 종결된 후에 선행상병이 재발하거나 또는 선행상병에 기인한 합병증에 대하여 실시하는 요양이라는 점 외에는 최초의 요양과 그 성질이 같으므로, 재요양의 요건으로는 요양의 요건 외에 선행상병과 재요양을 신청한 상병과 사이에 (최소한의) 상당인과관계가 있다고 인정되고 선행상병의 요양종결 시의 상태에 비하여 그 증상이 악화되어 재요양을 함으로써 치료 효과가 기대될 수 있다는 의학적 소견이** 있는 것으로 족하다.

　더 나아가 대상판결에서는 기존 요양급여를 청구하지 않아 청구권이 시효로 소멸되었다고 하더라도 재요양시 기존 요양을 위한 급여까지 신청한 것 역시 부적법하지 않다고 판시함으로서 근로자에게 다소 유리한 판시를 하였다.

법원판단

1. 사안의 개요와 쟁점

가. 원심판결 이유와 기록에 의하면, 다음과 같은 사실을 알 수 있다.

(1) 소외인은 2005. 7. 22.경 성남시 중원구에 있는 '○○○○○주유소'에서 근무하다가 세차용 가성소다에 우안이 노출되는 사고(이하, '이 사건 사고'라고 한다)를 당하여 '우안 각막 화학 화상'(이하, '선행상병'이라고 한다)을 진단받고, 그 무렵 피고로부터 업무상 요양승인을 받은 뒤 2005. 7. 22.부터 2005. 9. 30.까지 통원 치료(이하, '선행요양'이라고 한다)를 받았다.

(2) 소외인은 2018. 2. 2. △△△△△△△병원에서 '우안 각막 화학 화상, 우안 안내염 및 우안 망막 박리를 원인으로 한 시각 장애(우안, 광각유)'(이하, 통틀어 '이 사건 장해'라고 한다)의 진단을 받고, 2018. 3. 2. 피고에게 장해급여청구를 하였다.

(3) 피고는 2018. 3. 8. 소외인에 대하여 '선행상병은 선행요양 종료일인 2005. 9. 30.에 치유되었고, 그로부터 구 산업재해보상보험법(2018. 6. 12. 법률 제15665호로 개정되기 전의 것, 이하 '구 산재보험법'이라고 한다) 제112조 제1항 제1호에서 정한 3년의 소멸시효 기간이 지나 장해

급여청구권이 소멸하였다'는 이유로 장해급여 부지급처분(이하, '이 사건 처분'이라고 한다)을 하였다.

(4) 소외인은 이 사건 제1심 계속 중인 2018. 9. 20. 사망하였고, 배우자인 원고가 소송절차를 수계하였다.

나. 이 사건의 쟁점은 소외인의 장해급여청구일을 기준으로 이 사건 장해에 관한 장해급여청구권이 시효완성으로 소멸하였는지 여부이다.

2. 원심의 판단

원심은, 아래와 같은 이유 등을 들어 **선행상병은 2005. 9. 30. 완치되었다고 볼 수 있고, 선행상병에 관한 장해급여청구권의 소멸시효는 완치일 다음날부터 진행되는데, 소외인은 그로부터 3년의 소멸시효 기간이 지난 후 2018. 3. 2.에서야 피고에게 이 사건 장해에 관한 장해급여청구를 하였으므로, 소외인의 장해급여청구권은 시효완성으로 소멸하였다**고 판단하였다.

가. 제1심의 진료기록감정촉탁 결과에 의하면, 진료기록감정의는 선행상병의 치료종결일을 2005. 9. 30.로 보는 것이 타당하고, '2006. 9. 19. 진단받은 우안 백내장, 2011. 9. 14. 진단받은 우안 안내염 및 2017. 11. 14. 진단받은 우안 유리체 출혈 및 우안 망막박리'와 이 사건 사고 또는

선행상병 사이에 직접적인 인과관계가 인정되기 어렵다는 취지의 의학적 소견을 제시하였고, 이 소견이 부당하다고 볼 만한 특별한 사정을 찾을 수 없다.

나. 이 사건 사고 발생일인 2005. 7. 22.부터 2017. 2. 7.까지 사이에 우안 백내장 수술, 우안 유리체절제술 등 다양한 수술이 있었고, 망인에게 기저질환인 당뇨병이 있었던 점 등을 고려하면, 2017. 2. 7. 소외인에 대하여 시행한 우안 각막 전층 재이식수술을 선행상병의 재발로 보기도 어렵다.

3. 대법원의 판단

가. (1) 구 산재보험법에 의하면, 보험급여를 받을 권리는 3년간 행사하지 않으면 시효 완성으로 소멸하고(제112조 제1항 제1호), 소멸시효는 권리를 행사할 수 있는 때부터 진행한다(제112조 제2항, 민법 제166조 제1항). **근로자가 요양급여를 받아 치유된 후에도 신체 등에 장해가 있는 경우에는 장해급여를 지급한다(제57조 제1항).** 이 때 '치유'란 부상 또는 질병이 완치되거나 치료의 효과를 더 이상 기대할 수 없고 그 증상이 고정된 상태에 이르게 된 것을 말한다(제5조 제4호). 따라서 **구 산재보험법에 따른 장해급여청구권은 장해급여의 지급사유가 발생한 때, 즉 치유 시점부터 소멸시효가 진행**한다(대법원 1997. 8. 22. 선고 97누6544 판결 등 참조).

(2) 구 산재보험법에 의하면, 근로자가 요양급여를 받아 치유된 후에도 그 요양의 대상이 되었던 업무상의 부상 또는 질병이 재발하거나 치유 당시보다 상태가 악화되어 이를 치유하기 위한 적극적인 치료가 필요한 때에는 재요양을 받을 수 있다(제51조 제1항). **재요양은 일단 요양이 종결된 후에 선행상병이 재발하거나 또는 선행상병에 기인한 합병증에 대하여 실시하는 요양이라는 점 외에는 최초의 요양과 그 성질이 같으므로, 재요양의 요건으로는 요양의 요건 외에 선행상병과 재요양을 신청한 상병과 사이에 상당인과관계가 있다고 인정되고 선행상병의 요양종결시의 상태에 비하여 그 증상이 악화되어 재요양을 함으로써 치료효과가 기대될 수 있다는 의학적 소견이 있는 것으로 족하다.** 선행상병이 재요양을 신청한 상병의 직접적인 원인이어야 할 필요는 없으며, 당초 상병의 치료종결시의 상태에 비하여 그 증상이 현저하게 악화되어 적극적인 치료의 필요성이 인정되는 경우일 필요도 없다(대법원 2002. 4. 26. 선고 2002두1762 판결 참조).

(3) 구 산재보험법에 의하면, 재요양을 받고 치유된 후 장해상태가 종전에 비하여 악화된 경우에는 그 악화된 장해상태에 해당하는 장해등급에 따라 장해급여를 지급받는데, 재요양 후의 장해급여의 산정 및 지급방법은 대통령령으로 정한다(제60조 제2항). 그 위임에 따른 산업재해보상보험법 시행령 제58조는 장해급여의 수급자를 장해보상연금을 받던 사람과 장해보상일시금을 받은 사람으로 구분하고, 다시 그 수급자가 재요양 후의 장해급여를 장해보상연금으로 청구한 경우

와 장해보상일시금으로 청구한 경우로 나누어 그 산정 및 지급 방법을 규정하고 있는데, 장해보상일시금을 받은 사람이 재요양 후의 장해상태가 종전에 비하여 악화되어 장해보상연금을 청구한 경우에는 '재요양 후 치유된 날이 속하는 달의 다음 달부터 변경된 장해등급에 해당하는 장해보상연금을 지급하되, 이미 지급한 장해보상일시금의 지급일수에 해당하는 기간만큼의 장해보상연금'은 이를 부지급하도록 규정하고 있다(제3항 제1호, 이하 '이 사건 조항'이라고 한다). 이 사건 조항의 취지는 업무상의 재해로 요양급여 및 장해보상일시금을 받은 사람이 재요양 후 장해상태가 악화되어 변경된 장해등급에 해당하는 장해보상연금을 전액 받게 된다면 이미 보상받은 장해급여 부분에 대해서까지 중복하여 장해급여를 받는 결과가 되므로, 이러한 불합리한 결과가 발생하는 것을 막기 위함이다. 따라서 업무상 재해로 인하여 신체장해를 입은 사람이 그 당시에 판정된 장해등급에 따른 장해급여를 청구하지 아니하여 기존의 장해에 대해서 전혀 보상을 받지 못하고 있다가 기존의 장해상태가 악화되어 장해등급이 변경된 후 비로소 변경된 장해등급에 따라 장해보상연금을 청구한 경우에는, 그와 같은 중복지급의 불합리한 결과는 발생하지 아니하므로, 피고로서는 재요양 후 치유된 날이 속하는 달의 다음 달부터 변경된 장해등급에 해당하는 장해보상연금의 지급일수에 따라 장해보상연금을 지급하여야 할 것이고, 이 사건 조항을 근거로 삼아 근로자에게 지급한 적이 없는 기존의 장해등급에 따른 장해보상일시금의 지급일수에 해당하는 기간만큼의 장해보상연금을 부지급하여서는 아니 된다. 그리고 이러한 이치는 기존의 장해등급에 대한 장해급여청구를 하지 않고 있던 중 그 청구권이 시효 소멸된 경우에도 마찬가지로 적용된다고 보아야 한다. 중복지급의 가능성이 없는 것은 이때에도 동일하며, '이미 지급한 장해보상일시금의 지급일수'라고 표현한 이 사건 조항의 문언에도 부합하기 때문이다(대법원 2015. 4. 16. 선고 2012두 26142 전원합의체 판결 참조).

나. 원심판결 이유와 기록에 의하면, 다음과 같은 사실을 알 수 있다.

⑴ 소외인은 **선행요양 기간 중이던 2005. 8. 26.경 양안에 대하여 '당뇨성 망막증' 진단을 받고, 그 무렵부터 2015. 10. 21.까지 사이에 양안 범망막 광응고 수술**을 받았다.

⑵ 소외인은 선행요양 기간 중이던 2006. 9. 19. 우안에 대하여 '외상성 백내장'으로 진단받고, 피고에게 재요양신청을 하였다. 피고는 2006. 9. 22. 소외인의 외상성 백내장과 이 사건 사고 및 선행상병 사이에 상당인과관계가 없다는 이유로 불승인 결정을 하였다. 소외인은 불승인 결정에 대해 불복하지 않은 채, 2006. 9. 30. 우안 백내장 수술을 받았다.

⑶ 소외인은 선행요양 종료 후인 2011. 4. 18. '우안 각막이식 수술'을 받고, 2011. 9. 14. 우안 유리체 절제술 및 유리체내 주사술을 받았다.

⑷ 소외인은 2016. 11. 15. 다시 우안에 대한 진료를 받기 시작하였고,

2017. 2. 7. 우안 각막 재이식 수술을 받았다.

(5) 소외인은 2017. 5. 17. 우안 나안시력 안전수동(眼前手動) 진단을, 2017. 11. 14. 우안 유리체 출혈, 우안 망막박리 진단을 받고, 우안 유리체 절제 수술 등을 받았다.

(6) 제1심 진료기록감정의는 '선행상병으로 인하여 각막과 망막이 손상될 수 있고, 궤양 및 천공이 생기면 안내염이 생길 수도 있으며, 백내장 등의 합병증도 발생할 수 있다. 이 사건 장해의 발병원인은 선행상병, 노인성 백내장, 당뇨성 망막증 중 어느 하나만으로는 설명하기는 어렵다.'는 의견을 밝혔다.

(7) □□□□□ □□□병원 안과 전문의가 발급한 2006. 9. 18.자 진단서에는, 소외인의 백내장이 이 사건 사고로 인하여 악화되었을 가능성이 높다는 취지로 기재되어 있다.

(8) 원심의 사실조회에 대하여 □□□□□ □□□병원장은 '이 사건 사고와 2011. 4. 18.자 우안 각막 이식 수술 사이에 직접적인 인과관계가 있다고 보기는 어렵지만, 소외인의 시력상실 원인은 각막혼탁과 망막박리이고, 이 사건 사고로 인한 화학적 손상으로 각막혼탁, 백내장 등이 발생할 수 있다. 각막혼탁과 망막박리는 2006. 9. 30. 백내장 수술 이후 악화된 것으로 보이고, 이는 이 사건 사고와 당뇨병이 복합적으로 작

용하였기 때문으로 추정된다. 좌안이 상대적으로 양호한 경과를 보인 점에 비추어 당뇨병성 망막증만으로 우안의 불량한 경과를 설명하기는 어렵다. 우안 시력의 악화 원인은 이 사건 사고에서 찾을 수 있다'는 취지로 회신하였다.

다. 위와 같은 선행상병의 발병 경위나 그 이후의 경과, 이 사건 장해 발병 원인에 관한 의학적 소견 등에 비추어 보면, 선행상병이 선행요양 종결일인 2005. 9. 30.에 일단 증상이 고정되어 치유된 것이라고 하더라도 그 후 자연적 진행경과 이상으로 악화되어 '우안 망막 박리' 등의 상병이 발병하여 재요양이 필요한 상태가 된 것으로 볼 여지가 크다. 사실관계가 그러하다면, 소외인이 적절한 시점에 '우안 망막 박리' 등에 관하여 재요양급여를 신청하지 않아 실제 재요양급여를 받지는 못했다고 하더라도, '우안 망막 박리' 등에 관하여 의료기관에서 치료를 받아 증상이 고정되어 치유된 시점에 '재요양 후의 장해급여청구권'을 새로 취득하고, 이때부터 소멸시효가 다시 진행하는 것으로 보아야 한다.

라. 그런데도 원심은, 소외인의 선행상병이 선행요양 종료일 이후에 다시 자연적 진행경과 이상으로 악화되어 재요양이 필요하게 된 사정은 간과한 채, 선행요양 종료일인 2005. 9. 30.부터 장해급여청구권의 소멸시효가 진행하여 장해급여청구일인 2018. 3. 2.에는 이미 3년의 소멸시효가 완성되어 이 사건 장해에 관한 장해급여청구권이 소멸하였다고 판단하였다. 이러한 원심 판단에는 구 산재보험법에 따른 '재요양 요건',

'재요양 후의 장해급여청구권'에 관한 법리를 오해하여 필요한 심리를 다하지 아니함으로써 판결에 영향을 미친 잘못이 있다.

Ⅶ. 부당수급자에 대한 부당이득청구 · 반환징수권행사

[산재 보험가입자/ 부당수급/ 연대책임] 보험가입자에 대하여 산재보험법 조항에 따른 연대책임을 묻기 위하여 보험가입자에게 거짓된 신고 등에 관한 주관적 인식이 있어야 하는지 여부(적극) (대법원 2016. 7. 27 선고 2016두36079 판결 [부당이득금징수처분취소])

판례해설

산업재해가 발생한 경우 통상 근로자는 근로복지공단에 보험급여를 청구하면서 재해 발생 경위에 대한 객관적인 증명을 위해 사업주나 동료 근로자 등의 확인서를 제출하게 된다. 산재보험법 제84조 제1항은 보험급여를 받은 자가 거짓 또는 부정한 방법으로 보험급여를 받은 경우 보험급여액의 2배에 해당하는 금액을 징수하도록 규정하고 있고, 특히 거짓이나 부정한 방법으로 보험급여를 받은 것이 보험가입자 등의 거짓된 신고, 진단 또는 증명으로 인한 경우 그 보험가입자 등도 연대하여 부정하게 수급한 보험급여의 2배에 해당하는 금액에 대하여 연대하여 징수의무를 부담하도록 규정하고 있다.

한편, 대법원 2016. 7. 27. 선고 2016두36079 판결은 산업재해보상보험법 제84조 제2항에 따라 보험급여를 받은 자와 연대하여 징수의무를 부담하는 '보험가입자'에 '보험가입자의 요건을 갖추지 못하였으나 근로복지공단에 대한 관계에서 스스로 사업주로 행세하면서 재해 발생 경위를 확인해 준 자'가 포함된다고 해석하였는데 이러한 해석은 산재보험법 제84조 제2항 규정의 문언적 의미를 벗어난 해석으로 볼 여지가 커 문제가 될 수 있다.

산업재해법 제84조 제2항은 지급한 급여액의 2배를 징수하여야 하는 경우로서 보험가입자 등의 거짓된 신고 등으로 인한 경우를 규정하고 있는데, 이 규정은 재해 사실의 판단에 있어 사업주의 확인이 중요한 비중을 차지하는 점을 고려하여 거짓 신고에 대하여 엄격한 제재를 하려는 취지이다. 그러나, 재해자의 근로관계는 신고된 사실이 아닌 실질에 따라 결정되는 점을 고려한다면, 실질에 비추어 보험가입자의 요건을 갖추지 못한 자가 사업주로 행세하면서 재해발생경위를 확인해 주었다고 하여 보험가입자가 아닌 자를 보험가입자로 의제하거나 포함시키는 것은 문언에서 예상한 범위를 벗어난 지나친 확대해석이라 할 수 있다. 특히 이 규정이 연대징수의무를 부여하는 점에서 이 같은 확대해석은 징수의무의 대상자를 법령의 문언적 의미보다 확대하는 결과를 초래하게 된다.

나아가 재해 발생 경위에 대한 조사의무와 권한이 근로복지공단에 있다는 점에서도 사업주로 행세한 자가 실제 사업주가 아님을 공단이 인지하지 못한 경우 공단의 재해발생경위 등에 관한 조사가 소홀했다고 볼 여지가 크며, 보험급여가 신고행위자의 신고만으로 근로복지공단의 재량의 여지없이 결정되는 것이 아닌 점에서도 이 같은 해석은 부당이득징수규정의 취지에 반해 너무 치우친 해석이라 할 것이다.

따라서 보험가입자가 아닌 자가 사업주로 행세하며 재해발생경위 등에 대하여 거짓된 확인서를 제출한 경우 등은 산재보험법 제84조 제2항의 적용이 아닌 **민법상의 불법행위책임을 적용**하여 손해배상책임을 묻는 것이 산재보험법 제84조 제2항의 문언의 의미에 부합하는 해석일 것으로 사료된다.

그러나 이러한 대법원의 판시가 있는 이상 개인적인 친분이나 요청 등의 이유로 사업주가 아님에도 사업주인 것처럼 재해 발생 경위 등에 대한 확인서를 작성하여 근로복지공단에 제출하는 경우, 재해자가 지급받은 보험급여의 2배에 해당하는 금액에 대한 징수의무를 부담하게 될 수 있음을 주의하여야 할 것이다.

법원판단

1.가. 산업재해보상보험법 제84조 제1항은 "공단은 보험급여를 받은

자가 다음 각 호의 어느 하나에 해당하면 그 급여액에 해당하는 금액(제1호의 경우에는 그 급여액의 2배에 해당하는 금액)을 징수하여야 한다. 이 경우 공단이 제90조 제2항에 따라 국민건강보험공단 등에 청구하여 받은 금액은 징수할 금액에서 제외한다."라고 규정하면서 제1호로 "거짓이나 그 밖의 부정한 방법으로 보험급여를 받은 경우"를 급여액의 2배에 해당하는 금액을 부당이득으로 징수하여야 하는 사유로 규정하고 있고, 같은 조 제2항은 "제1항 제1호의 경우 보험급여의 지급이 보험가입자·산재보험 의료기관 또는 직업훈련기관의 거짓된 신고, 진단 또는 증명으로 인한 것이면 그 보험가입자·산재보험 의료기관 또는 직업훈련기관도 연대하여 책임을 진다."라고 규정하고 있다.

한편 산업재해보상보험법 제41조 제1항은 "제40조 제1항에 따른 요양급여(진폐에 따른 요양급여는 제외한다)를 받으려는 자는 소속 사업장, 재해발생 경위, 그 재해에 대한 의학적 소견, 그 밖에 고용노동부령으로 정하는 사항을 적은 서류를 첨부하여 공단에 요양급여의 신청을 하여야 한다. 이 경우 요양급여 신청의 절차와 방법은 고용노동부령으로 정한다."라고 규정하고 있고, 그 위임에 따른 산업재해보상보험법 시행규칙 제20조 제1항은 "법 제41조 제1항에서 '고용노동부령으로 정하는 사항'이란 요양급여를 받으려는 근로자의 재해발생 경위에 대한 보험가입자의 확인을 말한다."라고 규정하고, 같은 조 제3항은 "공단은 제1항에 따른 보험가입자의 확인이 없는 요양급여의 신청을 받은 경우에는 그 사실을 해당 근로자가 소속된 보험가입자에게 알려야 한다. 이 경우

보험가입자는 통지를 받은 날부터 10일 이내에 공단에 그 요양급여 신청에 대한 의견을 제출할 수 있다."라고 규정하고 있다.

나. 산업재해보상보험법 제6조, 고용보험 및 산업재해보상보험의 보험료징수 등에 관한 법률 제5조 제3항,제7조 제2호 등에 의하면, 원칙적으로 근로자를 사용하는 모든 사업 또는 사업장의 사업주는 당연히 산업재해보상보험의 보험가입자가 되는데, 산재보험에 있어서 보험가입자인 사업주와 보험급여를 받을 근로자에 해당하는지 여부는 ▽▽▼지공단에 대한 신고내용에 따라 결정되는 것이 아니라 해당 사실의 실질에 의하여 결정된다고 보아야 한다(대법원 1999.2.24.선고 98두2201판결).

그런데 산업재해보상보험법령에서 근로자의 요양급여 신청에 대한 공단의 결정에 앞서 재해발생 경위에 관한 보험가입자의 확인이나 의견제출 기회 부여를 필수적 절차로 규정한 것은, 근로자가 입은 재해가 사업주의 지배·관리 영역에서 발생한 경우라면 사업주는 재해발생 경위를 비교적 정확하게 파악할 수 있고,사업주는 업무상 재해 인정과 관련하여 근로자의 이해와 상충되는 법적·경제적인 이해관계를 가지기도 하므로 사업주의 확인이나 의견을 일응 신뢰할 수 있음을 고려한 것으로 보인다. 그리고 산업재해보상보험법 제84조 제1항, 제2항에서, '거짓이나 그 밖의 부정한 방법으로 보험급여를 받은 경우' 공단의 징수범위를 급여액에 해당하는 금액의 2배에 해당하는 금액으로 정하고, 그 지급이 보험가입자 등의 거짓된 신고 등으로 인한 경우 그 보험가입자 등도 보험급여를 지급받은 자와 연대하여 책임을 지도록 정한 것은, 위와 같이 보험급여 결정 과정에서 사업주의 신고와 진술이 차지하는 중요성을 고려하여 사업주가 근로자가 재해발생 경위를 거짓으로 꾸며 요양 신청을 한다는 사정을 알면서도 그러한 재해발생 경위가 사실인 것처럼 적극적으로 확인해 주는 행위에 대하여 엄격한 제재를 가함으로써, 사업주와 근로자가 결탁하여 부정한 방법으로 보험급여를 받는 것을 억제하고 궁극적으로 산업재해보상보험 재정의 건전성을 도모하기 위한 것으로 보인다.

따라서 산업재해보상보험법 제84조 제2항에 따라 보험급여를 받은 자와 연대하여 징수의무를 부담하는 '보험가입자'에는, 해당 사실의 실질에 비추어 보험가입자임이 인정되는 자는 물론, 해당 사실의 실질에 비추어 보험가입자의 요건을 갖추지 못하였다 하더라도 공단에 대한 관계에서 스스로 사업주로 행세하면서 재해발생 경위를 확인해 준 자도 포함된다고 보아야 한다.

그리고 이러한 보험가입자에 대하여 산업재해보상보험법 제84조 제2항에 따른 연대책임을 묻기 위하여는 보험가입자에게 거짓된 신고 등에 관한 주관적 인식이 있어야 할 것인데, 만약 그 신고 또는 확인이 보험가입자 본인이 아니라 대리인 또는 피용자에 의하여 이루어진 경우 거짓된 신고 등에 대한 인식 유무는 본인은 물론 대리인 등 관계자 모두를 기준으로 판단하여야 한다.

2.그럼에도 원심은, 이와 다른 전제에서 재해 발생 당시 원고와 공단 사이에 진정한 보험관계가 성립하지 아니한 상태였으므로 원고를 산업재해보상보험법 제84조 제2항의 보험가입자로 볼 수 없고, 건축주인 원고는 건축공사를 도급한 남편이 공사수급인의 부탁을 받아 재해발생

경위를 거짓으로 꾸민 근로자의 요양신청에 대하여 원고 명의로 허위의 확인을 해주었을 뿐 부정행위를 알지 못했다는 이유로, 피고가 산업재해보상보험법 제84조 제2항에 근거하여 원고에 대하여 근로자와 연대하여 부정수급액의 2배액을 징수한다고 결정한 이 사건 처분이 위법하다고 판단하였으니, 이러한 원심판단에는 산업재해보상보험법 제84조 제2항에 정한 보험가입자의 범위에 관한 법리를 오해하여 판결에 영향을 미친 잘못이 있다.

3. 그러므로 원심판결을 파기하고, 사건을 다시 심리·판단하도록 원심법원에 환송하기로하여, 관여 대법관의 일치된 의견으로 주문과 같이 판결한다.

[부정방법/ 부당이득징수/ 시효소멸] 근로복지공단이 부정한 방법으로 보험급여를 받은 사람에게 산업재해보상보험법에 정한 금액을 부당이득반환 징수를 할 경우 그 징수권의 소멸시효 기산일(대법원 2009. 5. 14. 선고 2009두3880 판결 [부당이득징수결정처분취소])

판례해설

당사자가 허위 신고 등을 통하여 부정한 방법으로 보험급여를 지급받았을 경우 공단은 그와 같이 지급받은 보험급여에 대하여 부당이득

반환청구를 할 수 있다. 다만 이러한 부당이득반환청구 역시 채권이기 때문에 소멸시효의 대상이 될 수 있다.

민법 제166조 제1항에 따르면 소멸시효는 객관적으로 권리가 발생하여 그 권리를 행사할 수 있는 때로부터 진행하고 그 권리를 행사할 수 없는 동안만은 진행하지 않는다. 다만 법원은 그 기산점을 부당하게 지급 받은 때로 보는바, 대상판결의 사안에서는 **피고가 보험금을 부당하게 지급 받은 시기가 2004. 9. 24.이므로, 이때 공단이 이러한 보험금의 지급이 부당한지 여부를 알 수 있었는지 여부와 상관없이 피고가 보험금을 지급 받은 때로부터 3년의 소멸시효로 부당이득반환 채권은 소멸하게 된다**고 하였다.

법원판단

소멸시효는 객관적으로 권리가 발생하여 그 권리를 행사할 수 있는 때로부터 진행하고 그 권리를 행사할 수 없는 동안만은 진행하지 않는 바, '권리를 행사할 수 없는' 경우라 함은 그 권리행사에 법률상의 장애사유, 예컨대 기간의 미도래나 조건불성취 등이 있는 경우를 말하는 것이고, 사실상 권리의 존재나 권리행사 가능성을 알지 못하였고 알지 못함에 과실이 없다고 하여도 이러한 사유는 법률상 장애사유에 해당하지 않는다고 할 것이다(대법원 1984. 12. 26. 선고 84누572 전원합의체 판결, 대법원 2004. 4. 27. 선고 2003두10763 판결 등 참조). 따라서 근로복지공단이 부정한 방법으로 보험급여를 받은 자에 대하여 산업재해보상보험법에 정한 금액을 부당이득으로 징수함에 있어서, 위 징수권의 소멸시효는 특별한 사정이 없는 한 <u>근로복지공단이 보험급여를 지급한 날부터 진행한다고 보아야 하고, 위와 같은 징수 사유의 발생 사실을 근로복지공단이 알지 못하였고, 알지 못함에 과실이 없다고 하여도 위 징수권의 소멸시효 기산일을 달리 볼 것은 아니다.</u>

기록에 의하면, 원고들은 망인이 소외 회사의 근로자가 아니라는 사실을 알고서도 이를 숨기고 보험급여를 청구하였고, 피고는 위 청구에 따라 2004. 9. 24. 이 사건 보험급여를 지급한 사실, 피고는 2007. 1. 16. 원고들이 허위 기타 부정한 방법으로 보험급여를 받았다는 이유로 이 사건 보험급여의 2배 상당액을 징수하기로 내부결정을 한 다음 2007. 2. 12. 같은 취지의 이 사건 처분을 한 사실, 이 사건 처분에 관한 납부고지서 또는 독촉장은 두 차례에 걸쳐 반송되다가 2007. 11. 15. 이후에 납부고지서가 원고들에게 송달된 사실을 알 수 있다.

원심판결 이유에 의하면, 원심은 이 사건 부당이득징수권의 소멸시효는 피고가 원고들의 부정한 급여 수령 사실을 발견하고 부당이득을 징수하기로 내부적으로 결정한 2007. 1. 16.부터 진행되어야 한다는 피고의 주장을 배척한 다음, <u>피고가 이 사건 부당이득징수권을 가지고 있음을 알았는지 여부에 관계없이 피고가 원고들에게 보험급여를 지</u>

급한 2004. 9. 24.부터 소멸시효가 진행한다고 보아 위 날부터 3년의 소멸시효기간이 경과하여 이 사건 부당이득징수권은 소멸시효 완성**으로 소멸**하였고, 결국 이 사건 부당이득징수권이 유효함을 근거로 한 이 사건 처분도 위법하다고 판단하였다.

앞서 본 법리에 비추어 보면 원심의 위와 같은 판단은 정당하고, 거기에 상고이유에서 주장하는 바와 같은 소멸시효의 기산점에 관한 법리오해 등의 위법이 없다.

[보험급여 결정 취소/ 보험금 반환 징수권] 산업재해보상보험법상 각종 보험급여 지급결정을 변경 또는 취소하는 처분이 적법한 경우, 그에 터 잡은 징수처분도 반드시 적법하다고 판단해야 하는지 여부(소극)(대법원 2014. 7. 24. 선고 2013두27159 판결 [요양승인결정등취소처분취소청구])

판례해설

법원은 일관되게 이미 행한 보험 급여 지급 결정을 변경 또는 취소하는 처분을 하는 경우에는, 보험 급여의 지급 결정을 받은 수익자가 해당 보험 급여를 상실함으로 인해 발생하는 침익적 문제와 이러한 보험금을 징수함으로써 얻어질 공익적 목적을 비교형량하여 판단하여야 한다는 입장이다. 따라서 보험금 지급자체가 취소 또는 변경되었다고 하더라도 당연히 징수권이 인정되지는 않는다고 본다.

대상판결은 보험금 지급 이후 비로소 음주운전임이 밝혀졌지만 그로 인하여 반환 징수권을 행사하기에는 수익자의 사익의 침해가 공익적 요소보다 월등하여 징수권이 인정되지 않은 사례이다.

법원판단

1. 이 사건에 적용될 법리

산업재해보상보험제도는 재해 근로자와 그 가족의 생활을 보장하기 위해 보험가입자인 사업주가 납부하는 보험료와 국고부담을 재원으로 하여 근로자에게 발생하는 업무상 재해라는 사회적 위험을 보험방식에 의하여 대처하는 사회보험제도이므로, 이 제도에 따른 산업재해보상보험 수급권은 이른바 사회보장 수급권에 속한다(헌법재판소 2012. 3. 29. 선고 2011헌바133 결정 참조). 그런데 이와 같은 **사회보장 급부를 내용으로 하는 행정영역에서 수익적 행정처분의 취소를 통해 달성하려는 공익이란 본질적으로 사업주가 납부하는 보험료와 국고부담 등을 통하여 형성되는 재정상 이익인 반면, 수익자는 수익적 행정처분의 취소에 의해 신뢰보호 및 법률생활의 안정 등과 같은 사익의 침해를 입게 될 것이므로, 수익적 행정처분에 존재하는 하자에 관하여 수**

익자에게 고의 또는 중과실의 귀책사유가 없는 한, 그 공익상 필요가 수익자가 입게 될 불이익보다 중요하거나 크다고 함부로 단정할 수는 없다.

그리고 산업재해보상보험법(이하, '산재보험법'이라 한다) 제84조 제1항은 "공단은 보험급여를 받은 자가 다음 각 호의 어느 하나에 해당하면 그 급여액에 해당하는 금액(제1호의 경우에는 그 급여액의 2배에 해당하는 금액)을 징수하여야 한다. 이 경우 공단이 제90조 제2항에 따라 국민건강보험공단 등에 청구하여 받은 금액은 징수할 금액에서 제외한다."라고 규정하면서 제3호에서 '그 밖에 잘못 지급된 보험급여가 있는 경우'를 들고 있는바, 이러한 규정의 내용과 취지, 사회보장 행정영역에서의 수익적 행정처분 취소의 특수성 등을 종합하여 보면, 위 조항에 따라 보험급여를 받은 당사자로부터 잘못 지급된 보험급여액에 해당하는 금액을 징수하는 처분을 함에 있어서는 그 보험급여의 수급에 관하여 당사자에게 고의 또는 중과실의 귀책사유가 있는지, 잘못 지급된 보험급여액을 용이하게 원상회복할 수 있는지, 잘못 지급된 보험급여액에 해당하는 금액을 징수하는 처분을 통하여 달성하고자 하는 공익상 필요의 구체적 내용과 그 처분으로 말미암아 당사자가 입게 될 불이익의 내용 및 정도와 같은 여러 사정을 두루 살펴, 잘못 지급된 보험급여액에 해당하는 금액을 징수하는 처분을 하여야 할 공익상 필요와 그로 인하여 당사자가 입게 될 기득권과 신뢰의 보호 및 법률생활 안정의 침해 등의 불이익을 비교·교량한 후, 그 공익상 필요가 당사자가 입게 될 불이익을 정당화할 만큼 강한 경우에 한하여 보험급여를 받은 당사자로부터 잘못 지급된 보험급여액에 해당하는 금액을 징수하는 처분을 하여야 한다고 봄이 상당하다.

나아가 산재보험법상 각종 보험급여 등의 지급결정을 변경 또는 취소하는 처분과 그 처분에 기하여 잘못 지급된 보험급여액에 해당하는 금액을 징수하는 처분이 적법한지를 판단함에 있어 비교·교량할 각 사정이 동일하다고는 할 수 없으므로, 지급결정을 변경 또는 취소하는 처분이 적법하다고 하여 그에 기한 징수처분도 반드시 적법하다고 판단하여야 하는 것은 아니다.

2. 원고의 상고이유에 관하여

원심판결 이유에 의하면, 원심은 ① 이 사건 사고는 망인의 음주운전이 주된 원인으로서 망인의 업무와 이 사건 사고 발생 사이에는 상당인과관계가 있다고 볼 수 없어 망인의 사망은 업무상 재해에 해당하지 아니하므로 원고에 대한 피고의 이 사건 요양급여 등 지급결정(이하, '이 사건 선행처분'이라 한다)은 하자 있는 위법한 처분이라고 할 것이고, ② 사회적 비난의 대상이 되는 음주사고로서 업무상 재해에 해당하지 않는 이 사건 사고에 대하여 장래에도 장기간 계속적으로 유족급여가 지급된다는 것은 불합리한 점 등을 고려하면, 이 사건 선행처분을 취소하여야 할 공익상의 필요가 훨씬 중대하여 원고 등 유족이

입을 불이익을 정당화할 만큼 강한 경우에 해당한다고 판단하였다.

앞서 본 법리와 기록에 비추어 살펴보면, 원심의 위와 같은 판단은 정당한 것으로 수긍할 수 있고, 거기에 논리와 경험의 법칙에 반하여 자유심증주의의 한계를 벗어나거나 업무상 재해의 상당인과관계, 수익적 행정처분의 직권취소 제한 등에 관한 법리를 오해한 잘못이 없다.

3. 피고의 상고이유에 관하여

원심판결 이유에 의하면, 원심은 ① 이 사건 사고는 망인이 사업주의 지시에 따라 출장을 다녀오다가 발생하였고, 사고 발생에 망인의 음주 외에 업무로 인한 과로, 과로로 인한 피로, 이 사건 사고 당시의 짙은 안개, 이 사건 화물차의 운전자가 갓길에 차량을 정차시켜 놓은 과실이 경합하여 발생한 점, ② 망인의 유족인 원고는 사고 당시 망인이 음주한 사실은 인식하였으나 만취상태인 사실은 알지 못하였고, 3명의 어린 자녀를 양육하여야 하는 주부인 점, ③ 피고는 이 사건 선행처분이 있은 때로부터 1년 11개월여가 경과한 후에서야 이 사건 선행처분에 기하여 피고가 지급한 보험급여를 부당이득금으로 징수하는 처분을 행한 점 등을 근거로, 이 사건 선행처분의 하자를 이유로 피고가 이미 지급한 보험급여를 부당이득금으로 징수하는 처분으로 얻게 될 공익상의 필요가 위 처분으로 원고 등이 입게 된 기득권과 신뢰보호 및 법률생활 안정의 침해 등 불이익을 정당화할 만큼 강한 경우에 해당한다고 볼 수 없다고 판단하였다.

앞서 본 법리와 기록에 비추어 살펴보면, 원심의 위와 같은 판단은 정당한 것으로 수긍할 수 있고, 거기에 논리와 경험의 법칙에 반하여 자유심증주의의 한계를 벗어나거나 수익적 행정처분의 직권취소 제한, 산재보험법상 부당이득 징수처분의 성격 등에 관한 법리를 오해한 잘못이 없다.

[부당이득징수 결정/ 징수금 감액] 행정청이 산업재해법에 의한 보험급여 수급자에 대하여 부당이득 징수결정을 한 후 그 하자를 이유로 징수금 액수를 감액하는 경우에는 감액 처분이 아닌 남아있는 처분을 다투어야 한다(대법원 2012. 9. 27., 선고, 2011두27247, 판결 부당이득금부과처분취소)

판례해설

공단이 산재를 당한 자에게 지급한 급여 등이 부당하다는 이유로 부당이득징수결정을 하였고 당사자가 행정청에 이를 다투어 행정청으로부터 감액결정을 받을 경우 그 이후 행정소송에서의 다툼의 대상은 기존 결정에서 감액 되는 남은 결정일까 아니면 감액결정일까?

법원은 이에 대하여 감액 처분 자체는 당사자에게 유리한 처분이기 때문에 당사자가 다툴 이익이 없고 당사자로서는 감액 처분을 다투는 것이 아니라 기존 처분 즉 원처분에서 감액되고 남아있는 행정청의 처분을 다투어야 한다고 판시하였다.

이는 사실 원처분주의를 따르는 우리 행정소송 법제상 기본적인 법리에 해당한다. 다만 일반인으로서는 매우 혼란스러운 영역이므로 스스로 행정소송을 준비할 때 각하를 면하기 위해 세심한 주의가 요구된다.

법원판단

행정청이 산업재해보상보험법에 의한 보험급여 수급자에 대하여 부당이득 징수결정을 한 후 그 징수결정의 하자를 이유로 징수금 액수를 감액하는 경우에 **그 감액처분은 감액된 징수금 부분에 관하여만 법적 효과가 미치는 것으로서 당초 징수결정과 별개 독립의 징수금 결정처분이 아니라 그 실질은 당초 징수결정의 변경이고, 그에 의하여 징수금의 일부취소라는 징수의무자에게 유리한 결과를 가져오는 처분이므로 징수의무자에게는 그 취소를 구할 소의 이익**이 없다. 이에 따라 감액처분으로도 아직 취소되지 않고 남아 있는 부분이 위법하다 하여 다투고자 하는 경우, 감액처분을 항고소송의 대상으로 할 수는 없고, 당초 징수결정 중 감액처분에 의하여 취소되지 않고 남은 부분을 항고소송의 대상으로 할 수 있을 뿐이며, 그 결과 제소기간의 준수 여부도 감액처분이 아닌 당초 처분을 기준으로 판단하여야 한다(대법원 1998. 5. 26. 선고 98두3211 판결 등 참조).

한편 행정소송법 제20조 제1항은 '취소소송은 처분 등이 있음을 안 날부터 90일 이내에 제기하여야 하나 행정청이 행정심판청구를 할 수 있다고 잘못 알린 경우에 행정심판청구가 있은 때의 기간은 재결서의 정본을 송달받은 날부터 기산한다'고 규정하고 있는데, 위 규정의 취지는 불가쟁력이 발생하지 않아 적법하게 불복청구를 할 수 있었던 처분 상대방에 대하여 행정청이 법령상 행정심판청구가 허용되지 않음에도 행정심판청구를 할 수 있다고 잘못 알린 경우에 있어서, **그 잘못된 안내를 신뢰하여 부적법한 행정심판을 거치느라 본래의 제소기간 내에 취소소송을 제기하지 못한 자를 구제하려는 데에 있다고 할 것이다.** 이와 달리 이미 제소기간이 도과함으로써 불가쟁력이 발생하여 불복청구를 할 수 없었던 경우라면 그 이후에 행정청이 행정심판청구를 할 수 있다고 잘못 알렸다 하더라도 그로 인하여 처분 상대방이 적법한 제소기간 내에 취소소송을 제기할 수 있는 기회를 상실하게 된 것은 아니므로 이러한 경우에 있어서 그 잘못된 안내에 따라 청구된 행정심판 재결서 정본을 송달받은 날부터 다시 취소소송의 제소기간이 기산되는 것은 아니다. 불가쟁력이 발생하여 더 이상 불복청구를 할 수 없는 처분에 대하여 행정청의 잘못된 안내가 있었다고 하여 처분 상대방의 불복청구의 권리가 새로이 생겨나거나 부활한다고 볼 수는 없기 때문이다 .

산업재해보상보험법 제84조 제1항 후문에 따라 근로복지공단이 징수할 금액에서 공제할 대상에 '실제로 수령한 건강보험 요양급여 등에 해당하는 금액에 해당하는 금액'이 아닌 장차 국민건강보험공단 등에 청구하여 받을 수 있는 금액이 포함되는지 여부(소극)(대법원 2017. 8. 29. 선고 2017두44718 판결 [부당이득징수결정취소])

판결해설

산재보험법 제84조 제1항은 거짓, 부정한 방법으로 보험급여를 받은 경우에는 부정수급한 급여액에 해당하는 금액의 2배를, 신고의무 불이행이나 그 외 잘 못 지급된 보험급여의 경우 급여액에 해당하는 금액을 징수하여야 한다고 규정하고 있다.

나아가 공단이 법 제90조 제2항에 따라 국민건강보험공단 등에 건보급여액을 청구하여 '이미 지급받은 경우'에는 다시 법 제84조 제1항 전문에 따라 보험급여를 받은 자로부터 그 급여액 전부(부정수급의 경우에는 2배액)를 징수한다면 건보급여액 상당을 중복하여 환수하는 셈이 되므로, 법 제84조 제1항 후문(後文)은 이러한 부당한 결과가 발생하지 않도록 공단이 국민건강보험공단 등에 청구하여 **'받은 금액'은 징수할 금액에서 제외**한다고 규정하고 있다.

그런데 공단은 잘못 지급된 급여액 전부를 급여수급자에게서 징수할 수도 있고, 지급한 보험급여액 중 건보급여액을 국민건강보험공단 등에 청구하여 수령한 후 보험급여를 받은 자에 대하여는 위 수령액을 제외한 나머지 금액만 징수할 수도 있다.

따라서 제84조 제1항 후문에 따라 공단이 징수할 금액에서 공제할 대상은 국민건강보험공단 등에 청구하여 '<u>실제로 수령한 건보급여액에 해당하는 금액</u>'일 뿐이고, <u>장차 국민건강보험공단 등에 청구하여 받을 수 있는 금액까지 포함되는 것은 아니라고 해석</u>함이 법조항의 '받은 금액'이라는 문언에도 부합할 뿐만 아니라, 보험급여액의 중복 환수를 방지하려는 입법취지에도 부합한다.

법원판단

가. 산업재해보상보험법(이하, '법'이라고 한다) 제84조 제1항 전문(前文)에 의하면, 근로복지공단(이하, '공단'이라고만 한다)은 보험급여를 받은 자가 '거짓이나 그 밖의 부정한 방법으로 보험급여를 받은 경우'(제1호)에는 그 급여액의 2배에 해당하는 금액을, '신고의무를 이행하지 아니하거나, 그 밖의 이유로 잘못 지급된 보험급여가 있는 경우'(제2호, 제3호)에는 그 급여액에 해당하는 금액을 각각 징수하여야 한다. 한편 **법 제90조 제2항에 의하면, 공단이 수급권자에게 요양급여를 지급한 후**

그 지급결정이 취소된 경우로서 그 지급한 요양급여가 국민건강보험법 또는 의료급여법에 따라 지급할 수 있는 건강보험요양급여 등에 상당한 것으로 인정되면 공단은 그 건강보험요양급여 등에 해당하는 금액(이하, '건보급여액'이라고 한다)을 국민건강보험공단 등에 청구할 수 있다.

나. 공단이 법 제90조 제2항에 따라 **국민건강보험공단 등에 건보급여액을 청구하여 '이미 지급받은 경우'에는 다시 법 제84조 제1항 전문에 따라 보험급여를 받은 자로부터 그 급여액 전부(부정수급의 경우에는 2배액)를 징수한다면 건보급여액 상당을 중복하여 환수하는 셈**이 된다. 그러므로 이러한 부당한 결과가 발생하지 않도록 법 제84조 제1항 후문(後文)은 공단이 국민건강보험공단 등에 청구하여 '받은 금액'은 징수할 금액에서 제외한다고 규정하고 있다.

그런데 **법에 따른 보험급여가 잘못 지급되었음을 이유로 하여 그 지급결정이 취소된 경우일지라도, 그 지급된 요양급여가 건강보험 요양급여 등에 상당한 것으로 인정되는 때에는, 공단이 위 건보급여액을 국민건강보험공단 등에 청구하여 수령할 것인지 여부가 공단의 재량에 맡겨져 있음이 법 제90조 제2항의 문언상 명백**하다. 즉 이러한 경우 공단은 잘못 지급된 보험급여액 전부(부정수급의 경우에는 2배액)를 보험급여를 받은 자로부터 징수할 수도 있고, 지급한 보험급여액(부정수급의 경우에는 2배액) 중 건보급여액을 국민건강보험공단 등에 청구하여 수령한 후 보험급여를 받은 자에 대하여는 위 수령액을 제외한 나머지 금액만 징수할 수도 있다.

결국 법 제84조 제1항 후문에 따라 공단이 징수할 금액에서 공제할 대상은 국민건강보험공단 등에 청구하여 '실제로 수령한 건보급여액에 해당하는 금액'일 뿐이고, 장차 국민건강보험공단 등에 청구하여 받을 수 있는 금액까지 포함되는 것은 아니다. 이러한 해석이 위 법조항의 '받은 금액'이라는 문언에도 부합할 뿐만 아니라, 보험급여액의 중복 환수를 방지하려는 입법취지에도 부합한다.

다. 원심이 같은 취지에서, 피고가 법에 따른 보험급여를 부정 수급한 원고들에 대하여 법 제84조 제1항 제1호에 따라 급여액의 2배를 징수하면서, 국민건강보험공단 등에 건보급여액을 청구하여 수령한 사실이 없으므로, 징수할 금액에서 공제할 대상이 없다고 판단한 것은 정당하다. 거기에 상고이유 주장과 같이 법상 부당이득 징수에 관한 법리를 오해하거나, 필요한 심리를 다하지 아니하는 등의 위법이 없다.

[기 지급한 보험금/ 반환징수권] 구 산업재해보상보험법 제84조 제1항 제3호에 따라 보험급여를 받은 당사자로부터 잘못 지급된 보험급여액에 해당하는 금액을 징수하는 처분을 할 수 있는 경우(대법원 2014. 4. 10. 선고 2011두31697 판결 [부당이득징수결정처분취소])

판례해설

통상적으로 잘못 지급된 보험금이 있을 경우에는 이에 대하여 반환 청구할 수 있고 이를 위하여 산업재해법 제84조 제1항 제3호에서 잘못 지급된 보험급여에 대하여 징수권이 있다고 규정하고 있다. 그러나 법원은 공단의 수익적 행정처분 즉 보험금 지급에 관하여 **수익자에게 고의 또는 중과실의 귀책사유가 없는 한, 수익자에게 침해적 청구는 할 수 없다고 판시하고 있다.**

대상판결에서도 공단 스스로의 착오에 기하여 발생한 보험금 지급에 관하여 반환 징수권을 인정한 원심을 파기하고 공익상의 불이익과 수익자가 침해될 불이익을 비교형량하여 판단하여야 한다고 판시하며 원심 법원으로 돌려보냈다.

법원판단

1. 구 산업재해보상보험법(2010. 5. 20. 법률 제10305호로 개정되기 전의 것, 이하 같다) 제84조 제1항은 "공단은 보험급여를 받은 자가 다음 각 호의 어느 하나에 해당하면 그 급여액에 해당하는 금액(제1호의 경우에는 그 급여액의 2배에 해당하는 금액)을 징수하여야 한다. 이 경우 공단이 제90조 제2항에 따라 국민건강보험공단 등에 청구하여 받은 금

액은 징수할 금액에서 제외한다."고 규정하면서 제3호에서 '그 밖에 잘못 지급된 보험급여가 있는 경우'를 들고 있다.

한편 산업재해보상보험제도는 재해 근로자와 그 가족의 생활을 보장하기 위해 보험가입자인 사업주가 납부하는 보험료와 국고부담을 재원으로 하여 근로자에게 발생하는 업무상 재해라는 사회적 위험을 보험방식에 의하여 대처하는 사회보험제도이므로, 이 제도에 따른 산업재해보상보험 수급권은 이른바 사회보장 수급권에 속한다(헌법재판소 2012. 3. 29. 선고 2011헌바133 결정 참조). 그런데 이와 같은 사회보장 급부를 내용으로 하는 행정영역에서 수익적 행정처분의 취소를 통해 달성하려는 공익이란 본질적으로 사업주가 납부하는 보험료와 국고부담 등을 통하여 형성되는 재정상 이익인 반면, 수익자는 수익적 행정처분의 취소에 의해 신뢰보호 및 법률생활의 안정 등과 같은 사익의 침해를 입게 될 것이므로, 수익적 행정처분에 존재하는 하자에 관하여 수익자에게 고의 또는 중과실의 귀책사유가 없는 한, 그 공익상 필요가 수익자가 입게 될 불이익보다 중요하거나 크다고 함부로 단정할 수는 없다.

이러한 위 각 규정의 내용과 취지, 사회보장 행정영역에서의 수익적 행정처분 취소의 특수성 등을 종합하여 보면, 구 산업재해보상보험법 제84조 제1항 제3호에 따라 보험급여를 받은 당사자로부터 잘못 지급된 보험급여액에 해당하는 금액을 징수하는 처분을 함에 있어서는 그 보험급여의 수급에 관하여 당사자에게 고의 또는 중과실의 귀책사유가 있는지, 잘못 지급된 보험급여액을 용이하게 원상회복할 수 있는지, 잘못 지급된 보험급여액에 해당하는 금액을 징수하는 처분을 통하여 달성하고자 하는 공익상 필요의 구체적 내용과 그 처분으로 말미암아 당사자가 입게 될 불이익의 내용 및 정도와 같은 여러 사정을 두루 살펴, 잘못 지급된 보험급여액에 해당하는 금액을 징수하는 처분을 하여야 할 공익상 필요와 그로 인하여 당사자가 입게 될 기득권과 신뢰의 보호 및 법률생활 안정의 침해 등의 불이익을 비교·교량한 후, 그 공익상 필요가 당사자가 입게 될 불이익을 정당화할 만큼 강한 경우에 한하여 보험급여를 받은 당사자로부터 잘못 지급된 보험급여액에 해당하는 금액을 징수하는 처분을 하여야 한다고 봄이 타당하다.

2. 가. 원심은 그 채택 증거를 종합하여 판시와 같은 사실을 인정한 다음, <u>이 사건 처분은 당초 피고가 원고에 대하여 한 이 사건 장해등급 결정이 착오로 잘못 산정됨에 따라 장해급여 중 일부가 과오급되었음을 이유로 그 과오급된 부분에 해당하는 금액을 징수하는 것으로서 당초 처분에 대한 원고의 신뢰 및 법적 안정성을 일정 부분 침해한다</u>고 볼 수도 있으나, 관계 법령의 내용에 비추어 보면 이 사건 장해등급 결정이 피고의 착오로 이루어졌다거나 그 결정으로부터 1년 7개월 가량이 경과된 후 이 사건 처분이 이루어졌다는 등의 사정만으로는 이 사건 처분이 위법하다고 볼 수 없다고 판단하였다.

나. 그러나 이러한 원심의 판단은 위 법리와 기록에 비추어 그대로 수

궁하기 어렵다. 원심이 인용한 제1심판결 이유 및 기록에 의하면, 원고는 보험급여 청구 시 좌측 손목관절의 운동범위가 135도라는 소견이 기재된 장해진단서를 첨부하였고, 이는 손목관절의 운동범위가 1/4 이상 제한된 때에 해당하므로 관계 법령에 따라 장해등급 12급 6호의 판정을 받을 수 있었던 사실, 피고는 자문의의 의견을 들은 결과 원고가 제출한 장해진단서의 소견과 달리 원고의 손목관절 운동범위가 정상이고 근력 약화 및 뚜렷한 지속적 동통도 없다는 견해가 제시되자, 최종적으로 건국대학교 충주병원에 원고에 대한 특진을 의뢰한 후 거기서 나온 소견에 따라 원고의 장해가 12급 6호에 해당한다는 이 사건 장해등급 결정을 한 사실, 그런데 **위 특진 결과에 의할 경우 원고의 장해등급이 14급 9호에 해당됨에도 피고는 순전히 자신의 계산 착오로 장해등급을 12급 6호로 잘못 결정한 사실**, 피고는 원고에게 이 사건 장해등급 결정을 통지하면서 장해등급과 장해급여 일시금의 액수만 알려주었을 뿐 특진 결과에 나타난 운동범위의 제한을 비롯하여 그와 같이 판정한 근거를 밝히지 아니한 사실을 알 수 있다.

이러한 사실을 위 법리에 비추어 보면, **이 사건 장해등급 결정과정에 피고의 착오가 있었다고 하더라도 이는 피고의 내부 사정에 불과할 뿐이고, 객관적 소명자료인 장해진단서를 첨부하여 본인의 신청대로 장해등급 결정을 받은 원고에게 고의 또는 중과실의 귀책사유가 있다고 볼 수는 없다.**

그렇다면 원심으로서는, 원고가 피고의 이 사건 장해등급 결정에 따라 수령한 장해급여를 그대로 보유하고 있는지 아니면 이 사건 장해등급 결정의 효력을 신뢰한 나머지 이미 소비하였는지, 잘못 지급된 보험급여액에 해당하는 금액을 징수하는 이 사건 처분을 통하여 피고가 달성하고자 하는 공익상 필요의 구체적 내용은 무엇인지, 이 사건 처분으로 인하여 원고의 신뢰와 법률생활의 안정이 어느 정도 침해되는지 등을 세심하게 살펴서 공익상 필요가 원고가 입게 될 불이익을 정당화할 만큼 강한 경우에 해당하는지를 가려 본 다음, 이 사건 처분의 적법 여부를 판단하였어야 할 것이다.

그럼에도 원심은 그 판시와 같은 이유만을 들어 이와 달리 판단하고 말았으니, 이러한 원심판결에는 구 산업재해보상보험법 제84조 제1항의 해석과 관련된 신뢰보호의 원칙에 관한 법리를 오해한 나머지 필요한 심리를 다하지 아니함으로써 판결에 영향을 미친 위법이 있다. 이를 지적하는 상고이유의 주장은 이유 있다.

3. 그러므로 원심판결을 파기하고 사건을 다시 심리·판단하게 하기 위하여 원심법원에 환송하기로 하여, 관여 대법관의 일치된 의견으로 주문과 같이 판결한다.

Ⅷ. 구상권의 상대방인 제3자의 문제

[업무상 재해/ 구상금 상대방] 산업재해보상보험법 제87조 제1항에 정한 구상권 행사의 상대방이 되는 '제3자'의 의미 (대법원 2010. 4. 29. 선고 2009다98928 판결 [구상금])

판례해설

산재보험법 제87조는 공단이 제3자의 행위로 인한 재해로 인하여 보험급여를 지급한 경우 그 급여액의 한도 안에서 급여를 받은 자의 제3자에 대한 손해배상청구권을 대위할 수 있도록 규정하고 있다.

여기서 제3자라 함은 <u>보험자, 보험가입자(사업주) 및 해당 수급권자를 제외한</u> 자로서 보험가입자인 사업주와 함께 직·간접적으로 재해 근로자와 산업재해보상보험관계가 없는 자로 <u>피해 근로자에 대하여 불법행위책임 내지 자동차손해배상 보장법이나 민법 또는 국가배상법의 규정에 의하여 손해배상책임을 지는 자</u>를 의미한다.

대상판결은 무엇보다도 대위의 상대방이 되는 자에 대한 청구권원에서 가장 중요한 점은 <u>사업장 내 기계·기구 등의 위험과 같이 사업장이 갖는 하나의 위험이 현실화되어 발생한 업무상 재해에 대하여는 근로복지공단이 궁극적인 보상책임을 져야 한다고 보는 것이 산업재해보상보험의 사회보험적 내지 책임보험적 성격에 부합하다고 할 것인바,</u> 그 취지가 그러하다고 하더라도 공단이 산업재해사고의 궁극적 보상책임을 진다는 의미는 <u>단지 산업재해보상보험의 적용범위 내에서 구상과 재구상의 악순환을 방지하기 위하여 그 최종 책임자를 정하자는 것이지, 공단이 하나의 사업장에서 발생되는 재해에 대하여는 그 경위나 원인 또는 가해자를 묻지 않고 그로 인한 손해를 보상하거나 그러한 위험을 인수한 취지는 아니라고</u> 판시하여 공단의 책임 한계를 명확히 하였다.

결국 가장 중요한 점은 <u>구상의 상대방과 피해자 사이에 사실상의 종속적인 근로관계가 존재하였는지 여부</u>라고 할 것인바, 대상 사안에서는 자기의 사업으로 공사장에서 트랙터를 운전하다 사고를 낸 사업주에게 구상의무가 존재한다고 판단하였다.

법원판단

구 산업재해보상보험법(2007. 4. 11. 법률 제8373호로 전부 개정되기 전의 것, 이하 '산재보험법'이라 한다) 제54조 제1항(현행 산업재해보상보험법 제87조 제1항과 같다)은 '공단은 제3자의 행위로 인한 재해로 인하여 보험급여를 지급한 경우에는 그 급여액의 한도 안에서 급여를 받은 자의 제3자에 대한 손해배상청구권을 대위한다. 다만, 보험가입자인 2 이상의 사업주가 같은 장소에서 하나의 사업을 분할하여 각각 행하다가 그 중 사업주를 달리하는 근로자의 행위로 재해가 발생한 경우에는 그러하지 아니하다'라고 규정하고 있는바, 여기서 **제3자라 함은 보험자, 보험가입자(사업주) 및 해당 수급권자를 제외한** 자로서 **보험가입자인 사업주와 함께 직·간접적으로 재해 근로자와 산업재해보상보험 관계가 없는 자로 피해 근로자에 대하여 불법행위책임 내지 자동차손해배상 보장법이나 민법 또는 국가배상법의 규정에 의하여 손해배상책임을 지는 자를 말한다. 또한, 산재보험법의 규정에 의한 보험급여의 대상자가 되기 위해서는 재해 당시에 근로기준법의 규정에 의한 근로자이어야 한다**고 할 것이고, 근로기준법상의 근로자에 해당하는지 여부를 판단함에 있어서는 그 계약의 형식이 민법상의 고용계약인지 또는 도급계약인지에 관계없이 그 실질에 있어 근로자가 사업 또는 사업장에 임금을 목적으로 종속적인 관계에서 사용자에게 근로를 제공하였는지 여부에 따라 판단하여야 한다(대법원 2008. 5. 15. 선고 2006다27093 판결 등 참조).

원심은 그 채택 증거에 의하여, 소외 1이 '○○크레인'이라는 상호로 사업자등록을 한 후 자신의 소유인 이 사건 트럭의 임대업을 영위하여 온 사실, 금호산업 주식회사로부터 공사하도급을 받은 명성산업개발 주식회사는 2005. 10. 4. 소외 1과 사이에 이 사건 트럭을 임차하는 내용의 임대차계약을 체결한 사실, 소외 1은 위 임대차계약에 따라 이 사건 트럭을 운전하여 이 사건 공사현장에서 작업을 하다가 명성산업개발 주식회사 소속 근로자인 소외 2를 다치게 하는 이 사건 재해를 일으킨 사실 등을 인정한 다음, **소외 1이 임금을 받을 목적으로 종속적인 관계에서 근로를 제공한 것이 아니고, 소외 2가 소외 1의 이 사건 트럭 운행으로 인하여 이 사건 재해를 입은 것이므로, 소외 1은 직·간접적으로 피해 근로자인 소외 2와 산업재해보상보험관계가 없다고 보아, 소외 1과 자동차종합보험계약을 체결한 피고가 원고의 구상청구에 응할 의무가 있다고 판단**하였던바, 앞서 본 법리와 기록에 비추어 살펴보면, 이러한 원심의 판단은 정당하고, 거기에 상고이유에서 지적하는 바와 같은 산재보험법 제54조 제1항 본문의 '제3자'에 관한 법리를 오해한 위법이 없다.

또한, 사업장 내 기계기구 등의 위험과 같이 사업장이 갖는 하나의 위험이 현실화하여 발생한 업무상 재해에 대하여는 근로복지공단이 궁극적인 보상책임을 져야 한다고 보는 것이 산업재해보상보험의 사회보험적 내지 책임보험적 성격에 부합한다고 하더라도, 앞서 본 바와 같이 소외 1은 피해 근로자와 동일한 사업주와의 관계에서 임금을 목적으로 종속적인 관계에서 근로를 제공하는 자에 해당하지 아니하여 피해 근로자와 직·간접적으로 산업재해보상보험관계에 있는 것이 아니며, 이 사건 사고는 이 사건 트럭의 운행으로 인하여 발생한 것으로서 피고가 보험계약 체결을 통해 인수한 위험영역 내에 속하는 것일 뿐만 아니라, 원고가 산업재해사고의 궁극적 보상책임을 진다는 의미는 단지 산업재해보상보험의 적용범위 내에서 구상과 재구상의 악순환을 방지하기 위하여 그 최종 책임자를 정하자는 것이지, 원고가 하나의 사업장에서 발생되는 재해에 대하여는 그 경위나 원인 또는 가해자를 묻지 않고 그로 인한 손해를 보상하거나 그러한 위험을 인수한 취지는 아니므로, 이 사건 재해가 산재보험법 제54조 제1항이 정한 '제3자에 의한 재해'에 해당함을 전제로 피고의 구상의무를 인정한 원심의 판단은 옳고, 거기에 상고이유에서 주장하는 바와 같은 '제3자에 의한 재해'에 관한 법리를 오해한 위법이 없다.

[하도급업자/ 제3자 해당여부] 하수급인에게 고용된 근로자가 하수급인의 행위로 업무상 재해를 입은 경우, 하수급인이 산업재해보상보험법 제87조 제1항이 정한 '제3자'에서 제외되는지 여부(적극)(대법원 2016. 5. 26., 선고, 2014다204666, 판결)

판례해설

산재보험법에서 구상의 상대방이 되는 제3자는 <u>보험자, 보험가입자(사업주) 및 해당 수급권자를 제외한 자 중, 보험가입자인 사업주와 함께 직·간접적으로 재해 근로자와 산업재해보상보험관계가 없는 자로</u>

서, 피해 근로자에 대하여 불법행위책임 내지 자동차손해배상 보장법 이나 민법 또는 국가배상법의 규정에 의하여 손해배상책임을 지는 자이며 산재보험법상 보험급여자와는 상관없는 자를 의미한다.

즉 <u>직·간접적인 산업재해보상보험관계 내에서 업무에 통상 수반하는 위험이 현실화된 것이라면 그러한 업무상 재해에 대한 최종 보상책임을 근로복지공단으로 하여금 부담하도록 하는 것이 산재보험법의 취지임과 동시에 산업재해보상보험의 사회보험적 내지 책임보험적 성격</u>이기 때문에 제3자의 가해행위에 기인하여 발생한 산재사고라고 하더라도 그 제3자가 또다른 산재 보험의 적용을 받는 당사자라고 한다면 구상의 상대방이 되지 않는 것이다

법원판단

1. 가. 산업재해보상보험법 제87조 제1항은 "공단은 제3자의 행위로 인한 재해로 인하여 보험급여를 지급한 경우에는 그 급여액의 한도 안에서 급여를 받은 자의 제3자에 대한 손해배상청구권을 대위한다. 다만, 보험가입자인 2 이상의 사업주가 같은 장소에서 하나의 사업을 분할하여 각각 행하다가 그중 사업주를 달리하는 근로자의 행위로 재해가 발생한 경우에는 그러하지 아니하다."라고 규정하고 있다. 여기서 <u>제3자라 함은 보험자, 보험가입자(사업주) 및 해당 수급권자를 제외한</u>

자 중, 보험가입자인 사업주와 함께 직·간접적으로 재해 근로자와 산업재해보상보험관계가 없는 자로서, 피해 근로자에 대하여 불법행위 책임 내지 자동차손해배상 보장법이나 민법 또는 국가배상법의 규정에 의하여 손해배상책임을 지는 자를 말한다(대법원 1988. 3. 8. 선고 85다카2285 판결, 대법원 2008. 4. 10. 선고 2006다32910 판결 등 참조).

구 고용보험 및 산업재해보상보험의 보험료징수 등에 관한 법률(2009. 12. 30. 법률 제9896호로 개정되기 전의 것, 이하 '보험료징수법'이라 한다) 제2조 제5호는 '하수급인'을 '원수급인으로부터 그 사업의 전부 또는 일부를 도급받아 하는 자와 그 자로부터 그 사업의 전부 또는 일부를 도급받아 하는 자'로 정의하고, 같은 법 제9조 제1항 본문은 건설업 등 대통령령으로 정하는 사업이 여러 차례의 도급에 의하여 시행되는 경우에는 그 원수급인을 사업주로 본다고 규정하고 있다. 또한 **산업재해보상보험법 제89조는 보험가입자가 소속 근로자의 업무상의 재해에 관하여 이 법에 따른 보험급여의 지급 사유와 동일한 사유로 민법이나 그 밖의 법령에 따라 보험급여에 상당하는 금품을 수급권자에게 미리 지급한 경우로서 그 금품이 보험급여에 대체하여 지급한 것으로 인정되는 경우에 보험가입자는 대통령령으로 정하는 바에 따라 그 수급권자의 보험급여를 받을 권리를 대위한다고 정하면서, 보험가입자에 보험료징수법 제2조 제5호에 따른 하수급인을 포함한다고 정하고 있다.**

나. 이러한 관련 규정의 문언·체계·취지 등에 더하여, ① 보험료징수법 제9조 제1항이 건설업 등 대통령령으로 정하는 사업이 여러 차례의 도급에 의하여 시행되는 경우에는 그 원수급인을 사업주로 의제하도록 정한 것은 통상 재정적으로 영세한 처지의 하수급인에 비하여 보험료 납부 능력이 양호한 원수급인으로부터 보험료를 징수할 수 있는 근거를 마련하고, 궁극적으로는 영세한 하수급인에게 고용된 재해 근로자를 신속·공정하게 보상하고자 하는 데에 그 취지가 있는 것이지, 하수급인을 산업재해보상보험관계에서 제외시켜 관련 업무상 재해에 대한 최종 보상책임귀속자로 정하기 위함은 아닌 점, ② 원수급인이 그와 같은 하도급에 관한 보험가입이나 보험료 납부 등의 업무에서 벗어나고자 할 경우 같은 조 제1항 단서, 같은 법 시행령 제7조에 따라 하수급인을 사업주로 인정받고자 하는 신청을 하고 공단으로부터 승인을 받아야 하는데, 위 규정의 취지를 고려하면 이는 종전에 원수급인을 통하여 간접적으로 산업재해보상보험관계에 있던 하수급인의 보험료납부의무 인수에 관한 절차이지, 그와 같은 승인으로 인하여 산업재해보상보험관계에서 아예 배제되어 있던 하수급인이 비로소 산업재해보상보험관계에 편입되는 것이라고 볼 수 없는 점, ③ **산업재해보상보험법 제89조가 하수급인이 업무상의 재해에 대하여 보험급여에 상당하는 금품을 수급권자에게 미리 지급한 경우 보험료징수법 제9조 제1항 단서에 의하여 근로복지공단으로부터 승인을 받았는지 여부와 상관없이 근로복지공단에 대하여 구상할 수 있도록 한 것도 같은 취지로 이해할 수 있고, 만약 하수급인을 근로복지공단이 산업재해보상보험법 제87조에 따라**

구상할 수 있는 제3자에 포함시키면 산업재해보상보험법 제89조에 의한 하수급인의 구상권과 모순되는 결론에 이르게 되는 점, ④ 보험가입자인 원수급인의 그 소속 근로자에 대한 불법행위로 인하여 산업재해가 발생한 경우 그 원수급인은 산업재해보상보험법 제87조 제1항이 정한 '제3자'에서 제외되는바(대법원 2008. 4. 10. 선고 2006다32910 판결 등), **가해자가 하수급인이라고 하더라도 직·간접적인 산업재해보상보험관계 내에서 업무에 통상 수반하는 위험이 현실화된 것이라면 그러한 업무상 재해에 대한 최종 보상책임을 근로복지공단으로 하여금 부담하도록 하는 것이 산업재해보상보험의 사회보험적 내지 책임보험적 성격에 부합할 뿐만 아니라 이러한 경우를 가해자가 원수급인인 경우와 달리 취급할 만한 합리적인 이유가 있다고 볼 수도 없는 점** 등을 고려하면, 건설업 등 대통령령으로 정하는 사업이 여러 차례의 도급에 의하여 시행되는 때에는 하수급인에게 고용된 근로자가 하수급인의 행위로 인하여 업무상 재해를 입은 경우 그 하수급인은 '보험료징수법 제9조 제1항에 의한 보험가입자인 원수급인과 함께 직·간접적으로 재해 근로자와 산업재해보상보험관계를 가지는 자'로서 산업재해보상보험법 제87조 제1항이 정한 '제3자'에서 제외된다고 보는 것이 타당하다.

[하도급관계/ 보험사업자/ 제3자 해당여부] 원수급인과 사이에 도급관계에 있는 하수급인은 보험가입자인 사업주로 볼 수 없고, 보험급여를 한 보험자(근로복지공단)의 구상권 행사 상대방인 제3자에도 해당하지 않는다(서울고등법원 2014. 1. 22. 선고 2013나2006306 판결 [구상금])

판례해설

여러 차례 도급이 이루어지는 경우에는 원수급인이 사업주로서의 산재보험가입자의 지위에 있게 되며, **법원은 산재보험법의 사회보험적, 책임보험적 성격에 비추어 하수급인에 대하여 구상권을 행사하거나 하수급인 소속 가해 동료근로자에 대하여 구상권을 행사하는 것은 부당하다고 판단**하여, 열악한 경제적 지위에 있는 하수급인과 그 소속 근로자가 구상권 행사의 대상이 되는 것을 부정하였다.

법원판단

관련 법리

(1) 산재보험법의 규정에 따른 보험급여의 대상자가 되기 위해서는 재해 당시에 근로기준법의 규정에 따른 근로자이어야 하고, 근로기준법상의 근로자에 해당하는지 여부를 판단함에는 그 계약의 형식이 민법상의 고용계약인지 또는 도급계약인지에 관계없이 그 실질면에서 근로자가 사업 또는 사업장에 임금을 목적으로 종속적인 관계에서 사용자에게 근로를 제공하였는지 여부에 따라 판단하여야 하며, 그러한 종속적인 관계가 있는지 여부를 판단함에는 업무의 내용이 사용자에 의하여 정하여지고 취업규칙 또는 복무(인사)규정 등의 적용을 받으며

업무수행과정에서도 사용자로부터 구체적 개별적인 지휘·감독을 받는지 여부, 사용자에 의하여 근무시간과 근무장소가 지정되고 이에 구속을 받는지 여부, 근로자 스스로가 제3자를 고용하여 업무를 대행케 하는 등 업무의 대체성 유무, 비품·원자재·작업도구 등의 소유관계, 보수의 성격이 근로 자체에 대한 대상적 성격이 있는지 여부와 기본급이나 고정급이 정하여져 있는지 여부 및 근로소득세의 원천징수 여부 등 보수에 관한 사항, 근로제공관계의 계속성과 사용자에의 전속성의 유무와 정도, 사회보장제도에 관한 법령 등 다른 법령에 의하여 근로자의 지위를 인정받는지 여부, 양 당사자의 사회·경제적 조건 등을 종합적으로 고려하여 판단하여야 한다(위 2006다60793 판결 참조).

(2) 구 산재보험법(2007. 4. 11. 법률 제8373호로 전문 개정되기 전의 것) 제54조 제1항(현행 제87조 제1항)에서 공단의 구상권 행사의 상대방이 될 수 있는 제3자라 함은 보험자, 보험가입자(사업주) 및 해당 수급권자를 제외한 자 중, 보험가입자인 사업주와 함께 직·간접적으로 재해 근로자와 산업재해보상보험관계가 없는 자로서, **피해 근로자에 대하여 불법행위책임 내지 자동차손해배상보장법이나 민법 또는 국가배상법의 규정에 의하여 손해배상책임을 지는 자**를 말하고(대법원 2008. 4. 10. 선고 2006다32910 판결, 대법원 2007. 1. 25. 선고 2006다60793 판결, 대법원 2004. 12. 24. 선고 2003다33691 판결, 대법원 1988. 3. 8. 선고 85다카2285 판결 등 참조), 여기서 **제3자는 피해 근로자와의 사이에 산업재해보상보험관계가 없는 자로서 피해 근로자에 대하**

여 불법행위 등으로 인한 손해배상책임을 지는 자를 지칭하는 것으로서, 이 경우 피해 근로자와 산업재해보상보험 가입자 사이에 산업재해보상보험관계의 성립이 있다고 할 수 있으려면 피해자가 보험가입자의 근로자에 해당되어야 한다(대법원 1986. 4. 8. 선고 85다카2429 판결 참조).

그리고 <u>문언상 피해 근로자의 사업주가 반드시 제3자에서 배제되는 것은 아니지만, 근로복지공단이 사업주에게 구상권을 행사하게 되는 경우 산재보험가입의 의미를 상실시키게 되므로 사업주는 제3자의 범위에서 제외된다</u>고 볼 수 있으나, <u>다만 피해 근로자와 관계에서 산재보험에 가입한 사업주라도 가해 근로자에 대한 관계에서 산재보험의 가입자가 아닌 사업주는 제3자에 포함</u>된다(대법원 2003. 12. 26. 선고 2003다13307 판결 참조).

한편, 동료 근로자에 의한 가해행위로 인하여 다른 근로자가 재해를 입어 그 재해가 업무상 재해로 인정되는 경우에 그러한 가해행위는 마치 사업장 내 기계기구 등의 위험과 같이 사업장이 갖는 하나의 위험이라고 볼 수 있으므로, 그 위험이 현실화하여 발생한 업무상 재해에 대하여는 근로복지공단이 궁극적인 보상책임을 져야 한다고 보는 것이 산업재해보상보험의 사회보험적 내지 책임보험적 성격에 부합한다. 이에 더하여 사업주를 달리하는 경우에도 하나의 사업장에서 어떤 사업주의 근로자가 다른 사업주의 근로자에게 재해를 가하여 근로복지공단이 재해 근로자에게 보험급여를 한 경우, 근로복지공단은 구 산재보험법 제54조 제1항 단서에 의하여 가해 근로자 또는 그 사용자인 사업주에게 구상할 수 없다는 것까지 고려하면(대법원 1994. 10. 11. 선고 94다29225 판결 참조), <u>근로자가 동일한 사업주에 의하여 고용된 동료 근로자의 행위로 인하여 업무상의 재해를 입은 경우에 그 동료 근로자는 보험가입자인 사업주와 함께 직·간접적으로 재해 근로자와 산업재해보상보험관계를 가지는 사람으로서 구 산재보험법 제54조 제1항에 규정된 '제3자'에서 제외된다고 봄이 타당</u>하다(대법원 2011. 7. 28. 선고 2008다12408 판결, 대법원 2007. 1. 25. 선고 2006다60793 판결, 대법원 2004. 12. 24. 선고 2003다33691 판결 등 참조).

다. 판 단

(1) 먼저, 피고를 산재보험법상 근로자로 볼 수 있는지 여부에 관하여 본다.

앞서 본 바와 같이 피고는 뉴♡화건설로부터 이 사건 공사를 하도급 받았을 뿐이고, 달리 피고가 실질적으로 임금을 목적으로 뉴♡화건설에 종속적인 관계에서 근로를 제공하였다고 인정할 아무런 증거가 없다. 따라서 피고가 근로기준법상 근로자의 지위에 있다고 할 수 없으므로, 이와 다른 전제에 선 피고의 주장은 나아가 살필 필요 없이 이유 없다.

(2) 다음으로 피고가 산재보험법 제87조 제1항에 규정된 '제3자'에서 제외된다고 볼 수 있는지 여부에 관하여 본다.

앞서 본 법리에 의하면, **피고는 법률상 보험가입자인 뉴♡화건설과 함께 피해 근로자인 소외인과 직·간접적으로 산업재해보상보험관계 (이하, '산재보험관계'라 한다)에 있는 자이거나 보험자의 구상권 행사 상대방인 제3자의 범위에서 제외된다**고 볼 수 있는바, 그 이유는 아래와 같다.

○ 소외인은 하수급인인 피고에 의하여 고용된 근로자로서 원수급인인 뉴♡화건설과 사이에 직접적인 고용관계에 있지 아니하나, **보험료징수법 제9조 제1항 본문**에 의하여 사용자인 피고가 아니라 뉴♡화건설이 소외인과의 관계에서 산재보험법상 보험가입자의 지위를 갖는 사업주가 된다.

산재보험법에서 산재보험관계의 성립은 보험료징수법에 의하여 정해지는데(산재보험법 제4조), 일정한 경우 외에는 산재보험법을 적용받는 사업의 사업주는 당연히 산재보험법에 따른 보험가입자가 되므로(보험료징수법 제7조, 제5조 제3항), 하수급인 역시 산재보험법 및 보험료징수법에 따라 법률상 당연히 보험가입자가 됨이 원칙이다. 그런데 **보험료징수법 제9조 제1항 본문에서는 여러 차례의 도급에 의하여 진행되는 사업의 경우 원수급인을 그 법이 적용되는 사업주로 본다고 규정하**는바, 이는 보험자로 하여금 통상 재정적으로 영세한 처지의 하수급인에 비하여 보험료 납부 여력이 양호한 원수급인으로부터 보험료를 징수할 수 있는 근거를 마련하고, 그에 따라 징수한 보험료를 보험급여를 위한 재원에 충당함으로써 산재보험법을 적용받는 사업에 해당하는 한 법률상 당연히 성립하도록 되어 있는 산재보험관계 및 그 사업의 실효적인 시행 및 운영을 위한 보험재정의 건전성을 확보하여, **궁극적으로 영세한 하수급인에 고용된 근로자의 경우에도 그가 입은 업무상 재해를 신속·공정하게 보상하고자 한 취지**에서 둔 것이라고 할 수 있다.

위와 같은 보험료징수법 제9조 제1항 본문의 취지에 비추어 보면, 위 규정에 의하여 당연히 성립하게 되는 보험자, 보험가입자인 원수급인 및 수급자인 근로자 사이의 산재보험관계는 그 목적 달성을 위한 범위 내에서 제한적으로 해석·적용되어야 할 것인바, 위 제9조 제1항 단서 규정에서 정한 바에 따른 사업주가 되지 않는 이상 하수급인은 형식적인 법률상 보험가입자인 사업주가 아니라거나 산재보험관계 밖에 있다는 사정만으로는, 산재보험을 둘러싼 실질적인 법률관계에 관한 고려 없이 당초 산재보험법 제6조, 제7조, 보험료징수법 제5조 제3항, 제7조 제2호의 규정에 의하여 보험가입자인 사업주의 지위에 있었으나 위 제9조 제1항의 원수급인의 사업주 간주 규정에 의하여 (보험가입자인 사업주에서 제외됨으로써) 반사적으로 보험료 지급의무를 면하는 이익을 얻게 된 데에 불과한 하수급인의 산재보험관계의 존재를 획일적으로 부정하거나 손해배상청구권의 대위 행사 상대방인 제3자에 포함된다고 단정할 수 없다.

○ 만약 원수급인과 사이에 도급관계에 있는 이상 그 근로자에 해당

한다고 볼 수 없고, 또 보험료징수법 제9조 제1항의 규정상 보험가입자인 사업주로 볼 수도 없다는 이유로 하수급인을 구상권 행사 상대방인 제3자에 해당한다고 보게 되면, **하수급인이 고용한 근로자의 귀책사유로 업무상 재해가 발생하여 하수급인이 사용자책임을 지게 된 경우 또는 하수급인 본인이 직접 업무를 수행하던 중 그 귀책사유로 소속 근로자에게 업무상 재해가 발생하여 직접 손해배상책임을 지게 된 경우에 하수급인은 보험급여를 한 보험자의 구상에 응하여야 하고, 따라서 위 업무상 재해로 발생한 손해의 종국적인 부담자가 될 수밖에 없다.**

그런데 앞서 본 바와 같이 보험료징수법 제9조 제1항 본문에 따라 여러 차례 도급이 이루어지는 경우에 하수급인은 원칙적으로 보험가입자인 사업주의 지위를 갖지 못하고, 보험가입자인 사업주가 되어 장래 사업장 내에서 발생하게 될 재해로 인한 책임부담의 위험에서 벗어나고자 하더라도 보험료징수법 제9조 제1항 단서에서 정한 2) 요건을 갖추지 못하는 한 그 역시 불가능함에도, 위와 같이 업무상 재해에 대한 손해를 종국적으로 하수급인에게 부담시키는 것은, 합리적 근거 또는 적절한 대응책 마련 없이 사업장에 내재하는 위험 가운데 하수급인 본인에게 책임을 돌릴 수 있는 것만을 산재보험법의 보상대상에서 제외함으로써 그를 부당히 불리하게 취급하는 결과가 되고, 나아가 산재보험재정의 건전성 확보, 영세한 지위에 있는 하수급인의 보호 및 그 소속 피해 근로자의 업무상 재해에 대한 신속·공정한 보상 등을 목적으로 한 보험료징수법 제9조 제1항의 본래 취지에도 반한다고 할 것이다.

○ 근로자가 동일한 사업주에 의하여 고용된 동료 근로자의 행위로 업무상의 재해를 입은 경우에 위 동료 근로자는 보험가입자인 사업주와 함께 직·간접적으로 재해 근로자와 산재보험관계를 갖는 자로서 보험자의 구상권 행사 상대방인 '제3자'에서 제외된다는 것은 앞서 본 바와 같다.

그런데 하수급인 소속 근로자들 사이 또는 하수급인 소속 근로자와 원수급인 소속 근로자 사이에서 발생한 불법행위로 일부 근로자(후자의 경우에는 원수급인 소속 근로자)가 업무상 재해를 입은 사안에서(위 근로자들 모두가 법률상 보험가입자인 사업주로 의제되는 원수급인과 직·간접적인 산재보험관계를 갖는다고 볼 수 있는 이상, 가해 근로자가 원수급인에 속하는지 아니면 하수급인에 속하는지에 따라 가해 근로자의 산재보험관계 존부 내지 구상 상대방으로서의 제3자 해당성에 관한 판단이 달라질 수는 없다), 만약 **가해 근로자의 사용자인 하수급인의 경우는 재해 근로자와 사이에서 산재보험관계를 갖지 않는다거나 제3자에 해당한다고 보게 되면**, 하수급인은 재해 근로자가 갖는 (동료 근로자의 불법행위에 대한 사용자책임에 기초하고 있는) 손해배상청구권의 대위 행사에 응한 다음 직접적인 불법행위자인 동료 근로자에 대하여 신의칙상 상당하다고 인정되는 한도 내에서 그 배상액에 대하여 구상권을 행사할 것으로 예상할 수 있고, 하수급인이 산재보험관계 밖에 있다고 전제하는 이상 그 소속 동료 근로자에 대한 하수급인의 재구상권의 행사를 저지할 수 있는 합리적인 근거도 없는바, 위와 같은 보험자의 하수급인에 대한 구상과 하수급인의 소속 동료 근로자에 대한 재구상으로 인하여 사실상 가해자인 동료 근로자를 산재보험관계로부터 배제하거나 그를 재해 근로자가 갖는 손해배상청구권의 대위 행사 상대방인 제3자에 해당한다고 보는 것과 마찬가지의 결과가 초래될 뿐 아니라, 그와 같은 결과는 동료 근로자의 가해행위로 인하여 입은 피해 근로자의 업무상 재해의 성격에 비추어 볼 때 위 가해행위로 인하여 현실화한 위험의 궁극적인 보상책임은 산재보험의 보험자가 져야 한다는 산재보험의 사회보험적 내지 책임보험적 성격에 반하거나 이를 무의미하게 하는 것으로서 부당하다.

결국 하수급인 소속 근로자의 불법행위로 인하여 그와 직·간접적으로 산재보험관계에 있는 근로자가 업무상 재해를 입은 경우에 보험자가 그 하수급인에 대하여 구상권을 행사하는 것은 부당하여 허용될 수 없다고 할 것인바, 그와 같이 하수급인이 소속 근로자의 불법행위에 기한 사용자책임을 지게 된 경우와 하수급인 본인이 직접 가해행위를 하여 불법행위책임을 지게 된 경우에 하수급인의 산재보험관계의 존부 또는 구상권 행사 상대방인 제3자 해당성 여부에 관한 판단에 있어서 두 경우를 달리 취급해야 할 합리적인 이유를 찾기 어렵다.

○ 산재보험법(2007. 12. 14. 법률 제8694호로 전부개정된 것) 제89조는 보험가입자가 소속 근로자의 업무상의 재해에 관하여 위 법에 따른 보험급여의 지급사유와 동일한 사유로 민법이나 그 밖의 법령에 따라 보험급여에 상당하는 금품을 수급권자에게 미리 지급한 경우로서 그

금품이 보험급여에 대체하여 지급한 것으로 인정되는 경우에 보험가입자는 대통령령으로 정하는 바에 따라 그 수급권자의 보험급여를 받을 권리를 대위한다고 규정하여, 사업장이 갖는 위험이 현실화하여 발생한 업무상 재해에 대하여는 보험자인 원고가 그 궁극적인 보상책임을 진다는 점을 명확히 하고 있는바, **위 규정에서 피해 근로자의 수급권을 대위할 수 있는 '보험가입자'에 보험료징수법 제2조 제5호에서 정하는 하수급인을 포함시키고 있는 것은 비록 법형식상 보험가입자인 사업주가 아닌 하수급인이라 하더라도 실질적으로는 재해 근로자와 사이에 산재보험관계가 있는 사업주로 볼 수 있거나 구상권 행사 상대방인 제3자에 해당하지 않음을 전제한 것으로 볼 수 있다.**

근로자가 동일한 사업주에 의하여 고용된 동료 근로자의 행위로 인하여 업무상 재해를 입은 경우, 동료 근로자가 구 산업재해보상보험법 제54조 제1항에 규정된 '제3자'에서 제외되는지 여부(적극)(대법원 2011. 7. 28., 선고, 2008다12408, 판결)

판례해설

산재보험법의 기본 취지에 따라 사업장에서 발생하는 <u>업무상 재해에 대하여는 근로복지공단이 궁극적인 보상책임을 져야 한다고 보는 것이 산업재해보상보험의 사회보험적 내지 책임보험적 성격에 부합</u>한다.

따라서 작업장 내에서 발생한 다툼으로 인하여 재해를 입은 경우라 하더라도 가해자 역시 산재보험의 적용을 받는 근로자에 해당한다면 위 취지를 고려하여 구상권 행사의 대상이 되는 제3자에 해당한다고 볼 수 없다.

법원판단

1. 가. 구 산업재해보상보험법(2003. 12. 31. 법률 제7049호로 개정되기 전의 것, 이하 '구 산재보험법'이라 한다)에 규정된 '업무상 재해'라 함은 업무상의 사유에 의한 근로자의 부상·질병·신체장해 또는 사망을 말하는데, 근로자가 직장 안에서 타인의 폭력에 의하여 재해를 입은 경우, 그것이 **가해자와 피해자 사이의 사적인 관계에 기인한 경우 또는 피해자가 직무의 한도를 넘어 상대방을 자극하거나 도발한 경우에는 업무상 사유에 의한 것이라고 할 수 없어 업무상 재해로 볼 수 없으나, 직장 안의 인간관계 또는 직무에 내재하거나 통상 수반하는 위험의 현실화로서 업무와 상당인과관계가 있으면 업무상 재해로 인정**하여야 한다(대법원 1995. 1. 24. 선고 94누8587 판결 참조).

나. (1) 원심이 일부 인용한 제1심판결 이유 및 원심판결 이유에 의하면, 원심은 그 채택 증거들을 종합하여, ① 주식회사 유탑엔지니어링(이하, '유탑엔지니어링'이라 한다)은 구 산재보험법에 의한 보험가입자로

자신이 시공하는 서울 강남구 역삼동 783-20 소재 이지빌라트 신축공사 중 전기공사 부분을 소외인에게 도급을 준 사실, ② 유탑엔지니어링 소속 방수공들인 피고들은 위 이지빌라트의 주차장 바닥에 방수공사를 하기 위하여 제3자의 출입을 막는 줄을 쳐 두었는데, 소외인에게 고용된 원고보조참가인(이하, '보조참가인'이라 한다)이 위 주차장에 전기공사를 하려고 흙이 묻은 신발을 신은 채 주차장 안으로 들어온 사실, ③ 이에 피고 1이 보조참가인의 행위를 탓하며 욕을 하자 보조참가인도 욕을 하면서 위 피고를 때릴 기세로 위 피고에게 다가가 멱살을 잡은 사실, ④ 이를 보고 있던 피고 2가 보조참가인의 뒤에서 허리춤을 잡고 오른손으로는 보조참가인의 왼쪽 안면부위를 잡아 오른쪽으로 세게 잡아 당겨 비트는 방법으로 목뼈 부분에 심한 충격을 주어 보조참가인으로 하여금 제1-2 경추 불안정증, 경수 불완전 손상 등의 상해를 입게 한 사실을 인정하였다.

나아가 원심은, **위와 같은 사고 경위에 비추어 보면, 이 사건 사고는 비록 주차장의 방수공사와 전기공사라는 업무가 발단이 되기는 하였으나, 쌍방이 욕을 하면서 서로를 자극하고 몸싸움에까지 이르게 된 것으로서, 직장안의 인간관계 또는 직무에 내재하거나 통상 수반하는 위험의 현실화라고 보기 어렵고 업무와의 상당인과관계를 벗어난 것이라고 봄이 상당하다**는 이유를 들어, 이 사건 사고가 구 산재법상 업무상 재해에 해당함을 전제로 한 원고의 구상금 청구를 기각하였다.

(2) 그러나 위와 같은 원심의 인정 사실에 의하더라도 **이 사건 사고는 건물신축 공사현장에서 작업의 진행방식 내지 진행순서에 관한 근로자들 상호간의 의사소통의 부족으로 인하여 야기된 다툼으로서 직장 안의 인간관계 또는 직무에 내재하거나 통상 수반하는 위험이 현실화된 것일 뿐, 피고들과 보조참가인 사이의 사적인 관계에 기인한 경우 내지 보조참가인이 직무의 한도를 넘어 상대방을 자극하거나 도발한 경우라고 볼 수 없으므로, 업무와 이 사건 재해 사이에는 상당인과관계가 있다**고 봄이 타당하다.

그럼에도 그 판시와 같은 이유만을 들어 이와 달리 본 원심판결에는 업무상 재해에 관한 법리를 오해한 잘못이 있다.

2. 가. 그런데 **동료 근로자에 의한 가해행위로 인하여 다른 근로자가 재해를 입어 그 재해가 업무상 재해로 인정되는 경우에 그러한 가해행위는 마치 사업장 내 기계기구 등의 위험과 같이 사업장이 갖는 하나의 위험이라고 볼 수 있으므로, 그 위험이 현실화하여 발생한 업무상 재해에 대하여는 근로복지공단이 궁극적인 보상책임을 져야 한다고 보는 것이 산업재해보상보험의 사회보험적 내지 책임보험적 성격에 부합**한다. 이에 더하여 사업주를 달리하는 경우에도 하나의 사업장에서 어떤 사업주의 근로자가 다른 사업주의 근로자에게 재해를 가하여 근로복지공단이 재해 근로자에게 보험급여를 한 경우, 근로복지공단은 구 산재법 제54조 제1항 단서에 의하여 가해 근로자 또는 그 사용자인 사업주에

게 구상할 수 없다는 것까지 고려하면, **근로자가 동일한 사업주에 의하여 고용된 동료 근로자의 행위로 인하여 업무상의 재해를 입은 경우에 그 동료 근로자는 보험가입자인 사업주와 함께 직·간접적으로 재해 근로자와 산업재해보상보험관계를 가지는 사람으로서 구 산재법 제54조 제1항에 규정된 '제3자'에서 제외된다**고 봄이 타당하다.

나. 앞서 본 사실관계를 위 법리에 비추어 보면, 피고들은 유탑엔지니어링 소속 근로자들이고 보조참가인은 소외인에 의해서 고용된 근로자이나, 유탑엔지니어링이 구 산재법 제9조 제1항에 의해 보조참가인에 대해서도 보험가입자의 지위에 있는 사업주인 이상, **가해 근로자인 피고들과 피해 근로자인 보조참가인은 보험가입자인 유탑엔지니어링과 함께 직·간접적으로 산업재해보상보험관계를 가지는 사람으로서 구 산재법 제54조 제1항에 규정된 '제3자'에서 제외된다**고 할 것이다.

다. 그렇다면 원심판결에 비록 앞서 본 바와 같이 업무상 재해에 관한 법리를 오해한 잘못이 있긴 하지만, 피고들이 구 산재법 제54조 제1항에 규정된 제3자에 해당하지 않는 이상, 원고의 청구를 기각한 원심은 그 결론에 있어서는 정당하다.

기중기와 기중기 기사를 함께 임차하여 작업하던 중 발생한 사고에 대하여 기중기 기사가 기중기를 임차한 자에게 종속된 근로자인지 여부(대법원 2008. 5. 29. 선고 2006다44760 판결 [구상금])

판결해설

기중기 기사를 포함하여 기중기를 임차하여 작업하던 중 발생한 사고에 대하여 **기중기 기사가 산재보험법의 구상권 행사 대상이 되는 제3자에 해당하는지** 문제된 사안이다.

피고 B은 이 사건 기중기 등을 소유하면서 F 주식회사 명의로 사업자등록을 한 후 이 사건 기중기 등의 임대업을 영위하는 자인 사실, D의 부사장인 G은 장비사용료 지급조건 아래 피고 B으로부터 운전기사인 피고 A과 함께 이 사건 기중기를 하루 동안 임차하였고, 피고 A은 위 임대차계약에 따라 이 사건 기중기를 운전하여 D의 공사현장에서 그 지시에 따라 작업한 사실을 기초로 대법원은, **피고 B과 D와의 임대차계약의 내용에 따라 이 사건 기중기를 운전하여 임차인인 D의 지시에 따라 작업하였다는 사정만으로 피고 A가 임금을 받을 목적으로 D에게 종속적인 관계에서 근로를 제공한 것이라고 할 수는 없고, 결국 피고 A는 기중기로 인해 발생한 사고에 대하여 구상권 행사의 대상인 제3자에 포함된다**고 판단하였다.

즉, 대상 판결은 **기중기로 인한 사고의 위험과 공사현장의 사고의 위험은 동일한 것이라고 할 수 없고, 기중기 임대업의 경우 기중기기사를 포함하여 임대가 이루어지는 경우가 대부분인바, 이런 경우 모두를 기중기 기사가 임차 작업현장에 종속되어 근로를 제공한 것으로 일률적으로 평가할 수 없으므로, **구체적으로 기중기 기사가 임차 작업현장에 종속되어 근로를 제공한 경우가 아니라면 재해 발생의 원인을 제공한 기중기 기사에게도 구상책임을 물을 수 있다고 판단한 판결**이다. 반대로 해석한다면 이러한 기중기 기사라도 사업주에 종속되어 근로를 제공한 경우라면 해당 공사현장의 사업주가 구상책임을 부담하게 됨은 물론이다.

법원판단

1. 원심은, 그 판시 채용증거를 종합하여 그 판시와 같은 사실을 인정한 다음, D은 이 사건 기중기를 일정한 기간 사용·수익하고 그 사용·수익에 대한 대가를 지급하는 단순한 임차인이라고 할 수 없고, 적어도 피고 A이 위 기중기 임대와 동시에 임금을 목적으로 D에 사실상 고용되어 종속적인 관계에서 기중기의 운전이라는 근로를 제공한 근로자로서 D의 원수급인으로서 산업재해보상보험에 가입한 주식회사 E(이하, 'E'라고 한다)과 함께 직·간접적으로 재해 근로자와 산업재해보상보험관계를 가지는 자에 해당한다는 이유로, 피고 A이 산업재해보상보험법 제54조 제1항의 '제3자'임을 전제로 하는 원고의 주장을 배척하였다. 나아가 원심은, ① 그 판시와 같은 여러 사정에 비추어 **산업재해보상보험에 가입된 당해 사업을 수행함에 있어 당연히 예상되는 위험이 그 사업의 목적을 달성하기 위하여 필요한 행위로 인하여 현실**

화됨으로써 발생한 업무상 재해에 대하여는 근로복지공단이 궁극적인 보상책임을 져야 한다고 보는 것이 산업재해보상보험의 사회보험적 내지 책임보험적 성격에 부합하므로, 위와 같은 업무상 재해는 위 조항의 '제3자의 행위에 의한 재해'에 해당하지 않는 점, ② 당해 사업의 목적을 달성하기 위하여 그것이 필요한 행위인 이상 사업주가 직접 근로자를 고용하고 그 소유의 기계기구를 사용하건 아니면 다른 계약관계를 통하여 이를 수행하건 간에 당해 사업에 내재한 업무상 재해 발생의 위험에는 본질적인 차이가 발생한다고 할 수 없으므로, 그에 따라 보험료율이 달라질 수는 없는 점, ③ 구 산업재해보상보험법(2003. 12. 31. 법률 제7049호로 개정되기 전의 것) 제9조 제1항의 취지에 비추어 볼 때 특별한 사정이 없는 한 원수급인과 하수급인이 고용한 각 근로자들 사이에 발생한 업무상 재해에 대하여 그 재해를 일으킨 근로자의 사용자인 원수급인이나 하수급인은 산업재해보상보험 가입자로서 산업재해보상보험법 제54조 제1항의 '제3자'에서 제외되어야 하고, 하수급인이 근로자를 고용하지 않고 직접 자신이 그 업무를 수행하던 중 업무상 재해를 일으킨 경우에 그 하수급인도 위 조항의 '제3자'에서 제외된다고 보는 것이 타당하며, 나아가 위 규정의 취지는 산업재해보상보험에 가입된 사업주가 구체적으로 어떠한 형식의 계약관계를 통하여 사업을 수행하느냐와 관계없이 모두 그대로 유추적용되어야 하는 점 등에 비추어, 이 사건에서 산업재해보상보험에 가입된 E이 위 공사를 수행함에 있어 기중기로 철제구조물을 옮기는 작업은 그 사업의 목적을 달성하기 위하여 필요한 행위이고, 이 사건 업무상 재해는 이로 인하여 당연히 예상되는 위험이 현실화한 것으로 보이므로, 이 사건 사고는 '제3자의 행위에 의한 재해'로 볼 수 없고, 따라서 원고는 피고 A이나 피고 B에 대하여 산업재해보상보험법 제54조 제1항에 따른 구상권을 취득할 수 없으며, 이를 전제로 하는 피고 C 주식회사에 대한 보험금(자동차종합보험에서 인수하는 일반 교통사고와 이 사건 사고와는 그 위험의 본질을 달리하고 있는 것으로 보인다)도 청구할 수 없다고 판단하였다.

2. 그러나 구 산업재해보상보험법(2007. 12. 14. 법률 제8694호로 전문 개정되기 전의 것, 이하 '산재법'이라 한다) 제54조 제1항(현행 산업재해보상보험법 제87조 제1항과 같다)은 '공단은 제3자의 행위로 인한 재해로 인하여 보험급여를 지급한 경우에는 그 급여액의 한도 안에서 급여를 받은 자의 제3자에 대한 손해배상청구권을 대위한다. 다만, 보험가입자인 2 이상의 사업주가 같은 장소에서 하나의 사업을 분할하여 각각 행하다가 그 중 사업주를 달리하는 근로자의 행위로 재해가 발생한 경우에는 그러하지 아니하다.'라고 규정하고 있는바, 여기서 **제3자라 함은 보험자, 보험가입자(사업주) 및 해당 수급권자를 제외한 자로서 보험가입자인 사업주와 함께 직·간접적으로 재해 근로자와 산업재해보상보험관계가 없는 자로 피해 근로자에 대하여 불법행위책임 내지 자동차손해배상보장법이나 민법 또는 국가배상법의 규정에 의하여 손해배상책임을 지는 자**를 말한다(대법원 1988. 3. 8. 선고 85다카2285 판결, 대법원 2004. 12. 24. 선고 2003다33691 판결, 대법원 2007. 3. 29. 선고 2006다86948 판결 등 참조). 또한, **산업재해보상보험법의**

규정에 의한 보험급여의 대상자가 되기 위해서는 재해 당시에 근로기준법의 규정에 의한 근로자이어야 한다고 할 것이고, 근로기준법상의 근로자에 해당하는지 여부를 판단함에 있어서는 그 계약의 형식이 민법상의 고용계약인지 또는 도급계약인지에 관계없이 그 실질에 있어 근로자가 사업 또는 사업장에 임금을 목적으로 종속적인 관계에서 사용자에게 근로를 제공하였는지 여부에 따라 판단하여야 한다(대법원 1998. 5. 8. 선고 98다6084 판결, 대법원 2007. 1. 25. 선고 2006다60793 판결 등 참조).

우선 피고 A이 산재법 제54조 제1항의 '제3자'에 해당하는지 여부에 대하여 보건대, 원심이 적법하게 확정한 사실과 기록에 의하면, 피고 B은 이 사건 기중기 등을 소유하면서 F 주식회사 명의로 사업자등록을 한 후 이 사건 기중기 등의 임대업을 영위하는 자인 사실, D의 부사장인 G은 장비사용료 지급조건 아래 피고 B으로부터 운전기사인 피고 A과 함께 이 사건 기중기를 하루 동안 임차하였고, 피고 A은 위 임대차계약에 따라 이 사건 기중기를 운전하여 D의 공사현장에서 그 지시에 따라 작업한 점 등을 알 수 있는바, 이와 같이 **이 사건 기중기의 운전기사인 피고 A이 피고 B과 D과의 임대차계약의 내용에 따라 이 사건 기중기를 운전하여 임차인 D의 지시에 따라 작업하였다는 사정만으로 피고 A이 D으로부터 임금을 받을 목적으로 종속적인 관계에서 근로를 제공한 것이라고 할 수는 없으므로, 피고 A이 산재법 제54조 제1항 소정의 '제3자'에 해당하지 않는다고 볼 수 없다.**

또한, 사업장 내 기계기구 등의 위험과 같이 사업장이 갖는 하나의 위험이 현실화하여 발생한 업무상 재해에 대하여는 근로복지공단이 궁극적인 보상책임을 져야 한다고 보는 것이 산업재해보상보험의 사회보험적 내지 책임보험적 성격에 부합한다고 하더라도, 앞서 본 바와 같이 피고 A은 이 사건 재해 근로자와 동일한 사업주와의 관계에서 임금을 목적으로 종속적인 관계에서 근로를 제공하는 자에 해당하지 아니하여 재해근로자와 직·간접적으로 산업재해보상보험관계에 있는 것이 아니며, 피고 B의 관리·지배 아래 운영되는 이 사건 기중기와 D 내지 E의 관리·지배 아래 운영되는 이 사건 공사현장은 하나의 위험 내에 있다고 볼 수 없을 뿐만 아니라, 이 사건 사고는 이 사건 기중기의 운행이나 구조상의 결함 내지 기능상의 장해로 인하여 발생한 것으로 피고 C 주식회사가 인수한 위험이 현실화되어 발생한 것에 불과하고, 원고가 산업재해사고의 궁극적 보상책임을 진다는 의미는 단지 산업재해보상보험의 적용범위 내에서 구상과 재구상의 악순환을 방지하기 위하여 그 최종 책임자를 정하자는 것이지, 원고가 하나의 사업장에서 발생되는 재해에 대하여는 그 경위나 원인 또는 가해자를 묻지 않고 그로 인한 손해를 보상하거나 그러한 위험을 인수한 취지는 아니므로, 이 사건 사고가 산재법 제54조 제1항이 정한 '제3자에 의한 재해'에 해당하지 않는다고 할 수는 없다.

나아가 구 산업재해보상보험법(2003. 12. 31. 법률 제7049호로 개정되기 전의 것, 이하 '구 산재법'이라 한다) 제9조 제1항(현행 고용보험 및 산업재해보상보험의 보험료징수 등에 관한 법률 제9조 제1항에 같은 취지로 규정되어 있다)은 **'사업이 수차의 도급에 의하여 행하여지는 경우에는 그 원수급인을 이 법의 적용을 받는 사업의 사업주로 본다. 다만, 원수급인이 서면계약으로 하수급인에게 보험료의 납부를 인수하게 하는 경우에 원수급인의 신청에 의하여 근로복지공단이 이를 승인한 때에는 그 하수급인을 이 법의 적용을 받는 사업의 사업주로 본다'라고 규정**하고 있는바, 기록상 피고 B이 D과 하도급계약관계에 있다고 볼 별다른 자료가 없는 이상 E 내지 D과 피고 B과의 관계가 하도급관계에 있음을 전제로 한 원심의 가정적·부가적 판단도 그대로 유지될 수 없다.

그럼에도, 원심은 그 판시와 같이 피고 A이 D에 고용된 근로자라고 보아 피고 A이 산재법 제54조 제1항의 '제3자'에 해당하지 않는다거나, 이 사건 사고가 '제3자의 행위에 의한 재해'로 볼 수 없다는 취지로 판단하였으니, 원심판결에는 채증법칙을 위배하고 산재법 제54조 제1항 소정의 '제3자' 내지 '제3자의 행위에 의한 재해' 및 구 산재법 제9조 제1항의 '도급 내지 하수급인'에 관한 법리 등을 오해하여 판결 결과에 영향을 미친 위법이 있다고 할 것이다.

[제3자의 행위로 인한 재해발생/ 제3자의 범위/ 구상권] 건축공사 일부를 재하수급한 건설회사가 중기임대업자로부터 운전기사와 함께 기중기를 빌려 작업을 하던 중 그 운전기사의 잘못으로 위 건설회사의 근로자가 사망한 사

안에서 기중기에 관한 보험자에게 구상금을 청구한 사안(대법원 2008. 4. 10. 선고 2006다32910 판결)

법원판단

1. 구 산업재해보상보험법(2007. 4. 11. 법률 제8373호로 전문 개정되기 전의 것, 이하 '법'이라고 한다) 제54조 제1항(현행 제87조 제1항 참조)은 "공단은 제3자의 행위로 인한 재해로 인하여 보험급여를 지급한 경우에는 그 급여액의 한도 안에서 급여를 받은 자의 제3자에 대한 손해배상청구권을 대위한다. 다만, 보험가입자인 2 이상의 사업주가 같은 장소에서 하나의 사업을 분할하여 각각 행하다가 그 중 사업주를 달리하는 근로자의 행위로 재해가 발생한 경우에는 그러하지 아니하다."라고 규정하고 있다.

여기서 제3자라 함은 보험자, 보험가입자(사업주) 및 해당 수급권자를 제외한 자 중, **보험가입자인 사업주와 함께 직·간접적으로 재해 근로자와 산업재해보상보험관계가 없는 자로서, 피해 근로자에 대하여 불법행위책임 내지 자동차손해배상보장법이나 민법 또는 국가배상법의 규정에 의하여 손해배상책임을 지는 자**를 말한다(대법원 1988. 3. 8. 선고 85다카2285 판결, 대법원 2004. 12. 24. 선고 2003다33691 판결 등 참조).

원심은 그 채택 증거에 의하여, <u>주식회사 수목건설이 이 사건 공장신</u>

축공사의 원수급인 방주종합건설 주식회사로부터 철골공사를 재하수급받아 기중기 임대업을 하는 소외 1로부터 운전기사인 소외 2를 제공받으면서 이 사건 기중기를 빌려서 작업을 하던 중, 소외 2의 기중기 조작의 잘못으로 주식회사 수목건설의 근로자인 소외 3이 사망한 사실, 원고가 소외 3의 유족에게 원심 판시와 같은 장의비 등을 지급한 사실, 소외 2가 소외 1로부터 임금을 받고 있는 소외 1의 근로자인 사실 등을 인정한 다음, 소외 2가 주식회사 수목건설에 소속된 근로자가 아니고, 소외 1이 중기임대차계약에 따라 운전기사를 제공하면서 이 사건 기중기를 주식회사 수목건설에 임대하였으므로, 소외 2가 원수급인인 방주종합건설 주식회사와 함께 직·간접적으로 피해 근로자인 소외 3과 산업재해보상보험관계가 없다고 보아, 이 사건 기중기에 관한 자동차종합보험계약의 보험자인 피고가 원고의 구상청구에 응할 의무가 있다고 판단하였는바, 앞서 본 법리와 기록에 비추어 살펴보면, 원심의 사실인정과 판단은 정당하고, 거기에 상고이유에서 지적하는 바와 같은 채증법칙 위배 및 법 제54조 제1항 본문의 '제3자'의 범위에 관한 법리오해의 위법이 없다.

[업무상 재해/ 구상 비율] 산업재해가 보험가입자와 제3자의 공동불법행위로 인하여 발생한 경우, 근로복지공단이 제3자에 대하여 구상권을 행사할 수 있는 범위(대법원 2010. 5. 13. 선고 2007다82059 판결 [구상금])

판례해설

　산재가 제3자의 행위로 인해 발생하여 공단이 보험급여를 지급한 경우, 공단은 산재보험법 제87조에 따라 그 급여액의 한도 안에서 급여를 받은 자의 제3자에 대한 손해배상청구권을 대위하게 된다.

　다만, **산업재해가 보험가입자와 제3자의 공동불법행위로 인하여 발생한 경우 보험가입자의 과실은 피해 근로자측의 과실로 평가되므로, 근로복지공단은 제3자에 대하여 보험가입자의 과실 비율 상당액은 구상할 수 없고, 구체적으로는 피해 근로자가 배상받을 손해액 중 보험가입자의 과실 비율 상당액을 보험급여액에서 공제하고**(다만 구상할 수 있는 금액은 보험급여액과 손해액 중 적은 것을 한도로 하므로, 피해 근로자의 손해액이 보험급여액보다 적은 경우에는 그 손해액에서 보험가입자의 과실 비율 상당액을 공제하여야 한다) **차액이 있는 경우에 한하여 그 차액에 대하여만 제3자에게 구상**할 수 있다는 판결이다.

법원판단

　구 산업안전보건법(2009. 2. 6. 법률 제9434호로 개정되기 전의 것, 이하 '구 산업안전보건법'이라고 한다) 제29조 제2항, 제1항, 같은 법 시행령 제26조에 의하면, 건설공사의 도급인은 사업주로서 그 수급인이 사용하는 근로자가 노동부령이 정하는 산업재해 발생위험이 있는 장소에서 작업을 할 때에는 노동부령이 정하는 산업재해예방을 위한 조치를 취하여야 한다. 나아가 같은 법 시행규칙(2009. 8. 7. 노동부령 제330호로 개정되기 전의 것) 제30조 제5항, 제6항, 구 산업안전기준에 관한 규칙(2006. 12. 30. 노동부령 제264호로 개정되기 전의 것) 제7조의2, 제129조, 제130조 등의 규정을 종합하면, **사업주는 이동식 크레인에 의하여 근로자를 운반하거나 근로자를 달아 올린 상태에서 작업에 종사시켜서는 아니 되고, 다만 작업의 성질상 부득이한 때 또는 안전한 작업 수행상 필요한 때에 한하여 이동식 크레인의 달기구에 전용 탑승설비를 설치하여 그 탑승설비에 근로자를 탑승시킬 수 있으며, 이러한 경우에도 탑승설비가 뒤집히거나 떨어지지 아니하도록 필요한 조치를 하고, 안전대 및 구명줄을 설치하며, 안전난간의 설치가 가능한 구조인 경우에는 중간난간대를 포함한 안전난간을 설치하는 등의 추락방지조치를 취하여야 한다.**

한편 산업재해가 보험가입자와 제3자의 공동불법행위로 인하여 발생한 경우 순환적인 구상소송의 방지라는 소송경제의 이념과 신의칙에 비추어 근로복지공단은 제3자에 대하여 보험가입자의 과실 비율 상당액은 구상할 수 없고, <u>구체적으로는 피해 근로자가 배상받을 손해액 중 보험가입자의 과실 비율 상당액을 보험급여액에서 공제하고 (다만 구상할 수 있는 금액은 보험급여액과 손해액 중 적은 것을 한도로 하므로, 피해 근로자의 손해액이 보험급여액보다 적은 경우에는 그</u>

<u>손해액에서 보험가입자의 과실 비율 상당액을 공제하여야 한다) 차액이 있는 경우에 한하여 그 차액에 대하여만 제3자에게 구상</u>할 수 있다 (대법원 2002. 3. 21. 선고 2000다62322 전원합의체 판결 참조).

원심판결 이유에 의하면, 원심은 그 채용증거를 종합하여, 이 사건 사고가 발생한 탑승설비인 곤돌라(gondola)에 추락방지장치가 제대로 마련되어 있지 않았던 사실, 이 사건 공사에 관하여 구 산업재해보상보험법(2003. 12. 31. 법률 제7049호로 개정되기 전의 것, 이하 '구 산재보험법'이라고 한다)상 보험가입자이자 구 산업안전보건법상 사업주인 소외 1 주식회사는 이 사건 기중기의 후크해지장치가 제대로 작동하는지, 이 사건 기중기에 매다는 곤돌라가 안전한지 여부를 확인하고 필요시 추락 사고에 대비한 안전망, 추락방지장치, 안전난간대 등을 설치해야 함에도 이를 확인·설치하지 않은 채 작업을 시킨 사실 등을 인정한 다음, **이 사건 사고는 소외 1 주식회사의 위와 같은 잘못에 이 사건 기중기 운전자인 피고 1과 그 사용자인 소외 2 주식회사의 잘못이 경합하여 발생하였다고 판단하면서 피고들의 손해배상액을 산정함에 있어서 소외 1 주식회사의 과실비율에 해당하는 금원을 공제**하였다.

위와 같은 법리에 비추어 원심판결 이유를 살펴보면, 원심의 위와 같은 판단은 정당한 것으로 수긍할 수 있고, 거기에 상고이유에서 주장하는 바와 같은 도급인의 책임이나 보험가입자의 과실비율 공제에 관한 법리오해 등의 위법이 있다고 할 수 없다.

[대위청구/ 구상권의 상대방] 근로복지공단이 산재보험법에 의해 가해근로자 또는 그 사용자인 사업주에게 구상할 수 없는 경우, 그 사용자인 사업주와 자동차보험계약을 체결한 보험자에 대해서 구상권 청구할 수 있는지 여부(적극)(대법원 2013. 12. 26. 선고 2012다119092 판결 [구상금])

판례해설

산재보험법의 기본적인 취지는 <u>사업장 내 기계·기구 등의 위험과 같이 사업장이 갖는 하나의 위험이 현실화하여 발생한 업무상 재해에 대하여는 근로복지공단이 궁극적인 보상책임을 부담하여야 한다는 것으로서, 구상권의 상대방이 산재보험 대상자인 경우에는 구상의 상대방으로 인정되지 않지만 그 자가 가입되어 있는 책임보험은 보험자가 손해배상 책임을 부담하는지 여부와 상관없이 책임을 부담</u>하기 때문에 책임보험의 보험자는 산재보험법에서 의미하는 구상의무자로서 제3자에 해당할 수 있고 대상판결 역시 이와 같은 취지로 판결을 선고하였다.

법원판단

산업재해보상보험법(이하, '산재보험법'이라 한다) 제87조 제1항은 "공단은 제3자의 행위에 따른 재해로 보험급여를 지급한 경우에는 그 급여액의 한도 안에서 급여를 받은 자의 제3자에 대한 손해배상청구권을 대위한다. 다만 보험가입자인 2 이상의 사업주가 같은 장소에서 하나의 사업을 분할하여 각각 행하다가 그중 사업주를 달리하는 근로자의 행위로 재해가 발생하면 그러하지 아니하다."라고 규정하고 있는바, 여기서 제3자라 함은 보험자, 보험가입자(사업주) 및 해당 수급권자를 제외한 자로서 보험가입자인 사업주와 함께 직·간접적으로 재해 근로자와 산업재해보상보험관계가 없는 자로 피해 근로자에 대하여 불법행위책임 내지 자동차손해배상보장법이나 민법 또는 국가배상법의 규정에 의하여 손해배상책임을 지는 자를 말한다(대법원 1988. 3. 8. 선고 85다카2285 판결, 대법원 2007. 3. 29. 선고 2006다86948 판결 등 참조).

그리고 책임보험의 피보험자가 책임을 질 사고가 발생한 경우 상법 제724조 제2항에 의하여 피해자에게 인정되는 책임보험자에 대한 직접청구권은 피해자가 책임보험자에 대하여 가지는 손해배상청구권으로서 피보험자에 대한 손해배상청구권과는 별개의 권리라 할 것이어서, 상법 제724조 제2항에 의하여 피해자에 대하여 직접 손해배상책임을 지는 책임보험자는 피보험자가 산재보험법 제87조 제1항에서 정한 제3자에 해당하는지 여부와 상관없이 제3자에 포함된다(대법원 2007. 1. 25. 선고 2006다60793 판결 등 참조).

이러한 법리는 산재보험법 제87조 제1항 단서에 의하여 가해근로자 또는 그 사용자인 사업주에게 구상할 수 없는 경우에도 마찬가지로 적용된다고 할 것이므로 그 사용자인 사업주와 자동차보험계약을 체결한 보험자는 산재보험법 제87조 제1항에서 정한 제3자에 포함된다고 할 것이다.

원심이 같은 취지에서, 이 사건 사고가 산업재해보상보험 가입자인 주식회사 메츠로부터 이 사건 시설정비공사 중 밸브교체 제관공사를 하도급받은 주식회사 태성기공(이하, '태성기공'이라 한다)과 역시 산업재해보상보험 가입자인 성운산업이 하나의 사업을 분할하여 각각 수행하는 과정에서 성운산업의 근로자인 소외 2의 행위로 태성기공의 근로자인 소외 1에게 재해가 발생한 경우에 해당하여 원고가 소외 1의 소외 2, 성운산업에 대한 손해배상청구권을 대위할 수 없다고 하더라도 성운산업과 자동차보험계약을 체결한 보험자인 피고에 대한 소외 1의 손해배상청구권은 대위할 수 있다고 판단한 것은 정당하고, 거기에 상고이유 주장과 같이 산재보험법 제87조 제1항 단서에 관한 법리를 오해하는 등의 위법이 없다.

[기 지급한 보험료 공제 가능성/ 다른 보험자와의 관계] 산업재해보상보험법 제80조 제3항에서 정한 '수급권자가 동일한 사유로 민법이나 그 밖의 법령에 따라 받은 금품'의 범위(대법원 2015. 1. 15. 선고 2014두11571 판결 [유족급여부지급처분취소])

판례해설

산재보험법 제80조 제3항 본문은 "수급권자가 동일한 사유로「민법」이나 그 밖의 법령에 따라 이 법의 보험급여에 상당한 금품을 받으면 공단은 그 받은 금품을 대통령령으로 정하는 방법에 따라 환산한 금액의 한도 안에서 이 법에 따른 보험급여를 지급하지 아니한다"라고 규정되어 있는바, 이 조항의 의미는 '수급권자가 보험가입자인 사용자의 보상 또는 배상 책임의 이행으로 금품을 지급받는 경우'만을 규율대상으로 삼고 있다고 봄이 타당하다.

따라서 대상판결에서는 이를 토대로 **사용자의 직접 책임이 아닌 사용자가 가입한 자동차보험의 자동차상해담보특약에 의해 받은 보험금은 사용자의 손해배상의무의 이행으로 지급받은 것이 아니므로 산재보험급여에서 공제될 수 없다**고 판단하였다.

법원판단

1. 산업재해보상보험법(이하, '산재보험법'이라고 한다) 제80조는 '수급권자가 이 법에 따른 보험급여를 받았거나 받을 수 있으면 보험가입자인 사용자는 동일한 사유에 대하여 근로기준법에 따른 재해보상 책임이 면제되고(제1항), 수급권자가 동일한 사유에 대하여 이 법에 따른

보험급여를 받은 경우 사용자는 그 금액의 한도 안에서 민법 그 밖의 법령에 따른 손해배상 책임이 면제된다(제2항 전문)'고 규정한 데 이어 제3항 본문에서는 "수급권자가 동일한 사유로 민법이나 그 밖의 법령에 따라 이 법의 보험급여에 상당한 금품을 받으면 공단은 그 받은 금품을 대통령령으로 정하는 방법에 따라 환산한 금액의 한도 안에서 이 법에 따른 보험급여를 지급하지 아니한다."고 규정하고 있다. 한편 산재보험법 제87조는 '공단이 제3자의 행위에 따른 재해로 보험급여를 지급한 경우 그 급여액의 한도 안에서 수급권자의 제3자에 대한 손해배상청구권을 대위하고(제1항 본문), 반대로 수급권자가 제3자로부터 손해배상을 받은 경우 배상액을 일정한 방법에 따라 환산한 금액의 한도 안에서 공단은 산재보험급여를 지급하지 아니한다(제2항)'고 규정하고 있다.

이와 같은 '산재보험급여와 다른 보상이나 배상과의 관계'에 관한 산재보험법의 규정 형식 및 내용과 체계에 더하여, ① 근로자의 업무상 재해와 관련하여 경합하는 청구권 중 일방의 청구권에 대하여만 조정 규정이 존재함에 따라 편면적 조정만이 가능한 경우에는 청구 순서에 따라 손해 전보의 총액이 달라져 이중전보 금지라는 조정 규정의 목적을 달성할 수 없고 형평에도 어긋나므로, 공단의 산재보험급여 지급이 선행된 경우에 사용자의 책임을 조정하는 규정인 산재보험법 제80조 제1항, 제2항에 대응하여 그와 반대로 사용자의 책임 이행이 선행된 경우에 산재보험급여를 조정하는 규정이 필요한데, 산재보험법 제80조 제3항 본문이 바로 이를 규정한 것으로 볼 수 있는 점, ② 만일 산재보험법 제80조 제3항 본문이 산재보험급여에 선행하여 손해 또는 손실이 전보된 모든 경우를 규율대상으로 삼고 있다고 보게 되면, 그에 대응하여 산재보험급여가 선행된 경우에 관한 조정 규정이 존재하지 아니하는 청구권과의 관계에서는 편면적 조정에 따른 불합리한 결과가 발생할 뿐만 아니라 산재보험급여를 지연할수록 공단의 면책가능성이 높아지게 되어 신속한 재해보상이라는 산재보험법의 목적에 배치되고, 산재보험법 제87조 제2항은 불필요한 중복적 규정에 불과한 셈이 되어 산재보험법의 조정 규정 체계에도 부합하지 아니하는 점, ③ 산재보험법 제80조 제3항의 위임에 따라 수급권자가 받은 금품을 환산하는 방법을 규정한 산재보험법 시행령 제76조 제1항은 환산의 기준시를 '손해배상액 산정 당시'라고 규정하여 수급권자가 받은 금품이 손해배상일 것을 전제로 하고 있는 점, ④ 산재보험법 제80조 제1항, 제2항, 제4항이 모두 수급권자, 보험가입자인 사용자 및 공단 사이의 산재보험보상관계 등을 규율하고 있는 점 등 여러 사정을 종합하여 보면, 하다.

3. 원심이 같은 취지에서, **업무상 재해에 해당하는 교통사고를 당한 원고가 사용자가 가입한 자동차보험의 자동차상해담보특약에 의해 받은 보험금은 사용자의 손해배상의무의 이행으로 지급받은 것이 아니므로 산재보험급여에서 공제될 수 없다고 판단한 것은 정당**하고, 거기에 산재보험법 제80조 제3항에 정한 산재보험급여와 다른 보상 또는 배상과의 조정이나 인보험과 손해보험의 구별에 관한 법리 등을 오해한 잘못이 없다.

[구상의무/ 대위의 범위] 산업재해보상보험의 보험자인 근로복지공단이 불법행위의 피해자에게 보험급여를 한 후 피해자의 가해자 또는 그 보험자에 대한 손해배상채권을 대위하는 경우, 대위의 범위 및 근로복지공단의 보험급여 이후 손해배상 명목으로 피해자에게 지급한 돈을 공제할 수 있는지 여부(소극)(대법원 2015. 12. 10. 선고 2015다230228 판결 [구상금])

판례해설

대상판결은 공단이 아닌 보험회사가 유의해야 되는 사안에 대하여 판시한 것으로서, 공단이 보험급여액을 모두 지급한 이후에 보험회사가 이를 확인하지 않고 지급하였다고 하더라도 공단의 보험회사에 대한 구상금 청구 금액이 공제되지 않는다는 판례이다. 즉 산재보험법에서는 피해자에 대한 이중지급의 위험을 공단이 아닌 일반 사기업인 보험회사에 전가하고 있는바 이 점을 고려하여 보험사는 해당 피해자가 공단으로부터 보험급여를 이미 지급받았는지 여부를 반드시 확인하고 보험금을 지급하여야 할 것이다.

법원판단

1. 산업재해보상보험의 보험자인 근로복지공단이 피재근로자에게 산

업재해보상보험급여를 하면 그 보험급여의 한도 내에서 피재근로자의 제3자에 대한 청구권을 대위취득한다. 그리고 근로복지공단이 불법행위로 인한 피해자에게 보험급여를 한 후 피해자의 가해자 또는 그 보험자에 대한 손해배상채권을 대위하는 경우, **피해자의 과실 등을 고려하여 산정된 손해배상채권의 범위 내에서 보험급여액 전부에 관하여 피해자의 가해자 또는 그 보험자에 대한 손해배상채권을 대위**할 수 있고, 여기에서 **근로복지공단의 보험급여 이후 손해배상 명목으로 피해자에게 지급한 돈을 공제할 수 없다**는 것이 대법원판례이다(대법원 1990. 2. 23. 선고 89다카22487 판결, 대법원 2002. 12. 26. 선고 2002다50149 판결, 대법원 2008. 1. 31. 선고 2007다60868 판결 등 참조).

2. 기록에 의하면, ① 피고는 (차량 번호 생략) 차량(이하, '이 사건 차량'이라 한다)에 대하여 대풍건설 주식회사를 피보험자로 하여 자동차책임보험계약(이하, '이 사건 책임보험계약'이라 한다)을 체결한 보험자인 사실, ② 대풍건설 주식회사는 원고의 보험가입자이고, 소외인은 대풍건설 주식회사의 근로자인 사실, ③ 소외인은 2011. 8. 13. 12:24경 충남 홍성군 홍북면에서 상수도 확장사업 하자보수공사를 수행하고 점심식사를 위해 이 사건 차량의 화물적재함에 탑승하여 이동하던 중 이 사건 차량이 과속방지턱을 통과하면서 그 충격으로 도로에 떨어지는 사고(이하, '이 사건 사고'라고 한다)를 당하였고, 이로 인하여 외상성 뇌좌상 등의 상해를 입은 사실, ④ 원고는 이 사건 사고를 업무상 재해로 인정하여 2012. 11. 28. 소외인에게 장해급여 일시금 18,069,200원을 지급

한 사실, ⑤ 이 사건 책임보험계약에 따른 피고의 소외인에 대한 책임보험금 지급한도액은 상해보험금 지급한도액 2,400,000원(상해등급 8등급), 장해보험금 지급한도액 22,500,000원(후유장해등급 9등급)인 사실, ⑥ 피고는 소외인에게 2013. 5. 22. 장해보험금(합의금) 명목으로 11,438,580원을 지급하였고, 원고에게 2013. 5. 31. 장해보험금(합의금) 명목으로 10,841,520원을 지급한 사실을 인정할 수 있다.

3. 위 인정 사실을 앞서 본 법리에 비추어 살펴보면, **소외인에게 보험급여를 한 원고로서는 소외인의 과실을 고려하여 산정된 손해배상채권의 범위 내에서 원고가 부담한 보험급여액 전부를 대풍건설 주식회사의 보험자인 피고에 대하여 구상할 수 있다 할 것**이다. 그럼에도 원심은 그 판시와 같은 이유를 들어, 원고의 소외인에 대한 급여 지급 시기와 피고의 소외인에 대한 보험금 지급 시기의 선후와 관계없이, 피고가 소외인에게 지급한 위 11,438,580원도 유효한 변제로서 피고의 책임보험금 지급한도액에서 공제되어야 한다고 보아 원고가 대위할 수 있는 소외인의 보험금 청구채권액이 219,900원(장해보험금 지급한도액 22,500,000원 - 원고에 대한 기지급액 10,841,520원 - 소외인에 대한 지급액 11,438,580원)이라고 판단하였다. 이러한 원심의 판단은 앞에서 본 대법원판례에 반한다고 할 것이므로, 원심판결에는 소액사건심판법 제3조 제2호의 상고이유가 있다.

[보상급여/ 산재보험급여와 다른 보상이나 배상과의 관계] 사용자가 가입한

자기신체사고보험에 의해 근로자가 지급받은 보험금은 산업재해보상보험급여에서 공제될 수 없다고 본 사례([대법원 2015. 1. 15., 선고, 2014두724, 판결])

판례해설

산재보험법에 따라 **산업재해로 인하여 손실 또는 손해를 입은 근로자는 재해보상 청구권과 산재보험급여수급권을 행사할 수 있고 아울러 일정한 요건이 충족되는 경우 사용자에 대하여 불법행위로 인한 손해배상청구권도 행사할 수 있으므로, 산재보험법 제80조 규정의 취지는 이들 청구권 상호 간의 관계와 손실의 이중전보를 방지하기 위한 보상 또는 배상액의 조정문제를 규율하는데 있다. 특히 제80조 제3항 '동일한 사유'라 함은 산업재해보상보험급여의 대상이 되는 손해와 근로기준법 또는 민법이나 그 밖의 법령에 따라 보전되는 손해가 같은 성질을 띠는 것이어서 산재보험급여와 손해배상 또는 손실보상이 상호 보완적 관계에 있는 경우**를 의미한다.

이에 대상판결에서 사용자가 가입한 **자기신체사고보험에 의해 지급받은 보험금은 사용자의 손해배상의무의 이행으로 지급받은 것이 아니므로 산재보험급여에서 공제될 수 없다고 판단하였다.

법원판단

1. 산업재해보상보험법(이하, '산재보험법'이라고 한다) 제80조는 '산재보험급여와 다른 보상이나 배상과의 관계'에 관하여 '수급권자가 이 법에 따른 보험급여를 받았거나 받을 수 있으면 보험가입자인 사용자는 동일한 사유에 대하여 근로기준법에 따른 재해보상 책임이 면제되고(제1항), 수급권자가 동일한 사유에 대하여 이 법에 따른 보험급여를 받은 경우 사용자는 그 금액의 한도 안에서 민법 그 밖의 법령에 따른 손해배상 책임이 면제된다(제2항 전문)'고 규정하고, **제3항 본문에서 "수급권자가 동일한 사유로 민법이나 그 밖의 법령에 따라 이 법의 보험급여에 상당한 금품을 받으면 공단은 그 받은 금품을 대통령령으로 정하는 방법에 따라 환산한 금액의 한도 안에서 이 법에 따른 보험급여를 지급하지 아니한다"고 규정**하고 있다. 또한 산재보험법 제87조는 '제3자에 대한 구상권'에 관하여 '공단이 제3자의 행위에 따른 재해로 보험급여를 지급한 경우 그 급여액의 한도 안에서 수급권자의 제3자에 대한 손해배상청구권을 대위하고(제1항 본문), 반대로 수급권자가 제3자로부터 손해배상을 받은 경우 배상액을 일정한 방법에 따라 환산한 금액의 한도 안에서 공단은 산재보험급여를 지급하지 아니한다(제2항)'고 규정하고 있다.

위 각 규정의 취지는 **산업재해로 인하여 손실 또는 손해를 입은 근로자는 재해보상 청구권과 산재보험급여수급권을 행사할 수 있고**, 아울러 일정한 요건이 충족되는 경우 사용자에 대하여 불법행위로 인한 손해배상청구권도 행사할 수 있으므로, 이들 청구권 상호 간의 관계와 손실의 이중전보를 방지하기 위한 보상 또는 배상액의 조정문제를 규율하는 데에 있다.

따라서 산재보험법 제80조 제3항에서 말하는 '동일한 사유'라 함은 산업재해보상보험급여의 대상이 되는 손해와 근로기준법 또는 민법이나 그 밖의 법령에 따라 보전되는 손해가 같은 성질을 띠는 것이어서 산재보험급여와 손해배상 또는 손실보상이 상호 보완적 관계에 있는 경우를 의미한다(대법원 1991. 7. 23. 선고 90다11776 판결 참조).

2. 원심이 같은 취지에서, 원고가 사용자가 가입한 자기신체사고보험에 의해 지급받은 보험금은 사용자의 손해배상의무의 이행으로 지급받은 것이 아니므로 산재보험급여에서 공제될 수 없다고 판단한 것은 **정당**하고, 거기에 산재보험법 제80조 제3항에 정한 산재보험급여와 다른 보상 또는 배상과의 조정에 관한 법리 등을 오해한 위법이 없다.

IX. 보험급여청구권에 대한 시효문제

[보험급여청구/ 시효중단] 산업재해보상보험법상 고유한 시효중단 사유인 보험급여 청구에 따른 시효중단의 효력이 보험급여 결정에 대한 임의적 불복절차인 심사 청구나 재심사 청구에 따른 시효중단의 효력과는 별개로 존속하는지 여부(적극)(대법원 2019. 4. 25. 선고 2015두39897 판결 [장해급여부지급처분취소])

판례해설

대상판결에서도 역시 법원은 산재보험법의 해석에 있어서 무엇보다도 근로자의 보호를 우선순위에 두고 있는 것으로 보인다.

우리 법제상 '**채권**'은 모두 소멸시효의 적용을 받으며 시효 기간이 도과함에 따라 소멸할 뿐이고, 그 시효 기간은 각 법에 규정되어 있으며 **이러한 시효기간의 중단 사유 역시 민법**에 규정되어 있다. 소멸시효의 중단사유와 관련하여 산재보험법에서는 민법에서 정한 사유 외에 '**보험급여 신청**'을 추가적인 소멸시효 중단사유로 규정하고 있는바, 이와 관련하여 보험급여 신청 행위로 중단되었던 시효가 언제 다시 기산되는지,

더 나아가 시효가 중단된 기간 동안 기타의 행위들이 결합되었을 경우 중단의 효력이 유지되는지 등의 문제에 해석의 여지가 존재한다.

우리 법원은 **산재보험법상 고유한 시효중단 사유인 보험급여 청구에 따른 시효중단의 효력은 심사 청구나 재심사 청구에 따른 시효중단의 효력과는 별개로 존속한다고 보아야 하므로 심사 청구 등이 기각된 다음 6개월 안에 다시 재판상의 청구가 없어 심사 청구 등에 따른 시효중단의 효력이 인정되지 않는다고 하더라도, 보험급여 청구에 따른 시효중단의 효력은 이와 별도로 인정될 수 있다고 판시**함으로서 근로자에게 이익되도록 법을 해석하였다.

법원판단

1. 가. 소멸시효 중단사유인 채무 승인은 시효이익을 받는 당사자인 채무자가 소멸시효 완성으로 채권을 상실하게 될 상대방 또는 그 대리인에 대하여 상대방의 권리 또는 자신의 채무가 있음을 알고 있다는 뜻을 표시함으로써 성립하며, 그 표시의 방법은 특별한 형식이 필요하지 않고 묵시적이든 명시적이든 상관없다. 또한 승인은 시효이익을 받는 채무자가 상대방의 권리 등의 존재를 인정하는 일방적 행위로서, 권리의 원인·내용이나 범위 등에 관한 구체적 사항을 확인하여야 하는 것은 아니고, 채무자가 권리 등의 법적 성질까지 알고 있거나 권리 등의 발생원

인을 특정하여야 할 필요는 없다. 그리고 그와 같은 승인이 있는지는 문제가 되는 표현행위의 내용·동기와 경위, 당사자가 그 행위 등으로 달성하려고 하는 목적과 진정한 의도 등을 종합적으로 고찰하여 논리와 경험의 법칙, 그리고 사회일반의 상식에 따라 객관적이고 합리적으로 이루어져야 한다(대법원 2008. 7. 24. 선고 2008다25299 판결, 대법원 2012. 10. 25. 선고 2012다45566 판결 등 참조).

나. (1) 산업재해보상보험법(이하, '산재보험법'이라 한다)은 산재보험법에 따른 보험급여를 받을 권리는 3년간 행사하지 않으면 시효로 말미암아 소멸하고(제112조 제1항 제1호), 산재보험법 제112조에 따른 소멸시효는 산재보험법 제36조 제2항에 따른 수급권자의 보험급여 청구로 중단된다(제113조)고 정하고 있다. 이러한 규정의 문언과 입법 취지, 산재보험법상 보험급여 청구의 성격 등에 비추어 보면, **산재보험법 제113조는 산재보험법 제36조 제2항에 따른 보험급여 청구를 민법상의 시효중단 사유와는 별도의 고유한 시효중단 사유로 정한 것**으로 볼 수 있다(대법원 2018. 6. 15. 선고 2017두49119 판결 참조).

산재보험법 제112조 제2항은 '산재보험법에서 정한 소멸시효에 관하여 산재보험법에 규정된 것 외에는 민법에 따른다.'고 정하고 있고, 민법 제178조 제1항은 '시효가 중단된 때에는 중단까지에 경과한 시효기간은 이를 산입하지 않고 중단사유가 종료한 때부터 새로이 진행한다.'고 정하고 있는데, 이 조항은 산재보험법에서 정한 소멸시효에도 적용된다.

(2) **시효중단제도의 취지에 비추어 볼 때 시효중단 사유인 보험급여 청구에 대한 근로복지공단의 결정이 있을 때까지는 청구의 효력이 계속**된다고 보아야 한다(대법원 1995. 5. 12. 선고 94다24336 판결, 대법원 2006. 6. 16. 선고 2005다25632 판결 등 참조). 따라서 보험급여 청구에 따른 시효중단은 근로복지공단의 결정이 있은 때 중단사유가 종료되어 새로이 3년의 시효기간이 진행된다.

(3) 산재보험법 제111조는 '제103조 및 제106조에 따른 심사 청구 및 재심사 청구의 제기는 시효의 중단에 관하여 민법 제168조에 따른 재판상의 청구로 본다.'고 정하고 있다. 그리고 민법 제170조는 제1항에서 '재판상의 청구는 소송의 각하, 기각 또는 취하의 경우에는 시효중단의 효력이 없다.'고 정하고, 제2항에서 '전항의 경우에 6월내에 재판상의 청구, 파산절차참가, 압류 또는 가압류, 가처분을 한 때에는 시효는 최초의 재판상의 청구로 인하여 중단된 것으로 본다.'고 정하고 있다.

그러나 산재보험법이 보험급여 청구에 대하여는 재판상의 청구로 본다는 규정을 두고 있지 않은 점, 보험급여 청구에 따라 발생한 시효중단의 효력이 보험급여결정에 대한 임의적 불복절차인 심사 청구 등에 따라 소멸한다고 볼 근거가 없는 점을 고려하면, **산재보험법상 고유한 시효중단 사유인 보험급여 청구에 따른 시효중단의 효력은 심사 청구나 재심사 청구에 따른 시효중단의 효력과는 별개로 존속한다고 보아야 한다. 따라서 심사 청구 등이 기각된 다음 6개월 안에 다시 재판**

상의 청구가 없어 심사 청구 등에 따른 시효중단의 효력이 인정되지 않는다고 하더라도, 보험급여 청구에 따른 시효중단의 효력은 이와 별도로 인정될 수 있다.

2. 원심판결 이유에 따르면 다음 사정을 알 수 있다.

가. 원고는 2002. 9. 25. 피고로부터 '뇌경색, 경동맥협착(좌측), 경동맥폐쇄(우측)'(이하, 통틀어 '이 사건 상병'이라 한다)에 관하여 업무상 질병으로 요양승인을 받고 병원에서 요양을 하였고, 피고는 2008. 2. 29. '이 사건 상병에 대해 더 이상 요양이 필요하지 않다'는 이유로 요양을 종결하라는 결정을 하였다. 위 요양종결일 당시에 이미 원고는 ① 이 사건 상병으로 인한 장해등급 1급 3호에 해당하는 후유장해(양측 상하지 운동마비와 실조로 인한 일상처리 동작에서 항상 타인의 간병을 받아야 하는 상태) 외에도 ② 이 사건 상병이 원인이 되어 발생한 추가상병인 '시신경위축'으로 인한 시력 장해를 가지고 있었다.

나. 원고를 대리하는 원고의 누나 소외인은 2009. 4. 3. 피고에게 원고의 장해급여 청구를 하였는데(이하, '1차 장해급여청구'라 한다), 장해급여 지급 사무를 담당한 피고의 직원은 2009. 4. 23.경 소외인에게 '장해급여청구서에 첨부된 주치의의 장해진단서에 의하면, 원고에게 이 사건 상병에 따른 후유장해 외에 시신경위축에 따른 장해 진단이 있으므로, 시신경위축에 관해 추가상병으로 승인을 받은 후 장해급여를 청구

하는 것이 보다 높은 장해등급 결정을 받을 수 있어 유리하다'는 취지로 안내하였다. 소외인은 위 안내에 따라 1차 장해급여청구 반려요청서를 작성하여 제출한 다음, 2009. 4. 24. 피고로부터 1차 장해급여청구 관련 서류 일체를 되돌려 받았다.

다. 그 후 원고는 2010. 8. 2. 피고에게 시신경위축에 관하여 추가상병 요양승인을 신청하여 2010. 8. 23. 추가상병 요양승인을 받았다. 당시 원고의 시신경위축은 이미 증상이 고정된 상태이어서 추가 요양이 필요한 상태는 아니었으며, 원고가 그 후로 시신경위축에 관하여 실제 요양을 한 적도 없다.

라. 원고는 2012. 8. 7. 피고에게 다시 장해급여를 청구하였는데(이하, '2차 장해급여 청구'라 한다), 피고는 2012. 9. 5. 원고에게 '요양종결일(2008. 2. 29.)을 기준으로 3년의 시효기간이 도과하여 장해급여청구권이 소멸하였다'는 이유로 거부처분을 하였다. 원고는 위 거부처분에 불복하여 2012. 12. 4. 심사 청구서를 제출하였으나, 피고는 2013. 5. 22. 심사 청구 기각결정을 하였다.

마. 원고는 2013. 10. 25. 피고에게 다시 장해급여를 청구하였으나(이하, '이 사건 장해급여청구'라 한다), 피고는 2013. 11. 19. 원고에게 '요양종결일(2008. 2. 29.)을 기준으로 3년의 시효기간이 지나 장해급여청구권이 소멸하였다'는 이유로 이 사건 거부처분을 하였다.

3. 위 사실관계를 앞서 본 법리에 비추어 살펴보면, 다음과 같이 판단할 수 있다.

가. 원고는 이 사건 상병이 업무상 재해로 인정되어 요양승인을 받았고, 요양종결 후에도 신체 등에 장해가 남아 이미 이 사건 상병에 대한 장해급여청구권을 취득한 상태였다. 피고의 담당직원도 원고의 장해급여청구권 취득사실을 인식하고 2009. 4. 23.경 원고의 대리인 소외인에게 '이 사건 상병 외에 시신경위축에 관해서도 추가상병으로 승인을 받은 후 장해급여를 청구하는 것이 보다 높은 장해등급 결정을 받을 수 있어 유리하다'는 취지로 안내하여 원고로 하여금 이 사건 상병과 추가상병에 대한 장해급여 수령에 필요한 절차를 밟도록 하였다.

치유상태인 상병에 관한 추가상병 승인은 장해등급 판정과 장해급여 지급을 위한 사전 절차의 성격을 가지며, 장해등급은 수급권자의 전체 상병을 종합하여 판정하여야 한다. 원고가 피고 담당직원의 안내에 따라 이 사건 상병과 시신경위축 장해에 관한 장해급여를 함께 청구하기 위하여 시신경위축에 관한 추가상병 요양신청을 하였던 점을 고려하면, 피고가 2010. 8. 23. 이미 증상이 고정된 상태이어서 추가로 요양이 필요하지 않았던 원고의 시신경위축을 추가상병으로 승인한 행위는 특별한 사정이 없는 한 원고의 추가상병이 업무상 질병에 해당함을 인정하는 것에 그친다고 볼 수 없다. 여기에서 나아가 피고의 위와 같은 행위는 원고의 이 사건 상병으로 인한 장해와 추가상병으로 인한 장해를 함께 고려한 장해등급 결정절차를 거쳐 장해급여를 지급할 의무가 있음을 알고 있다는 것을 묵시적으로 표시한 것이라고 보아야 한다.

따라서 **피고의 채무 승인으로 원고의 이 사건 상병과 추가상병에 관한 장해급여청구권의 소멸시효는 중단**되었다.

나. 원고는 그로부터 3년 이내인 2012. 8. 7. 피고에게 다시 2차 장해급여청구를 함으로써 산재보험법 제113조에 따라 소멸시효가 다시 중단되었다. 피고가 2차 장해급여 청구에 대해 거부처분을 하자, 원고는 위 중단사유가 종료한 때부터 3년 이내인 2013. 10. 25. 이 사건 장해급여청구를 하였다.

다. 결국 위와 같은 채무 승인과 2차 장해급여청구에 따라 소멸시효가 중단되었고, 원고는 중단사유가 종료한 때부터 3년 이내에 이 사건 장해급여청구를 하였다. 따라서 이 사건 장해급여청구가 3년의 시효기간이 지난 다음에 이루어진 것임을 전제로 한 이 사건 거부처분은 위법하다.

4. 그런데도 원심은 원고의 장해급여청구권의 소멸시효가 완성하였다고 판단하였다. 이러한 원심의 판단에는 산재보험법상 장해급여청구권의 소멸시효 중단에 관한 법리를 오해하여 판결에 영향을 미친 잘못

이 있다.

[보상금 소멸시효/ 진폐사건] 구 산업재해보상보험법 제91조의3에 따른 진폐보상연금 청구권의 소멸시효 기산점(대법원 2019. 7. 25. 선고 2018두42634 판결 [미지급보험급여부지급처분취소])

판례해설

산재보험법에 산재보험법에 따른 보험급여를 받을 권리는 3년간 행사하지 아니하면 시효로 소멸한다고 규정되어 있고, 이러한 소멸시효의 기산점은 재해근로자의 업무상 재해가 산재보험법령이 규정한 보험급여 지급요건에 해당하여 피고에게 보험급여를 청구할 수 있는 때이므로 위 요건이 충족된 때부터 소멸시효가 진행된다.

대상판결에서 위 법리를 그대로 원용한다면 진폐가 명확한 때 비로소 소멸시효가 기산될 수 있고 실제 공단에서는 그 시기를 기준으로 소멸시효가 완성되었다고 판단하였으나, 대법원은 진폐보상연금 청구권의 소멸시효는 특별한 사정이 없는 한 진폐근로자의 진폐 장해상태가 산재보험법 시행령에서 정한 진폐장해등급 기준에 해당하게 된 때부터 진행한다고 판시하여 기존의 일반 민법 법리와는 다소 다른 법리를 만들어 근로자를 보호하고 있다.

법원판단

가. 구 산업재해보상보험법(2018. 6. 12. 법률 제15665호로 개정되기 전의 것, 이하 '산재보험법'이라 한다) 제112조 제1항 제1호는 **산재보험법에 따른 보험급여를 받을 권리는 3년간 행사하지 아니하면 시효로 소멸한다고 규정하고 있다. 소멸시효는 권리를 행사할 수 있는 때부터 진행하는바**(산재보험법 제112조 제2항, 민법 제166조 제1항), 산재보험법에 따른 보험급여를 받을 권리의 소멸시효는 특별한 사정이 없는 한 재해근로자의 업무상 재해가 산재보험법령이 규정한 보험급여 지급요건에 해당하여 피고에게 보험급여를 청구할 수 있는 때부터 진행한다.

산재보험법 제91조의3, 제91조의8에 따른 진폐보상연금의 경우 진폐근로자의 진폐병형, 심폐기능의 정도 등 진폐 장해상태가 산업재해보상보험법 시행령(이하, '산재보험법 시행령'이라 한다) 제83조의2 [별표 11의2], [별표 11의3]에서 정한 진폐장해등급 기준에 해당하게 된 때에 진폐장해등급에 따른 진폐보상연금을 지급하도록 규정하고 있다. 따라서 **진폐보상연금 청구권의 소멸시효는 특별한 사정이 없는 한 진폐근로자의 진폐 장해상태가 산재보험법 시행령에서 정한 진폐장해등급 기준에 해당하게 된 때부터 진행한다고 보아야 한다.**

나. 원심판결 이유에 의하면, ① 망인은 1986. 8.경부터 2011. 8.경까지 진폐정밀진단을 받았는데 망인의 진폐병형은 최초 진폐정밀진단 시

부터 최종 진폐정밀진단 시까지 진폐병형 2/1형 또는 2/2형, 심폐기능은 2002. 1.경부터 최종 진폐정밀진단 시까지 경도 장해(F1) 또는 경미한 장해(F1/2)에 해당된 사실, ② 망인은 2011. 8.경의 진폐정밀진단을 통해 피고로부터 진폐장해등급 제7급 결정을 받아 사망 시까지 그에 따른 진폐보상연금을 지급받은 사실, ③ 2012. 5. 23. 실시된 망인에 대한 폐기능 검사에서 노력성 폐활량(FVC) 49%, 일초량(FEV_1) 31%, 일초율(FEV_1/FVC) 47%로 심폐기능이 고도 장해(F3)에 해당한다는 결과가 나온 사실, ④ 그 이후에 심폐기능 측정이 다시 이루어진 바 없고 2014. 4.경 촬영된 흉부방사선영상에서 진폐병형이 2/3형으로 나타난 사실 등을 알 수 있다.

이러한 사실관계에 의하면, 망인의 진폐병형은 최초 진폐정밀진단 시부터 2014. 4.경까지 제2형으로 유지되었던 반면, 심폐기능은 2012. 5. 23. 고도 장해(F3)로 악화되었고, 이에 따라 2012. 5. 23.을 기준으로 망인의 진폐장해 상태는 '진폐병형이 제1형 이상이면서 동시에 심폐기능에 고도 장해가 남은 경우'로서 진폐장해등급 제1급 기준에 해당한다고 볼 수 있다(산재보험법 시행령 제83조의2 제1항 [별표 11의2] 참조).

나아가 위와 같은 사정들을 앞서 본 법리에 비추어 살펴보면, 망인은 2012. 5. 23.부터 피고에게 더 높은 진폐장해등급에 따른 진폐보상연금을 청구할 수 있었으므로, 이 사건 진폐보상연금 청구권의 소멸시효 역시 그때부터 진행한다고 보아야 하고, 이는 망인의 유족인 소외 1이 망인의 사망 후 산재보험법 제81조에 따라 망인에게 지급되지 않은 이 사건 진폐보상연금의 지급을 청구하는 경우에도 다르지 않다.

다. 그럼에도 원심은 망인의 진폐증이 2014. 4.경까지 계속하여 악화되고 있었으므로 2012. 5. 23.에는 증상이 고정되었다고 볼 수 없다는 이유를 들어, 위 2012. 5. 23.을 소멸시효의 기산점으로 하였을 때 소외 1이 보험급여 청구를 한 2016. 6. 14.에 3년의 소멸시효가 이미 완성되었다는 피고의 주장을 배척하였다. 이러한 원심판단에는 진폐보상연금 청구권의 소멸시효 기산점에 관한 법리를 오해하여 판결에 영향을 미친 잘못이 있다. 이 점을 지적하는 상고이유 주장은 이유 있다.

근로복지공단의 요양불승인처분에 대한 취소소송을 제기하여 승소확정판결을 받은 근로자가 요양으로 인하여 취업하지 못한 기간의 휴업급여를 청구한 경우, 그 휴업급여청구권이 시효완성으로 소멸하였다는 근로복지공단의 항변이 신의성실의 원칙에 반하여 허용될 수 없는지 여부(적극)(대법원 2008. 9. 18., 선고, 2007두2173, 전원합의체 판결. 휴업급여부지급처분취소)

판례해설

산재보험법 제41조 제1항은 휴업급여를 업무상의 사유에 의하여 부상을 당하거나 질병에 걸린 근로자에게 요양으로 인하여 취업하지 못한 기간에 대하여 지급한다고 규정하고 있으므로, 근로자가 입은 부상이나 질병이 업무상 재해에 해당하는지 여부에 따라 요양급여 신청의 승인 여부 및 휴업급여청구권의 발생 여부가 차례로 결정된다.

따라서 근로복지공단의 요양불승인처분의 적법 여부는 사실상 근로자의 휴업급여청구권 발생의 전제가 된다고 볼 수 있다. 이에 따라 근로복지공단은 요양급여 신청을 승인한 경우에 한하여 휴업급여를 지급하여 왔으며 요양급여 신청을 승인하지 아니한 상태에서는 휴업급여를 지급하지 아니하였다. 결국 요양급여의 신청이 승인되지 않은 경우에는 휴업급여를 청구하더라도 근로복지공단에 의하여 거절될 것이 명백하여 요양불승인처분을 받은 근로자로서는 근로복지공단을 상대로 휴업급여를 청구하는 것이 무의미한 일이라고 믿을 수밖에 없기 때문에 통상적으로 휴업급여를 신청하지 않게 된다.

즉, 대법원은 이와 같이 근로자가 휴업급여를 신청하지 않게 되었던 점에 공단 측의 잘못이 있음에도 불구하고, 오히려 공단이 시효 소멸을 주장하는 것은 신의칙에 반한다는 이유로 공단의 시효소멸 항변을 받아주지 않았다.

법원판단

1. 원심이 인용한 제1심판결의 이유에 의하면, 제1심은 그 채택 증거를 종합하여 판시와 같은 사실을 인정한 다음, 종래 피고는 근로자의 요양급여 신청이 승인된 경우에 한하여 휴업급여를 지급하여 왔고 요양급여 신청이 받아들여지지 않은 상태에서는 휴업급여 청구를 받아들인 적이 없는 점, 이에 원고는 휴업급여를 청구하더라도 지급되지 않을 것으로 믿고 요양불승인처분 취소소송의 판결확정시까지 별도로 피고에게 휴업급여를 청구하지 않은 것으로 보이는 점, 이 사건 상병이 업무상 재해에 해당하는지 여부에 따라 요양급여 신청의 승인 여부, 요양급여의 지급 및 휴업급여청구권의 발생 여부가 차례로 결정되므로 피고의 요양불승인처분의 적법 여부는 원고의 휴업급여청구권 발생의 사실상 전제가 되는 점, 원고는 2001. 7. 22. 이 사건 상병을 입고 2001. 8. 13. 요양급여를 신청하였는데 2001. 9. 25. 피고로부터 요양불승인처분을 받자 그에 대한 취소소송을 제기한 후 2005. 6. 16.에 이르러서야 원고 승소의 확정판결을 받은 다음 곧바로 2005. 7. 21. 이 사건 휴업급여를 청구하였으므로 위 쟁송기간을 제외하면 원고가 3년의 소멸시효기간 내에 권리행사를 다하였다고 할 수 있는 점 등을 종합해 보면, 이 사건 휴업급여청구권의 소멸시효가 완성되었다는 피고의 항변은 신의성실의 원칙에 반한다고 판단하였다.

2. 채무자의 소멸시효에 기한 항변권의 행사도 우리 민법의 대원칙

인 신의성실의 원칙과 권리남용금지의 원칙의 지배를 받으므로, 채무자가 시효완성 전에 채권자의 권리행사나 시효중단을 불가능 또는 현저히 곤란하게 하였거나 그러한 조치가 불필요하다고 믿게 하는 행동을 하였거나, 객관적으로 채권자가 권리를 행사할 수 없는 사실상의 장애사유가 있었거나, 일단 시효완성 후에 채무자가 시효를 원용하지 아니할 것 같은 태도를 보여 채권자로 하여금 그와 같이 신뢰하게 하였거나, 채권자를 보호할 필요성이 크고 같은 조건의 그 채권자들 중 일부가 이미 채무의 변제를 수령하는 등 채무이행의 거절을 인정함이 현저히 부당하거나 불공평하게 되는 등의 특별한 사정이 있는 경우에는 채무자가 소멸시효의 완성을 주장하는 것이 신의성실의 원칙에 **반하여 권리남용으로서 허용될 수 없다**(대법원 1994. 12. 9. 선고 93다27604 판결, 대법원 1999. 12. 7. 선고 98다42929 판결, 대법원 2002. 10. 25. 선고 2002다32332 판결 등 참조).

구 산업재해보상보험법(2007. 4. 11. 법률 제8373호로 전문 개정되기 전의 것) 제40조 제1항은, 요양급여는 업무상의 사유에 의하여 부상을 당하거나 질병에 걸린 근로자에게 지급한다고 규정하고 있고, **제41조 제1항은 휴업급여는 업무상의 사유에 의하여 부상을 당하거나 질병에 걸린 근로자에게 요양으로 인하여 취업하지 못한 기간에 대하여 지급**한다고 규정하고 있으므로, 근로자가 입은 부상이나 질병이 업무상 재해에 해당하는지 여부에 따라 요양급여 신청의 승인 여부 및 휴업급여청구권의 발생 여부가 차례로 결정되고, 따라서 근로복지공단의 요양불승인처분의 적법 여부는 사실상 근로자의 휴업급여청구권 발생의 전제가 된다고 볼 수 있는 점, 이에 따라 근로복지공단은 요양급여 신청을 승인한 경우에 한하여 휴업급여를 지급하여 왔고 요양급여 신청을 승인하지 아니한 상태에서는 휴업급여를 지급하지 아니한 점, 그러므로 요양급여의 신청이 승인되지 않은 경우에는 휴업급여를 청구하더라도 근로복지공단에 의하여 거절될 것이 명백하여 요양불승인처분을 받은 근로자로서는 근로복지공단을 상대로 휴업급여를 청구하는 것이 무의미한 일이라고 믿을 수밖에 없는 점 등 제반 사정을 종합하여 보면, 이 사건에서 비록 피고가 시효완성 전에 원고의 권리행사나 시효중단을 불가능 또는 현저히 곤란하게 하거나 그러한 조치가 불필요하다고 믿게 하는 행동을 한 바는 없었다고 하더라도, 원고는 요양불승인처분에 대한 취소판결을 받기 전에는 휴업급여를 청구하더라도 휴업급여가 지급되지 않을 것으로 믿고 요양불승인처분 취소소송의 판결 확정시까지 별도로 피고에게 휴업급여를 청구하지 않았던 것으로 보이는바, 이와 같은 상황은 일반인의 입장에서 보았을 때에도 채권자가 권리행사하는 것을 기대하기 어려운 특별한 사정이 있었던 것으로 평가될 수 있으므로, 원고에게는 객관적으로 이 사건 휴업급여청구권을 행사할 수 없는 사실상의 장애사유가 있었다고 봄이 상당하고, 따라서 이러한 경우까지 피고의 소멸시효 항변을 받아들여 채무이행의 거절을 인정하는 것은 현저히 부당하거나 불공평하여 신의성실의 원칙에 반한다고 할 것이다.

이와 같은 취지에서 피고의 소멸시효 항변이 신의성실의 원칙에 반한다고 보아 이 사건 처분을 위법하다고 한 원심의 판단은 옳고, 거기에 상고이유에서 주장하는 바와 같은 소멸시효의 항변에 관한 법리오해의 위법이 있다고 할 수 없다.

이와 달리, 이 사건과 동일한 사안에서 휴업급여청구권에 대한 소멸시효의 항변이 신의성실의 원칙에 위배되지 않는다고 판시한 대법원 2006. 2. 23. 선고 2005두13384 판결은 이 판결의 견해에 배치되는 범위 내에서 변경하기로 한다.

❶ 나정은 변호사의 산재·노무 이야기
건설 현장, 공장 및 일반 근로자 등을 위한

산재 분쟁 사례

초판 발행   2021년 10월 29일

지은이 | 나정은
디자인 | 이나영
발행처 | 주식회사 필통북스
출판등록 | 제2019-000085호
주소 | 서울특별시 관악구 신림로59길 23, 1201호(신림동)
전화 | 1544-1967
팩스 | 02-6499-0839
홈페이지 | http://www.feeltongbooks.com/
ISBN   979-11-6792-011-9 [03360]

ⓒ 나정은, 2021

정가 20,000원

지혜와지식은 교육미디어그룹
주식회사 필통북스의 인문서적 임프린트입니다.

■ 이 책은 저자와의 협의 하에 인지를 생략합니다.
■ 이 책은 저작권법에 의해 보호를 받는 저작물이므로
  주식회사 필통북스의 허락 없는 무단전재 및 복제를 금합니다.
■ 잘못된 책은 구입한 서점에서 바꿔 드립니다.